Aleksander Berentsen | Fabian Schär

Bitcoin, Blockchain und Kryptoassets

Erste Auflage

Bibliografische Informationen der Deutschen Nationalbibliothek:
Die Deutsche Nationalbibliothek verzeichnet diese Publikation in der Deutschen Nationalbibliografie; detaillierte bibliografische Daten sind im Internet über http://dnb.dnb.de abrufbar.

Das vorliegende Buch ist Teil der Dissertationsschrift von Fabian Schär. Grosse Teile des Buches wurden alleine durch Fabian Schär verfasst. Dies gilt insbesondere für die Kapitel 2, 3, 4, 5, 7 und 8. Kapitel 1 und 6 wurden von Fabian Schär und Aleksander Berentsen gemeinsam verfasst.

© 2017 ALEKSANDER BERENTSEN UND FABIAN SCHÄR

HERSTELLUNG UND VERLAG:
BoD - BOOKS ON DEMAND, NORDERSTEDT

FINANZIERT DURCH DEN FÖRDERVEREIN DES WIRTSCHAFTSWISSENSCHAFTLICHEN ZENTRUMS DER UNIVERSITÄT BASEL

ISBN: 978-3-7386-5392-2

1. Auflage vom 15. Januar 2017

Vorwort

Kryptowährungen haben in den letzten Jahren eine erstaunliche Entwicklung erfahren und geniessen insbesondere seit der Einführung von Bitcoin im Jahre 2009 eine hohe Publizität. Dies gilt ebenso für weniger bekannte Kryptowährungen wie Ethereum, Ripple oder Litecoin.

Für Schlagzeilen sorgten anfänglich neben den Vorkommnissen um die Bitcoin-Tauschbörse Mt. Gox und der für illegale Aktivitäten vorteilhaften Anonymität von Transaktionen insbesondere die grossen Wertschwankungen der Kryptowährung Bitcoin (BTC). Lag der Wert eines BTC im Frühjahr 2012 noch bei rund 5 USD, kletterte er am 4. Dezember 2013 auf den bisherigen Höchststand von 1'145 USD. Auch im Jahr 2016 hat sich der Kurs von 434 auf 960 USD mehr als verdoppelt. Obschon Bitcoin deswegen nach wie vor primär als Transaktions- und nicht als Wertaufbewahrungsmittel eingesetzt wird, ist das Vertrauen in Bitcoin gestiegen. Verschiedene Akteure akzeptieren inzwischen Bitcoin und andere Kryptowährungen als Zahlungsmittel oder nehmen Einlagen in Bitcoin entgegen. Mit der Stadt Zug bietet seit 2016 auch die öffentliche Hand Zahlungsmöglichkeiten in Bitcoin an. Dass Kryptowährungen damit in ein reiferes Stadium gekommen sind, zeigt sich überdies daran, dass es mittlerweile wie bei anderen wichtigen Währungen auch derivative Kontrakte auf Bitcoin und Ethereum gibt.

Zum Vertrauen beigetragen hat der anfänglich kritisch wahrgenommene Umstand der dezentralen Schöpfung der Währung. Das Geld wird nicht durch Zentralbanken geschaffen, sondern durch einen Algorithmus. Technische Voraussetzung des Systems ist die *Blockchain*, in welcher sämtliche bisherigen Transaktionen lückenlos und an vielen Orten gleichzeitig abgespeichert werden. Gerade diese Architektur einer Vielzahl weltweit abgespeicherter Kopien der Datenbank verleiht dem System ein hohes Mass an Stabilität und einen Schutz gegenüber Manipulationen und einem Systemausfall.

Trotz der Publizität ist die bisherige wirtschaftliche Bedeutung von Kryptowährungen indessen noch relativ gering: Die Marktkapitalisierung der mit Abstand wichtigsten Kryptowährung Bitcoin lag Anfang 2017 bei lediglich rund 14.5 Mrd. USD, was derjenigen eines grösseren kotierten Unternehmens entspricht. Interessant ist jedoch, dass das technische Kernstück, die Blockchain, zunehmend für weitere Anwendungen im Internet eingesetzt wird. Im Mai 2016 wurde ein DAO (decentralized autonomous organization) Fund auf Basis der Blockchain-Technologie lanciert, bei welchem Investitionsentscheidungen dezentral durch die Investorencommunity getroffen werden. Weitere Anwendungen entstehen zunehmend im Rahmen von Smart Contracts, welche die Nutzung von Software, Musik, Filmen, softwaregesteuerten Gütern wie Fahrzeugen und Sicherheitstechnik abhängig von Zahlungen oder anderen Voraussetzungen machen. Bei Immaterialgütern sowie in Bereichen, wo entsprechende staatliche Institutionen fehlen, bietet die Blockchain-Technologie damit neue Möglichkeiten zur Sicherung von Eigentumsrechten.

Gleichwohl gibt es noch zahlreiche Unklarheiten und offene Fragen: In rechtlicher Hinsicht betreffen diese die Legalität von Transaktionen sowie die Zulässigkeit der Schöpfung von Geld durch Private. Unklar ist ausserdem, wie mit virtuellen DAOs, welche keinen rechtlichen Sitz haben, umgegangen werden soll. Auch die Anonymität von Transaktionen wird im Zuge der Terrorismusbekämpfung und der Erhebung von Steuern zunehmend als problematisch angesehen. Für die Besteuerung erweist sich zudem die hohe Kursvolatilität als Herausforderung, weshalb möglicherweise andere Verfahren zur Berechnung der Steuerwerte erforderlich werden als sie gegenwärtig für Fremdwährungen zum Einsatz gelangen.

In konzeptioneller Hinsicht wird der vom Wirtschaftswachstum losgelöste Prozess zur Schaffung von Bitcoins kritisiert, da die Marktkapitalisierung nicht mit dem Wirtschaftswachstum einhergeht. Die Rate der Ausweitung beträgt aktuell lediglich rund 75 Bitcoin pro Stunde.

Ferner gibt es für die *Miner* hohe technische Voraussetzungen, da das Eigentum an Bitcoins durch das System erfasst sein muss und die Miner Daten sicherstellen müssen, um die Historie jeder Transaktion und der entsprechenden *Blocks* lückenlos zu erfassen.

Vor diesem Hintergrund vermittelt das vorliegende Buch erstmalig eine umfassende und systematische Einführung in das Wesen und die Dynamik von Kryptowährungen und Kryptoassets. Zunächst werden die Grundlagen des Geldes und die Charakteristika von Kryptowährungen besprochen. Der spezielle Fokus liegt hierbei auf der Kryptowährung Bitcoin und der Blockchain als deren technische Grundlage. Der zweite Teil widmet sich der Funktionsweise des Netzwerks, der Sicherheit und der Verschlüsselungstechnik sowie dem Mining. Im dritten Teil analysieren die Autoren die Eignung von Bitcoin als Tauschmittel, Wertspeicher und Recheneinheit sowie weitere nicht-monetäre Anwendungen. Die Ausführungen schliessen mit einem Praxisleitfaden.

Das Buch knüpft damit an die aktuelle Diskussion zu Kryptowährungen an und stellt den Bogen von der geldtheoretischen Basis über die technischen Grundlagen bis hin zu weiteren Anwendungsmöglichkeiten her. Die Autoren vermitteln auf verständliche und zugleich detaillierte Weise ein komplexes und anspruchsvolles Thema. Besonders gelungen gerade für das Studium sind die Aufgaben zur Vertiefung des Stoffes. Es freut mich daher sehr, dass dieses Buch nun der Leserschaft zugänglich ist, und ich bin überzeugt, dass es dazu beiträgt, ein profundes Verständnis dieses spannenden Gebiets und der inskünftig noch viel wichtiger werdenden Technologie zu vermitteln.

Basel, 9. Januar 2017
Prof. Dr. Pascal Gantenbein

Inhaltsverzeichnis

Was ist Bitcoin?   **1**

I   Einführung   5

1   Monetär-theoretischer Kontext   7
    1.1   Entstehung einer Geldeinheit 10
    1.2   Funktionen einer Geldeinheit 11
    1.3   Monetäre Grundeigenschaften 16
    1.4   Monetärer Gegenwert 17
    1.5   Monetäre Kontrollstrukturen 23
    1.6   Aufgaben zur Repetition 45

2   Bitcoin Überblick   47
    2.1   Erste Einordnung von Bitcoin 47
    2.2   Das Bitcoin-System 49
    2.3   Abgrenzung von bestehenden Systemen 50
    2.4   Zusammenfassung der Funktionsweise 53
    2.5   Entstehung, Entwicklung und Verwaltung 65
    2.6   Der Gegenwert von Bitcoin 78
    2.7   Aufgaben zur Repetition 92

II   Technische Erläuterungen   93

3   Transaktionsfähigkeit   95
    3.1   Das Bitcoin-Netzwerk 95
    3.2   Erweitertes Netzwerk 104
    3.3   Das Bitcoin Kommunikationsprotokoll 111
    3.4   Aufgaben zur Repetition 116

4 Transaktionslegitimität — 117
- 4.1 Pseudonyme und Zugriffsberechtigungen 117
- 4.2 Hashfunktionen und Hashwerte 140
- 4.3 Signaturen 143
- 4.4 Transaktionen 169
- 4.5 Auszahlungsbedingungen und Script 180
- 4.6 Aufgaben zur Repetition 190

5 Transaktionskonsens — 193
- 5.1 Transaktionen, Blocks und die Blockchain 193
- 5.2 Konsensprotokoll 205
- 5.3 Bitcoin Mining: Anreize und Beispiele 217
- 5.4 Aufgaben zur Repetition 239

III Weitere Ausführungen — 241

6 Bitcoin als Geldeinheit? — 243
- 6.1 Eignung als Tauschmittel 243
- 6.2 Eignung als Wertspeicher 255
- 6.3 Eignung als Recheneinheit 272
- 6.4 Schlussfolgerung 274
- 6.5 Aufgaben zur Repetition 276

7 Nicht-monetäre Anwendungen — 277
- 7.1 Dezentrale Nachweise und Atteste 278
- 7.2 Zahlungsversprechen und Kryptoassets 282
- 7.3 Smart Property 286
- 7.4 Blockchain-Verträge (Smart Contracts) 289
- 7.5 Aufgaben zur Repetition 298

8 Bitcoin Praxisleitfaden — 299
- 8.1 Beschaffung 300
- 8.2 Verwahrung 309
- 8.3 Zahlungen 324
- 8.4 Aufgaben zur Repetition 331

Stichwortverzeichnis — 333

Literaturverzeichnis — 339

Was ist Bitcoin?

Selbst wenn man sich bereits seit geraumer Zeit mit dem Thema Bitcoin auseinandersetzt, muss man immer wieder erstaunt feststellen, wie schwierig sich das Konzept in Worte fassen lässt. Die grundsätzlich einfache Frage "Was ist Bitcoin?" eröffnet ein ganzes Spektrum möglicher Erklärungsansätze, von denen jedoch keiner wirklich angebracht zu sein scheint. Reduziert man das Konzept auf triviale und rein monetäre Schlagworte, wie etwa *digitales Bargeld*, entstehen falsche Erwartungen und Assoziationen. Es werden unhaltbare Vergleiche mit Kreditkarten, Buchgeld oder E-Banking Lösungen gezogen und Bitcoin wird als uninteressant und irrelevant eingestuft. Versucht man dagegen der Komplexität und Innovationskraft von Bitcoin gerecht zu werden, setzt man ein hohes Mass an Wissensdurst, Geduld und interdisziplinärem Vorwissen voraus (Abbildung 1).

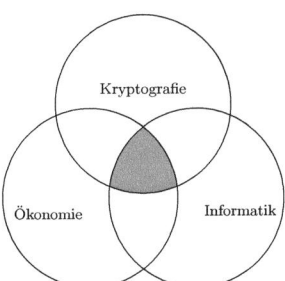

Abbildung 1: Interdisziplinarität von Bitcoin

Das Gegenüber muss gewillt und in der Lage sein, abstrakten Argumenten aus den Disziplinen der Ökonomie, Kryptografie und Informatik folgen und diese verknüpfen zu können. Dies führt mitunter zu grossen Verständnisproblemen.

Erschwerend hinzu kommt die Tatsache, dass Bitcoin keiner Entität unterstellt ist. Die Technologie gehört keiner Person und keinem Unternehmen. Sie wird durch keine einzelne Partei kontrolliert. Bitcoin ist vielmehr ein autonomes Konstrukt mit einer Vielzahl verschiedener Anspruchsgruppen, die das System durch komplexe Interaktionen und Anreizstrukturen prägen.

Durch diese Unabhängigkeit ermöglicht die Technologie erstmals die Abbildung von virtuellem Eigentum, ohne dass dafür eine zentrale Instanz notwendig ist. Was unspektakulär klingen mag, entspricht einem enormen technologischen Durchbruch. Vor Bitcoin konnte ein Konsens über den Zustand virtueller Besitzstände ausschliesslich über die Zentralisierung eines Registers sichergestellt werden. In zentralisierten Systemen wird eine Instanz exklusiv mit Registerführungsrechten ausgestattet. Durch diese Rechte hat eine solche Instanz die Fähigkeit das Register zu manipulieren und Vermögensansprüche beliebig zu verändern. Besteht die Möglichkeit, dass die zentrale Instanz auf irgendeine Weise korrumpierbar oder Ausfällen und Angriffen durch Dritte ausgesetzt ist, wird dies zu erheblichen Problemen führen und die Glaubwürdigkeit des Systems untergraben. Die dezentrale Natur des Bitcoin-Systems macht es immun gegenüber vieler dieser Probleme.

Ferner ist Bitcoin eine Art Grundgerüst, welches das Fundament für eine Vielzahl neuartiger Applikationen bildet. Analog der TCP/IP Technologie, welche oberflächlich betrachtet lediglich einer Standardisierung in der Kommunikation gleichkommt, unsere Lebensweise durch das Internet aber dennoch spürbar verändert hat, ist auch die Innovationskraft von Bitcoin nur dann erfassbar, wenn man die Möglichkeiten weiterer Anwendungen berücksichtigt.

Die Bitcoin-Technologie kann zur Darstellung von Eigentum und Zuständen im weitesten Sinne verwendet werden. Immer wenn es um die dezentrale Verwaltung von Anspruchsrechten an einem knappen Gut geht, oder aber ein bestimmter Zustand festgehalten und öffentlich bezeugt werden soll, bildet Bitcoin eine valide Technologie-Grundlage. Virtuelle Ansprüche auf Grundstücke, Giralgeld und Unternehmensanteile sind dabei genauso denkbar, wie Ansprüche auf Briefmarken, Domainnamen oder auf eine eigens für das System geschaffene Geldeinheit mit dem Namen *Bitcoin*. Letztere bildet die native Recheneinheit im Bitcoin Register.

Da die Ursprünge von Bitcoin in der monetären Anwendung liegen, haben wir uns dazu entschieden, unsere Analyse aus dieser Perspektive zu beginnen. Wir konzentrieren uns im ersten Kapitel auf den monetär-theoretischen Kontext und schaffen damit die Grundlage, um die Motivation hinter dem Konstrukt *Bitcoin* verstehen zu können. In Kapitel 2 beginnen wir dann die eigentliche Analyse des Bitcoin-Systems. Das Kapitel dient als Grobüberblick und vermittelt ein solides Grundwissen, welches in den späteren Kapiteln vertieft wird. Die beiden Kapitel bilden den ersten Teil des Buches, der als eine allgemeine Einführung gedacht ist. Er soll Einsteiger langsam an das Thema heranführen und die benötigten Grundlagen schaffen.

Der zweite Teil des Buches besteht aus den Kapiteln 3-5. Hierbei handelt es sich um die wohl anspruchsvollsten Kapitel des Buches, welche sich vorwiegend mit der Funktionsweise und den technischen Aspekten des Systems beschäftigen. Kapitel 3 analysiert die Transaktionsfähigkeit, also die Art und Weise der Kommunikation, insbesondere in Hinblick auf Transaktionen, die zur Übertragung von Eigentumsrechten verwendet werden. Zu diesem Zweck werden wir den Aufbau und die Eigenheiten des Bitcoin-Netzwerks analysieren. Kapitel 4 widmet sich der Transaktionslegitimität. Es wird veranschaulicht wie Transaktionen zur Übertragung von Eigentumsrechten auf ihre Korrektheit überprüft werden können und inwiefern jede Person des Netzwerks selbstständig die Rechtmässigkeit einer Zahlung feststellen kann. Das Kapitel zeigt das Konzept der Pseudonyme und beinhaltet eine Einführung in die asymmetrische Kryptografie basierend auf elliptischen Kurven. In Kapitel 5 wird der Transaktionskonsens abgehandelt. Es wird aufgezeigt inwiefern die Netzwerkteilnehmer sich auf einen einzigen Registerzustand der Eigentumsrechte einigen können.

Teil 3 des Buches umfasst die Kapitel 6-8 und widmet sich spezifischen Fragestellungen und weiterführenden Applikationen. In Kapitel 6 greifen wir einige

Punkte aus dem ersten Kapitel wieder auf und versuchen eine Antwort auf die Frage zu finden, ob Bitcoin die monetären Funktionen erfüllen kann und somit in die Kategorie einer Geldeinheit fällt. In Kapitel 7 beschäftigen wir uns mit alternativen Applikationen der Bitcoin-Technologie. Wir zeigen verschiedene Möglichkeiten zum Einsatz der Blockchain. Dieses Kapitel soll einem Ausblick über mögliche Anwendungsfälle abseits des rein monetären Bereichs dienen. Das achte und letzte Kapitel umfasst einen Praxisleitfaden, der interessierte Personen an den Gebrauch der Bitcoin Einheit heranführt und ihnen den Einstieg in die Welt der Kryptowährungen erleichtern soll.

Das Buch richtet sich an Studierende und Personen aus der Akademie und Praxis, die sich gerne mit dem Thema vertraut machen möchten. Es werden die Grundlagen aller drei relevanten Disziplinen aufgearbeitet, wodurch ein umfassendes Verständnis der Technologie möglich wird. Nebst dem Lauftext ist das Buch mit vielen Anmerkungen versehen, die dem Leser, mittels Beispielen und weiterführenden Hinweisen, einen vertieften Einblick in die jeweilige Thematik bieten. Zudem wird das Buch durch Repetitionsaufgaben abgerundet, die am Ende eines jeden Kapitels gefunden werden können und eine selbstständige Überprüfung des Wissens ermöglichen. Darüber hinaus lohnt sich ein Blick auf die Webseite www.blockchainbuch.de, auf welcher ergänzendes Material bereitsteht.

Wir möchten uns an dieser Stelle ganz herzlich beim Förderverein des Wirtschaftswissenschaftlichen Zentrums der Universität Basel, für die finanzielle Unterstützung dieses Projekts, bedanken. Es freut uns, dass das Thema als ausdrückliches Wunschthema genannt und mit grossem Interesse verfolgt wurde. Ferner hoffen wir mit diesem Buch einen wertvollen Beitrag zur Aufarbeitung dieses komplexen Themas geleistet und eine Grundlage geschaffen zu haben, die vielen interessierten Personen aus Privatwirtschaft, Politik und Akademie den Einstieg einfacher machen wird.

Weiterer Dank gilt den folgenden Personen sowie all jenen, die uns im Entstehungsprozess dieses Buches unterstützt und begleitet haben.

Pascal Gantenbein, Brigitte Guggisberg, Raphael Mani, Matthias Mohler, Remo Nyffenegger, Edith Schär, Michèle Schnider und Joachim Setlik.

Teil I

Einführung

1 Monetär-theoretischer Kontext

Bitcoin wurde mit dem Ziel entwickelt, eine neuartige Geldeinheit zu schaffen. Wie wir im Verlaufe dieses Buches aufzeigen, gehen die möglichen Verwendungszwecke der Bitcoin-Technologie deutlich über jene einer Geldeinheit hinaus. Das Verständnis der Besonderheiten der Bitcoin-Technologie setzt jedoch eine gewisse Vertrautheit mit den Wurzeln von Bitcoin und somit mit dem Thema Geld voraus.

In der modernen Geldtheorie wird Geld als *Gedächtnis* beschrieben.[110] Der Ursprung dieser Definition beruht auf der Beobachtung, dass Menschen sich tagtäglich zahlreiche Gefälligkeiten erweisen, für die keine unmittelbare Gegenleistung erfolgt. Solche "Geschenke" werden beispielsweise innerhalb der Familie, unter Freunden oder am Arbeitsplatz unter Kollegen ausgetauscht. Das Ausüben von Hausarbeiten in den eigenen vier Wänden, die Übernahme der ungeliebten Aufgabe im Büro oder die Einladung zum nächsten Abendessen unter Freunden sind nur einige Beispiele. Tagtäglich gehen wir dutzende solcher *Gift-Giving* Beziehungen ein.[1]

Das Charakteristische an diesen Beziehungen ist, dass alle Beteiligten ihre eigene Buchhaltung der aktuellen Schuldverhältnisse führen. Die Buchhaltung wird nicht schriftlich festgehalten. Sie wird vielmehr unterbewusst im Gedächtnis der Teilnehmer geführt. Nichtsdestotrotz hat jeder Teilnehmer eine grobe Vorstellung darüber, ob der Austausch von Geschenken und Gefälligkeiten ungefähr ausgeglichen ist.

---

[1]Diese einleitende Diskussion über den Zusammenhang zwischen *Gift-Giving* Beziehungen, Geld und Bitcoin findet sich in ähnlicher Form auch in Berentsen (2017)[20].

1 Monetär-theoretischer Kontext

Werden die Hausarbeiten immer von derselben Person erledigt, ohne dass die profitierende Person eine andere Aufgabe übernimmt, wird dies zu Diskussionen in der Beziehung führen. Muss im Büro immer dieselbe Person die ungeliebten Arbeiten des Teams übernehmen, wird dies ebenfalls für Diskussionsstoff sorgen. Sind die Einladungen zum Abendessen in einer Freundschaft sehr einseitig verteilt, wird die eingeladene Person als geizig wahrgenommen und die Freundschaft auf die Probe gestellt.

Damit ein solches System des *Gift-Giving* funktionieren kann, braucht es einen Konsensmechanismus. Die Einigung erfolgt in der Regel indem die Beteiligten miteinander sprechen und Unstimmigkeiten untereinander klären. Dabei kann es natürlich auch zu Reibereien kommen. Kann kein Konsens hergestellt werden, droht der Ausschluss aus der Beziehung.

In der Praxis sehen wir, dass der Austausch von Gefälligkeiten dann gut funktioniert, wenn sich die Teilnehmer gut kennen und die Gruppengrösse klein ist. In grösseren Gruppen funktioniert das System nicht mehr, weil es schwierig wird, einen Konsens herzustellen. Zudem finden viele Tauschbeziehungen in modernen Gesellschaften zwischen Menschen statt, welche sich überhaupt nicht kennen und sich mit grosser Wahrscheinlichkeit nie mehr begegnen werden. In solchen Gruppen wird das *Gift-Giving* durch den Austausch von Geld ersetzt. Geld übernimmt die Rolle des Gedächtnisses in komplexen Gesellschaften mit komplizierten Tauschbeziehungen. Geld führt Buch über den globalen Austausch von Gefälligkeiten. Geld ist Gedächtnis.

Ein Zahlungssystem besteht aus Regeln, welche bestimmen, wie Geld repräsentiert wird, wie es hergestellt wird und wie die Übertragung von Eigentum an den Geldeinheiten vonstattengeht. Um besser zu verstehen, wie das Bitcoin-System funktioniert, lohnt es sich, einen kurzen Blick auf klassische Zahlungssysteme zu werfen.

Beginnen wir mit dem Bargeld, also Münzen und Banknoten. Münzen und Banknoten sind physische Objekte. Das hat den grossen Vorteil, dass die Eigentumsverhältnisse immer klar definiert sind. Das Eigentum an einer Banknote oder Münze wird beim Bezahlen vom Käufer an den Verkäufer eines Gutes übertragen. Dies ermöglicht den Handel zwischen Menschen, die sich nicht kennen bzw. anonym sind. Zudem ist es nicht möglich, mit der gleichen Geldeinheit mehrere Käufe zu tätigen, es braucht also keine Drittpartei, welche kontrollieren muss, ob der Käufer der rechtmässige Eigentümer der Geldeinheit ist.

Bargeld hat aber den grossen Nachteil, dass es die physische Nähe zwischen Käufer und Verkäufer voraussetzt. Die Einschränkung ist gerade mit dem Aufkommen des Internets augenfällig geworden. Zudem ist das Halten von grösseren Summen von Bargeld aus Sicherheits- und Kostengründen unattraktiv. Aus diesen Gründen ist schon bald die Idee entstanden, physisches Bargeld durch digitales Geld zu ersetzen. Im Internet würde der Käufer eine digitale Münze in Form einer Textdatei an den Verkäufer übermitteln. Das Problem dieser Idee ist, dass sich eine digitale Münze beliebig oft kopieren lässt. Dadurch könnte ein Käufer dieselbe digitale Münze an mehrere Verkäufer senden oder gar weitere Kopien für sich selbst behalten.

Das Problem der Kopien wird in der Literatur als *Double Spend* bezeichnet. Es existieren zwei Lösungen. Die erste Lösung besteht darin, dass eine zentrale Instanz damit beauftragt wird, alle elektronischen Zahlungen zu überprüfen. Dazu gehört im Speziellen die Überprüfung, dass ein Käufer der rechtmässige Besitzer der zur Zahlung verwendeten Guthaben ist. Durch das Monopolrecht an der Buchführung entsteht per Konstruktion ein unanfechtbarer Konsens. Die zweite Lösung entspricht dem Bitcoin-System, mit dem das Problem der *Double Spends* ohne eine zentrale Instanz gelöst werden kann.

Das in der Schweiz dominante Zahlungssystem beruht auf der ersten Lösung. Elektronisches Geld wird in der Schweiz *Buchgeld* oder *Giralgeld* genannt. Giralgeld ist virtuelles Geld, da es nicht in physischer Form vorkommt. Es wird durch Geschäftsbanken geschaffen, welche gleichzeitig auch die Buchführung übernehmen. Giralgeld ist ein wichtiges Zahlungsmittel, da Zahlungen heutzutage mehrheitlich elektronisch mittels Überweisung vom Konto des Käufers zum Konto des Verkäufers ausgeführt werden. Banken sind dabei für die korrekte Buchführung verantwortlich und müssen verhindern, dass ein Kunde sein elektronisches Geld mehrfach verwenden kann. Das System basiert also auf zentralen Instanzen.

1 Monetär-theoretischer Kontext

Im Gegensatz dazu ist das Bitcoin-System nicht auf zentralen Instanzen aufgestützt. Jeder Teilnehmer dieses Systems kann seine eigene Buchhaltung führen. In den individuellen Buchhaltungen werden die Eigentumsrechte an allen existierenden Bitcoin Einheiten festgehalten. Damit dies funktioniert und die verschiedenen Register im Einklang sind, gibt es einen Mechanismus, der zu einem Konsens führt - ganz ähnlich wie dies beim Austausch von Gefälligkeiten innerhalb der Familie, unter Freunden oder Kollegen der Fall war. Im Unterschied zu den einfachen und subjektiven Konsensregeln beim *Gift-Giving*, garantiert das Bitcoin-System aber einen objektiven und global skalierbaren Konsens, so dass zu jedem Zeitpunkt eine Einigung über die Eigentumsverhältnisse aller Bitcoin Einheiten erzielt werden kann.

Bitcoin übernimmt also ebenfalls die Rolle des Gedächtnisses in komplexen Gesellschaften, benötigt dafür aber keine zentrale Instanz, die dieses Gedächtnis verwaltet.

Basierend auf diesem Grundgedanken erarbeiten wir im vorliegenden Kapitel die monetär-theoretischen Grundlagen und die Relevanz und Bedeutung von Bitcoin. Wir erörtern die allgemeine ökonomische Existenzberechtigung und die Funktionen von Geldeinheiten, analysieren deren Wertbestandteile und unterscheiden verschiedene Ausprägungen hinsichtlich ihrer Grundeigenschaften und Kontrollstrukturen. Dabei betrachten wir die Repräsentation, die Übertragbarkeit sowie die Schöpfung neuer Geldeinheiten und zeigen in welchen Bereichen traditionelle Geldsysteme an ihre Grenzen stossen und das Bitcoin-System neue Möglichkeiten eröffnet.

1.1 Entstehung einer Geldeinheit

Die klassische Theorie von Carl Menger[134] beschreibt die Entstehung einer Geldeinheit als einen Prozess, bei dem ein Gut mit einer hohen Marktpräsenz automatisch zum dominanten Tauschmittel wird. Die gesellschaftliche Koordination erfordert keine formale Entscheidungsfindung oder legislativen Beschlüsse, sondern kann durch die bereits präsente Nachfrage induziert werden. Weiter hält

1.2 Funktionen einer Geldeinheit

Menger fest, dass die Dominanz eines Tauschmittels selbstverstärkend wirkt, da jeder Verkäufer ungern Güter mit einer tieferen Marktfähigkeit (Liquidität) in Zahlung nehmen wird.[2] Bei der Akzeptanz handelt es sich damit um eine klassische positive Externalität. Je mehr Marktteilnehmer ein bestimmtes Tauschmittel verwenden, desto höher ist der aus der Verwendung dieses Tauschmittels resultierende Nutzen.

Tatsächlich ist davon auszugehen, dass frühe Geldeinheiten auf diese Art entstanden sind. In unterschiedlichen Regionen und Zeitepochen wurden verschiedenste Güter und Abstraktionen als Geldeinheiten verwendet. Viele dieser frühen Vertreter haben gemein, dass sie entweder als Grundnahrungsmittel oder als (zeremonielle) Schmuckstücke dienten, wodurch ein stetiger Nachfragestrom gesichert schien.[133] Steine, Nutztiere, Walfischzähne, Muscheln, Federn und zahlreiche andere Gegenstände gehören zu einer beispielhaften Aufzählung, die keinerlei Anspruch auf Vollständigkeit erhebt.[12]

1.2 Funktionen einer Geldeinheit

Geldeinheiten erfüllen drei Funktionen (analog Abbildung 2). Als *Tauschmittel* führen sie zu einer Effizienzsteigerung im Handel und optimieren die Allokation von Gütern und Dienstleistungen. In der Funktion als *Recheneinheit* bilden sie eine universelle Referenz und erleichtern den wertmässigen Vergleich von Gütern und Dienstleistungen. Als *Wertspeicher* ermöglichen Geldeinheiten das Sparen. Die Funktionen werden nachfolgend ausführlich beschrieben.

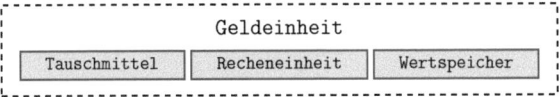

Abbildung 2: Funktionen von Geldeinheiten

---

[2]Der Literaturstrang basierend auf Kiyotaki und Wright (1993)[109] modelliert diesen Prozess und bildet somit einen guten Anknüpfpunkt für tiefer gehende Recherchen.

1 Monetär-theoretischer Kontext

1.2.1 Tauschmittel

Tauschmittel sind unabdingbar für die Funktion einer modernen, durch weitgehende Arbeitsteilung gezeichneten Volkswirtschaft. Die Wirtschaftssubjekte sind spezialisiert und produzieren lediglich einen kleinen Teil der zum Leben notwendigen Güter selbst. Eine solche Spezialisierung ist nur möglich, wenn die restlichen Waren im Tauschhandel erworben werden können, wodurch eine arbeitsteilige Wirtschaft zwingend eine Tauschwirtschaft voraussetzt.

In einer Ökonomie ohne Geldeinheiten können Waren und Dienstleistungen ausschliesslich im direkten Austausch gehandelt werden.[3] Eine Person die einen Laib Brot besitzt, stattdessen aber lieber einen Krug Milch konsumieren möchte, müsste folglich erst eine Person finden, die einen Krug Milch besitzt und eine exakt gegensätzliche Präferenzlage aufweist. Nur dann wären beide Parteien gewillt und befähigt den Handel einzugehen. Eine einfache Übereinstimmung reicht dabei nicht aus. Ein erfolgreiches Tauschgeschäft kommt nur dann zustande, wenn die eine Partei hat, was die andere will und gleichzeitig will, was die andere hat. Durch diese, in der Fachliteratur als *doppelte Übereinstimmung der Bedürfnisse* bekannte, Problematik wird das Auffinden eines geeigneten Tauschpartners schwierig.[44] [145]

Hinzu kommt die eskalierende Zahl der möglichen Tauschpaare. Bei einer beliebigen Zahl n verschiedener Güter und Dienstleistungen, existieren $\frac{n(n-1)}{2}$ unterschiedliche Tauschpaare. In Ökonomien mit einer sehr überschaubaren Anzahl verschiedener Güter und Dienstleistungen mag der direkte Tauschhandel nur geringe Nachteile aufweisen. Wird das Wirtschaftssystem aber komplexer, so besteht es aus Milliarden von Subjekten, Gütern und Dienstleistungen. Die Suche nach geeigneten Tauschpartnern (beziehungsweise eines spezifischen Tauschpaars) zieht dann erhebliche Kosten nach sich.

Existiert hingegen ein dominantes Gut, welches vom Kollektiv allgemein akzeptiert wird, können sämtliche Geschäfte über dieses zur Geldeinheit gewordene

---

[3]Sollte ein etabliertes Vertrauensverhältnis bestehen und die (Geschäfts-)Beziehung eine gewisse Nachhaltigkeit aufweisen, stellt die Vergabe von Krediten eine mögliche Alternative dar. Gegenseitige Gefälligkeiten werden auf Kreditbasis vergeben, im Verlaufe der Zeit aufgerechnet und dadurch bereinigt.[85]

1.2 Funktionen einer Geldeinheit

Gut abgewickelt werden. Alle erwünschten Güter und Dienstleistungen können dann gegen Einheiten des Tauschmittels erworben und Überschüssige für Einheiten des Tauschmittels veräussert werden. Die Existenz eines allgemein akzeptierten Tauschmittels, also einer Geldeinheit, separiert das Problem der doppelten Übereinstimmung der Bedürfnisse in zwei unabhängige Geschäfte: (An-)Kauf und Verkauf. Insofern reicht eine einfache Übereinstimmung, wobei die relevanten Tauschpaare schlagartig um den Faktor n reduziert werden, so dass lediglich $n-1$ potentielle Paare übrig bleiben.

Die Person aus unserem Beispiel, welche Brot gegen Milch tauschen möchte, kann nun das Brot für Geldeinheiten veräussern. Mit den erhaltenen Geldeinheiten kann sie anschliessend den Krug Milch von einer beliebigen Drittperson erwerben. Die Existenz der Geldeinheit reduziert folglich die Komplexität des Problems.

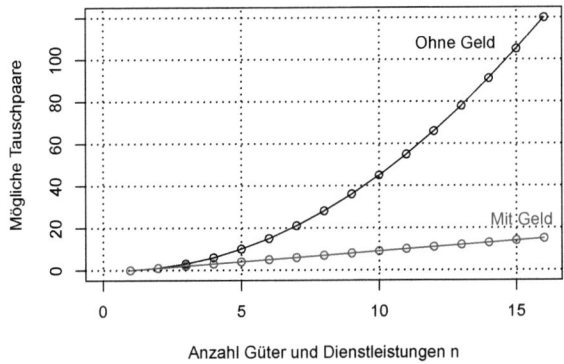

Abbildung 3: Anzahl der Tauschpaare mit und ohne Geldeinheiten

Abbildung 3 zeigt den Unterschied bezüglich der Anzahl an möglichen Tauschpaaren in Ökonomien mit und ohne Geldeinheiten (Tauschmittel). Das Diagramm veranschaulicht, wie die Zahl der potentiellen Tauschpaare selbst bei einer

1 Monetär-theoretischer Kontext

geringen Gütermenge eskaliert und wie die Differenz der möglichen Tauschpaare von monetären und nicht-monetären Ökonomien mit zunehmender Komplexität grösser wird.[4]

1.2.2 Recheneinheit

Eine Recheneinheit ermöglicht den Wert aller Güter und Dienstleistungen in Einheiten derselben Bezugsgrösse auszudrücken und auf diese Weise vergleichbar zu machen. Dadurch wird die Informationsmenge, welche eine umfassende Marktübersicht erfordert, erheblich geringer. Anstatt sich die jeweiligen Tauschverhältnisse von $\frac{n(n-1)}{2}$ Tauschpaaren einprägen und dynamisch anpassen zu müssen, schaffen Geldeinheiten eine universelle Referenz zur Bewertung unterschiedlicher Leistungen. Denn wird der Preis aller Güter und Dienstleistungen in Geldeinheiten ausgedrückt, genügt ein einziger Geld-Gegenwert pro Gut (also $n-1$). Diese Erleichterung sorgt für mehr Transparenz auf dem Markt und reduziert dadurch die Such- und Transaktionskosten der Handelstätigkeit.

Meist vereinen Geldeinheiten die Funktion des Tauschmittels mit jener der Recheneinheit. Grundsätzlich lassen sich die beiden Funktionen aber ohne weiteres trennen (siehe Anmerkung 1.1).

---

[4]Eine zunehmende ökonomische Spezialisierung und Vielfalt erhöht die Komplexität des Tauschhandels und die damit einhergehenden Transaktionskosten. Höhere Transaktionskosten führen wiederum zu einem grösseren Einsparungspotential und begünstigen den Siegeszug eines allgemein akzeptierten Tauschmittels. Umgekehrt-relational kann argumentiert werden, dass ein allgemein akzeptiertes Tauschmittel die ökonomische Spezialisierung vorantrieb oder gar erst ermöglicht hat. Obwohl die Richtung einer kausalen Abhängigkeit der beiden Ereignisse nicht klar auszumachen ist, steht fest, dass die beiden ökonomischen Grundpfeiler eng miteinander verknüpft sind und in einer positiv korrelativen Beziehung stehen.[120]

> **Anmerkung 1.1**
> **Ausgelagerte Recheneinheit**
> In den meisten Ökonomien übernehmen Geldeinheiten die Funktion der Recheneinheit. Geldeinheiten müssen diese Funktion jedoch nicht zwingend erfüllen. Tatsächlich zeigen einige historische Beispiele, dass die Funktion vollständig von der eigentlichen Geldeinheit losgelöst und stattdessen eine alternative Recheneinheit genutzt werden kann.
>
> Im Mittelalter hat die Vielfalt verschiedener Münzen und die ständige Veränderungen von deren Edelmetallgehalt[a] dazu geführt, dass zumeist in den Standardeinheiten Pfund, Schilling und Pence gerechnet wurde, wobei ein Pfund 20 Schilling bzw. 240 Pence entsprach. Dadurch war es möglich, einen universellen Preis zu verwenden und Wertveränderungen spezifischer Münzen, ohne Anpassung der ausgewiesenen Warenpreise zu berücksichtigen.[112]
>
> Auch heutzutage existieren noch Beispiele, bei denen die Funktion der Recheneinheit von der Geldeinheit abgespalten wurde. Die *Unidad De Fomento* in Chile (CLF) ist ein inflationsbereinigter nationaler Preisindex, der tagesaktuell gegenüber der Landeswährung (Peso) bestimmt und veröffentlicht wird. Die Ladenpreise in Chile werden primär in CLF ausgedrückt und sollten daher unabhängig vom Wertverlauf des Pesos stabil bleiben. Dadurch können administrative Kosten von Preisanpassungen (*Menükosten*) verhindert werden, während lediglich ein einziger Wechselkurs hinzu kommt.[111]
>
> ---
> [a]Münzen wurden gefeilt, geknipst und Metalle durch Säurebäder abgelöst. Gelegentlich wurden Münzen gar von offizieller Seite rückbeordert und mit einem geringeren Edelmetallgehalt geprägt.

1.2.3 Wertspeicher

Die Wertspeicherfunktion ermöglicht das Sparen. Konkret bedeutet Sparen, dass Geld nicht unmittelbar gegen Güter und Dienstleistungen getauscht werden muss. Stattdessen können Geldeinheiten beiseite gelegt und ihre Kaufkraft zu einem späteren Zeitpunkt ausgeübt werden. Dies erlaubt eine Konsumglättung und eine Absicherung gegen unerwartete Auslagen. Zudem ermöglichen derartige Rücklagen grössere Investitionen.

Ein Tauschmittel ist immer auch ein Wertaufbewahrungsmittel. Umgekehrt gibt es viele Wertaufbewahrungsmittel (Vermögensanlagen), welche nicht als liquides Tauschmittel verwendet werden.

1.3 Monetäre Grundeigenschaften

Um die drei Funktionen aus Abschnitt 1.2 erfüllen zu können, sollten Geldeinheiten haltbar, transferierbar, teilbar, homogen und verifizierbar sein sowie eine gewisse Wertstabilität aufweisen. Des Weiteren muss die Zahl der sich im Umlauf befindlichen Einheiten zwingend einer Beschränkung unterliegen. Abhängig von diesen sieben Grundeigenschaften können die drei Funktionen aus Abschnitt 1.2 unterschiedlich gut erfüllt werden.

Haltbarkeit. Die Verwendung als *Tauschmittel* und *Wertspeicher* bedingt Haltbarkeit. Verderbliche oder empfindliche Güter eignen sich weder als langfristige Anlage, noch für den Tauschhandel. Dasselbe gilt auch für Güter, die nur schwer gelagert werden können und dabei hohe Kosten verursachen.

Transferierbarkeit. Damit ein Gut als *Tauschmittel* in Frage kommt, muss die Übertragung der Eigentumsrechte ohne grössere Hürden und Kosten möglich sein.[5] Auch für die Funktion als *Wertspeicher* ist die Transferierbarkeit von Bedeutung, da eine Wertanlage nur dann Sinn macht, wenn sie zu einem späteren Zeitpunkt wieder liquidiert werden kann.

Teilbarkeit. Die Funktion als *Tauschmittel* setzt voraus, dass die Geldeinheit (oder ein Bruchteil davon) gegen beliebige Güter und Dienstleistungen eingetauscht werden kann. Folglich muss Geld entweder teilbar sein oder in entsprechend kleinen Stückelungen zur Verfügung stehen.[6]

---
[5]Im Falle einer physischen Geldeinheit umfasst dies die örtliche Beweglichkeit des Objekts.
[6]Das Problem der Nicht-Teilbarkeit wird modelliert in Berentsen und Rocheteau (2002).[22]

Homogenität. Geldeinheiten (mit demselben Nennwert) müssen homogen, also untereinander vertret- beziehungsweise austauschbar, sein. Nicht-homogene Güter weisen Unterschiede (Heterogenität) auf und erfordern bei jedem Tauschhandel eine individuelle Bewertung, die hohe Transaktionskosten zur Folge hat und den eigentlichen Zweck eines *Tauschmittels* verfehlt. Wein wäre beispielsweise eine schlechte Wahl, da die Qualitätsunterschiede immens und die Flaschen somit nicht homogen sind.

Verifizierbarkeit. Sowohl die Funktion des *Tauschmittels* als auch jene des *Wertspeichers* setzen voraus, dass die Authentizität der Einheiten verifiziert und eine Fälschung identifiziert werden kann.

Wertstabilität. *Wertspeicher* und *Recheneinheit* bauen auf eine gewisse Stabilität der Kaufkraft des Gutes. Insofern darf keine übermässige Volatilität beziehungsweise auseinanderdriftende Entwicklung von Angebot und Nachfrage bestehen. Güter mit hohen saisonalen und zufallsbedingten Angebotsschwankungen (beispielsweise Agrarprodukte) sind wenig geeignet.

Seltenheit. Ein beschränktes Vorkommen limitiert das Angebot des Gutes und ist die Grundlage für dessen Verwendung als *Tauschmittel*. Kommt ein Gut in unbeschränkter Menge vor, gibt es keinen Grund dieses zu handeln. Das Ausbleiben der Handelstätigkeit untergräbt auch dessen Funktion als *Wertspeicher*.

1.4 Monetärer Gegenwert

Der Wert von Geldeinheiten basiert auf verschiedenen Grundlagen. Konkret entsteht der Marktwert durch eine Kombination von Fundamentalwert, Zahlungsversprechen und einer Liquiditäts- und Spekulationsprämie (siehe Tabelle 1).

Der *Fundamentalwert* umfasst den stofflichen Eigenwert des Objekts. Er entspringt dem Nutzen, der aus dem Konsum oder dem Besitz der Ware resultiert, und ist in keiner Weise von der monetären Funktion des Gutes abhängig.

1 Monetär-theoretischer Kontext

Zahlungsversprechen sind Wertkomponenten, die nicht stofflich an die Geldeinheit gebunden sind. Im Unterschied zum Fundamentalwert unterliegt dieser Wertbestandteil einem Emittentenrisiko. Kann oder will die garantierende Instanz eine Verbindlichkeit nicht erfüllen, entfällt dieser Wertbestandteil komplett.

Liquiditäts- und Spekulationsprämien werden oftmals unter dem Begriff Blasenkomponente zusammengefasst. Im Wesentlichen handelt es sich um zwei Optionen: Die Option auf den flexiblen Tausch der Geldeinheit in beliebige Güter und Dienstleistungen (Liquiditätswert) und die Option auf Gewinn bei einem allfälligen Wertanstieg (Spekulationswert). Beide Optionen haben einen gewissen Wert, der sich zumeist positiv auf den Marktwert der Geldeinheit auswirken wird.

	Fundamentalwert
+	Zahlungsversprechen
+	Liquiditäts- und Spekulationsprämie
=	Marktwert der Geldeinheit

Tabelle 1: Wertbestandteile einer Geldeinheit

Diese drei Wertbestandteile bilden die Basis für verschiedene Typen von Geldeinheiten analog Tabelle 2. Abhängig von der Kombination der Bestandteile des Marktwertes können Geldeinheiten den Kategorien Warengeld, Kreditgeld und Fiatgeld zugeordnet werden.

	Fundamental	Versprechen	Prämie
Warengeld	+		(+)
Kreditgeld		+	(+)
Fiatgeld			+

Tabelle 2: Geldtypen nach Wertbestandteilen

1.4 Monetärer Gegenwert

1.4.1 Warengeld

Warengeld hat einen stofflichen Fundamentalwert und kann eine Liquiditäts- und Spekulationsprämie enthalten. Durch diese Zusatzkomponente kann der Marktwert über dem Fundamentalwert liegen. Der Fundamentalwert bildet dabei die tiefstmögliche Wertschwelle, die selbst dann nicht unterschritten werden kann, wenn die Ware ihre Funktion als Geldeinheit verliert. Denn auch in diesem Fall könnte das Gut noch als Ware verwendet, beziehungsweise konsumiert oder in den Produktionsprozess eingebunden werden.

Einige Beispiele von Warengeld umfassen Muschelgeld in Afrika und China, Ringe und Schmuckstücke in Neu-Guinea und im Süd-Pazifik, Kleidergeld (Pelze) in Nordamerika und Metallgeld in vielen anderen Regionen der Welt. Auch Vieh und Grundnahrungsmittel wurden häufig als Warengeld verwendet.

1.4.2 Kreditgeld

Kreditgeld ist ein Zahlungsversprechen und besitzt keinen Fundamentalwert. In der Regel ist es ein Stück Papier oder ein digitaler Eintrag welcher besagt, dass der Emittent zu einem bestimmten, in der Zukunft liegenden Zeitpunkt eine Zahlung tätigen wird. In der englischen Sprache wird ein solches Zahlungsversprechen IOU ("I owe you" dt. "Ich schulde dir/Ihnen") genannt.

Grundsätzlich können Zahlungsversprechen beliebige Formen annehmen. Zum Beispiel: "ich schulde Person x eine Kuh auf den 1. Juli 2090" oder "ich schulde Person x eine Schlittenfahrt auf den 30. Januar 2020". Zumeist wird die Verbindlichkeit aber in der jeweiligen Landeswährung ausgedrückt.

Für den Marktwert eines Zahlungsversprechens spielt das Ausfallrisiko eine wesentliche Rolle. Insofern muss die Reputation des Emittenten berücksichtigt werden, so dass ein Versprechen über die Auslieferung einer Unze Gold von Person A, einen komplett anderen Marktwert aufweisen kann, als dasselbe Versprechen von Person B.

1 Monetär-theoretischer Kontext

Zahlungsversprechen werden dann zu Geld, wenn sie allgemein akzeptiert und in Zahlung genommen werden. Hat ein Emittent einen besonders guten Ruf, können seine Zahlungsversprechen frei zirkulieren.

> **Anmerkung 1.2**
> **Ursprünge des Papiergeldes**
> Frühe Vertreter des Papiergeldes entsprachen solchen Zahlungsversprechen, da sie durch reale Gegenwerte (in der Regel Gold) besichert waren. Sie beinhalteten das Versprechen auf Konvertierbarkeit in eine zuvor festgehaltene Edelmetallmenge.[a] Der Kreditcharakter dieser Scheine wird insbesondere dann klar, wenn man deren Herkunft betrachtet. Die ersten Geldscheine entstanden in China während der Tang Dynastie (618-907 nach Christus) als eine von privater Seite ausgestellte Kreditvereinbarung. Abhängig von Reputation und Bonität des ausstellenden Schuldners konnte dieses Papier zirkulieren und als monetäres Substitut für die gängigen *Kai Yuan* Bronzemünzen-Ketten dienen.[35]
>
> [a]Beziehungsweise in andere Waren.

Kreditgeld ist nicht auf die Anknüpfung realer Gegenwerte beschränkt. Zahlungsversprechen über die Auslieferung von Fiatgeld sind nicht bloss denkbar sondern geläufig. Giralgeld ist grundsätzlich nichts anderes als ein bankenseitiges Versprechen, das Geld zu jeder Zeit (auf Sicht) in gesetzliche (Fiat-) Zahlungsmittel einzutauschen.

Analog allen anderen Geldtypen kann auch Kreditgeld eine zusätzliche Liquiditäts- und Spekulationsprämie beinhalten. Die Liquiditätsprämie kann dazu führen, dass der Marktwert von Kreditgeld grösser ist, als der Marktwert der angeknüpften Verbindlichkeit.

1.4.3 Fiatgeld

Der Ausdruck Fiatgeld hat seinen Ursprung im lateinischen *Fiat-Lux* (es werde Licht). Er verbildlicht die Tatsache, dass Fiatgeld weder über einen Fundamentalwert verfügt, noch ein Zahlungsversprechen beinhaltet und somit gewissermassen aus dem Nichts entsteht (es werde Geld). Tatsächlich stellt die Liquiditäts- und Spekulationsprämie die einzige Wertkomponente dar. Der Marktwert von Fiatgeld basiert ausschliesslich auf Zukunftserwartungen und kann bei einem Wegfall der monetären Funktion auf null fallen.

Landeswährungen, wie der US Dollar, der Euro oder der Schweizer Franken, gehören in die Kategorie des Fiatgeldes. Die Geldscheine können weder konsumiert noch in einen Produktionsprozess eingebunden werden und sind nicht durch Gold oder andere fundamental wertvolle Güter besichert. Die Wertstabilität wird einzig und allein durch die Zentralbanken garantiert, welche die jeweilige Geldeinheit exklusiv emittieren und den gesetzlichen Auftrag haben, diese stabil zu halten.

In der Schweiz und vielen anderen Ländern sind Banknoten, und in einem gewissen Umfang auch Münzen, gesetzliche Zahlungsmittel. In Artikel 3 des *Bundesgesetzes über die Währung und die Zahlungsmittel* wird ein Annahmezwang festgehalten, mit der Konsequenz, dass Einheiten der Landeswährung stets zur Tilgung ausstehender Schulden verwendet werden können.[175] Diese gesetzliche Grundlage sichert einen gewissen Nachfragestrom und begünstigt die Liquiditäts- und Spekulationsprämie der Geldeinheit. Des Weiteren kann die staatliche Stütze stabilisierend auf eine grundsätzlich sehr volatile Geldkategorie einwirken.

Fiatgeld ist ein relativ junges Phänomen. Bis in die 1970er Jahre hatte das Papiergeld in den meisten Ländern eine implizite oder explizite Golddeckung und somit eine angeknüpfte Verbindlichkeit (Kreditgeld). Durch den Wegfall dieser Verbindlichkeit und den vernachlässigbaren stofflichen Eigenwert eines Papierscheines entstand die Kategorie der ungedeckten Fiatgelder.[7]

---

[7]Wie wir später sehen werden gehört auch Bitcoin in diese Kategorie. Eine ausführliche Abhandlung der Frage weshalb Bitcoin als Fiatgeld bezeichnet werden muss, folgt in Anmerkung 2.6 auf Seite 80.

1 Monetär-theoretischer Kontext

Anmerkung 1.3
Akzeptanz einer Fiatgeldeinheit als Koordinationsspiel
Fiatgeldeinheiten verfügen weder über einen Fundamentalwert, noch weisen sie angeknüpfte Verbindlichkeiten auf. Ihr Wert basiert ausschliesslich auf den Erwartungen hinsichtlich der zukünftigen Akzeptanz und Absatzfähigkeit (Liquiditäts- und Spekulationsprämie).

Je höher die Wahrscheinlichkeit, auf einen anderen Marktteilnehmer zu treffen, der die Fiatgeldeinheit in Zahlung nehmen wird, desto eher ist eine Person gewillt, ihrerseits eine solche Geldeinheit zu akzeptieren.

Dieser Sachverhalt wird in der folgenden Grafik veranschaulicht. Angenommen Π repräsentiert die Wahrscheinlichkeit, dass ein zukünftiger Tauschpartner die Geldeinheit in Zahlung nehmen wird und π ist unsere eigene Akzeptanzwahrscheinlichkeit. Die Funktion $\pi = \pi(\Pi)$ stellt dabei unsere beste Antwort auf eine gegebene Erwartung bezüglich der Ausprägung von Π dar.

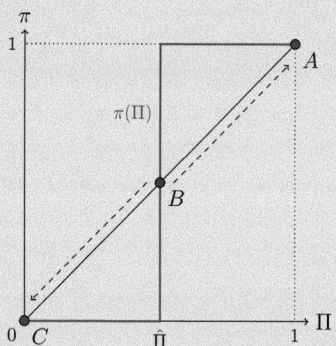

Jeder Schnittpunkt von $\pi(\Pi)$ mit der 45° Linie entspricht einem Nash Gleichgewicht. Es gibt exakt drei solche Nash Gleichgewichte: A, B und C. Die beiden äusseren Gleichgewichte repräsentieren Situationen in denen niemand (C) oder aber alle (A) Marktteilnehmer bereit sind, die Geldeinheit zu akzeptieren. Ein drittes Gleichgewicht (B) entsteht bei einem Schwellenwert $\hat{\Pi}$. Oberhalb dieses Wertes agieren selbstverstärkende Kräfte, welche die Ökonomie in das monetäre Gleichgewicht bringen. Liegt die Wahrscheinlichkeit unterhalb von $\hat{\Pi}$, wird die Akzeptanz dahinschwinden und schliesslich vollständig verloren gehen. Situationen mit diesen Charakteristiken werden in der Mikroökonomie (genauer Spieltheorie) auch als Koordinationsspiele bezeichnet.[19]

1.5 Monetäre Kontrollstrukturen

Geldeinheiten weisen unterschiedliche Kontrollstrukturen auf, welche grob in drei Dimensionen eingefangen werden können: *Schöpfung, Repräsentation* und *Transaktionsabwicklung*.

Die Schöpfung beschreibt die Art und Weise wie neue Geldeinheiten des jeweiligen Typs erstellt werden können. Dies hat wichtige Implikationen für die Geldmengensteuerung und somit auch für die Seltenheit und den Wert der entsprechenden Einheit. Die Repräsentation zeigt, ob der Wert einer Geldeinheit an ein physisches Objekt gebunden ist oder lediglich als virtuelle Abstraktion gehandelt wird. Die Transaktionsabwicklung beschreibt, ob die Übertragung einer Geldeinheit autonom und dezentral durchgeführt werden kann oder ob diese der Verarbeitung durch eine zentrale Instanz bedarf.

1.5.1 Geldschöpfung

Geldeinheiten müssen mengenmässig beschränkt werden, so dass sie eine gewisse *Seltenheit* aufweisen. Wäre eine Geldeinheit in uneingeschränktem Masse verfügbar, würde für diese Geldeinheit keine Zahlungsbereitschaft bestehen und der Gegenwert auf ein Minimum sinken. Die Seltenheit wird normalerweise über den Geldschöpfungsprozess erreicht, welcher entweder kompetitiv oder monopolisiert erfolgen kann.

1 Monetär-theoretischer Kontext

Bei der kompetitiven Schöpfung kann jedes Wirtschaftssubjekt neue Geldeinheiten erstellen. Jedes Individuum wird selbstständig und aus purem Eigeninteresse abwägen, ob eine neue Geldeinheit die aus der Produktion entstehenden Kosten rechtfertigt. Ein Wirtschaftssubjekt hat einen Anreiz neue Geldeinheiten herzustellen, bis die Produktionskosten einer weiteren Geldeinheit (Grenzkosten) dem derzeitigen Marktpreis dieser Geldeinheit (Grenzerlös) entsprechen - in anderen Worten: Die Herstellung wird fortgeführt, solange der Herstellungsprozess einen positiven Ertrag abwirft.

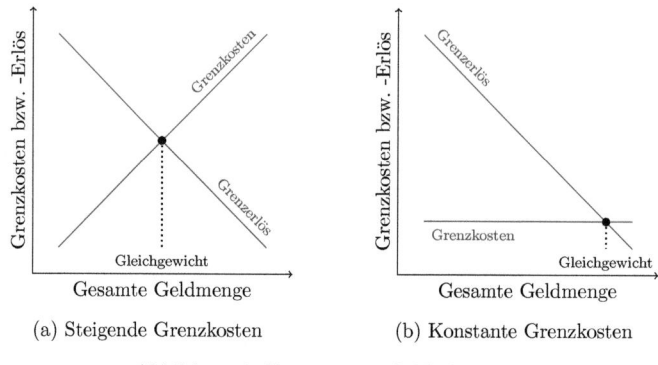

(a) Steigende Grenzkosten   (b) Konstante Grenzkosten

Abbildung 4: Kompetitive Geldschöpfung

Eine kompetitive Schöpfung bedingt eine technologische Limitierung, welche den Schöpfungsprozess in ein Gleichgewicht bringt. Abbildung 4a stellt diesen Zusammenhang schematisch dar und visualisiert das Gleichgewicht, welches sich am Schnittpunkt von Grenzkosten und Grenzerlös befindet. Die negative Steigung der Grenzerlöskurve ist darauf zurückzuführen, dass eine grössere Gesamtmenge (bei gleichbleibender Nachfrage), zu einem geringeren Marktwert der Geldeinheit führt und somit den Grenzerlös mindert. Die positive Steigung der Grenzkosten basiert auf der Annahme, dass die Herstellung der Geldeinheiten bestimmter Ressourcen oder Produktionsfaktoren bedarf, welche zunehmend seltener und somit kostspieliger werden. Dadurch steigen die Kosten für die Produktion einer weiteren Einheit mit der Ausdehnung der Geldmenge an.

1.5 Monetäre Kontrollstrukturen

Ein klassisches Beispiel der kompetitiven Schöpfung stellt das Schürfen von Gold dar. Grundsätzlich kann jedes Individuum diese Tätigkeit ausüben und neues Gold in den Umlauf bringen. Individuen werden dieser Beschäftigung aber nur solange nachgehen, wie sich die Anstrengungen bezahlt machen. Je mehr Gold bereits geschürft wurde, desto schwieriger und somit kostenintensiver wird dieser Prozess. Gleichzeitig führt eine Ausdehnung des Angebots - ceteris paribus - zu sinkenden Goldpreisen, so dass mit jeder weiteren Einheit Gold die Grenzkosten zu- und der Grenzerlös abnehmen werden. Ab einer bestimmten Menge übersteigen die Grenzkosten der Produktion einer weiteren Goldeinheit den Gegenwert dieser Goldeinheit, so dass die Schöpfung eingestellt wird.

Tiefe, konstante Grenzkosten analog Abbildung 4b führen hingegen dazu, dass grosse Mengen der Geldeinheit geschöpft werden. Sind die Grenzkosten gar komplett vernachlässigbar (Fiatgeld), haben Individuen solange einen Anreiz neue Geldeinheiten zu schöpfen, bis der Marktpreis dieser Geldeinheiten auf 0 fällt.

Um dies zu verhindern, muss in solchen Fällen eine künstliche Limitierung erfolgen, indem das Schöpfungsrecht restringiert oder monopolisiert wird. Normalerweise wird eine (halb-)staatliche Institution mit der Aufgabe betraut, exklusiv die nationale Währung auszugeben und zu verwalten. Es besteht aber auch die Möglichkeit, dieses Monopolrecht zu privatisieren.[21] Durch die Exklusivität der Schöpfung können die Herstellungskosten der Geldeinheiten unter dem aktuellen Marktpreis gehalten werden, da keine anderen Akteure existieren, welche ihrerseits in die Produktion eingreifen und Seigniorage-Erträge abschöpfen könnten.

Die monopolisierte Schöpfung wird in Abbildung 5 schematisch dargestellt. Der geldschöpfende Monopolist kann frei über die Menge und den theoretischen Marktpreis der Geldeinheit verfügen. Es ist ihm möglich, selbst bei tiefen, konstanten Grenzkosten, die Schöpfung freiwillig so zu beschränken, dass eine Geldeinheit mit einem positiven Gegenwert entsteht.

Als anschauliches Beispiel der monopolisierten Schöpfung bietet sich die Produktion des physischen Schweizer Frankens an. Die Schweizerische Nationalbank hat die exklusive Berechtigung zur Herstellung der Banknoten und ist dadurch im Besitz eines Schöpfungsmonopols. Die Herstellungskosten einer Banknote betra-

1 Monetär-theoretischer Kontext

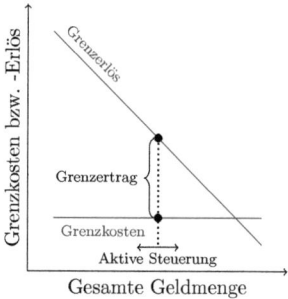

Abbildung 5: Monopolisierte Schöpfung mit konstanten Grenzkosten

gen durchschnittlich 30 Rappen.[38] Der Kostenvorteil der monopolisierten Geldschöpfung ist somit enorm. Im Falle des Einhundert Franken Geldscheins müssen lediglich 0.3% des realen Wertes des Tauschmittels für dessen Produktion aufgewendet werden. Bei der kompetitiven Schöpfung würde der Markt aufgrund dieser Tatsache solange mit Geldscheinen geflutet werden, bis der Wert eines Scheines bei den Kosten der Produktion läge, was einem Kostenpunkt von 100% des angestrebten Tauschmittel-Gegenwertes entsprechen würde. Es müssten also weitaus mehr Ressourcen für die Bereitstellung eines gegebenen Gegenwertes an Tauschmitteln aufgegeben werden. Gesellschaftlich betrachtet führt dies zu einer ineffizienten Allokation von Ressourcen und einer gewissen Effizienzüberlegenheit des monopolisierten Schöpfungsprozesses.[8]

> **Anmerkung 1.4**
> **Relative Produktionskosten von Geldeinheiten**
> In der nachfolgenden Tabelle stellen wir beispielhaft die Kosten der Geldschöpfung des Schweizer Frankens dar. Die Daten umfassen die Kosten für die Entwicklung und die Produktion und gehen auf eine Auskunft des Bundesrates von 2013 zurück.[38] Die erste Tabellenspalte zeigt die Stückelung in CHF,

---

[8]Bitcoin steht häufig in der Kritik für seine Anwendung der kompetitiven Schöpfung. Siehe dazu Anmerkung 5.1 auf Seite 213.

1.5 Monetäre Kontrollstrukturen

die zweite Spalte beinhaltet die Herstellungskosten in CHF und Spalte 3 das Verhältnis der Produktionskosten zum Gegenwert.

Stückelung	Produktionskosten	Verhältnis
0.05	0.0422	84.40%
0.10	0.0663	66.30%
0.20	0.0847	42.35%
0.50	0.0710	14.20%
1.00	0.0993	9.93%
2.00	0.1940	9.70%
5.00	0.3630	7.26%
10.00	0.3000^a	3.00%
20.00	0.3000^a	1.50%
50.00	0.3000^a	0.60%
100.00	0.3000^a	0.30%
200.00	0.3000^a	0.15%
1'000.00	0.3000^a	0.03%

Als ein Beispiel für die kompetitive Schöpfung betrachten wir Daten der Goldschöpfung. Die Produktionskosten der zehn grössten Goldproduzenten werden auf USD 825 bis 1'071 pro Unze geschätzt und liegen somit relativ nahe beim aktuellen Goldpreis.[b] Dies entspricht einem Produktionskosten/Realwert-Verhältnis von 70% bis 95%.[18]

[a]Durchschnittswert über alle Geldscheine
[b]Eine vollständige Übereinstimmung von Produktionskosten und Goldpreis analog der Theorie kann in der Praxis aber nicht beobachtet werden, da (a) die Goldschöpfung trotz der generell kompetitiven Natur erhebliche Eintrittsbarrieren aufweist und (b) die Daten lediglich die zehn kosteneffizientesten Produzenten umfassen und somit einen Teil des Marktes aussen vor lassen. Produzenten, die einen Kostenanteil von über 100% aufweisen, werden langfristig aus dem Markt ausscheiden.

Nebst den erwähnten Effizienzüberlegungen gibt es einen weiteren wesentlichen Unterschied der beiden Schöpfungsarten. Während bei der kompetitiven Schöpfung die Geldmenge durch Produktionskosten und die Nachfrage bestimmt wird, kann bei der monopolisierten Schöpfung die Institution aktiven Einfluss auf die Geldmenge nehmen und auf Veränderungen in der Nachfrage reagieren. Da ökonomische Aktivitäten oftmals zyklischer Natur sind, kann die geldschöp-

1 Monetär-theoretischer Kontext

fende Institution durch eine Ausdehnung oder eine Kontraktion der Geldmenge stabilisierend eingreifen.

> **Anmerkung 1.5**
> **Geldschöpfung mittels Kreditvergabe**
> Die Geldschöpfung von Zentralbanken erfolgt über die Kreditvergabe oder über den Kauf von Devisen und Wertschriften. Geschäftsbanken bilden dabei üblicherweise die Gegenpartei. Die neugeschaffene Schuld in der Landeswährung wird auf der Passivseite der Zentralbankenbilanz verbucht. Die Vermögenswerte oder die Forderung aus dem Kredit bilden den Gegenpart auf der Aktivseite. Die Zentralbank schafft also Geld, indem sie ihre Bilanz verlängert.
>
> Auf der Bilanz der Gegenpartei ist die gegenteilige Operation ersichtlich. Der Kredit wird als Schuld eingetragen beziehungsweise der Abfluss der Vermögenswerte entsprechend verbucht. Die neu erhaltenen gesetzlichen Zahlungsmittel werden auf der Aktivseite der Bilanz aufgeführt.
>
> Oft handelt es sich um befristete Geschäfte, wodurch eine spätere Kontraktion der Geldmenge erheblich erleichtert wird. Möchte die Zentralbank die Geldmenge verkleinern, lässt sie den Kredit auslaufen. Soll die Geldmenge hingegen auf dem derzeitigen Niveau bestehen bleiben oder gar ausgeweitet werden, kann die Zentralbank neue Kredite sprechen.

Auf der anderen Seite muss dem Monopolisten ein hohes Mass an Vertrauen entgegengebracht werden, dass er die aus der privilegierten Position resultierende Macht nicht missbraucht. Ist die Unabhängigkeit der Institution nicht gewährleistet, kann das exklusive Geldschöpfungsrecht zur missbräuchlichen Finanzierung von Staatsausgaben führen, indem Staatsschulden durch eine Ausdehnung der Geldmenge schleichend weginflationiert werden.

Die Währungsgeschichte umfasst zahlreiche Beispiele solcher Fälle und verdeutlicht die erheblichen Konsequenzen, die eine Verschiebung der Kontrollstrukturen haben kann. Nebst den bekannten Extrembeispielen, sogenannten Hype-

1.5 Monetäre Kontrollstrukturen

rinflationen (siehe Anmerkung 1.6), kann in fast allen Volkswirtschaften ein inflationärer Trend beobachtet werden. Abbildung 6 zeigt die historische Entwicklung des Preisniveaus für verschiedene Landeswährungen sowie für Gold. Die Daten offenbaren, dass selbst vermeintlich stabile Landeswährungen einem gewissen Abwertungsdruck unterliegen.

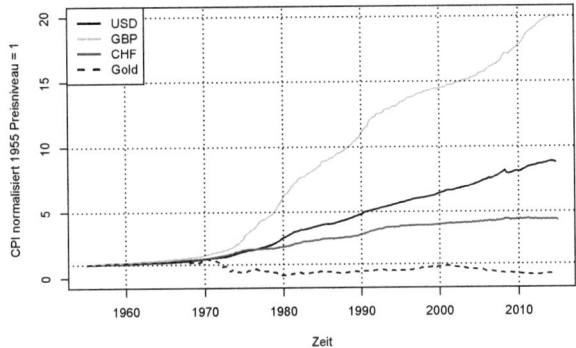

Abbildung 6: Entwicklung der Indices der Konsumentenpreise (CPI) für US Dollar, Pfund Sterling, Schweizer Franken und Gold (gemessen an USD Preis und Kaufkraft). Lineare Skala, normalisiert auf Preisniveau Januar 1955 = 1. Datenquelle: FRED Economic Research, data.okfn.org, gold.org

Selbstredend ist in dem betreffenden Zeitfenster auch das Lohnniveau markant gestiegen. Der Kaufkraftverlust der betreffenden Währungen hat aber nichtsdestotrotz erhebliche negative Effekte auf das angesparte Vermögen. Während das Preisniveau in Gold heute gerade mal einem Viertel des Preisniveaus von 1955 entspricht, sind innerhalb desselben Zeitraums die Preise in Pfund Sterling fast um den Faktor 20 gestiegen.

Eine reine Betrachtung der Preisentwicklung analog Abbildung 6 vermittelt jedoch ein verfälschtes Bild. Für einen objektiven Vergleich der Wertentwicklung

1 Monetär-theoretischer Kontext

müssen zudem die nominalen Zinssätze berücksichtigt werden, welche auf Vermögen in den verschiedenen Landeswährungen ausbezahlt werden. Gold wird dem hingegen nicht verzinst. Was im Zeitalter der Null- oder gar Negativzinspolitik oft vergessen geht, ist, dass die nominalen Zinssätze über weite Perioden jenseits der 10%-Marke lagen. Derart hohe Zinssätze können im Verlaufe der Zeit immense Vermögenseffekte nach sich ziehen. Ein Zinssatz von 7% über 60 Jahre würde beispielsweise bedeuten, dass eine Geldeinheit zu rund 58 Geldeinheiten anwächst. Dies relativiert die vermeintlich grossen Wertverluste durch das Halten der abgebildeten Landeswährungen.

Anmerkung 1.6
Hyperinflationen

Hyperinflationen sind Inflationserscheinungen von enormem Ausmass. Ein gängiger Schwellenwert zur Abgrenzung von Inflationen und Hyperinflationen liegt bei einer monatlichen Inflationsrate (Teuerung) von 50%, was einer annualisierten Inflationsrate von knapp 13'000% entspricht. Eine Hyperinflation entsteht meist, wenn ein erhebliches staatliches Budgetdefizit längerfristig durch die Produktion neuer Geldeinheiten finanziert wird.[25][41]

Seit dem zweiten Weltkrieg wurden 56 Fälle von Hyperinflationen dokumentiert. Die monatlichen Höchstraten liegen zwischen 50.8% (Taiwan 1947) und $4.19\% \times 10^{16}$, also 41.9 Billiarden Prozent (Ungarn 1945 - 1946). In den letzten Jahren sorgte insbesondere die Hyperinflation von Zimbabwe (2007 - 2008) für Aufsehen. An schlechten Tagen halbierte sich die Kaufkraft des Zimbabwe Dollars innert etwas mehr als 24 Stunden.[90]

Solche Extremwerte sind möglich, weil die jeweiligen Institutionen die Einheitengrössen ihrer Währung kontrollieren und somit auch die Grenzkosten pro Währungseinheit nach Belieben verändern können. Übersteigen die Grenzkosten der Banknotenherstellung den aktuellen Gegenwert des Scheins, kann die geldschöpfende Institution den Nominalwert der Note anpassen und somit die relativen Herstellungskosten pro Geldeinheit verringern. Dadurch entstehen

1.5 Monetäre Kontrollstrukturen

absurde Geldscheine wie etwa der 100 Billionen Mark Schein, der 1924 in Deutschland zirkulierte.

Tatsächlich kann die heutige Geldordnung aber nicht durch einen rein monopolisierten Schöpfungsprozess umschrieben werden. Zwar ist es korrekt, dass Zentralbanken das exklusive Recht zur Schöpfung des gesetzlichen Zahlungsmittels[9] halten, Geschäftsbanken können aber ihrerseits Geldeinheiten schöpfen, die zwar nicht dem gesetzlichen Zahlungsmittel entsprechen, in vielen Fällen aber als äquivalent betrachtet werden und in ähnlicher Weise zirkulieren. Diese Geldeinheiten werden als Giralgeld bezeichnet und sind nichts anderes als Zahlungsversprechen der jeweiligen Geschäftsbank, das gesetzliche Zahlungsmittel auf Verlangen auszubezahlen. Hat eine Person beispielsweise einen 100 Franken Geldschein, ist sie im Besitz des gesetzlichen Zahlungsmittels. Hat dieselbe Person hingegen ein Sparkonto bei einer Geschäftsbank mit einem Guthaben von 100 Franken, handelt es sich hierbei um ein Zahlungsversprechen der Geschäftsbank - also um Kreditgeld analog unseren Ausführungen in Abschnitt 1.4.2.

Die Geldschöpfung der Geschäftsbanken erfolgt auf eine ganz ähnliche Weise wie diejenige der Zentralbanken (siehe dazu Anmerkung 1.5). Giralgeld entsteht durch die geschäftsbankenseitige Kreditvergabe an Privatpersonen und Unternehmen. Die Geschäftsbank erhöht den Kontostand derjenigen Person, der sie einen Kredit spricht und verbucht diese Verbindlichkeit auf der Passivseite der eigenen Bilanz. Die Kreditforderung gegenüber dieser Person wird auf der Aktivseite der Geschäftsbankenbilanz verbucht. Solange das neugeschaffene Giralgeld auf den Konten verbleibt, welche die Geschäftsbank führt, kann sie theoretisch eine beliebig hohe Kreditsumme sprechen und neue Geldeinheiten im entsprechenden Umfang schaffen.

Beschränkt wird diese Praxis jedoch durch die drohende Gefahr, dass die Bankkunden das gesetzliche Zahlungsmittel ausbezahlt haben möchten (Bargeldauszahlung). Will ein Kunde nämlich das Zahlungsversprechen der Geschäftsbank einfordern, muss diese in der Lage sein, ihm den zugesicherten Betrag in

---

[9]Als gesetzliche Zahlungsmittel gelten in der Schweiz das Bargeld in Form von Noten und Münzen sowie die Sichteinlagen bei der Schweizerischen Nationalbank. Es gilt anzumerken, dass Münzen in der Schweiz durch den Bund geprägt werden.

1 Monetär-theoretischer Kontext

Form des gesetzlichen Zahlungsmittels zur Verfügung zu stellen. Um die eigene Zahlungsunfähigkeit zu vermeiden, muss eine Geschäftsbank die ausgestellten Kredite also immer durch ein Mindestmass an Reserven besichern. Wohlwissend, dass normalerweise nicht alle Kunden gleichzeitig ihr Geld beziehen möchten, entspricht diese Reserve jedoch nur einem Bruchteil der gesprochenen Kredite. In anderen Worten: Würden alle Kunden einer Geschäftsbank gleichzeitig die ihnen zustehenden gesetzlichen Zahlungsmittel beziehen wollen, könnte die betreffende Bank ihre Zahlungsversprechen nicht einhalten, da sie wesentlich mehr solche Versprechen ausstellt, als sie gesetzliche Zahlungsmittel besitzt.

Die Möglichkeit der Illiquidität von Geschäftsbanken stand in der Vergangenheit am Ursprung vieler Finanzkrisen und stellt einen der Hauptgründe für die strenge Regulierung der Finanzintermediäre dar. Ein funktionierender Interbankenmarkt, auf dem sich die Geschäftsbanken gegenseitig das gesetzliche Zahlungsmittel ausleihen können, sowie die Funktion der Zentralbank als *Lender of Last Resort* verringern diese Risiken.

> **Anmerkung 1.7**
> **Vollgeld Forderungen**
> Die Tatsache, dass in den heutigen Geldsystemen die Geschäftsbanken mehr Buchgeld schaffen als sie Reserven halten, ist der Grund für die Namensgebung *Fractional Reserve Banking* (dt. Teil- oder Mindestreserven-System). Dies wird in gewissen Kreisen als Defizit der bestehenden Geldordnungen angesehen. Insbesondere werden Forderungen laut, dass die Geschäftsbanken das von ihnen geschaffene Buchgeld mit 100% Reserven hinterlegen oder Kundeneinlagen ausserhalb der eigenen Bilanz führen müssen.

Trotz dieser Gefahren darf die zentrale Bedeutung von Giralgeld nicht ausser Acht gelassen werden. Giralgeld ist ein wichtiger Bestandteil des Geldsystems und stellt für Privatpersonen die einzige Möglichkeit dar, Geld in virtueller Form zu verwahren und zu versenden.[10] Obwohl keine gesetzliche Verpflichtung zur

---
[10]Es existieren für Privatpersonen heute keine Möglichkeit das gesetzliche Zahlungsmittel in

1.5 Monetäre Kontrollstrukturen

Annahme von Giralgeld besteht, sind Überweisungen und Kartenzahlungen derart verbreitet, dass die Einwilligung zur Akzeptanz von Giralgeld meist implizit als gegeben betrachtet wird. Insofern wird Giralgeld von den meisten Personen fälschlicherweise als die elektronische Form des gesetzlichen Zahlungsmittel angesehen. Diese Fehlannahme wird durch die Tatsache begünstigt, dass die Unterschiede der beiden Geldformen nur in Krisenzeiten spürbar sind. Gerät eine Geschäftsbank in eine Notlage und wird insolvent, können die Zahlungsversprechen verfallen. Der Kunde kann dadurch einen Teil seines Guthabens verlieren, falls die Geschäftsbank nicht mehr in der Lage ist, dem Zahlungsversprechen nachzukommen und das gesetzliche Zahlungsmittel auszuliefern.[11]

1.5.2 Repräsentation

Bei der Repräsentation von Geldeinheiten wird zwischen der physischen und der virtuellen Form unterschieden.

Physische Geldeinheiten sind an ein Objekt gebunden. Die physische Kontrolle des Objekts impliziert gleichzeitig den Besitz des entsprechenden Gegenwertes. Kontrolliert beispielsweise jemand eine physische Goldmünze, kann er grundsätzlich frei über den Gegenwert dieser Münze verfügen.

Physische Geldeinheiten bestechen insbesondere durch ihre einfache Handhabung. Das jeweilige Objekt dient als eindeutiger Vermögensnachweis und dessen physische Übergabe hat einen sofortigen und eindeutigen Besitzerwechsel der Werteinheit zur Folge. Die Übertragung der Werteinheit setzt keine zusätzlichen Infrastruktur- oder Vertrauenserfordernisse voraus. Insofern bieten physische Geldeinheiten einen hohen Schutz vor systemischen Abhängigkeiten und erlauben eine anonyme (siehe Anmerkung 1.11) und unmittelbare Begleichung jeglicher Schuld. Die Besitzverhältnisse sind zu jedem Zeitpunkt klar geregelt, wobei der derzeitige Besitzer des Objekts über die Werteinheit verfügt.

---

virtueller Form zu halten.[23]

[11] Die Einlagensicherung regelt die privilegierte Behandlung beziehungsweise den Schutz von Vermögen bis zu CHF 100'000 pro Kunde und Bankbeziehung (siehe dazu Artikel 37 ff. des Bundesgesetzes über die Banken und Sparkassen).[174]

1 Monetär-theoretischer Kontext

Die physische Repräsentation weist aber auch einige Nachteile auf, die eine einschränkende Wirkung auf die Handelstätigkeit haben können. Die wichtigsten Nachteile werden nachfolgend beschrieben:

Ortsgebundenheit. Mit physischen Geldeinheiten wird der Handel auf Geschäfte beschränkt, bei denen sich die Parteien (oder allfällige Vertreter) von Angesicht zu Angesicht gegenüberstehen und die Übergabe vornehmen können. Gerade beim Handel mit digitalen Gütern oder ortsunabhängigen Dienstleistungen kann ein physisches Tauschmittel eine hemmende Wirkung haben und grundsätzlich beidseitig rentable Tauschgeschäfte erschweren oder gar verunmöglichen. Da derartige Geschäfte im Zuge der Digitalisierung und der örtlichen Auslagerung von Arbeitsschritten gängiger werden, ist diesem Problem ein immer höherer Stellenwert einzuräumen.

Verwahrung und Transport. Die physische Manifestation verursacht Kosten bei der Verwahrung und beim Transport. Die Geldeinheiten müssen fachgerecht verwahrt, ge- und zumeist versichert werden. Ein Grossteil dieser Kosten steht im direkten Zusammenhang mit der relativen Masse, gemessen am Tauschwert der Geldeinheit sowie der örtlichen Distanz eines Transports.

Physische Integrität. Unabhängig davon, ob die Geldschöpfung kompetitiv oder monopolisiert erfolgt (siehe Abschnitt 1.5.1), bedingt die Verwendung als Tauschmittel und Wertspeicher eine gewisse Fälschungsresistenz (Verifizierbarkeit). Bei der monopolisierten Geldschöpfung muss sichergestellt werden, dass Geldeinheiten ausschliesslich von der Monopolinstanz erstellt werden können. Im Falle der kompetitiven Geldschöpfung gilt es zu verhindern, dass äusserlich äquivalent erscheinende Objekte mit geringeren Herstellungskosten als Geldsubstitut in den Umlauf geraten. Die Integrität physischer Geldeinheiten wird durch das Anbringen verschiedener Sicherheitsmerkmale sowie durch kontinuierliche Kontrollen erreicht und kann mitunter hohe Herstellungs-, Unterhalts- und Transaktionskosten verursachen.

1.5 Monetäre Kontrollstrukturen

Stückelung und Teilbarkeit. Physische Geldeinheiten sind meist nicht beliebig teilbar. Die Transformation der Stückelung kann aufwendig sein (Edelmetalle) oder aber sie wird durch die physische Integrität der Geldeinheit gänzlich verunmöglicht (Bargeld), wobei in solchen Systemen oftmals verschiedene Wertausprägungen geschaffen werden, für welche fixierte Wechselkurse gelten. Zentralbanken garantieren beispielsweise, dass eine Banknote mit dem Aufdruck 100 gegen zehn entsprechende Banknoten mit dem Aufdruck 10 eingetauscht werden kann. Dieses System führt zu einer Scheinteilbarkeit des Geldes und bedingt, dass stets eine Auswahl verschiedener Ausprägungen vorliegt (Wechselgeld). Auf aggregierter Ebene kann dies hohe Opportunitäts- und Transaktionskosten zur Folge haben.

Als Alternative bietet sich die virtuelle Repräsentation an. Virtuelle Geldeinheiten umfassen sämtliche Arten von Geldeinheiten, die *keine* physische Gestalt annehmen. Konkret wird eine Geldeinheit als virtuell bezeichnet, wenn deren Werteinheit auf einen neuen Besitzer übergehen kann, ohne dass damit eine Veränderung in der physischen Kontrolle über ein bestimmtes Objekt einhergeht.

> **Anmerkung 1.8**
> **Definition virtueller Geldeinheiten**
> Es soll an dieser Stelle erwähnt werden, dass die Europäische Zentralbank (EZB) eine Definition von virtuellen Geldeinheiten veröffentlicht hat, die mit der unseren in Konflikt steht. Die EZB vertritt den Standpunkt, dass virtuelle Währungen zwingend digitaler Natur sein müssen (Auszug aus EZB Bericht[74] zum Thema virtuelle Währungen: *"A virtual currency is a type of unregulated, digital money, which is issued and usually controlled by its developers, and used and accepted among the members of a specific virtual community"*).
>
> Obschon die Begriffe *virtuell* und *digital* in den meisten Fällen miteinander einhergehen, sind wir der Meinung, dass eine synonyme Verwendung vermieden werden sollte. Virtuell stellt lediglich das Antonym zu physisch dar und setzt keineswegs einen digitalen Ursprung voraus.

1 Monetär-theoretischer Kontext

> Ferner exkludiert das durch die EZB erwogene Erfordernis der Unreguliertheit einige Vertreter, welche unseres Erachtens eindeutig in dem Bereich der virtuellen Geldeinheiten anzusiedeln sind. Das Giralgeld des klassischen Finanzsystems, um nur ein Beispiel zu nennen, ist klar reguliert und dennoch rein virtueller Natur. Insofern haben wir uns für eine umfassendere Definition entschieden, welche sich zudem in den Rahmen der Kontrollstrukturen einer Geldeinheit einfügt.

Durch die Virtualität werden Geldeinheiten geschaffen, welche keinerlei physischen Beschränkungen unterliegen und die Nachteile der physischen Repräsentation beheben.

Die Abkehr von der physischen Repräsentation hat aber auch eine Kehrseite. Während die Besitzverhältnisse bei physischen Objekten durch den Verbleib des entsprechenden Objekts eindeutig geregelt werden, sind rein virtuelle Ansprüche anfechtbar. Um diesem Problem entgegenzuwirken, erfolgt die Legitimation und Beweisführung von virtuellen Ansprüchen über implizite oder explizite Register, in denen die jeweiligen Guthaben aller Wirtschaftssubjekte festgehalten werden.[12]

> **Anmerkung 1.9**
> **Ein digitaler Geldschein**
> Ein naiver Versuch zur virtuellen Darstellung von Wert bestünde in der Verwendung von "Bargeld"-Dateien. Eine solche Datei könnte als digitaler Geldschein dienen und analog einer physischen Geldeinheit frei zirkulieren. Kann

---

[12]Eine Alternative zur Verwendung von Registern besteht in der Verwendung von *Stored Value Cards* (SVC). Die Chips dieser Karten können mit Geldeinheiten aufgeladen werden, ohne dass das Kartenguthaben in einem zentralen Register vermerkt wird. Der Chip verhindert eine unautorisierte Anpassung des Guthabens. Entsprechend setzt die Validierung einer Zahlung keine Verbindung mit einem Register voraus. Gängige Beispiele umfassen Telefonkarten,[51] *Mondex* oder die *Cash* Funktion[50] auf Schweizer Debitkarten. SVC haben heute weitgehend an Bedeutung verloren und die meisten Projekte wurden eingestellt. Ein wesentlicher Grund für den ausgebliebenen Erfolg besteht darin, dass SVCs zwar in den Bereich der virtuellen Geldeinheiten fallen, ihr Einsatz aber der Ortsgebundenheit von physischen Geldeinheiten unterliegt, beziehungsweise spezielle Chip Lesegeräte voraussetzt.

1.5 Monetäre Kontrollstrukturen

der Besitz der Datei eindeutig nachgewiesen werden, wäre kein Register erforderlich.

Die Idee hat aber ein grundsätzliches Problem. Im Unterschied zu physischen Objekten können virtuelle Objekte einfach kopiert werden. Dadurch verfehlt der digitale Geldschein die essentiellste aller monetären Grundeigenschaften, die Seltenheit, und ist somit nicht als Geldeinheit geeignet.

Implizite Register basieren lediglich auf der mündlichen Übereinkunft der Teilnehmer und sind dementsprechend auf kleine und gut vernetzte Gemeinschaften beschränkt. Ein Konsens wird durch die engen und anhaltenden Verbindungen innerhalb der Gemeinschaft erreicht, wobei die Teilnehmer durch den drohenden Ausschluss im Falle eines Fehlverhaltens zur Kooperation bewegt werden. Um den Konsens zu wahren, einigt sich die Gemeinschaft, wer zu einem gegebenen Zeitpunkt über wie viele Geldeinheiten verfügt und stellt die stetige und wahrheitsgemässe Kommunikation von Veränderungen der jeweiligen Guthaben sicher. Anmerkung 1.10 beschäftigt sich mit einem Beispiel einer auf einem impliziten Register basierenden, virtuellen Geldeinheit.

Anmerkung 1.10
Von virtuellen Mühlsteinen
Ein eindrückliches und sehr anschauliches Beispiel einer auf einem impliziten Register basierenden, virtuellen (aber nicht digitalen) Geldeinheit liefert uns der amerikanische Anthropologe William Henry Furness III, der zu Beginn des 20. Jahrhunderts einige Monate auf der Deutsch-mikronesischen Insel Yap verbracht hat, um dort die Lebensweise und die Kultur der Einheimischen zu studieren. Besonders angetan war Furness von dem monetären System der Inselbewohner. In seinem Bericht[81] schreibt er von grossen Mühlstein-artigen Gebilden, die auf der knapp 450 km entfernten Insel Palau abgetragen und per Floss nach Yap verschifft wurden. Dort angekommen, wurden die Steine als Geldeinheit verwendet.[a]

1 Monetär-theoretischer Kontext

> Doch anstatt die Steine, mit bis zu vier Metern Durchmesser, bei jeder Transaktion mühselig auf das Grundstück des neuen Eigentümers zu bewegen, hat man sich darauf geeinigt die unhandlichen Objekte an ihrem jeweiligen Ort zu belassen. Entscheidend war lediglich, dass die Gemeinschaft den Besitzerwechsel anerkennen würde. Ausgelöste Transaktionen und die daraus resultierenden Besitzerwechsel wurden solange weiterkommuniziert, bis schliesslich alle Bewohner der Insel davon Kenntnis nahmen.[b]
>
> Zwar handelt es sich bei den Mühlsteinen um physische Objekte, der Besitzanspruch wurde aber von der physischen Gestalt losgelöst und unabhängig davon gehandelt. Dies führt dazu, dass die physische Kontrolle über den Stein nicht länger den Besitz des entsprechenden Gegenwertes impliziert. Den Berichten von Furness zufolge war der Virtualisierungsprozess soweit fortgeschritten, dass selbst die Werteinheit eines Steins, der einst bei der Überfahrt von Palau nach Yap im Meer versank, weiterhin als Tauschmittel akzeptiert wurde, obschon der betreffende Stein seit Generationen auf dem Meeresgrund lag.[80] Die physischen Steine spielten also nur eine sekundäre Rolle und waren für den tatsächlichen Besitzstand nicht von Bedeutung, wodurch die Geldeinheit unsere Definition der Virtualität erfüllt.
>
> [a]Dies entspricht einer kompetitiven Geldschöpfung analog Abschnitt 1.5.1, da theoretisch jeder Inselbewohner in der Lage ist neue Steine abzutragen. Die Grenzkosten umfassen primär Herstellungs-, Transport- sowie Opportunitätskosten. Der Grenzerlös ist durch den Marktwert des Steins gegeben.
> [b]Das Yap System weist einige Gemeinsamkeiten mit der Bitcoin-Technologie auf, unterscheidet sich aber dennoch in wesentlichen Punkten. Für einen Vergleich siehe Economist[189] sowie Anmerkung 2.1.

Grössere Gruppen führen zu komplexen Systemen und unübersichtlichen Besitzverhältnissen, die zwingend explizite Register erfordern. Dabei handelt es sich um Datenbanken, die in schriftlicher oder digitaler Form festgehalten werden.

Das heutige Finanzsystem basiert auf einem mehrschichtigen Konstrukt von expliziten Registern. Zentralbanken führen Register über die jeweiligen Vermögenswerte von Geschäftsbanken. Die Geschäftsbanken bewirtschaften wiederum Register mit den Guthaben ihrer Kunden. Auch Bitcoin wird, wie wir in den nächsten Kapiteln sehen werden, auf Basis eines expliziten Registers, der Blockchain, geführt.

1.5 Monetäre Kontrollstrukturen

Anmerkung 1.11
Geldeinheiten und Anonymität

Physische Geldeinheiten weisen einen sehr hohen Anonymitätsgrad auf. In aller Regel existieren keine Daten oder nur grobe Schätzungen über den aktuellen Verbleib physischer Geldeinheiten. Dies ist darauf zurückzuführen, dass Transaktionen selbstständig und ohne den Hinterlass grösserer Spuren ausgeführt werden können. Eine Nachverfolgung bestimmter Einheiten ist schwierig und generell nur dann möglich, wenn entweder die Homogenität der physischen Geldeinheit nicht vollständig gegeben oder aber sie mit einer Seriennummer oder anderen individuellen Merkmalen versehen ist.

Systeme mit virtuellen Geldeinheiten sind wesentlich transparenter. Die zugrundeliegenden Register implizieren, dass immer mindestens eine Partei über die aktuelle Verteilung der Vermögensverhältnisse sowie alle getätigten Transaktionen im Bilde ist und untergraben dadurch jegliche Anonymität. Unabhängig davon, ob die Aufzeichnung in schriftlicher, digitaler (explizite Register) oder mündlicher Form (implizite Register) geführt wird, existieren zwangsläufig Informationen der Besitzverhältnisse, die mindestens einem eingeschränkten Personenkreis zugänglich sind.[a] Diese Tatsache weckt gewisse Bedenken hinsichtlich der Privatsphäre, denn auch bei legalen Transaktionen kann es gute Gründe geben, die gegen eine Offenlegung des gesamten Zahlungsverkehrs sprechen.

---

[a]Bitcoin wirkt dieser Problematik über die Verwendung von Einweg-Pseudonymen entgegen, so dass in den Registern zwar die Pseudonyme vermerkt sind, diese aber nur unter bestimmten Umständen einer Person zugeordnet werden können (siehe Abschnitt 4.1.4).

1 Monetär-theoretischer Kontext

1.5.3 Transaktionsabwicklung

Die Transaktionsabwicklung kann zentral oder dezentral erfolgen. Eine dezentrale Abwicklung bedeutet, dass der Besitzer einer Geldeinheit deren Eigentumsrechte eigenständig und abseits jeglicher Erfordernisse zur Beihilfe einer spezifischen Drittpartei übertragen kann. Dem gegenüber steht die zentrale Abwicklung, bei der die Verarbeitung von Transaktionen einer zentralen Instanz obliegt, ohne deren Zustimmung ein Übertrag der Geldeinheit verunmöglicht wird.

Unabhängig davon, ob die Transaktionsabwicklung zentral oder dezentral erfolgt, müssen die folgenden drei Transaktionsbedingungen erfüllt werden:

Transaktionsfähigkeit. Es ist sichergestellt, dass Transaktionen initiiert und Werteinheiten übertragen werden können.

Transaktionslegitimität. Es existiert ein Kontrollmechanismus, der garantiert, dass Transaktionen ausschliesslich durch den tatsächlichen Eigentümer initiiert werden können.

Transaktionskonsens. Es existiert ein Prozess, der zu jedem gegebenen Zeitpunkt zu einem eindeutigen Zustand der Guthabenverteilung führt.

Physische Geldeinheiten werden per Definition dezentral abgewickelt. Dies ist darauf zurückzuführen, dass die Werteinheit fest und ausschliesslich an das physische Objekt gekoppelt ist und eine Übertragung des Objekts einen unmittelbaren und unanfechtbaren Übergang der Werteinheit zur Folge hat. Der jeweilige Besitzer einer solchen Geldeinheit kann frei über den Verbleib des physischen Objekts verfügen und es folgerichtig jederzeit und samt Werteinheit einem neuen Besitzer übergeben. Dadurch werden alle drei Bedingungen automatisch erfüllt. Das Objekt kann (Transaktionsfähigkeit) ausschliesslich durch den derzeitigen Eigentümer (Transaktionslegitimität) übertragen werden und befindet sich stets im Besitz derjenigen Person, die über das physische Objekt verfügt (Transaktionskonsens).

1.5 Monetäre Kontrollstrukturen

Virtuelle Geldeinheiten verhalten sich diesbezüglich wesentlich komplexer. Der Wegfall der physischen Repräsentation untergräbt den inhärenten Transaktionskonsens und führt zur Notwendigkeit von Registern (Siehe Abschnitt 1.5.2).

Bei der Verwendung von Registern stellt sich wiederum die Frage über deren Management, insbesondere aber darüber, wer in der Lage sein soll, Registeranpassungen durchzuführen. Wird das Registerführungsrecht jedem Teilnehmer zugestanden, kann dies zu erheblichen Problemen führen. Analog dem Beispiel aus Anmerkung 1.10 stellt die freie Anpassung zwar eine valide Option für kleine und gut vernetzte Gruppen dar, sobald das System aber eine gewisse Grösse erreicht und die Zahlungsströme komplexer werden, wird es bei einer offenen Registerführung unweigerlich zu Meinungsverschiedenheiten bezüglich des aktuellen Registerzustandes kommen. Des Weiteren können böswillige Teilnehmer Falschmeldungen in Form von manipulierten Transaktionen einstreuen und dadurch die Register zu ihren Gunsten verändern oder aber das System zum Erliegen bringen. In der Informationstechnologie wird dies als das *Problem der Byzantinischen Generäle* bezeichnet (siehe Anmerkung 1.12). Die Teilnehmer scheitern an der Identifikation der wahren Registerzustände, wodurch eine dezentrale Transaktionsabwicklung von virtuellen Geldeinheiten verunmöglicht wird.

Anmerkung 1.12
Das Problem der Byzantinischen Generäle
Das Problem der Byzantinischen Generäle beschreibt eine grundlegende Herausforderung dezentraler Informationssysteme. Korrumpierte Teile des Systems können falsche Informationen verbreiten und dadurch zu Widersprüchen führen. Das System muss folglich zwingend eine gewisse Fehlertoleranz aufweisen und durch einen bestimmten Algorithmus ein gemeinsames und sinnvolles Ergebnis erreichen.

Im Originalpapier[116] wurde das Problem im Kontext einer anschaulichen Geschichte dargestellt. Mehrere Divisionen der Byzantinischen Armee belagern eine feindliche Stadt. Die Divisionen können nur mit Boten kommuni-

1 Monetär-theoretischer Kontext

zieren und müssen sich auf eine gemeinsame Strategie einigen - sprich die Belagerung fortsetzen oder angreifen. Nur wenn die loyalen Divisionen dieselbe Strategie wählen, wird der Plan gelingen und die byzantinische Streitmacht siegreich sein.

Das Problem ist, dass es sich bei einer Minderheit der Armeeangehörigen um Verräter handelt, die durch die Verbreitung von Falschmeldungen versuchen werden, die Strategiekoordination der Divisionen zu vereiteln. Die folgenden beiden Beispiele visualisieren die Schwierigkeiten bei der Identifikation der Verräter-Division und der Koordination auf eine gemeinsame Strategie.

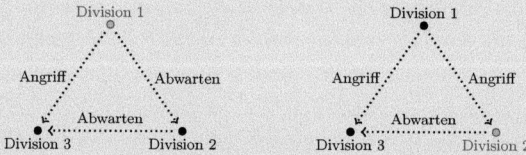

In beiden Beispielen übernimmt Division 1 die Initiative und kommuniziert eine Strategie. Division 3 erhält widersprüchliche Informationen und muss versuchen, den Verräter (jeweils in grau gehalten) zu identifizieren. Das Problem ist, dass aus der Sicht der dritten Division beide Situationen exakt gleich aussehen, obschon in der Situation auf der linken Seite der Verrat von Division 1 ausgeht, während auf der rechten Seite die zweite Division verräterische Absichten hat. Für Division 3 wird es somit unmöglich, Wahrheit von Lüge zu unterscheiden und die Strategie mit der anderen loyalen Division zu koordinieren.

Die meisten virtuellen Geldeinheiten basieren auf Registern mit einer zentralen Transaktionsabwicklung, in welchen ein vordefinierter Personenkreis exklusiv mit Buchführungsrechten ausgestattet wird. Meist handelt es sich bei diesen Personen um Geschäftsbanken, die im Gegenzug die benötigte Infrastruktur zur Verfügung stellen. Die Institute etablieren ein Filialnetz, akzeptieren schriftliche Zahlungsaufträge und ermöglichen eine kundenseitig initiierte Interaktion über elektronische Kanäle (Transaktionsfähigkeit). Gleichzeitig überprüfen sie mittels

1.5 Monetäre Kontrollstrukturen

verschiedener Identifikationsmassnahmen die Legitimität der erfassten Zahlungsaufträge und sorgen dafür, dass nur rechtmässige Transaktionen ihren Weg in das Register finden (Transaktionslegitimität). Durch die Exklusivität kann jeglichen Meinungsverschiedenheiten hinsichtlich des Registerzustandes entgegengewirkt werden. Es existiert zu jedem Zeitpunkt nur eine einzige Version des Registers, wodurch der Transaktionskonsens automatisch erfüllt und die aktuelle Verteilung der Guthaben klar geregelt wird.

Die Existenz einer zentralen Instanz ermöglicht eine einfache Abwicklung und Konsensfindung. Gleichzeitig birgt die Schaffung einer solch privilegierten Stellung aber ein erhebliches Missbrauchsrisiko. Theoretisch kann eine zentrale Instanz die Registereinträge beliebig abändern oder die Verarbeitung grundsätzlich legitimer Transaktionen verweigern. Selbst in Rechtsstaaten, in denen nicht mit einem unmittelbaren Missbrauch dieser Position gerechnet werden muss, führt die Exklusivität zur unvermeidlichen Systemrelevanz der registerführenden Instanz und wirft diesbezüglich zahlreiche Fragen auf. Wie stark soll und darf sich ein Handelsplatz von zentralen Diensten abhängig machen? Wer entscheidet über die Allokation des Privilegs und wie wird verhindert, dass eine zentrale Instanz korrumpiert wird oder ungerechtfertigte Monopolprofite extrahiert? Zudem schafft eine zentrale Infrastruktur ein höheres Risiko von kriminellen Angriffen und konfiskatorischen Zugriffen durch Dritte. Beispiele umfassen Hackerattacken, diktatorisch erzwungene Wechsel von Guthaben in eine neu geschaffene Währung oder willkürliche Konfiskationen von Geldeinheiten. Insbesondere drängt sich aber die philosophische Frage auf, inwieweit von Eigentum die Rede sein kann, wenn die entsprechende Werteinheit erst durch die Zustimmung einer anderen Entität übertrag- und somit nutzbar wird, denn genau das ist die Crux eines zentralen Systems: Guthaben können ausschliesslich in Absprache mit dem zentralen Buchführer transferiert werden.

Wir stehen also vor einem Dilemma. Aus Effizienzüberlegungen wäre eine virtuelle Geldeinheit optimal, da diese im Vergleich mit physischen Geldeinheiten erhebliche funktionale Vorteile aufweist. Anderseits bedingt die virtuelle Repräsentation eine zentrale Transaktionsverarbeitung und kann dadurch zu systemischen Abhängigkeiten und potentiell enorm hohen gesellschaftlichen Kosten

1 Monetär-theoretischer Kontext

führen. Wünschenswert wäre folglich ein alternativer Geldeinheiten-Typ, welcher in virtueller Form auftritt und dabei eine dezentrale Transaktionsverarbeitung zulässt. Diese Kombination galt bis Ende 2008 als unerreichbar.

1.6 Aufgaben zur Repetition

Aufgabe 1.1: Erläutern Sie die drei Funktionen einer Geldeinheit und fügen sie jeweils mindestens eine monetäre Grundeigenschaft an, welche für diese Funktion von Relevanz ist. Begründen Sie Ihre Wahl.

Aufgabe 1.2: In einer vereinfachten Beispielökonomie werden 26 verschiedene Waren direkt gegeneinander gehandelt. Zeigen Sie sowohl quantitativ als auch argumentativ, welchen Effekt die Einführung eines allgemein akzeptierten Tauschmittels (beziehungsweise einer Geldeinheit) auf die Anzahl der Tauschpaare hat.

Aufgabe 1.3: Beschreiben Sie, weshalb bei einer äquivalenten Grenzkostenstruktur die aggregierten Kosten der kompetitiven Schöpfung niemals geringer ausfallen können, als jene der monopolisierten Schöpfung.

Aufgabe 1.4: Berechnen Sie die monetäre Gleichgewichts-Geldmenge q wenn der Gegenwert einer kompetitiv geschöpften Geldeinheit durch die inverse Nachfragefunktion $MR(q) = \max[50 - 2q, 0]$ bestimmt wird und sich die Grenzkosten zur Erstellung einer Geldeinheit wie folgt verhalten:

a) $MC(q) = 3q$

b) $MC(q) = 10$

Aufgabe 1.5: Visualisieren Sie die Lösungen aus Aufgabe 1.4 in einem Diagramm analog Abbildung 4 (Seite 24).

Aufgabe 1.6: Lesen Sie den Wikipedia Artikel zu M-Pesa[201] und beurteilen Sie die Geldeinheit hinsichtlich ihrer Kontrollstrukturen.

1 Monetär-theoretischer Kontext

Aufgabe 1.7: Beschreiben Sie, inwiefern das Problem der Byzantinischen Generäle eine dezentrale Transaktionsabwicklung virtueller Geldeinheiten vereiteln kann.

2 Bitcoin Überblick

In diesem Kapitel beginnen wir unsere Analyse von Bitcoin. Wir erörtern den Begriff, grenzen das Bitcoin-System gegenüber dem klassischen Finanzsystem ab und verdeutlichen, welche Konsequenzen der Verzicht auf eine zentrale Instanz hat. Wir diskutieren, wie die drei Transaktionsbedingungen aus Abschnitt 1.5.3 erfüllt werden und schaffen eine Grundlage für den zweiten, weitaus technischeren, Teil dieses Buches. Im Anschluss widmen wir uns den Ursprüngen, der Entwicklung und den politischen Eigenheiten des Bitcoin-Systems und analysieren die Zahlungsbereitschaft für Bitcoin Einheiten. Das vorliegende Kapitel eignet sich gut als eine kurze Zusammenfassung und als Grobübersicht, die den innovativen Charakter des Bitcoin-Systems hervorzuheben vermag.

2.1 Erste Einordnung von Bitcoin

Bitcoin ist ein umfassendes Konzept, welches verschiedene Technologiekomponenten so miteinander verknüpft, dass Werteinheiten kompetitiv geschöpft, virtuell dargestellt und dezentral abgewickelt werden können. Dadurch eröffnet das System eine neue Kombination der Kontrollstrukturen und kann Geldeinheiten hervorbringen, die sich erheblich von Waren-, Bar- und Giralgeld unterscheiden (siehe Abbildung 7).

Das Besondere an dieser Kombination ist, dass sie die transaktionalen Vorteile einer virtuellen Geldeinheit mit der systemischen Unabhängigkeit der dezentralen Transaktionsabwicklung verbindet.

2 Bitcoin Überblick

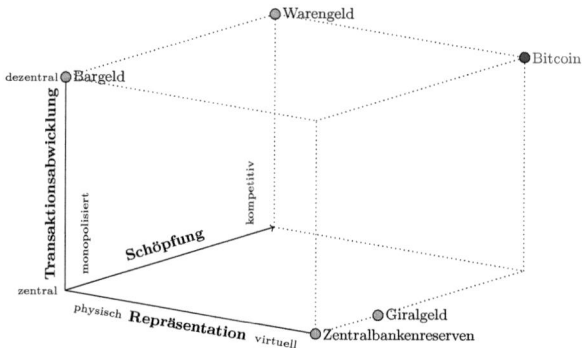

Abbildung 7: Kontrollstrukturen Matrix von Geldeinheiten

Der Begriff *Bitcoin* ist ambivalent. Er wird sowohl zur Beschreibung des Gesamtsystems, als auch für einige der Teilkomponenten genutzt. Diese umfassen das Bitcoin-Netzwerk, das Bitcoin (Kommunikations-)Protokoll sowie die Bitcoin (Geld-)Einheiten. Konkret kommunizieren die Teilnehmer des Bitcoin-Netzwerks in der standardisierten Form des Bitcoin Protokolls und übertragen dabei Besitzansprüche auf virtuelle Bitcoin Einheiten.

Die Mehrdeutigkeit des Begriffs stiftet mitunter grosse Verwirrung und stellt eine erste Hürde zum Verständnis des Systems dar. Wir achten deshalb auf eine strikte Abgrenzung der Begrifflichkeiten. Mit der alleinigen Verwendung des Wortes *Bitcoin* beziehen wir uns auf das Bitcoin-System beziehungsweise die Bitcoin-Technologie. Sprechen wir von einer der gleichnamigen Teilkomponenten, werden wir stets den Zusatz *Netzwerk*, *Protokoll* oder *Einheit* verwenden.

2.2 Das Bitcoin-System

Um die einzigartige[13] Kombination der Kontrollstruktur aus Abbildung 7 ermöglichen zu können, verbindet die Bitcoin-Technologie verschiedene Teilkomponenten zu einem innovativen Gesamtsystem. Abbildung 8 visualisiert den Aufbau und die Bestandteile des Systems.

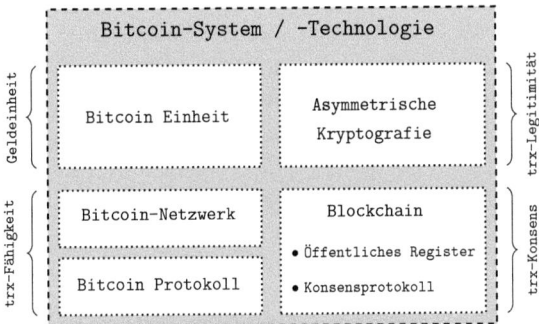

Abbildung 8: Bitcoin-Technologie im Überblick (trx = Transaktion)

Bitcoin Einheit. Bitcoin Einheiten (auch bitcoins) sind die virtuellen Geldeinheiten des Systems. Sie existieren weder physisch, noch können sie in der Form von Dateien versendet werden. Bitcoin Einheiten sind vielmehr Registereinträge, die einer bestimmten Person zugeordnet werden.[14]

Bitcoin-Netzwerk. Das Bitcoin-Netzwerk ist vollständig dezentral. Es umfasst alle Teilnehmer und deren Verbindungen und dient als primärer Kommunikationsweg für den Austausch von Informationen und die Konsensfindung.

Bitcoin Protokoll. Das Bitcoin Protokoll legt die Art und Weise fest, in welcher die Kommunikation innerhalb des Bitcoin-Netzwerkes zu erfolgen hat. Es

---

[13]Siehe Anmerkung 2.1

[14]Präziser ausgedrückt wird die zukünftige Übertragung bestimmter Bitcoin Einheiten an eine Bedingung gekoppelt, die nur von einer bestimmten Person beziehungsweise einem bestimmten Personenkreis erfüllt werden kann.

2 Bitcoin Überblick

beinhaltet in erster Linie standardisierte Richtlinien zur Formatierung von Nachrichten jeglicher Art.

Asymmetrische Kryptografie. Die asymmetrische Kryptografie wird zur Beweiserbringung und zu Kontrollzwecken eingesetzt. Sie ermöglicht es allen Nutzern des Bitcoin-Netzwerks die Legitimität jeder beliebigen Transaktionsnachricht abschliessend überprüfen zu können.

Blockchain. Die Blockchain besteht aus einem öffentlichen Register. Jede Person kann das Register einsehen, eine Kopie herunterladen und diese abändern. Entscheidend ist lediglich diejenige Registerversion, die (1.) nur nachweislich legitime Transaktionen beinhaltet und (2.) per Konsens als aktuellste Version des Registers betrachtet wird. Letzteres Kriterium wird über ein Konsensprotokoll sichergestellt. Die Bitcoin Blockchain nutzt hierzu ein Prinzip, welches unter dem Namen *Proof-of-Work* bekannt wurde.

2.3 Abgrenzung von bestehenden Systemen

Die Verwendung eines Registers ist kein Novum der Bitcoin-Technologie. Wie in Abschnitt 1.5.2 erklärt, basieren die meisten virtuellen Geldeinheiten auf Registern. Giralgeld ist beispielsweise nichts anderes als die Register-basierte Virtualisierung von Ansprüchen auf physische (Bar-)Geldeinheiten.[15] Das Register wird in diesem Fall exklusiv durch eine zentrale Instanz geführt, welche im Wesentlichen die Transaktionsfähigkeit, die Transaktionslegitimität und den Transaktionskonsens gewährleistet.

Die *Transaktionsfähigkeit* umfasst die Sicherstellung der Möglichkeit der Eigentümer, eine Transaktion ihres Guthabens initiieren zu können. Dies wird im Bankensystem durch die Bereitstellung von Infrastruktur ermöglicht. Geschäftsbanken etablieren ein Filialnetz, akzeptieren schriftliche Zahlungsaufträge und ermöglichen eine kundenseitig angestossene Interaktion über Terminals, Heimcomputer und andere elektronische Kanäle. Entfällt die zentrale Instanz, so bricht

---

[15]Bargeld und Giralgeld sind nicht äquivalent. Während Bargeld in die Kategorie des Fiatgeldes gehört, umfasst Giralgeld lediglich ein Versprechen auf die Auszahlung in Fiatgeldeinheiten.

2.3 Abgrenzung von bestehenden Systemen

auch die zugehörige Infrastruktur weg. Im Bitcoin-System muss folglich eine andere Möglichkeit bestehen, die den Teilnehmern dennoch die Initiierung von Transaktionen erlaubt.

Mit der Kommunikation geht die Prüfung der *Transaktionslegitimität* einher. Die zentrale Instanz ist verpflichtet den Transaktionsinitianten zu identifizieren und sicherzustellen, dass es sich um den tatsächlichen Eigentümer des entsprechenden Guthabens handelt. Die Identifikation erfolgt in aller Regel durch die Prüfung von Unterschriften und Pin Codes oder anhand von dokumentarischen oder biometrischen Identifikationsprozessen. All diese Kontrollmechanismen basieren darauf, dass eine zentrale Instanz die Zugangskriterien anfänglich erfasst und bei Bedarf abgleicht. Ohne diese Instanz muss auch die Prüfung der Transaktionslegitimität auf eine andere Weise erfolgen.

Die exklusiven Buchführungsrechte in zentralen Systemen resultieren automatisch in einem eindeutigen Zustand des Registers. Ist eine zentrale Instanz alleiniger Buchführer des Registers, wird immer nur eine einzige Version des Registers existieren. Insofern ist der *Transaktionskonsens* in zentralen Systemen per Konstruktion gegeben. Entfällt hingegen die Exklusivität, werden verschiedene, grundsätzlich gleichberechtigte, Versionen des Registers entstehen und die Frage aufgeworfen, wie ein Konsens darüber erreicht werden kann, welche dieser Registerversionen Gültigkeit hat.

Die eigentliche Innovation von Bitcoin liegt somit im bewussten Verzicht auf zentrale Instanzen. Auf der einen Seite können dadurch systemische Abhängigkeiten verhindert werden. Besitzer einer Bitcoin Einheit können selbstständig und uneingeschränkt über diese verfügen, ohne dabei auf eine spezifische Drittinstanz vertrauen zu müssen. Die Absenz einer zentralen Instanz führt auf der anderen Seite aber auch dazu, dass die Sicherstellung der *Transaktionsfähigkeit*, die Prüfung der *Transaktionslegitimität* und das Erreichen eines *Transaktionskonsens* deutlich erschwert werden. Ohne die Existenz einer Instanz, welche die entsprechende Verantwortung trägt, muss die Erfüllung der drei Transaktionsbedingungen auf alternativen Wegen sichergestellt werden. Diese Prinzipien werden im nachfolgenden Abschnitt beschrieben.

2 Bitcoin Überblick

> **Anmerkung 2.1**
>
> **Abgrenzung gegenüber dem Yap System**
>
> In Anmerkung 1.10 auf Seite 38 haben wir das monetäre System der Yap Inseln vorgestellt. Wir haben aufgezeigt, dass die Werteinheiten von den Mühlsteinen losgelöst beziehungsweise virtualisiert werden, so dass das System auf der Basis eines impliziten Registers geführt werden kann.
>
> Hinsichtlich der Kontrollstrukturen ist das Yap System somit in demselben Bereich wie Bitcoin anzusiedeln. Die Werteinheiten der Mühlsteine sind virtuell, werden kompetitiv geschöpft und die Transaktionen dezentral abgewickelt.
>
> Der grosse Unterschied der beiden Systeme besteht darin, dass Bitcoin in einem vertrauensfreien Umfeld anwendbar ist. Das Yap System funktioniert hingegen lediglich aufgrund der engen Beziehungen der Teilnehmer und aufgrund des drohenden gesellschaftlichen Ausschlusses im Falle eines Fehlverhaltens. Bitcoin ist also deutlich besser skalierbar und frei zugänglich.
>
> Bitcoin schafft Transparenz und macht alle Transaktionen sowie den Zustand des Registers mathematisch überprüfbar - und zwar für jeden Teilnehmer des Systems. Bitcoin funktioniert folglich abseits jeglicher Vertrauensverhältnisse und ist (trotz einiger Gemeinsamkeiten) klar von dem Yap System abzugrenzen.

2.4 Zusammenfassung der Funktionsweise

In diesem Abschnitt fassen wir die Funktionsweise von Bitcoin anhand der drei Transaktionsbedingungen zusammen und zeigen, wie diese trotz der Dezentralität erfüllt werden können.

2.4.1 Transaktionsfähigkeit

Das Bitcoin-Netzwerk bildet das Fundament des Systems. Es sichert den Austausch von Informationen und basiert auf *peer-to-peer* Technologie. *Peer-to-peer* bedeutet, dass alle Netzwerkteilnehmer ausnahmslos gleichgestellt sind und die Kommunikation zwischen beliebigen Teilnehmern erfolgen kann. Es existieren keine zentralen Strukturen oder Teilnehmer mit Sonderrechten.

Über das Bitcoin-Netzwerk können Transaktionen und andere Nachrichten zur Konsensfindung versendet werden. Möchte Edith beispielsweise eine Bitcoin Einheit an Daniel übertragen, erstellt sie eine Transaktionsnachricht, die den entsprechenden Zahlungsauftrag enthält. Die Nachricht wird nach den Standards des Bitcoin Protokolls verfasst und einem beliebigen Netzwerkteilnehmer zugestellt.

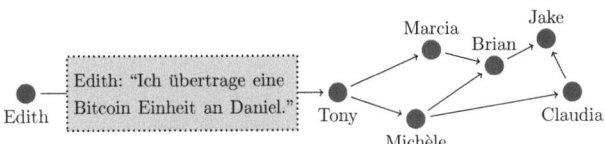

Abbildung 9: Eine Transaktion initiieren

In unserem Beispiel aus Abbildung 9 erreicht die Transaktionsnachricht Tony, der eine Kopie der Nachricht behält und sie anschliessend an all seine direkten Verbindungen, namentlich Marcia und Michèle, weiterleitet. Marcia und Michèle werden ihrerseits dasselbe tun. Die Weiterleitung wird so lange fortgeführt, bis keine neuen Netzwerkteilnehmer mehr erreicht werden können.

Obwohl der Zahlungsauftrag zu Gunsten von Daniel verfasst wurde, muss die Transaktionsnachricht nicht direkt an Daniel gesendet werden. Ob und wann

2 Bitcoin Überblick

Daniel von dieser Nachricht erfährt, ist erstmal irrelevant. Wie wir später sehen werden, muss Daniel selbst noch nicht einmal unbedingt zu den (direkten) Netzwerkteilnehmern gehören. Wichtig ist lediglich, dass die Transaktion von einem Grossteil der Netzwerkteilnehmer zur Kenntnis genommen wird.

Die dezentrale und dynamische Topologie des Bitcoin-Netzwerks führt einerseits zu einer erheblichen Robustheit des Systems. Ausfälle einzelner Teilnehmer können ohne weiteres kompensiert und die Kommunikation auf alternativen Pfaden fortgesetzt werden. Möchte jemand eine Transaktion initiieren, genügt es die Transaktionsnachricht einem beliebigen Netzwerkteilnehmer zuzustellen und deren Ausbreitung durch die Weiterleitung abzuwarten. Scheitert die Weiterleitung kann die Transaktionsnachricht erneut an andere Teilnehmer übermittelt werden. Durch dieses Prinzip ist die Transaktionsfähigkeit zu jedem Zeitpunkt sichergestellt.

Andererseits muss die Kommunikation im Bitcoin-Netzwerk ohne jegliche Vertrauenselemente auskommen. Es existieren keine Aufnahmebeschränkungen und die Teilnehmer können beliebig viele Pseudonyme erstellen, was Systemausschlüsse einzelner Teilnehmer verunmöglicht und Reputationseffekte vereitelt. Folglich müssen die Teilnehmer bei jeder eingehenden Nachricht davon ausgehen, dass diese im Interesse des Absenders verfälscht wurde und somit in der Lage sein, deren Wahrheitsgehalt abschliessend zu überprüfen. Insbesondere bei Transaktionsaufträgen, also Nachrichten, die eine Registeranspassung anstossen, wird dieser Prüfung eine entscheidende Rolle teil.

2.4.2 Transaktionslegitimität

Erhält ein Netzwerkteilnehmer eine Transaktionsnachricht, muss er sicherstellen, dass die Transaktion durch den tatsächlichen Eigentümer des entsprechenden Guthabens initiiert wurde. Zu diesem Zweck bedient sich Bitcoin bewährter kryptografischer Verfahren, wie sie auch bei E-Banking Applikationen und im Online-Handel eingesetzt werden.

2.4 Zusammenfassung der Funktionsweise

Der Eigentümer eines Guthabens ist im exklusiven Besitz eines privaten Schlüssels mit dem die Transaktionsnachricht vor dem Versand kryptografisch verschlüsselt wird. Mittels eines zugehörigen öffentlichen Schlüssels kann die Nachricht anschliessend wieder entschlüsselt werden. Im Gegensatz zum privaten Schlüssel ist der öffentliche Schlüssel allgemein bekannt. Die Entschlüsselung kann folglich durch eine beliebige Person vorgenommen werden. Insofern geht es bei diesem Prozess nicht etwa um die Geheimhaltung der Transaktionsnachricht sondern vielmehr um die Verifizierung deren Ursprungs. Die Entschlüsselung wird nämlich nur dann gelingen, wenn die Nachricht vorgängig tatsächlich mit dem korrespondierenden privaten Schlüssel verschlüsselt wurde. Dadurch lässt sich eindeutig feststellen, ob der Initiant der Nachricht im Besitz des privaten Schlüssels war. Da Edith die einzige Person ist, die ihren privaten Schlüssel kennt, kann mit diesem Verfahren überprüft werden, ob die Transaktionsnachricht tatsächlich von Edith verfasst wurde.

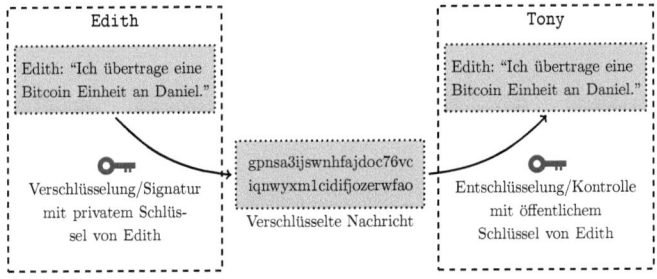

Abbildung 10: Ver- und Entschlüsselung der Transaktionsnachricht

Abbildung 10 verdeutlicht das Verfahren anhand eines Beispiels. Anstatt die Nachricht als Klartext an Tony zu senden, verschlüsselt Edith die Transaktionsnachricht vor dem Versand. Sie verwendet dazu ihren eigenen privaten Schlüssel, hält diesen jedoch zu jedem Zeitpunkt geheim. Tony empfängt die verschlüsselte Nachricht und wird versuchen, diese mit dem öffentlichen Schlüssel von Edith zu entschlüsseln. Gelingt die Entschlüsselung, weiss Tony, dass die Nachricht zuvor mit dem privaten Schlüssel von Edith verschlüsselt wurde.

2 Bitcoin Überblick

Eine initiale Prüfung der Transaktion reicht überdies nicht aus. Die Transaktionsnachricht wird über ein unsicheres Netzwerk weitergeleitet und muss somit durch jeden Empfänger erneut überprüft werden, bevor dieser die Transaktion als legitim betrachten kann. Leitet Tony die Transaktionsnachricht an Marcia und Michèle weiter, müssen die beiden Empfänger der weitergeleiteten Nachricht sich also selbstständig von deren Legitimität überzeugen. Insbesondere müssen sie überprüfen, ob der Zahlungsauftrag tatsächlich von Edith stammt und ob die Integrität der Nachricht gegeben ist. Würde diese erneute Prüfung nicht erfolgen, wäre es Tony möglich, die Nachricht (analog Abbildung 11) abzuändern und den manipulierten Zahlungsauftrag im Namen von Edith weiterzuleiten.

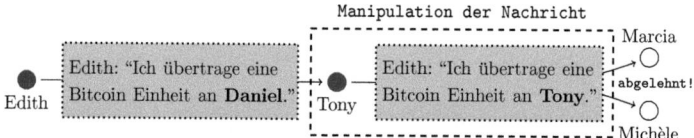

Abbildung 11: Versuchte Manipulation einer Transaktionsnachricht

Um eine solche Manipulation zu verhindern werden Marcia und Michèle nur die verschlüsselte Originalnachricht akzeptieren. Sie werden ihrerseits den öffentlichen Schlüssel von Edith verwenden und damit die Legitimität der Nachricht überprüfen. Da Tony ohne den privaten Schlüssel von Edith keine Möglichkeit hat den manipulierten Zahlungsauftrag gültig zu verschlüsseln, werden Marcia und Michèle problemlos in der Lage sein Manipulationsversuche, wie jener in Abbildung 11, aufzudecken. Ihr Entschlüsselungsversuch wird scheitern und die manipulierte Transaktionsnachricht sofort verworfen.

Ist eine Transaktionsnachricht hingegen legitim, wandert sie in die individuelle Transaktionssammlung des überprüfenden Netzwerkteilnehmers. Dort befindet sie sich in einer Art Warteschlange, bereit für eine mögliche Übernahme in das öffentliche Register.

2.4.3 Transaktionskonsens

Aufgrund der Dezentralität wird es unweigerlich zu Situationen kommen, in denen sich die verschiedenen Warteschlangen der Netzwerkteilnehmer unterscheiden oder gar widersprüchliche Transaktionen beinhalten. Gehen wir beispielsweise davon aus, dass eine Person zeitgleich zwei Zahlungsaufträge auslöst und dabei dieselben Bitcoin Einheiten an verschiedene Netzwerkteilnehmer überträgt. In einem zentralen System ist bei einem solchen Konflikt jene Transaktion gültig, welche zuerst bei der zentralen Instanz eintrifft. Das Bitcoin-System verzichtet jedoch explizit auf eine zentrale Instanz. Insofern besteht die Möglichkeit, dass ein Teil des Netzwerks zuerst von der einen Transaktion erfährt, während ein zweiter Teil zuerst die andere Transaktionsnachricht erhält. Beide Transaktionen sind grundsätzlich legitim, da sie von dem rechtmässigen Eigentümer ausgelöst wurden und ein verfügbares Guthaben referenzieren. Weil sich die beiden Zahlungsaufträge aber auf dasselbe Guthaben beziehen, stehen sie in Konflikt.

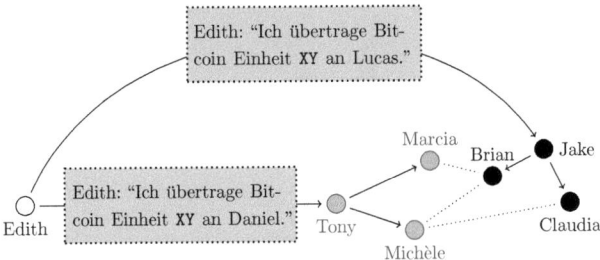

Abbildung 12: Ausbreitung in Konflikt stehender Transaktionen

Abbildung 12 zeigt ein konkretes Beispiel einer solchen Situation. Edith sendet zeitgleich Transaktionsnachrichten an Tony und Jake. In der Nachricht an Tony hält sie fest, dass sie eine spezifische Bitcoin Einheit an Daniel übertragen möchte. In der Nachricht an Jake referenziert sie dieselbe Bitcoin Einheit, ersetzt aber den Begünstigten mit Lucas. Beide Nachrichten wurden mit dem privaten Schlüssel von Edith verschlüsselt und sind somit legitim. Die Nachrichten werden in die individuellen Warteschlangen der verschiedenen Netzwerkteilnehmer auf-

2 Bitcoin Überblick

genommen und weitergeleitet. Tony, Marcia und Michèle sind der Meinung, dass Edith die Bitcoin Einheit an Daniel übertragen möchte. Brian, Jake und Claudia haben stattdessen die Transaktion zugunsten von Lucas in ihrer Warteschlange abgelegt. Um zu vermeiden, dass Edith dieselbe Bitcoin Einheit mehrfach verwenden kann (*Double Spend*) und um einen Zustandskonsens zu erreichen, darf lediglich eine dieser beiden Transaktionen in das öffentliche Register gelangen.

Für das Netzwerk als Ganzes ist es irrelevant, welche der beiden konkurrierenden Transaktionen sich durchsetzt. Entscheidend ist lediglich, dass ein Prozess besteht, der das Erreichen eines Konsens ermöglicht und eindeutig festhält, welche Transaktion fortan als gültig betrachtet wird.

Zu diesem Zweck erstellen die Netzwerkteilnehmer sogenannte Blocks. Blocks sind Informationspakete, die mindestens eine Transaktion umfassen. Zum Erstellen solcher Blocks wird Rechenleistung benötigt. Jeder Netzwerkteilnehmer kann frei entscheiden, ob und wie viele Hardware Ressourcen er hierfür aufwenden möchte. Netzwerkteilnehmer, die sich zur Allokation von Rechenleistung entscheiden und aktiv an diesem Prozess teilnehmen, werden als *Bitcoin Miner* bezeichnet. Der Prozess selbst trägt den Namen *Bitcoin Mining*.

Ein Miner kann beliebige Transaktionen aus seiner Warteschlange zur Erstellung des Blocks verwenden. Die Transaktionen müssen aber legitim sein und dürfen nicht mit einer anderen Transaktion in dem Block in Konkurrenz stehen. Sollte ein Miner diese beiden Bedingungen missachten, wird sein Block vom Rest des Netzwerks abgelehnt.

Nebst Transaktionen muss ein Block Angaben zum Status Quo beinhalten, also einen Verweis auf jenen Registerzustand, an welchen der Block anknüpft. Dies erfolgt über die Referenzierung eines anderen Blocks, wodurch eine chronologische Blockkette (daher der Name *Blockchain*) entsteht. Abbildung 13 visualisiert den Aufbau einer solchen Kette.

Zur Referenzierung der Blocks wird eine eindeutige Block Identifikationsnummer[16] verwendet. Diese ist abhängig vom genauen Inhalt des Blocks. Insofern

---

[16] Es handelt sich um den Hashwert (siehe Abschnitt 4.2) des *Block Headers*. Wir treffen hier die vereinfachte Annahme, dass die Identifikationsnummer ein Bestandteil des Blocks ist.

2.4 Zusammenfassung der Funktionsweise

hätte die Modifikation einer Transaktion oder eines anderen Block-Bestandteils unweigerlich die Veränderung der Identifikationsnummer zur Folge.

Werden Inhalt und somit die Identifikationsnummer eines Blocks verändert, führt dies zu Inkonsistenzen in der Kettenstruktur, so dass alle nachfolgenden Blocks, die den betreffenden Block entweder direkt oder indirekt referenzieren, neu erstellt werden müssen. Modifiziert beispielsweise jemand eine Transaktion in Block 1, wird sich die Identifikationsnummer dieses Blocks ändern. Da die alte Identifikationsnummer von Block 1 als Input für Block 2 verwendet wurde, muss die Referenz im zweiten Block ebenfalls angepasst werden. Durch die Veränderung des Inhalts von Block 2, wird auch dieser eine neue Identifikationsnummer erhalten, was sich wiederum auf den Inhalt und die Identifikationsnummer von Block 3 auswirken wird.

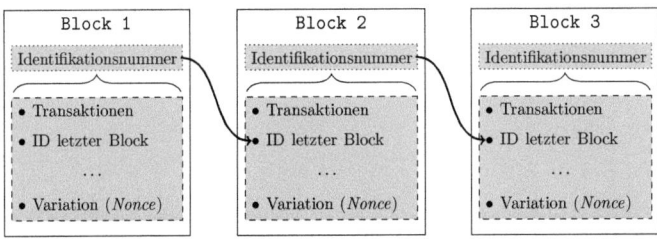

Abbildung 13: Beispiel der Blockkette

Per Konsens betrachten die Netzwerkteilnehmer immer jene Version der Kette als den aktuellen Zustand des Registers, welche (1.) ausschliesslich legitime Transaktionen beinhaltet und (2.) die längste bekannte Kette des Systems darstellt.[17] Eine Veränderung der dominanten Kette wird folglich nur dann möglich, wenn ein Netzwerkteilnehmer in der Lage ist, alle ungültig gewordenen Blocks neu zu erstellen und die alternative Kette zur längsten Kette heranwachsen zu lassen. Dies wird nur dann möglich sein, wenn der Netzwerkteilnehmer über 50% der Gesamtrechenleistung des Systems kontrolliert.

Wie wir in Kapitel 5 sehen werden ist das nicht ganz korrekt. Die Identifikationsnummer kann aber jederzeit aus den Inhalten des Blocks berechnet werden.

[17]Wir werden später sehen, dass das Konsensprotokoll tatsächlich jener Kette den Vorzug gibt, für deren Erstellung die höchste Rechenleistung notwendig war.

2 Bitcoin Überblick

Möchte ein Netzwerkteilnehmer beispielsweise den dritten Block der Kette in Abbildung 14 abändern, muss er den zweiten Block der Kette referenzieren und auf dieser Basis so viele neue Blocks erstellen, dass er die dominante Konsensversion der Kette ein- und schliesslich überholen kann. Alle anderen Miner werden gleichzeitig neue Blocks auf der Basis von Block 6 der dominanten Kette erstellen. Der angreifende Netzwerkteilnehmer muss also schneller neue Blocks erstellen können als der ganze Rest des Netzwerks gemeinsam. Je weiter zurück ein Block in der Konsenskette liegt, desto mehr nachfolgende Blocks referenzieren ihn direkt oder indirekt. Das bedeutet wiederum, dass es mit jeder Bestätigung, also mit jedem nachfolgenden Block, schwieriger wird einen Block abzuändern. Die Blocks sind also in gewisser Weise durch die Kette besichert.

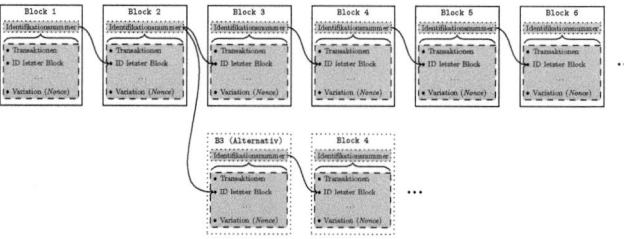

Abbildung 14: Angriff auf Blockkette ab Block 3

Ein einzelner Block kann selbst mit einem herkömmlichen Computer in Sekundenbruchteilen berechnet werden. Auf den ersten Blick könnte man diese Effizienz als Vorteil betrachten. Tatsächlich würde eine derart hohe Geschwindigkeit beim Erstellen von Blocks aber das Erreichen eines Konsenses verunmöglichen. Neue Blocks würden deutlich schneller geschaffen, als sie über das Bitcoin-Netzwerk propagiert und ausgetauscht werden können. Jeder Miner würde folglich an seiner individuellen Kette arbeiten, was das Erreichen eines Konsenses verunmöglichen würde.

Als Gegenmassnahme wird die Akzeptanz von Blocks künstlich beschränkt, so dass das Netzwerk im Schnitt nur alle zehn Minuten einen neuen Block akzeptiert. Das Akzeptanzkriterium basiert auf den Identifikationsnummern der Blocks. Konkret muss die Identifikationsnummer eines neuen Blocks unter ei-

2.4 Zusammenfassung der Funktionsweise

nem vorgeschriebenen Schwellenwert liegen. Nur dann wird der Block akzeptiert. Der Wert wird alle 2'016 Blocks (ungefähr 14 Tage) neu parametrisiert, so dass der zehn Minuten Schnitt, unabhängig von der Höhe der Gesamtrechenleistung, erreicht werden kann.

Aufgrund der speziellen Eigenschaften der Funktion, welche zum Generieren dieser Identifikationsnummer verwendet wird, kann vorgängig nicht erahnt werden, welche Inputs zu einem gewünschten Zielwert führen. Die Netzwerkteilnehmer sind folglich gezwungen, solange verschiedene Block Inhalte auszuprobieren, bis sie rein zufällig eine Kombination erwischen, die zu einem Block mit einer genügend kleinen Identifikationsnummer führt. Damit ein Miner verschiedene Identifikationsnummern erstellen kann, ohne die Transaktionen oder die Referenz verändern zu müssen, bietet der Block Raum für arbiträre Daten (*Nonce*), die der Miner durchprobieren und so eine Vielzahl unterschiedlicher Identifikationsnummern erstellen kann.

Dieses Trial-and-Error-Verfahren ist als *Proof-of-Work* (dt. Arbeitsnachweis) bekannt. Ein Block mit einer gültigen Identifikationsnummer ist ein Beweis dafür, dass im Schnitt eine bestimmte Rechenleistung zur Erstellung des Blocks aufgewendet wurde.

Einen besonderen Stellenwert hat die Kostenasymmetrie zwischen dem Finden einer Lösung und deren Überprüfung. Einen gültigen Block zu finden ist extrem aufwendig. Es müssen so lange neue Blocks erstellt werden, bis ein Block zufällig eine Identifikationsnummer aufweist, die unter dem Schwellenwert liegt. Das gesamte Netzwerk benötigt im Schnitt zehn Minuten, bis ein Miner einen solchen Block gefunden hat. Die Kontrolle der Lösung ist hingegen einfach, da ein einzelner Block, der eine angebliche Lösung darstellt, von allen Netzwerkteilnehmern parallel und innert Sekundenbruchteilen verifiziert werden kann. Wohlwissend, dass der Block von allen Beteiligten überprüft wird, werden die Netzwerkteilnehmer nur legitime Transaktionen in ihren Block aufnehmen. Ein abweichendes Verhalten würde schnell aufgedeckt, mit der Konsequenz, dass der eigene Block selbst dann nicht vom Rest des Netzwerks akzeptiert werden würde, wenn er eine gültige Identifikationsnummer aufweist.

2 Bitcoin Überblick

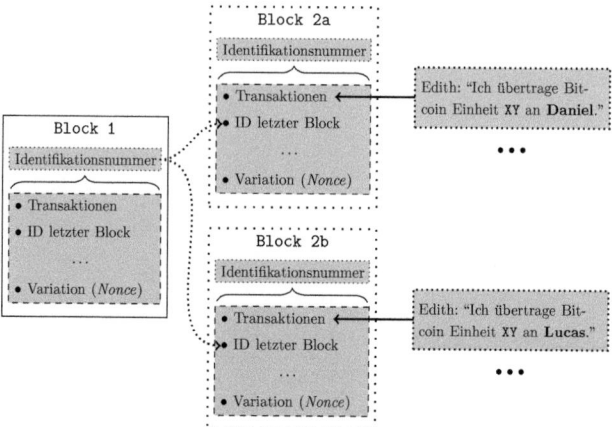

Abbildung 15: Verschiedene Transaktionen in Blockkandidaten

Wenn wir nun nochmals zu unserem Beispiel aus Abbildung 12 zurückkehren, dürfte klar werden, wie ein Konsens erreicht wird. Jake, Brian und Claudia werden die Transaktion zu Gunsten von Lucas in ihre Blockkandidaten aufnehmen. Tony, Marcia und Michèle werden stattdessen die Transaktion zu Gunsten von Daniel verwenden. Abhängig davon, welcher Miner zuerst einen Block erstellen kann, dessen Identifikationsnummer unter dem derzeitigen Schwellenwert liegt, wird sich eine der beiden Transaktionen durchsetzen und die andere verworfen. Analog Abbildung 15 kann sich die Kette also in mehrere Richtungen entwickeln, abhängig davon, welcher Miner den nächsten Block erstellt.

Die Rechenleistung, welche die Miner zur Verfügung stellen, führt zu Kosten. Die Hardware muss beschafft und unterhalten werden. Zusätzlich fallen Elektrizitätskosten an. Diese Kosten werden individuell von den Minern getragen. Der Nutzen in Form der Registerführung und Validierung fällt hingegen dem gesamten Netzwerk zu. Insofern handelt es sich bei diesem Prozess um ein öffentliches Gut, von dessen Bereitstellung alle Netzwerkteilnehmer profitieren. Ohne eine entsprechende Kompensation hätte aber niemand einen Anreiz selbst Rechenleistung beizusteuern.

2.4 Zusammenfassung der Funktionsweise

Das Bitcoin-System löst dieses Anreizproblem über die Internalisierung eines Teils des Nutzens. Jedem Block darf genau eine sogenannte *Coinbase Transaktion* hinzugefügt werden. Diese Transaktion generiert neue Bitcoin Einheiten zu Gunsten desjenigen Miners, der den Block erstellt hat. Gelingt es einem Miner einen neuen Block mit einer gültigen Identifikationsnummer zu erstellen, wird der Block, mitsamt der darin enthaltenen Coinbase Transaktion, der Kette angehängt.

Abbildung 16: Verschiedene Transaktionen der Blockkandidaten

Würde in unserem Beispiel Brian einen Block mit einer gültigen Identifikationsnummer erstellen, dann wird dieser Block die Transaktion von Edith zu Lucas, sowie die Coinbase Transaktion zu Gunsten von Brian enthalten. Würde es hingegen Marcia gelingen, einen gültigen Block zu erstellen, wäre stattdessen die Transaktion von Edith zu Daniel und eine Coinbase Transaktion zu Gunsten von Marcia enthalten. Die Transaktionen für die Blockkandidaten von Marcia und Brian sind beispielhaft in Abbildung 16 dargestellt.

Wie alle anderen Transaktionen, wird auch die Coinbase Transaktion nur dann allgemein akzeptiert, wenn sie in der längsten Version der Kette auftaucht. Dadurch haben Miner einen Anreiz, stets den letzten Block der längsten Kette zu referenzieren und somit an der Konsensversion des Registers weiterzuarbeiten. Entscheidet sich ein Miner dazu, einen Block zu referenzieren, der nicht dem letzten Block der Konsenskette entspricht, nimmt er bewusst ein höheres Ausfallrisiko seiner Entlohnung in Kauf.

Nebst der Lösung des Anreizproblems stellt der Mining Mechanismus die kompetitive Schöpfung der Bitcoin Einheiten sicher. Mit jedem neuen Block gelangt

2 Bitcoin Überblick

durch die Entlohnung der Miner eine bestimmte Menge neuer Bitcoin Einheiten in das System. Die ersten vier Jahre bestand diese Entlohnung aus 50 Bitcoin Einheiten pro Block. Die Entlohnung wird nach jeweils 210'000 Blocks (ungefähr alle vier Jahre) halbiert und beträgt derzeit 12.5 Bitcoin Einheiten. Die Menge der Bitcoin Einheiten wird durch diese periodische Abnahme des Wachstums gedeckelt, so dass niemals mehr als 21 Millionen Bitcoin Einheiten existieren werden. Abbildung 17 zeigt das asymptotische Wachstum der sich im Umlauf befindlichen Bitcoin Einheiten, welches sich ungefähr im Jahr 2040 einem Nullwachstum annähern wird. Die allerletzten Bitcoin Einheiten werden voraussichtlich im Jahr 2140 geschaffen.[18]

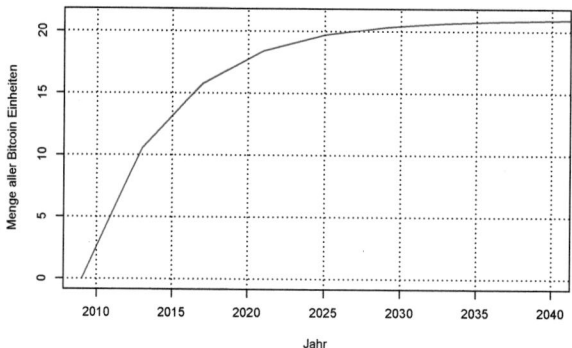

Abbildung 17: Schöpfungszeitplan neuer Bitcoin Einheiten

---

[18]Transaktionsgebühren stellen einen zweiten Entlohnungsbestandteil dar, der den Minern ausbezahlt wird. Nachdem alle 21 Millionen Bitcoin Einheiten geschaffen wurden, wird das System ausschliesslich durch Transaktionsgebühren getragen.

2.5 Entstehung, Entwicklung und Verwaltung

In diesem Abschnitt betrachten wir die Ursprünge des Bitcoin-Systems sowie dessen ungewöhnliche Weiterentwicklung. Wir stellen Vorgänger des Bitcoin-Systems vor und zeigen die verwaltungspolitischen Eigenheiten und Zusammenhänge der Kryptowährung.

2.5.1 Der Wunsch nach virtuellem Bargeld

Ein erster Schritt in Richtung Bitcoin erfolgte bereits 1982 durch die Erfindung von David Chaums *DigiCash*[46]. Chaum argumentierte, dass elektronische Zahlungsmittel die Privatsphäre erheblich einschränken und die nachverfolgbaren Zahlungsströme sensitive Daten generieren würden. Dieses Problem motivierte ihn zur Entwicklung einer virtuellen Geldeinheit, welche die Anonymität von Bargeld imitierte. Zwar basiert *DigiCash* auf einer monopolisierten Geldschöpfung und einer zentralen Transaktionsabwicklung, die Kommutativität[19] der angewandten kryptografischen Verfahren ermöglicht aber ein System, in dem die Zentralbank die Geldeinheiten *blind signiert* und somit keinerlei Informationen über die Seriennummern der ausstehenden Geldeinheiten, beziehungsweise über den Verbleib einer geschöpften Geldeinheit hat. Dadurch können die Seriennummern keiner Person zugeordnet und die Geldeinheiten anonym genutzt werden. Die Transaktionslegitimität erfolgt ausschliesslich über die Signatur der Zentralbank. Der Transaktionskonsens wird über ein zentrales Negativ-Register erreicht. Wird eine Geldeinheit verwendet, muss deren Seriennummer der Zentralbank vorgelegt werden. Ist eine Seriennummer noch nicht im Register der Zentralbank ersichtlich, kann davon ausgegangen werden, dass die signierte Geldeinheit erstmals verwendet wird und somit gültig ist. Würde dieselbe Geldeinheit mehrfach verwendet werden, wäre die zugehörige Seriennummer bereits im Negativ-Register der Zentralbank vorhanden und könnte somit als versuchter *Double Spend* identifiziert und entsprechend blockiert werden.

---

[19] Reihenfolge verschiedener Verschlüsselungsschritte kann beliebig umgedreht werden.

2 Bitcoin Überblick

Das Streben nach einer anonymen virtuellen Geldeinheit wurde durch das Krypto-Anarchistische Manifest[131] von Tim May weiter bestärkt. Das Manifest wurde erstmals an der Crypto '88 Konferenz verlesen, jedoch erst später schriftlich publiziert. Es prophezeit einen gesellschaftlichen Wandel, der durch die technischen Möglichkeiten der Kryptografie getrieben wird und eine neuartige ökonomische Interaktion, abseits möglicher Beschränkungen und Repressalien eines allmächtigen Staates, erlaubt. Dazu seien insbesondere virtuelle Geldeinheiten und verbindliche Verträge notwendig, die in einem anonymen (beziehungsweise pseudonymen) Umfeld funktionieren.

Sichtlich von dem Krypto-Anarchistischen Manifest beeinflusst, veröffentlichte der Informatiker Wei Dai 1998 einen kurzen Aufsatz mit der Idee von b money, einer pseudonymen virtuellen Geldeinheit.[61] Im b money System werden öffentliche Schlüssel als Pseudonyme genutzt, zu deren Gunsten oder Lasten Transaktionen erfolgen können. Eine Signatur mit dem zugehörigen privaten Schlüssel des Bezogenen garantiert dabei die Transaktionslegitimität. Alle (oder alternativ eine zufällige Teilmenge der) Teilnehmer führen separate Register mit den aktuellen Guthaben aller Pseudonyme. Ein konkreter Vorschlag zum Erreichen eines Transaktionskonsenses fehlt. Stattdessen wird b money als ein Gedankenexperiment vorgestellt, welches einen synchronen Kommunikationskanal voraussetzt, der nicht lahmgelegt werden kann. Der Geldschöpfungsprozess erfolgt kompetitiv über das Lösen von numerischen Rätseln, welche nur durch rechenintensive Prozesse zu lösen, aber trivial zu überprüfen sind. Die Lösung dient somit als Nachweis, dass im Schnitt eine gewisse Rechenleistung aufgewendet wurde. Je nach Parametrisierung des Schwierigkeitsgrades der Aufgabe können dem Schöpfungsprozess beliebige Grenzkosten auferlegt werden.[20]

Die Idee der künstlichen Kosten geht auf Beiträge von Adam Back[14][15] sowie Cynthia Dwork und Moni Naor[71] zurück und wurde ursprünglich zur Bekämpfung von *Denial of Service* (*DoS*) Angriffen und Spam entwickelt. Sie bildet ausserdem die Grundlage für das *Proof-of-Work* Konsensprotokoll, welches im Bitcoin-System zum Erreichen eines Transaktionskonsenses verwendet wird.

---

[20]Wei Dai hält fest, dass die Einigung auf eine gemeinsame Parametrisierung das System vor erhebliche Schwierigkeiten stellen wird.

2.5 Entstehung, Entwicklung und Verwaltung

2005 stellte Hal Finney die Idee der wiederverwertbaren Beweise [78] vor und kombinierte damit die Ideen von Wei Dai und Adam Back. Hal Finney war später einer der ersten Bitcoin Nutzer und der Empfänger der ersten echten Bitcoin Transaktion. [79]

Ebenfalls im Jahr 2005 veröffentlichte Nick Szabo einen Blog Post zu Bit Gold. [184] Der Artikel beschreibt die Kombination des *Proof-of-Work* Algorithmus zur kompetitiven Geldschöpfung. Gleichzeitig wird die Rechenleistung zur Besicherung eines öffentlichen Registers genutzt, welches durch eine reflexive Bezugnahme zu einer Kette von Blocks heranwächst. Obschon Szabos Blog Post nicht in der Bitcoin Publikation [140] zitiert wird, kann davon ausgegangen werden, dass Bit Gold die Entwicklung der Bitcoin-Technologie wesentlich mitgeprägt hat.

2.5.2 Satoshi Nakamoto

Bitcoin wurde am 31. Oktober 2008 von einem Autoren(-Team) mit dem Pseudonym *Satoshi Nakamoto*[21] veröffentlicht. Die Publikation [140] erfolgte im Stile eines wissenschaftlichen Artikels auf einer Mailing Liste für Kryptografie, wobei bis heute unklar bleibt, wer sich hinter dem Pseudonym verbirgt.

Abgesehen von der Identität des Autors wurden in dem Artikel (und der Referenzimplementierung) sämtliche Einzelheiten der Bitcoin-Technologie offengelegt.[22] Der ursprüngliche Erfinder hat keine speziellen Berechtigungen innerhalb des Systems und ist durch die Offenlegung und spätere Weiterentwicklung durch Dritte auch aus technologischer Sicht irrelevant geworden. Dies soll dessen Errungenschaft aber keineswegs schmälern. So sei an dieser Stelle vermerkt, dass der anonyme Autor vom UCLA Professor Bhagwan Chowdhry für einen Nobelpreis in Ökonomie nominiert wurde.[23] [49] [188]

---

[21] Aufgrund des maskulinen Pseudonyms werden wir fortan das männliche Singular verwenden. Dies soll keineswegs als Mutmassung verstanden werden. Wir möchten ausdrücklich hervorheben, dass weder das Geschlecht noch die Anzahl der Personen, die sich hinter dem Pseudonym Satoshi Nakamoto verbergen, bekannt ist.
[22] Github Repository mit Versionierung und vollständigem Quellcode: https://github.com/bitcoin/bitcoin
[23] Da der Preis nicht an anonyme Personen oder Gruppierungen verliehen wird, kann der Nomi-

2 Bitcoin Überblick

Entsprechend gross ist auch das mediale Interesse an der Person. Im Internet kursieren zahlreiche Spekulationen darüber, um wen es sich bei Satoshi handeln könnte. Anmerkung 2.2 widmet sich einigen ausgesuchten Hypothesen.

> ### Anmerkung 2.2
> **Wer ist Satoshi? - Spekulationen**
> Im März 2014 sorgte die Newsweek Journalistin Leah McGrath Goodman für Aufregung, als sie in einer gross angelegten Titelstory von der vermeintlichen Aufklärung der Identität von Satoshi Nakamoto berichtete. In dem offensichtlich ungenügend recherchierten und wenig später falsifizierten Bericht wurde behauptet, dass der Erfinder von Bitcoin ein 64-jähriger Amerikaner Japanischer Abstammung sei. Wie sich herausstellen sollte, hatte der Mann mit dem Namen Dorian Satoshi Nakamoto aber keinerlei Erfahrung mit *peer-to-peer* Netzwerken oder kryptografischen Systemen. Zehn Tage nach der Publikation des Newsweek Artikels veröffentlichte Nakamoto eine schriftliche Stellungnahme, in der er jegliche (Mit-)Arbeit an dem Bitcoin-Projekt verneinte.[83]
>
> In der Tat kommt nur ein sehr eingeschränkter Personenkreis als Bitcoin Erfinder in Frage, da das Konzept ein ganz spezifisches Arsenal an Wissen und Fähigkeiten voraussetzt. Ein viel gehandelter Kandidat ist Nick Szabo. Der Informatiker und Jurist steht unter anderem hinter der Erfindung von Bit Gold.[184] Nebst vielen anderen Indizien[88] stellte sich in einer Textanalyse[87] zudem heraus, dass der Schreibstil von Satoshi Nakamoto demjenigen von Nick Szabo stark ähnelt. Nick Szabo bestreitet sein unmittelbares Mitwirken an dem Projekt Bitcoin.[157] Unabhängig davon, ob es sich bei ihm um Satoshi Nakamoto handelt, hat er mit seiner Forschung aber wesentliche Beiträge zur Entwicklung von Bitcoin geleistet.
>
> Neuere Indizien von Ende 2015 führen auf die Spuren eines 44-jährigen Australiers mit dem Namen Craig Steven Wright. Verschiedene Blog Posts

---

nation nur dann eine Prämierung folgen, wenn das Geheimnis um Satoshis Identität zuvor gelüftet wird.[127]

2.5 Entstehung, Entwicklung und Verwaltung

von 2008 und 2009 bringen Craig mit der Entwicklung von Bitcoin in Verbindung; darunter auch eine Aufforderung, dass Emails an ihn mit einem öffentlichen PGP[a] Schlüssel verschlüsselt werden sollen, der mit Satoshi Nakamoto assoziiert werden kann.[86] Die Hinweise auf Craig Wright sind aber höchst umstritten und teilweise gar widerlegt.[130] Er selbst äusserte sich zunächst nicht, änderte im Mai 2016 aber seine Meinung und behauptete Bitcoin erfunden zu haben. Vermeintliche Beweise wurden abermals als Fälschungen entlarvt[68] und die Identität von Satoshi bleibt bis heute ungeklärt.

[a]PGP (Pretty Good Privacy) ist ein Open Source Verschlüsselungsprotokoll, welches auf dem Zusammenspiel von privaten und öffentlichen Schlüsseln basiert.[207]

2.5.3 Politik und Verwaltung der Bitcoin-Technologie

Das gesamte Bitcoin-System, inklusive aller Teilkomponenten, ist dezentral aufgebaut und die Technologie vollständig offengelegt. Es existiert keine zentrale Instanz, kein Unternehmen und kein Individuum, welches die Verantwortung trägt, das System am Laufen hält oder dessen zukünftige Entwicklung bestimmt. Bitcoin ist vielmehr ein eigenständiges Konstrukt, welchem durch die Gesamtheit aller Teilnehmer Leben eingehaucht wird. Die Unabhängigkeit von jeglichen fassbaren Entitäten entspricht einer bewusst gewählten Designentscheidung und ist ein möglicher Erklärungsansatz dafür, weshalb der Erfinder anonym bleiben wollte. Zentral organisierte virtuelle Geldeinheiten sind oft an regulatorischen Eingriffen gescheitert. Ohne einen konkreten Anknüpfpunkt kann das System nicht durch solche Eingriffe zum Erliegen gebracht werden.

Auf der anderen Seite wirft die fehlende Führung viele Fragen auf und birgt die Gefahr, dass das System im Chaos verendet. Insbesondere stellen sich die beiden folgenden Fragen:

1. Was passiert, wenn die offengelegte Technologie kopiert wird und jemand seine eigenen "Bitcoin" Einheiten schafft?

2. Wer bestimmt die zukünftige Entwicklung des Bitcoin-Systems und wie kann auf allfällige Mängel reagiert und die Technologie angepasst werden?

2 Bitcoin Überblick

1. Kopien - Sogenannte Altcoins

Die Offenlegung der Technologie führt dazu, dass das Bitcoin-System uneingeschränkt kopiert werden kann. Jede Person hat die Möglichkeit Satoshis Quellcode zu übernehmen, beliebig anzupassen und eine alternative Version des Systems zu veröffentlichen.

Dies bedeutet aber nicht, dass durch das Kopieren des Quellcodes zusätzliche Bitcoin Einheiten geschaffen werden können. Bei den Klonen handelt sich um neue, klar abgetrennte Alternativsysteme, die auf eigenen Registern basieren. So könnten wir beispielsweise *Book Coin* kreieren; eine Bitcoin-artige Kryptowährung für die Leser dieses Buches. Solche Kopien werden auch als Altcoins (Alternative Coins) bezeichnet. *Book Coin* könnte eine exakte Kopie der Bitcoin-Technologie darstellen oder nach Belieben parametrisiert werden.

Um einen neuen Altcoin zu erschaffen, muss der Schöpfer der neuen Kryptowährung nichts weiter tun, als den Bitcoin Quellcode anzupassen und neu zu kompilieren. Wem diese Hürde zu gross ist, kann eines der zahlreichen Dienstleistungsangebote in Anspruch nehmen, welche die Parametrisierung und Initialisierung als Auftragsarbeit übernehmen.[24]

> **Anmerkung 2.3**
> **Altcoins und Fussball: Eine Analogie**
> Eine einfache Analogie zur Erläuterung dieses Prinzips finden wir im Sport. Wie die Bitcoin-Technologie sind auch die Fussballregeln frei verfügbar und können grundsätzlich nach Belieben verändert werden. Gängige Anpassungen bei Hobbyspielen umfassen die Grösse des Feldes und der Tore, die Anzahl der Spieler und die Nicht-Umsetzung der Abseitsregel. Grundsätzlich sind der Fantasie keine Grenzen gesetzt.
>
> Niemand wird Kinder auf dem Pausenhof davon abhalten ihr Spiel "Champions League" zu nennen und nach angepassten Regeln zu spielen. Dennoch

---
[24]Beispiel eines Anbieters: `https://www.walletbuilders.com`.

2.5 Entstehung, Entwicklung und Verwaltung

> käme wohl auch niemand auf die Idee, die Pausenhof "Champions League" mit dem Milliardengeschäft der UEFA gleichzusetzen. Die Legitimation und Popularität einer bestimmten Form von Fussball erfolgt durch die anderen Spieler, die Fans und allfällige Sponsoren.
>
> Bitcoin verhält sich diesbezüglich ganz ähnlich. Jeder kann neue Ableger und alternative Coins schaffen. Die Regeln können exakt übernommen oder teilweise angepasst werden. Von einem ökonomischen Standpunkt her sind diese Alternativen aber nur dann relevant, wenn seitens der anderen Teilnehmer eine gewisse Wertschätzung und Zahlungsbereitschaft entsteht.

Mittlerweile existieren hunderte solcher Altcoins. Einige davon haben einen erweiterten Funktionsumfang oder wesentliche Unterschiede in der Parametrisierung; viele sind aber simple Bitcoin Kopien mit einem anderen Namen. Trotz der grossen Menge der existierenden Altcoins ist Bitcoin die klare Nummer eins unter den Kryptowährungen. Das System hat einen immensen Vorteil durch bestehende Netzwerkeffekte, so dass die Bitcoin Einheit eine um ein vielfaches höhere Marktkapitalisierung aufweist, als alle anderen Kryptowährungen gemeinsam.[25]

2. Verwaltung und Evolution des Bitcoin-Systems

Die Anreizstrukturen innerhalb des Bitcoin-Systems sind so gelegt, dass die eigene Auszahlung durch das Befolgen der gegenwärtigen Regeln maximiert wird. Vitalik Buterin erklärt dieses Phänomen in der ersten Ausgabe des Bitcoin Magazins.[39] Er argumentiert, dass Bitcoin das erste Computernetzwerk sei, in dem Betrug nicht über proprietäre Einschränkungen verhindert wird, sondern aufgrund der Tatsache, dass sich niemand durch ein unilateral abweichendes Verhalten besser stellen kann. Das Standard Regelwerk entspricht somit einem Nash Gleichgewicht.[26]

Dennoch muss man sich im Klaren darüber sein, dass es sich bei Bitcoin um Software handelt und Software grundsätzlich angepasst werden kann. Eine Ände-

---

[25]Der Dienst http://coinmarketcap.com führt eine aktuelle Liste der 100 beliebtesten Kryptowährungen, inklusive Preis und Marktkapitalisierung.
[26]Sinngemässe Übersetzung aus englischem Originaltext.

2 Bitcoin Überblick

rung des Regelwerks wird immer dann erfolgen, wenn sich ein genügend grosser Teil des Netzwerks auf die Anpassung einigen kann und von der gemeinsamen Abweichung des Satus Quo profitiert.

Die dezentrale Verwaltung der Entwicklung des Bitcoin-Systems entspricht einem mehrschichtigen demokratischen Prozess von höchster Komplexität. Eine abschliessende Analyse ist nicht möglich und der Versuch würde den Rahmen dieses Buches sprengen. Trotzdem möchten wir das Thema in einer kurzen Einführung abhandeln und einige der wichtigsten Faktoren aufzeigen.

Grundsätzlich gilt es hervorzuheben, dass die Dynamik des Systems von entscheidender Bedeutung ist. Ein statisches System kann per Definition nicht angepasst werden und lässt somit keine Reaktion auf sich ändernde Umweltzustände zu. Wird beispielsweise eine Sicherheitslücke bekannt, kann diese nur dann geschlossen werden, wenn die Technologie modifizierbar ist. Es gibt aber auch durchaus subtilere Gründe, die Anpassungen des Bitcoin-Systems erstrebenswert machen. Dazu gehören die Erweiterung des Funktionsumfangs, die Sicherstellung der langfristigen Stabilität oder die Einbindung neuer Technologien.

Inputs und Vorschläge für solche Änderungen erfolgen dezentral über verschiedene Kanäle und können grundsätzlich durch jede Person hervorgebracht werden. Deren Umsetzung wird üblicherweise öffentlich debattiert. Beliebte Diskussionsplattformen umfassen Foren und Mailing Listen. Das weitaus wichtigste Instrument zur Formalisierung einer abstrakten Idee stellt der Prozess der *Bitcoin Improvement Proposals* (BIP) dar.[185] BIPs müssen in einer vorgeschriebenen Struktur verfasst werden und eine Begründung zu deren Relevanz sowie eine technische Spezifikation beinhalten.

Ist ein Vorschlag umstritten, so dass kein weitgehender Konsens über eine Annahme oder Ablehnung besteht, kann eine explizite Abstimmung durchgeführt werden. An solchen Abstimmungen sind ausschliesslich Miner beteiligt. Die Stimmabgabe erfolgt über die Allokation von Rechenleistung. Immer wenn ein Miner erfolgreich einen gültigen Block erstellt, darf er eine Stimme abgeben.[27] Ein

---

[27] Stimmen werden in den Input der Coinbase Transaktion (Transaktion mit Belohnung des Miners) integriert. Da die Belohnung neu geschaffen wird und die Transaktion folglich keinen Input benötigt, kann anstelle des Verweises auf eine vorhergehende Transaktion ein

2.5 Entstehung, Entwicklung und Verwaltung

Proposal wird angenommen wenn er innerhalb eines zuvor festgesetzten Intervalls (beispielsweise in den letzten 1'000 Blocks) eine vorgeschriebene Prozentzahl an Ja-Stimmen erreicht. Üblicherweise wird zur Annahme eine 55%, 75% oder 95% Mehrheit benötigt.

In einem dezentralen System kann niemand dazu gezwungen werden, ein Abstimmungsresultat zu respektieren beziehungsweise umzusetzen. Ohne einen solchen Zwang birgt jede Meinungsverschiedenheit die Gefahr, das System zu spalten und sogenannte Forks entstehen zu lassen; also Scheidepunkte an denen ein Teil des Netzwerks eine Änderung implementiert, während ein anderer Teil am alten Code festhält. Durch Forks entstehen konkurrierende Register, die nach ihren jeweiligen Regeln parallel die längste Registerversion darstellen können.

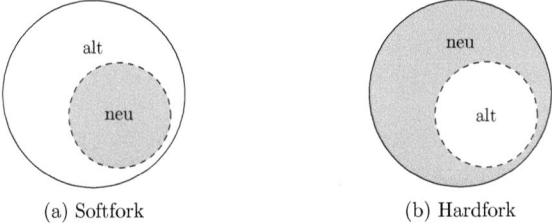

(a) Softfork   (b) Hardfork

Abbildung 18: Kompatibilität bei einer Spaltung der Software (Fork)

Um die Schwere solcher Meinungsverschiedenheiten und die Chancen auf eine Rückkehr zu einem Konsens abschätzen zu können, muss zwischen Softforks und Hardforks unterschieden werden (siehe Abbildung 18). Bei einer Softfork verschärft die neue Software die Akzeptanzregeln für die zukünftige Schaffung von Blocks, so dass die neuen Regeln eine Teilmenge der alten Regeln darstellen. Infolgedessen werden unter der neuen Software erstellte Registerversionen auch von der alten Software als gültig betrachtet - jedoch (meistens) nicht umgekehrt. Hardforks entschärfen die Regeln. Die Akzeptanzkriterien werden erweitert, so dass die alten Regeln eine Teilmenge der neuen Regeln darstellen. Dies führt dazu, dass unter der neuen Software erstellte Register von der alten Software (meistens) als ungültig betrachtet werden. Umgekehrt wird die neue Software

---

arbiträrer String inkludiert werden.

2 Bitcoin Überblick

jene Register, die unter der alten Software erstellt werden, stets als gültig betrachten.

Zusammenfassend kann festgehalten werden, dass Softforks vorwärtskompatibel und Hardforks rückwärtskompatibel sind. Analog der Darstellung in Tabelle 3 wird sich eine Softfork auflösen, wenn die neue Software dominant wird, sprich wenn ihr die Mehrheit der Netzwerkrechenleistung zufliesst.[28] Eine Hardfork kann hingegen nur über die Dominanz der alten Software gelöst werden. Setzt sich die neue Software durch, werden zwei unterschiedliche Versionen des Registers bestehen bleiben: Eine nach den alten und eine nach den neuen Regeln.

Anmerkung 2.4
Hardfork bei Software Update

Am 19. Februar 2013 wurde die Version 0.8.0 des Referenzclients *Bitcoin Qt* (heute *Bitcoin Core*) veröffentlicht.[a] Das Update behob unter anderem einen Fehler der Vorgängerversion, der dazu führte, dass in seltenen Fällen grundsätzlich valide Blocks verworfen wurden. Der Akzeptanzbereich wurde somit durch die neue Version ausgeweitet.

Da nicht alle Miner sofort auf die neue Software Version wechselten, kam es am 11. März zu einer Hardfork. Es wurde ein Block erstellt, der von der neuen Software als gültig betrachtet, gleichzeitig aber von der alten Software abgelehnt wurde. Die Kette der neuen Version war dominant, wurde aber von der alten Version als ungültig betrachtet. Umgekehrt wäre eine dominante alte Kette von der neuen Version akzeptiert worden.

Um eine längerfristige Hardfork abzuwenden wechselten einige der grossen Miner zurück auf die 0.7.0 Version, deren Kette dadurch schneller anwachsen

---

[28] Softforks lösen sich automatisch auf, sobald der neuen Software eine Mehrheit der Netzwerkrechenleistung zufällt. Wird das Register durch einen Block erweitert der unter der alten Software erstellt wurde, kann dies zwar vorübergehend zu mehreren Versionen des Registers führen; die höhere Rechenleistung der neuen Software sorgt aber dafür, dass das Register nach den neuen Regeln im Schnitt schneller anwachsen wird. Da dieses Register auch unter den alten Regeln gültig ist, werden alle Teilnehmer auf diese Version wechseln, sobald es zur längsten Version herangewachsen ist.

2.5 Entstehung, Entwicklung und Verwaltung

konnte als die konkurrierende 0.8.0 Version.[203] Wie in Tabelle 3 dargestellt, konnte die Hardfork durch die künstlich erreichte Dominanz der alten Version abgewendet werden und schliesslich ein koordinierter Wechsel auf die Software Version 0.8.0 stattfinden.[115]

^aRelease Notes sind unter https://bitcoin.org/en/release/v0.8.0 verfügbar.

Anpassungen der Software sind somit deutlich einfacher durchzusetzen, wenn sie mit einer Softfork implementiert werden können. Bei einer Softfork stehen selbst nicht-aktualisierte Netzwerkressourcen sofort für den Gebrauch mit der neuen Software zur Verfügung, da der komplette neue Akzeptanzbereich unterstützt wird. Bei einer Hardfork muss hingegen jede Ressource einzeln aktualisiert werden. Erst dann wird die Ressource den erweiterten Akzeptanzbereich unterstützen.

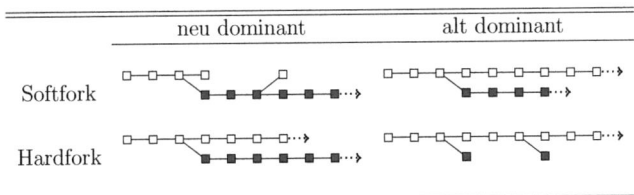

Tabelle 3: Entwicklung der Registerversionen bei Soft- und Hardforks in Abhängigkeit der allozierten Rechenleistung. Weiss = Unter alter Software erstellte Blocks. Grau = Unter neuer Software erstellte Blocks. Fork jeweils bei Blockhöhe vier.

Alle bisher betrachteten Entscheidungsprozesse bezüglich der weiteren Entwicklung des Bitcoin-Systems werden über die Allokation von Rechenleistung ausgetragen. Diese wird lediglich von einem Teil des Netzwerks zur Verfügung gestellt: den Minern. Andere Teilnehmer des Bitcoin-Systems wie etwa Konsumenten, Händler oder Anleger erfüllen ebenfalls essentielle Rollen, haben allerdings weder bei expliziten Abstimmungen, noch bei der Lösung von Forks einen direkten Einfluss auf das Resultat. Dadurch könnte man argumentieren, dass der politische Prozess von einer einzigen Anspruchsgruppe dominiert wird und in der Tat stellt dies ein viel kritisierter Punkt dar. Insbesondere die Tatsache, dass

2 Bitcoin Überblick

Miner ihre ganz eigenen Ziele haben können und nicht unbedingt im Interesse des ganzen Bitcoin-Systems stimmen, kann zu Bedenken über die Nachhaltigkeit des Prozesses führen.

Teilweise sind diese Kritikpunkte sicherlich berechtigt. Dennoch wäre es falsch zu behaupten, dass das Bitcoin-System ausschliesslich von den Minern kontrolliert wird. Andere Nutzergruppen haben gleich mehrere Wege, über welche der zukünftige Entwicklungsprozess indirekt beeinflusst werden kann.

Erstens haben alle Teilnehmer die Möglichkeit Vorschläge einzubringen, sich aktiv am politischen Diskurs zu beteiligen und die öffentliche Meinung zu beeinflussen.

Zweitens besteht eine Art implizites Vetorecht. Wird eine Änderung gegen den Willen anderer Anspruchsgruppen implementiert, können daraus systemische Unsicherheiten und instabile Verhältnisse resultieren. Dies wird wiederum negative Auswirkungen auf die Akzeptanz und den Marktpreis der Bitcoin Einheit haben, was einer Abnahme der realwirtschaftlichen Entlohnung der Miner gleichkommt.

Drittens setzen viele Änderungen eine Hardfork voraus. Während Softforks vorwärtskompatibel sind und somit selbst nicht-aktualisierte Netzwerkressourcen unmittelbar für den Gebrauch mit der neuen Software zur Verfügung stehen, muss bei einer Hardfork jede Ressource einzeln aktualisiert werden. Nur dann werden Händler, Nutzer, Netzwerkknoten und alle anderen Ressourcen den neuen Akzeptanzbereich unterstützen und darauf basierende Transaktionen und Blocks als gültig betrachten.[6] Aufgrund dieser Tatsache ist eine Hardfork selbst bei einer breit abgestützten Zustimmung extrem schwierig umsetzbar. Wird eine solche Hardfork aber forciert, laufen die Miner Gefahr, ein alternatives Register - ohne jegliche Nutzer, Händler oder sonstige Ressourcen - zu bewirtschaften.

Die Aufzählung dieser drei Möglichkeiten hat keineswegs abschliessenden Charakter. Vielmehr soll sie die Komplexität der Entscheidungsfindung hervorheben und dabei aufzeigen, dass deutlich mehr Anspruchsgruppen an diesem Prozess beteiligt sind, als eine oberflächliche Betrachtung vermuten lässt.

Anmerkung 2.5
Zentrale Organisationen

Bitcoin hat aufgrund der dezentralen Natur des Systems keine offiziellen Repräsentanten. Das System wird durch diese Tatsache robuster, da keine zentralen Angriffspunkte bestehen. Dezentralität erschwert jedoch die Koordination der verschiedenen Systemteilnehmer.

Mit dem Ziel den Nachteilen der Dezentralität entgegenwirken zu können, wurden bereits mehrfach Organisationen geschaffen, die das Bitcoin-System repräsentieren oder gar leiten sollen. Solche Organisationen sind aber aus zwei Gründen höchst umstritten. Erstens driften die Meinungen über die erstrebenswerte Richtung der Entwicklung oft auseinander. Dadurch stellt sich die Frage woher eine solche Organisation ihre Legitimität erhält und inwieweit es ihr möglich sein wird, eine äusserst heterogene Nutzerbasis repräsentieren zu können. Zweitens steht die Einberufung zentraler Organisationen in einem krassen Gegensatz zum strikt dezentralen Prinzip von Bitcoin. Viele Nutzer befürchten eine Macht-Akkumulation und wehren sich dagegen, dass solche Organisationen in den Medien als Vertreter des Bitcoin-Systems gehandelt werden.[141] De facto ist die Macht dieser Organisationen aber sehr beschränkt. Selbst geringfügige Änderungen am System müssen von den verschiedensten Teilnehmern des Bitcoin Ökosystems gutgeheissen werden, darunter die Miner, Konsumenten, Händler- und Serviceanbieter, Entwickler, Tauschbörsen und viele andere, die zur positiven Nachfrage nach Bitcoin Einheiten beitragen. Beschliesst ein Teil des Ökosystems eine Änderung durchzusetzen, ohne den entsprechenden Rückhalt aller Akteure zu haben, wird die Änderung mit hoher Wahrscheinlichkeit in einer (Hard-)Fork enden und eine neue Kryptowährung hervorbringen.[a]

Nachfolgend besprechen wir einige der bekanntesten Organisationen. Es soll an dieser Stelle nochmals ausdrücklich vermerkt werden, dass keine dieser Organisationen einen offiziellen Vertreter des Bitcoin-Systems darstellt.

2 Bitcoin Überblick

> **Bitcoin Foundation.** Die Organisation wurde am 27. September 2012 mit dem Ziel gegründet, die Verbreitung von Bitcoin voranzutreiben, im Interesse des Systems politisch aktiv zu werden und Ressourcen zur Ausbildung bereit zu stellen. Sie finanziert sich über Mitgliederbeiträge und Spendengelder und hat über eine gewisse Periode Entwickler und Lobbyisten[b] beschäftigt. Verschiedene Fehlentscheidungen und eine wirtschaftlich erfolglose Konferenz[84] brachten die Organisation nahe an die Zahlungsunfähigkeit. Das Ausmass der Probleme wurde im April 2015 offengelegt, als Olivier Janssens kurz nach seiner Wahl zum Ratsmitglied die aktuelle Lage an die Öffentlichkeit trug.[103] Ein Grossteil der Belegschaft wurde entlassen und die Organisation umstrukturiert. Aufgrund des stark angekratzten Ansehens und der finanziellen Notlage hat die Bitcoin Foundation nur noch einen geringen Stellenwert.
>
> **Blockchain Alliance.** Die Blockchain Alliance wurde 2015 von einigen der grössten Unternehmen im Bitcoin Ökosystem ins Leben gerufen. Die Organisation wurde als Plattform für den aktiven Austausch mit Regulierungsbehörden geschaffen, so dass gemeinsam Lösungen zur Bekämpfung krimineller Aktivitäten ausgearbeitet werden können. Durch die Zusammenarbeit soll Missverständnissen und Vorurteilen entgegengewirkt werden.
>
> ---
> [a]Siehe beispielsweise die Ethereum Hardfork und das Wiederaufleben der ursprünglichen Konsensregeln in Form von Ethereum Classic.
> [b]Darunter der Jurist Brian Harper vom libertären Cato Institute.

2.6 Der Gegenwert von Bitcoin

Bitcoin Einheiten sind frei handelbar und können zum Kauf und Verkauf von Gütern und Dienstleistungen verwendet werden. Es existieren zahlreiche Shops, Restaurants, Bars, Dienstleister und Online-Märkte, die Bitcoin Einheiten in Zahlung nehmen. Ausserdem können Bitcoin Einheiten auf Handelsplattformen gegen andere Währungen getauscht werden.

2.6 Der Gegenwert von Bitcoin

Der realwirtschaftliche Gegenwert der Bitcoin Einheit wird über einen Markt, also über Angebot und Nachfrage, bestimmt und repräsentiert folglich die Wertschätzung und Zahlungsbereitschaft der Marktakteure.

2.6.1 Bitcoin ist Fiatgeld

Bitcoin Einheiten gehören in die Kategorie des Fiatgeldes, da sie keinerlei Fundamentalwert oder angeknüpfte Zahlungsversprechen aufweisen (siehe Abschnitt 1.4).[29] Die Entwicklung des Marktpreises basiert ausschliesslich auf der kollektiven Erwartung, dass die erworbenen Bitcoin Einheiten zu einem gewissen Gegenwert weiterveräussert werden können.

Anmerkung 2.6
Fundamental Wertlos!
Immer wieder wird von verschiedenen Seiten behauptet, dass Bitcoin Einheiten einen Fundamentalwert besässen. Es wird das Argument bemüht, dass die Unabänderbarkeit des öffentlichen Registers alternative Applikationen zulässt. Mit jeder Transaktion kann eine geringe Menge arbiträrer Daten in dem Register hinterlegt werden. Diese werden durch die Netzwerk-Rechenleistung besichert und unabänderbar im Register hinterlegt. Dadurch, so die fragwürdige Schlussfolgerung, kann eine Bitcoin Einheit als Ressource gesehen werden, die einen gewissen Fundamentalwert aufweist.

Das Ressourcenargument missachtet einen wesentlichen Punkt. Die Bitcoin-Technologie wurde komplett offengelegt und ist somit frei kopierbar (siehe

---

[29]Fiatgeld wird zumeist von staatlichen Instanzen ausgegeben und der Gebrauch von Gesetzes wegen gestützt oder erzwungen. Entsprechend existieren einige Definitionen von Fiatgeld, welche den staatlichen Ursprung als ein zwingendes Kriterium zur *Fiat* Kategorisierung aufführen. Grundsätzlich ist der Ursprung der Geldeinheit aber irrelevant. Aus der Perspektive der monetären Theorie werden Fiatgeldeinheiten einzig und alleine über die Inexistenz eines Fundamentalwertes und angeknüpfter Zahlungsversprechen charakterisiert. Konsequenterweise müssen Bitcoin Einheiten ebenfalls in den Bereich des Fiatgeldes eingereiht werden. Eine Abhandlung weiterer Argumente zur Kategorisierung der Bitcoin Einheit kann in Anmerkung 2.6 gefunden werden.

2 Bitcoin Überblick

> Abschnitt 2.5.3). Prinzipiell kann also jedes andere öffentliche Register auf dieselbe Art und Weise verwendet werden. Was das Bitcoin Register von all den anderen Registern unterscheidet, ist die höhere Rechenleistung, die für den Mining Prozess zur Verfügung gestellt wird. Daraus ergibt sich eine erhöhte Sicherheit des Registers, da für Angriffe ebenfalls eine höhere Rechenleistung nötig ist.
>
> Bei einer genaueren Betrachtung sollte allerdings klar werden, dass die Höhe der allozierten Rechenleistung eine Konsequenz des Preises ist und nicht umgekehrt. Sinkt der Preis einer Bitcoin Einheit, fällt auch die Entschädigung der Miner geringer aus. Eine anderweitige Allokation der Hardware wird vergleichsweise attraktiver, wodurch viele Miner ihre Rechenleistung vom Bitcoin-Netzwerk abziehen werden. Insofern ist die "Ressource", die den angeblichen Fundamentalwert besichern soll, direkt vom Preis beziehungsweise der Nachfrage abhängig und kann ohne weiteres komplett wegfallen.

Im Gegensatz zu den meisten anderen Fiatwährungen werden Bitcoin Einheiten nicht durch einen Staat ausgegeben und gestützt. Sie können nicht zur Tilgung von Steuerschulden[30] verwendet werden. Gängige Landeswährungen, welche ebenfalls in die Kategorie des Fiatgeldes fallen, haben diese explizite Akzeptanzgarantie von der Seite des Staates. Ausserdem sind Bitcoin Einheiten keine gesetzlichen Zahlungsmittel. Es existieren keine Vorschriften, die eine Person zur Akzeptanz von Bitcoin Einheiten verpflichten und eine grundsätzlich schuldbefreiende Wirkung festhalten. Bitcoin Einheiten erhalten ihre Legitimität somit nicht durch einen Staat oder eine andere Instanz, sondern ausschliesslich aufgrund des Vertrauens in die Technologie.

Dementsprechend ist es wenig überraschend, dass Bitcoin Einheiten anfänglich einen Marktpreis von Null aufwiesen und die Preisentwicklung generell von einer hohen Volatilität geprägt ist.[206] Abbildung 19 zeigt die turbulente USD Preisentwicklung der Bitcoin Einheit seit der Erschaffung des Bitcoin-Systems.

---

[30]Randbemerkung: Die Gesetzesvorlage NH HB552, welche es steuerpflichtigen Personen in New Hampshire (USA) ermöglicht hätte, ihre Steuerschuld in Bitcoin Einheiten zu begleichen, wurde am 8. Januar 2015 eingereicht und Ende Januar 2016 verworfen.[3]

2.6 Der Gegenwert von Bitcoin

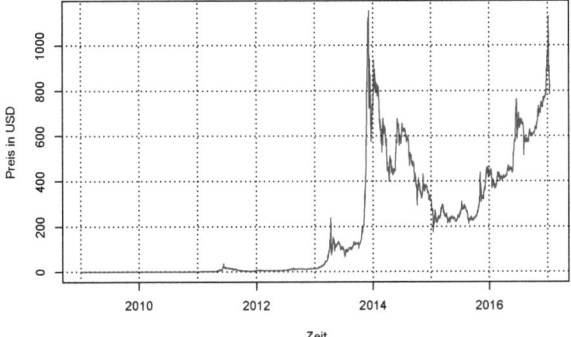

Abbildung 19: Preisverlauf der Bitcoin Einheit in USD. Datenquelle: https://blockchain.info

2.6.2 Wichtige Ereignisse der Preisentwicklung

2009

Erste Bitcoin Transaktionen wurden ausschliesslich zu Testzwecken durchgeführt. Die Bitcoin Einheiten waren wenig mehr als elektronisches Spielgeld ohne jeglichen realwirtschaftlichen Wert und wurden oft kostenlos an neue Nutzer übertragen.

Im Verlaufe des Jahres wuchs die Nutzerbasis und mit ihr die Anzahl der Transaktionen. Mitte 2009 wurden rund 200 Transaktionen pro Tag verzeichnet und obwohl die Bitcoin Einheit über keinen Fundamentalwert oder angeknüpfte Zahlungsversprechen verfügt, konnte aufgrund ihrer beschränkten Anzahl und der Faszination der zugrundeliegenden Technologie eine gewisse Wertschätzung entstehen.[31]

---

[31]Camera, Casari und Bigoni (2013) zeigen anhand eines kontrollierten Experiments, wie an sich wertlose Einheiten zu einem begehrten Tauschobjekt werden können.[42]

2 Bitcoin Überblick

Eine erste Preisschätzung erfolgte am 5. Oktober 2009. Sie wurde auf Basis der damalig durchschnittlichen Elektrizitätskosten für den Schöpfungsprozess berechnet, wodurch der Preis einer Bitcoin Einheit auf USD 0.000764 approximiert wurde.[142]

2010

Am 6. Februar 2010 wurde mit *Bitcoin Market* die erste Handelsplattform geschaffen, auf der Bitcoin Einheiten gegen Landeswährung getauscht werden konnten. Ein erster Handel über den Markt erfolgte am 17. März 2010.[70] Der Dienst war gemeinsam mit Foren und einem IRC (Internet Relay Chat) Kanal ausschlaggebend bei der Bestimmung des Marktpreises.

Der erste dokumentierte Warenkauf mit Bitcoin Einheiten geht auf den 22. Mai 2010 zurück. Der bitcointalk User *laszlo* hat sich in einem Online-Forum[117] dazu bereit erklärt, 10'000 Bitcoin Einheiten für zwei Pizzen des Lieferdienstes *Domino's* zu bezahlen.[32] Ein direkter Kauf war zu diesem Zeitpunkt nicht möglich, da der Lieferdienst keine Bitcoin Einheiten akzeptieren wollte. Vier Tage nach der Ausschreibung war *laszlo* in der Lage eine Gegenpartei zu finden. Der User *jercos* übernahm die Bestellung im Wert von etwa USD 25 mit seiner Kreditkarte und erhielt im Gegenzug die Bitcoin Einheiten.

Die *laszlo Pizzen* haben mittlerweile Kultstatus erreicht und bilden einen wichtigen Referenzpunkt in der Geschichte der Zahlungsbereitschaft für Bitcoin Einheiten. Der Tausch setzte einen historischen Preispunkt von einem Viertel US Cent pro Bitcoin Einheit und legte den Grundstein für weitere Warenkäufe mit der Kryptowährung.[33]

Im Juli 2010 folgte ein enormer Preisanstieg auf USD 0.08 pro Bitcoin Einheit. Gleichzeitig nahm die berühmtberüchtigte Japanische Bitcoin Tauschbörse *MtGox* ihre Geschäftstätigkeit auf.[139] *MtGox* war ursprünglich als Tauschbörse

---

[32]*laszlo* dürfte diesen Handel später bereut haben. Zum Veröffentlichungszeitpunkt des Buches hatten die Bitcoin Einheiten einen ungefähren Gegenwert von 8.2 Millionen USD.

[33]Zum Zeitpunkt des Pizza Angebots war der Preis auf *Bitcoin Market* fast doppelt so hoch. Die unterschiedlichen Preise zeugen von einem äusserst fragmentierten Markt mit sehr geringen Tausch- und Handelsvolumina.[117]

2.6 Der Gegenwert von Bitcoin

für ein (online) Fantasy Sammelkartenspiel[34] geplant, entwickelte sich aber zur Webseite für ein anderes Fantasy Spiel und wurde im Juli 2010 kurzerhand für den Handel mit Bitcoin Einheiten umfunktioniert.[35] [144] Die Plattform hatte bald einen hohen Stellenwert und ermöglichte eine mehr oder weniger repräsentative Marktpreisbildung.

Der Preis stieg schliesslich erneut und erreichte am 7. November 2010 für kurze Zeit die USD 0.5 Grenze, flachte aber alsbald wieder auf Werte zwischen USD 0.2 und 0.3 ab.

2011

Es folgte ein weiterer markanter Preisanstieg, so dass am 10. Februar 2011 erstmals die USD Parität durchbrochen werden konnte. Der Aufwind im Preis überschnitt sich mit dem Start der darknet Plattform *Silk Road*, welche einen wesentlichen Einfluss auf die frühe Preisentwicklung der Bitcoin Einheit hatte. Die Webseite wurde im Februar 2011 online gestellt und ermöglichte den anonymen Handel mit beliebigen Waren und Dienstleistungen, abseits jeglicher Restriktionen der Legalität. *Silk Road* entwickelte sich zu einer Art *ebay* für illegale Stoffe und dubiose Dienste. Es entstand ein reger Handel, bei dem Bitcoin exklusiv als Zahlungsmittel verwendet wurde.[48]

Die Bitcoin Einheit erreichte am 10. Juni 2011 einen vorübergehenden Höchstpreis von knapp USD 32 der durch einen Hack der *MtGox* Plattform im Juni 2011 ein vorübergehendes Ende fand. Den Angreifern gelang es User Accounts auf *MtGox* zu übernehmen und Verkaufsaufträge mit bewusst tiefgehaltenen Preisen zu erstellen.[144] Dies hatte erhebliche negative Effekte auf das Vertrauen und war mitentscheidend für die relative Preis Baisse der folgenden Monate. Die Preisentwicklung wurde später als die *Die Grosse Blase von 2011* bekannt.

Zur selben Zeit lancierte *Wikileaks* eine Bitcoin Spendenfunktion, die es Gleichgesinnten erlaubte den Service mit Bitcoin Einheiten zu unterstützen. Die-

---

[34]MtGox steht für Magic: The Gathering Online-Exchange.
[35]Im Webseiten Archiv unter der URL https://web.archive.org/web/http://mtgox.com/ lässt sich die kuriose Entwicklung von MtGox anhand mehrerer Snapshots nachvollziehen.

2 Bitcoin Überblick

ses Ereignis ist für die Preisentwicklung insofern von grosser Bedeutung, als dass es einen entscheidenden Vorteil der Bitcoin Einheit zu veranschaulichen vermochte. Ende 2010 kündigte der Online-Bezahldienst *Paypal* seine Geschäftsbeziehung mit *Wikileaks* und erschwerte damit die Spendenkampagnen erheblich. Bitcoin Transaktionen können nicht blockiert werden. Dies eröffnete *Wikileaks* eine unabhängige Einnahmequelle. Gleichzeitig ermöglichte Bitcoin den Sympathisanten von Wikileaks die wunschgemässe Allokation ihrer Spendengelder.

2012

Am 9. Mai wurde ein Bericht des FBI[77] öffentlich, der auf die Gefahren der Kryptowährung hinweist, gleichzeitig aber auch festhält, dass Bitcoin Einheiten lediglich eine weitere Option für Kriminelle darstellen und nicht erwartet wird, dass diese bestehenden Optionen durch Bitcoin verdrängt werden. Weiter wurde in dem Bericht erläutert, dass Bitcoin Transaktionen nicht anonym seien und in vielen Fällen eine Identifikation des Initianten zulassen würden. Es folgte ein grosses mediales Echo.

Im Verlaufe des Jahres erhöhte sich die Anzahl der Akzeptanzstellen für Bitcoin Einheiten deutlich. Der grösste Zahlungsdienstleister *Bitpay* kündigte am 11. September 2012 an, dass er nun weltweit mit über 1'000 Unternehmen zusammenarbeitet, darunter viele Restaurants, aber auch einige ausgefallene Unternehmen wie Zahnärzte und Bestattungsunternehmen.[30] Am 15. November folgte mit dem Blog Hosting Dienst *wordpress* ein grosses und international tätiges Unternehmen.[202]

Im deutschsprachigen Raum bildete sich ein Bitcoin Epizentrum um den Graefekiez in Berlin. Was rund zwei Jahre zuvor mit einem einzigen Restaurant[138] begann, wurde ab November 2012 schliesslich zu einer Bitcoin Einkaufsmeile mit zahlreichen Akzeptanzstellen ausgeweitet.[152]

Am 28. November war es schliesslich soweit: Block 210'000 wurde erstellt und somit erstmals eine Belohnung von 25 statt den zuvor üblichen 50 Bitcoin Einheiten ausbezahlt.[36] Der sogenannte *Block Reward Halving* Tag stand am

---

[36]Genaue Inhaltsangaben zu diesem Block können unter `https://blockchain.info/block-`

2.6 Der Gegenwert von Bitcoin

Anfang einer Periode der steigenden Preise. Immer wieder werden Stimmen laut, die dieses Ereignis als die Ursache plötzlicher Preisanstiege sehen. Ökonomisch betrachtet ist diese Hypothese allerdings höchst fragwürdig, da die Halbierung der Wachstumsrate absehbar war. Allfällige Preiseffekte müssten folglich bereits vorgängig eingepreist sein.

2013

2013 wurde zum Jahr, in dem Bitcoin durch die extreme Preisvolatilität ein hohes Mass an medialer Aufmerksamkeit erhielt. Der Marktpreis der Bitcoin Einheit stieg zu Beginn des Jahres kontinuierlich an und durchbrach Anfang März den bisherigen Höchstwert von USD 35.[37]

Mitte März führte ein Softwarefehler, der in einer vorübergehenden Fork des Registers gipfelte, zu einem kurzfristigen (intraday) Preissturz von über 20% (siehe Anmerkung 2.4).

Die negativen Preiseffekte waren aber nur von kurzer Dauer. Getrieben durch die politische Situation in Zypern[38] und der daraus resultierenden Nachfrage nach alternativen Anlagen, ausserhalb der Reichweite des Staates, gipfelte der Preis am 9. April über der USD 200 Grenze. Als sich die Situation in Zypern wieder etwas beruhigte, fiel der Bitcoin Preis deutlich.

Anfang Mai kamen Gerüchte auf, dass der erste funktionstüchtige Bitcoin Geldautomat in San Diego installiert wurde. Gemäss einem Bericht des Nachrichtensenders *ABC 10* erlaubte die Maschine den Kauf und Verkauf der Kryptowährung gegen USD.[1] Wie sich wenig später herausstellen sollte, wurde der Geldautomat lediglich für eine Pressekonferenz vorgeführt.[179] Der erste stationäre und öffentlich verfügbare Bitcoin Geldautomat wurde am 28. Oktober in Vancouver in Betrieb genommen. Der Start war äusserst erfolgreich, so dass

---

height/210000 eingesehen werden.
[37] Abhängig davon, welcher Preis als Referenz verwendet wird, wurde der bisherige Höchstwert bereits am 28. Februar gebrochen.
[38] Die Schuldenkrise in Zypern führte zu einer von der *EU* und dem *IMF* auferlegten konfiskatorische Sondersteuer, durch welche Teile von bei Banken hinterlegten Privatvermögen beschlagnahmt werden konnten.[123]

2 Bitcoin Überblick

bereits am ersten Tag ein Umsatz im fünfstelligen (Canadian) Dollar Bereich verzeichnet werden konnte.[198]

Am 2. Oktober wurde *Silk Road* durch das FBI geschlossen und *Ross Ulbricht*, der angebliche Administrator der Seite, in einer öffentlichen Bibliothek in San Francisco festgenommen.[164] Seither tauchen immer wieder Reinkarnationen der Seite auf. Der Bitcoin Preis verzeichnete einen kurzfristigen Rückgang von rund 20%, erholte sich aber innert eines Tages und begann einen erneuten Anstieg.

Etwas mehr als einen Monat später folgte eine Anhörung des Amerikanischen Senats mit dem Titel "Beyond Silk Road: Potential Risks, Threats and Promises of Virtual Currencies".[55][56] Es wurden verschiedene Experten eingeladen und die Risiken wie auch das Potential von virtuellen Geldeinheiten aus der Sicht der verschiedenen Behörden diskutiert. In den Tagen nach der Anhörung stieg der Bitcoin Preis enorm an und erreichte am 29. November schliesslich einen Preis von USD 1'216.[39] Der grundsätzlich positive Verlauf der Anhörung und erste Schritte in Richtung Rechtssicherheit werden allgemein als wesentliche Gründe für diesen Anstieg betrachtet.

Ein zweiter Grund, der oft für den enormen Preisanstieg verantwortlich gemacht wird, ist die hohe Nachfrage seitens Chinesischer Investoren. Diese Theorie wird insbesondere durch den Zeitpunkt des nachfolgenden Preissturzes gestützt, der mit regulatorischen Eingriffen der Chinesischen Zentralbank vom 5. Dezember einherging. Privatpersonen wurden grössere Hürden auferlegt, Tauschbörsen regulatorisch enger gebunden und Finanzintermediäre gar gänzlich vom Handel mit Bitcoin Einheiten ausgeschlossen.[160]

Einige Analysten gehen hingegen davon aus, dass weder die erhöhte Rechtssicherheit durch die Silk Road Schliessung und die Anhörung, noch die hohe Nachfrage aus China für die Rekordpreise verantwortlich waren. Es existieren Indizien, dass der Preis hauptsächlich durch betrügerische Manipulationen auf der grössten Handelsplattform *MtGox* getrieben wurde.[177]

Trotz eines erheblichen Rückgangs zum Jahresende schloss der Bitcoin Preis 2013 bei rund 5'400% des Preises zu Jahresbeginn.

---

[39]Preis an diesem Tag praktisch äquivalent zu dem einer Unze Gold.

2014

Am 9. Januar 2014 gab der Online-Händler *Overstock* bekannt, dass er fortan Bitcoin Einheiten als Zahlungsmittel akzeptieren würde[148] und war damit das erste in einer ganzen Reihe von grossen Unternehmen. Es folgten Ankündigungen des Satellitenfernsehbetreibers *Dish*[66] (Mai), des Online-Reisebüros *Expedia*[53] (Juni), von *Dell*[52] (Juli) sowie von *Time Inc.*[191] und *Microsoft*[135] (beide Dezember, wobei Microsoft Anfang 2016 die Akzeptanz wieder zurückzog).[136]

Unklar ist jedoch, inwiefern diese Akzeptanz den Preis der Bitcoin Einheit beeinflusst hat. Einerseits führen mehr Akzeptanzstellen zu einer höheren Legitimation des Wertes sowie einer grösseren Resonanz in den Medien und beeinflussen dadurch die Gesamtnachfrage positiv. Auf der anderen Seite können Käufe mit Bitcoin Einheiten den Preis negativ beeinflussen, da ein Grossteil der Bitcoin Einheiten zum Zeitpunkt eines Kaufs liquidiert wird. Alle grossen Unternehmen haben Abkommen mit *Coinbase* oder *BitPay*, welche die Bitcoin Einheiten unmittelbar nach Erhalt in die jeweilige Landeswährung umwandeln beziehungsweise zum Verkauf anbieten.[62] Die Liquidation führt folglich dazu, dass die entsprechende Bitcoin Einheit auf dem offenen Markt landet, mit der Konsequenz, dass das Angebot ausgedehnt und der Preis nach unten gedrückt wird.[200]

Zwischenzeitlich kam es auf der Handelsplattform *MtGox* immer wieder zu Problemen bei Auszahlungen von Bitcoin Einheiten.[76] Anfang Februar wurde schliesslich ein genereller Auszahlungsstopp verhängt.[40] Die Massnahme wurde mit der sogenannten *Transaction Malleability* begründet, einem Problem, welches zu Identifikationsschwierigkeiten von Transaktionen führen und, abhängig von der internen Buchführung, erhebliche Schwierigkeiten auslösen kann. Als *MtGox* schliesslich zwei Wochen später offline ging und anschliessend Insolvenz beantragen musste, verloren viele Personen einen Grossteil ihrer Bitcoin Einheiten. Insgesamt sind auf der Tauschbörse Bitcoin Einheiten im Wert von einer halben Milliarde USD verschwunden. In den Folgemonaten sind zahlreiche Hinweise auf-

---

[40] Aufgrund der Insolvenz sind die Pressemitteilung nicht mehr auf der offiziellen Seite ersichtlich. Es existieren jedoch alternative Sekundärquellen.[69]

2 Bitcoin Überblick

getaucht, dass das Verschwinden der Bitcoin Einheiten in Wahrheit nichts mit der vermeintlichen Ursache zu tun hatte.[64][177]

Nebst dem unmittelbaren Verlust von ungefähr 850'000 der Plattform anvertrauten Bitcoin Einheiten hatten die Ereignisse weitreichende negative Effekte auf die Reputation des gesamten Bitcoin-Systems, welche trotz eines gemeinsamen Presseberichtes der verbliebenen grossen Bitcoin Unternehmen nicht aufgefangen werden konnten.[72] Bitcoin wurde von vielen Personen auf *MtGox* reduziert. Die Bitcoin Einheit hat im Jahr 2014 rund 60% ihres Wertes verloren.

2015

Am 4. Januar gingen die schlechten Nachrichten von Tauschbörsen in die nächste Runde. Die Plattform *Bitstamp* wurde gehackt und Bitcoin Einheiten im Wert von rund 5.1 Millionen USD gestohlen. Es folgte ein erneuter Preissturz von 10% auf USD 270, der sich nach einer kurzen Phase der Erholung fortsetzte, so dass die Bitcoin Einheit Mitte Januar zeitweise unter der USD 200 Marke gehandelt wurde.

Nach dem schwachen Jahresbeginn schwankte die Bitcoin Einheit über weite Strecken der ersten drei Quartale zwischen USD 200 und 300. Generell war das Jahr von hohen Venture Capital Investments geprägt. Stellvertretend muss das Bitcoin Unternehmen *21 Inc* hervorgehoben werden, welches im März Risikokapital von rund 116 Millionen USD erhielt. Alleine zwischen Januar und Oktober 2015 beliefen sich die öffentlich bekannten Venture Capital Investments in Bitcoin und Blockchain Unternehmen auf knapp eine halbe Milliarde USD.[54] Auf der anderen Seite hatte die finale Fassung der New Yorker BitLicense Regulierung[143] von Anfang Juni mit hoher Wahrscheinlichkeit hemmende Effekte auf weitere Investitionen, wie auch den Marktpreis der Bitcoin Einheit.

Im Oktober setzte schliesslich ein starker Preisanstieg ein, der den Marktpreis der Bitcoin Einheit auf über USD 400 steigen liess. Unter anderem dürfte der Anstieg durch verschärfte Kapitalkontrollen in China[159] und den Beschluss über Befreiung der Umsatzsteuerpflicht durch den Europäischen Gerichtshof[33] vom 22. Oktober getrieben worden sein.[151] Aber auch die erhöhte Medienpräsenz

2.6 Der Gegenwert von Bitcoin

durch neue Gerüchte über die Identität von Satoshi Nakamoto dürften zumindest teilweise für den Auftrieb verantwortlich sein (siehe Anmerkung 2.2).

Im November führten die IS Terroranschläge von Paris zu zahlreichen Medienberichten, die Bitcoin mit der Finanzierung von Gruppierungen mit terroristischen Motiven in Verbindung brachten.[89] Die tatsächliche Gefahr wurde in einem Bericht des Britischen Finanzministeriums[94] als tief eingestuft. Ein spürbarer Effekt auf den Preis blieb aus.

Die Bitcoin Einheit schloss das Jahr bei einem Marktpreis von USD 430.

> **Anmerkung 2.7**
> **Steigendes Interesse an der Blockchain-Technologie**
> Viele grosse Unternehmen lancierten 2015 ihre eigenen Forschungsprojekte zum Thema Blockchain-Technologie: darunter *UBS*,[101] *IBM*[132] und *Nasdaq*.[95] Meist wurde der Begriff Bitcoin gemieden und alternative Blockketten wie *Ethereum*[73] genutzt, welche abseits der Bitcoin Blockchain fungieren.
>
> Die Projekte beschäftigen sich primär mit der kostengünstigen und schnellen Abwicklung im Effektenhandel, selbstausführenden Verträgen, sowie mit möglichen Applikationen bei der Vernetzung von Geräten über das hoch angepriesene *Internet of Things* (IoT).
>
> Wie sich das Interesse an der Blockchain-Technologie auf den Preis der Bitcoin Einheit ausgewirkt hat, darüber kann nur spekuliert werden. Einerseits erhöhen diese Applikationen das Interesse in die Technologie. Andererseits untergraben alternative Blockketten die dominante Stellung der Bitcoin Blockchain.

2 Bitcoin Überblick

2016

Das Jahr begann mit einem kleineren Einbruch des Bitcoin Preises, der durch einen gemächlichen Aufwärtstrend abgelöst wurde. Im März und April sorgten eine Serie von Hacks der Tauschbörse *shapeshift.io* für Aufsehen. Der Dienst wurde durch einen Mitarbeiter (Leiter Serverinfrastruktur) sabotiert und anschliessend mehrfach beraubt. Insgesamt wurden umgerechnet fast USD 200'000 in verschiedenen Kryptowährungen geraubt. Kundenvermögen waren aufgrund des Geschäftsmodells von *shapeshift.io* nicht betroffen.[197] Die Bitcoin Preisentwicklung blieb während dieser Ereignisse relativ stabil und der langsame Aufwärtstrend wurde fortgesetzt.

Ende Mai gipfelte der Trend schliesslich in einem explosionsartigen Anstieg von rund 70%. Es folgte eine Korrektur bis sich der Preis Mitte Juni schliesslich zwischen USD 600 und 700 einpendelte. Als mögliche Auslöser des immensen Preisanstiegs werden Marktunsicherheiten aufgrund eines zu diesem Zeitpunkt möglichen und später tatsächlich erfolgten britischen EU Referendums (*Brexit*), sowie der Bitcoin Reward Halving Event von Anfang Juli gesehen.

Am 18. Juni, kurz vor dem Brexit-Entscheid, erreichte Bitcoin mit USD 780 den höchsten Preis seit über zwei Jahren.

Anfang August wurde *Bitfinex*, eine grosse Tauchbörse mit Sitz Hong Kong, erfolgreich angegriffen und Bitcoin Einheiten im Gegenwert von rund USD 60 Millionen geraubt. Als der Raubzug bekannt wurde, befand sich der Bitcoin Preis bereits im Rückgang. Es kann davon ausgegangen werden, dass die Nachrichten des Hacks den Preis weiter negativ beeinflusst und mögliche Korrekturen im Keim erstickt haben. Der Preis fiel zeitweise deutlich unter USD 600.

Als die erste grosse Panik verstrichen war und klar wurde, dass die Zahlungsunfähigkeit von *Bitfinex* abgewendet werden konnte, setzte ein stetiger Aufwärtstrend ein. Der Preisanstieg wurde möglicherweise durch die Unsicherheiten rund um die Amerikanische Präsidentschaftswahl und durch eine erhöhte Aktivität in China beflügelt. Als eine weitere mögliche Ursache für den Preisanstieg können die Goldrestriktionen in Indien gesehen werden, die Berichten zufolge zu einem Interessensanstieg an Bitcoin geführt haben.[146]

2.6 Der Gegenwert von Bitcoin

2017

Zum Jahresbeginn wurde der starke Preisanstieg fortgesetzt. Der Preis stieg zeitweise auf über USD 1'100 an, verzeichnete dann aber eine scharfe Korrektur. Der Preisrückgang ereignete sich parallel zu einer Pressemitteilung der *People's Bank of China*, dass zukünftig strengere Vorschriften für Bitcoin Tauschbörsen durchgesetzt werden. Vertreter der grossen Chinesischen Tauschbörsen *BTCC*, *OKCoin* und *Huobi* wurden von der Chinesischen Zentralbank vorgeladen.[162]

Zum Drucktermin dieses Buches (15. Januar 2017) wurde eine Bitcoin Einheit für rund USD 820 gehandelt.

2 Bitcoin Überblick

2.7 Aufgaben zur Repetition

Aufgabe 2.1: Erläutern Sie, wie sich Bitcoin hinsichtlich der monetären Kontrollstrukturen einordnen lässt und worin der primäre Unterschied gegenüber Giralgeld besteht.

Aufgabe 2.2: Nennen Sie die Teilkomponenten des Bitcoin-Systems und erläutern sie zur Erfüllung welcher Transaktionsbedingungen die jeweiligen Elemente benötigt werden.

Aufgabe 2.3: Beschreiben Sie die Funktionsweise von Bitcoin anhand der drei Transaktionsbedingungen.

Aufgabe 2.4: Erläutern Sie, worin der Unterschied zwischen einer Hardfork und einer Softfork besteht. Welche der beiden Typen stellt das Bitcoin-Netzwerk vor grössere Herausforderungen?

Aufgabe 2.5: Nennen Sie drei wichtige Ereignisse, die den Preisverlauf der Bitcoin Einheit geprägt haben.

Teil II

Technische Erläuterungen

3 Transaktionsfähigkeit

In diesem Kapitel beschäftigen wir uns mit der Fähigkeit der Netzwerkteilnehmer Informationen auszutauschen und Transaktionen zu kommunizieren. Wir betrachten das Bitcoin-Netzwerk, unterscheiden dabei verschiedene Arten von Netzwerkteilnehmern und zeigen, wie Nachrichten zur Konsensfindung ausgetauscht werden. Anschliessend wenden wir uns dem Bitcoin Kommunikationsprotokoll zu und analysieren verschiedene Nachrichtentypen.

3.1 Das Bitcoin-Netzwerk

Das Bitcoin-Netzwerk bildet das Rückgrat des Bitcoin-Systems. Es ermöglicht Verbindungen zwischen den einzelnen Netzwerkteilnehmern sowie die Kommunikation von Transaktionen und Blocks und ist somit essentiell für die Transaktionsfähigkeit.

3.1.1 Dezentrale Architektur

Bitcoin basiert auf einem *peer-to-peer* Netzwerk (Abbildung 20a), also einem Netzwerk, in dem grundsätzlich alle Teilnehmer gleichgestellt sind. Im Unterschied zu zentralisierten Netzwerken (Abbildung 20b) nimmt keiner der Netzwerkteilnehmer eine privilegierte Rolle ein. Die Teilnehmer verfügen in aller Regel über eine Vielzahl von Verbindungen, wobei die Kommunikation auf beliebigen Pfaden und zwischen jeglichen Teilnehmern erfolgen kann.

3 Transaktionsfähigkeit

Jeder Teilnehmer kann eine lokale Kopie des Blockchain-Registers halten, die Legitimität von Transaktionen verifizieren und diese an andere Teilnehmer weiterleiten. Dadurch wird sowohl die Kommunikation, als auch die Datensicherung dezentral geregelt.

(a) Peer-to-Peer (b) Zentralisiert

Abbildung 20: Unterschiedliche Netzwerktypen

Die dezentralen Strukturen machen *peer-to-peer* Netzwerke besonders beständig gegenüber Angriffen und Ausfällen. Während bei einer zentralisierten Netzwerkinfrastruktur der Ausfall eines zentralen Teilnehmers fatale Folgen haben kann und mitunter zu Datenverlust oder dem vollständigen Zusammenbruch der Kommunikation führt, ist in einem *peer-to-peer* Netzwerk jeder Teilnehmer ersetzbar. Ausfälle werden in aller Regel problemlos von anderen Netzwerkteilnehmern aufgefangen, lokal verloren gegangene Daten wiederhergestellt und die Kommunikation auf alternativen Verbindungspfaden aufrechterhalten. Insofern sind dezentrale Netzwerke keinen punktuellen Abhängigkeiten ausgeliefert. Deren Struktur verhindert, dass ein einzelner Teilnehmer eine systemrelevante Position einnehmen kann und macht sie dadurch robuster.

Auch aus regulatorischer Sicht führt Dezentralität zu einer gewissen Immunität. Grundsätzlich ist es zwar möglich einzelne Exponenten eines dezentralen Systems einem regulatorischen Regime zu unterstellen, das Netzwerk als Ganzes lässt sich aber, mangels zentraler Anknüpfpunkte, nur sehr schwer regulieren.[41]

Zudem entfällt in solchen Systemen einer der Hauptgründe für regulatorische Eingriffe. Zentralisierte Netzwerke basieren auf dem Vertrauen der Teilnehmer gegenüber einer zentralen Instanz. Diese Instanz kann das ihr entgegengebrachte

---

[41]Die Existenz illegaler *File Sharing* Tauschbörsen, die ebenfalls auf *peer-to-peer* Netzwerken basieren, verdeutlicht die Machtlosigkeit der Regulatoren gegenüber dezentralen Netzwerken. Obwohl regelmässig grosse Exponenten, wie etwa Torrent Suchplattformen, geschlossen werden, bestehen die eigentlichen Netzwerke weiter.

3.1 Das Bitcoin-Netzwerk

Vertrauen missbrauchen und beliebige Anpassungen an den zentral abgelegten Daten vornehmen. Manipulationen in ihrem eigenen Interesse oder zu Gunsten eines Auftraggebers sind gleichermassen denkbar. Unter den heute gängigen Systemen wird davon ausgegangen, dass eine Kombination aus Reputationseffekten, Kontrollmechanismen und Strafzahlungen die entsprechenden Anreize setzt und zentrale Instanzen zur langfristigen Kooperation verleitet. Insofern sind gewisse Regulierungen in solchen Systemen unabdingbar.

Dezentrale Netzwerke stehen in einem starken Kontrast dazu. Reputationseffekte sind aufgrund der dynamischen Topologie des Netzwerks und der Pseudonymität der Teilnehmer praktisch inexistent. Die Netzwerkteilnehmer werden dem Konsensprotokoll nur dann Folge leisten, wenn dies ihrem eigenen Interesse entspricht. Eine Konsequenz davon ist, dass jeder Teilnehmer damit rechnen muss, dass seine Nachbarn Falschmeldungen verbreiten. In Kapitel 4 werden wir Mittel und Wege betrachten, welche es den Netzwerkteilnehmern ermöglichen, erhaltene (Transaktions-)Nachrichten auf ihre Korrektheit zu überprüfen. In diesem Kapitel konzentrieren wir uns auf das Netzwerk, dessen Aufbau, Teilnehmer und Kommunikationswege.

3.1.2 Netzwerkknoten und Funktionalität

Im ersten Teil des Buches haben wir die Bezeichnung *Netzwerkteilnehmer* als Sammelbegriff verwendet ohne dabei die unterschiedlichen Funktionen zu unterscheiden, welche von den Teilnehmern ausgeübt werden können. Konkret existieren drei Grundfunktionen: die *Verifizierungsfunktion*, die Funktion der *Wallet* und das *Mining*. Wir werden fortan den Begriff *Netzwerkknoten* nutzen.

Verifizierungsfunktion Die Verifizierungsfunktion umfasst alle Aktivitäten, die zur selbstständigen Netzwerkteilnahme und unabhängigen Kontrolle aller Besitzstände benötigt werden. Konkret werden eingehende Transaktionsnachrichten verifiziert, lokal abgelegt und an andere Netzwerkknoten weitergeleitet. Es wird eine vollständige Kopie des Blockchain-Registers gehalten und die Gültigkeit der einzelnen Blocks und der Kette überprüft.

3 Transaktionsfähigkeit

Die Verifizierungsfunktion ermöglicht zudem das Versenden und Empfangen von Blocks. Knoten, die mindestens über die Verifizierungsfunktion verfügen, werden auch als *Full Nodes* (dt. vollwertige Knoten) bezeichnet.

Wallet-Funktion Die Wallet-Funktion (Wallet = dt. für Brieftasche) umfasst die sichere Verwahrung von privaten Schlüsseln und die Überwachung und Verwaltung des eigenen Guthabens. Sie ist an Endnutzer gerichtet und beinhaltet normalerweise eine grafische Benutzeroberfläche zum unkomplizierten Empfang und Versand von Bitcoin Einheiten. Zudem bieten viele Wallets optionale Sicherheitsmechanismen zum Schutz der eigenen Bitcoin Bestände beziehungsweise der privaten Schlüssel.

Mining-Funktion Knoten mit der Mining-Funktion beteiligen sich aktiv an der Erstellung neuer Blocks und tragen dadurch zur Erweiterung des Blockchain-Registers bei.

Ein neuer Netzwerkknoten entsteht indem ein Anwender einen Bitcoin Client auf seinem Rechner installiert und die Kommunikation mit anderen Knoten des Bitcoin-Netzwerks aufnimmt. Der offene Standard sorgt dafür, dass Nutzer die freie Auswahl zwischen verschiedenen Programmen haben, die einen unterschiedlichen Funktionsumfang aufweisen. Theoretisch kann ein Nutzer auch selbst einen Client entwickeln und diesen mit dem Netzwerk kommunizieren lassen. Alle diese Programme halten sich an das standardisierte Verbindungs- und Kommunikationsprotokoll und können dadurch problemlos ein Netzwerk bilden sowie untereinander kommunizieren.

Der klassische Client ist unter dem Namen *Bitcoin Core* bekannt. Bitcoin Core enthält den vollen Funktionsumfang. Die Software erstellt einen vollwertigen Knoten und lässt sich über eine grafische Benutzeroberfläche oder über die Eingabeaufforderung (*Command Line Interface*) steuern.

Bitcoin Core hält eine lokale Kopie des gesamten Blockchain-Registers. Der Client verifiziert und propagiert Transaktionen und Blocks. Zudem umfasst Bitcoin Core eine Wallet und einfache Mining-Funktionen. Bitcoin Core steht auf `https://bitcoin.org/en/download` zum Download bereit.

3.1 Das Bitcoin-Netzwerk

3.1.3 Verbindungsaufbau und Topologie

Nach der erfolgreichen Installation eines Clients wird sich die Software mit anderen Knoten verbinden. Der Verbindungsaufbau erfolgt über die gängigen Netzwerkprotokolle (*TCP/IP*) und standardmässig über Port 8333. Der Knoten, der eine Verbindung eingehen möchte, sendet eine initiale Nachricht (`version` Nachricht) an eine ihm bekannte IP Adresse eines anderen Knotens. Die Nachricht umfasst Angaben zum eigenen Knoten und dem eigenen Register wodurch der Verbindungsaufbau ermöglicht wird.

Optional kann die bestehende Adressliste des neuen Kontakts angefragt werden (`getaddr` Nachricht), so dass der Knoten sein bekanntes Netzwerk um die neuen IP Adressen erweitern kann und die Möglichkeit für zusätzliche Verbindungen entsteht. Die neuen IP Adressen werden gespeichert und können auch beim Neustart des Clients wieder für einen Verbindungsversuch genutzt werden.

Neue Knoten stehen vor dem initialen Problem, dass sie noch keine bekannten Adressen haben. Damit die Software sich beim ersten Start mit einem anderen Knoten des Netzwerks verbinden kann, wird beim Download eine IP Liste mitgeliefert, welche auf eine Art Bitcoin *Domain Name Server* (DNS) verweist. Alternativ können IP Adressen manuell in die Software eingetragen werden.

Standardmässig versucht jeder Knoten mindestens acht Verbindungen aufrechtzuerhalten. Die tatsächliche Zahl kann aber deutlich von diesem Wert abweichen. Unter Standardeinstellungen halten Knoten durchschnittlich 32 aktive Verbindungen.[63] Allfällige Firewalls und Router Einstellungen können die Anzahl der Verbindungen beschränken. Allgemein gilt, dass eine breitere Netzwerkanbindung eine bessere Kommunikation ermöglicht.

Sollte der Abriss einer Verbindung dazu führen, dass ein Knoten weniger als acht aktive Verbindungen hält, versucht dieser sofort neue Verbindungen aufzubauen. Dazu können bekannte IP Adressen verwendet werden oder aber es werden bei Kontakten neue IP Adressen von anderen Knoten angefordert.

Um den Verbindungsaufbau an einem konkreten Beispiel aufzeigen zu können, knüpfen wir an der Situation aus Abbildung 9 auf Seite 53 an und gehen davon

3 Transaktionsfähigkeit

aus, dass das Netzwerk um einen Knoten erweitert wird. Tamara hat kürzlich von Bitcoin erfahren, worauf sie fasziniert die Client Software heruntergeladen und installiert hat. Die Software wird die mitgelieferte IP Liste konsultieren und sich mit einem der anderen Knoten verbinden. Dazu sendet der Client eine `version` Nachricht, die durch den anderen Knoten mit einer `verack` (version acknowledged) Nachricht erwidert wird. Der in Abbildung 21 dargestellte Verbindungsaufbau wird von dem Client automatisch durchgeführt. Der Nutzer muss sich um nichts kümmern.

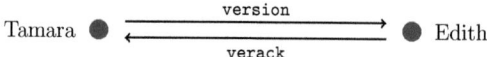

Abbildung 21: Verbindungsaufbau im Bitcoin-Netzwerk

Edith kann die Verbindung aufnehmen indem sie ihrerseits eine `version` Nachricht versendet und die `verack` Bestätigung abwartet.

Tamara kann nun die IP Adressliste von Edith anfordern. Dies geschieht mit einer `getaddr` Nachricht. Edith wird einige der IP Adressen aus ihrer Liste mittels mehreren `addr` Nachrichten an Tamara senden. Sie erhält eine zufällige Auswahl an IP Adressen aus einem grossen Pool aller Adressen, die Edith gespeichert hat. Das zufällige Auswahlverfahren wird als *Bootstrapping* bezeichnet.

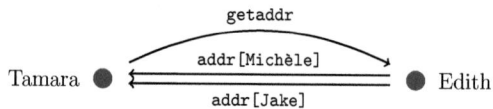

Abbildung 22: Anfrage neuer IP Adressen

Es kann dabei durchaus vorkommen, dass Edith IP Adressen versendet, die sich zwar in ihrem Pool befinden, zu denen sie aber selbst momentan keine Verbindung hält. In unserem Beispiel aus Abbildung 22 erhält Tamara die IP Adressen von Michèle und Jake.

Tamara kann die neuen IP Adressen nutzen um weitere `version` Nachrichten zu versenden und zusätzliche Verbindungen einzugehen. In unserem Beispiel nutzt sie diese Möglichkeit, woraus das Netzwerk aus Abbildung 23 resultiert.

3.1 Das Bitcoin-Netzwerk

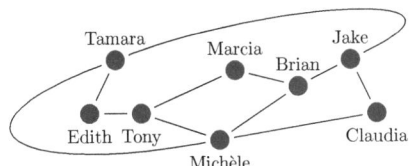

Abbildung 23: Netzwerk mit neuem Teilnehmer

Zugegebenermassen handelt es sich bei unseren Beispielen um eine Vereinfachung. Die Verbindungen wurden mehrheitlich einfach gehalten, um die Propagierung von Nachrichten besser veranschaulichen zu können. Zudem besteht unser Beispiel aus einer sehr geringen Knotenzahl, die jeweils nur wenige Verbindungen halten.

Im echten Bitcoin-Netzwerk entstehen aufgrund des *Bootstrappings* quasizufällige Verbindungspfade. Diese führen zu einer weitaus komplexeren und randomisierten Netzwerktopologie. Die örtliche Nähe spielt für die Wahl der Verbindungen keine Rolle. Insofern ist die zufällige Entstehung von Netzwerkpartitionen praktisch ausgeschlossen. Sollte dennoch eine Partition entstehen, kann dies über einen plötzlichen Abfall der Netzwerkrechenleistung (beziehungsweise der Geschwindigkeit mit der neue Blocks erstellt werden) und der Anzahl der Transaktionsnachrichten aufgedeckt werden.[63]

Partitionen werden generell nur dann zum Problem, wenn in einem bestimmten (geografischen) Bereich, eine komplette Isolation besteht und diese über längere Zeit aufrechterhalten wird. Geografische Charakteristika der Knotenverteilung können also aufgrund geopolitischer Überlegungen und zur Absicherung gegen (Natur-)Katastrophen durchaus interessant sein.

In einer Studie zur geografischen Verteilung der Knoten wird gezeigt, dass sich rund 40% aller Knoten in China oder den USA befinden. Ansonsten sind die Knoten relativ homogen über wohlhabende und dicht besiedelte Gebiete verteilt. In der Schweiz wurden im Rahmen dieser Datenerhebung rund 900 vollwertige Knoten gesichtet.[67]

3 Transaktionsfähigkeit

Je mehr vollwertige Knoten das Bitcoin-Netzwerk aufweist, desto robuster wird es. Die Anzahl dieser Knoten stellt also einen wichtigen Indikator für den Zustand und die Beständigkeit des Netzwerks dar. Ende 2015 bestand das Bitcoin-Netzwerk aus rund 5'500 vollwertigen Knoten[42]. Diese Zahl verzeichnete im Verlaufe der letzten zwei Jahre einen starken Rückgang, ausgehend von den knapp 15'500 Knoten im November 2013[67].

Vollwertige Knoten sind für die Funktion des Bitcoin-Systems unverzichtbar und die Rückläufigkeit ihrer Zahl dementsprechend ein grosses Problem. Insbesondere die Tatsache, dass die Anzahl der Transaktionen zunimmt, während immer weniger vollwertige Knoten zur Verarbeitung ebendieser Transaktionen zur Verfügung stehen, führt zu Bedenken hinsichtlich der Skalierbarkeit des Bitcoin-Systems.

Die fallende Zahl der vollwertigen Knoten ist im Wesentlichen auf zwei Hauptgründe zurückzuführen:

Erstens verursacht das Betreiben eines vollwertigen Knotens gewisse Kosten, welche primär aus der Internetverbindung, dem Strom und der Datensicherung hervorgehen. Eine native Entschädigung für das Betreiben eines solchen Knotens gibt es hingegen nicht (siehe Anmerkung 3.1). Die einzige Entschädigung, welche im Bitcoin-System explizit vorgesehen ist, erfolgt auf Basis des Minings. Miner erhalten immer dann eine Belohnung, in Form der Coinbase Transaktion, wenn sie einen gültigen Block erstellen können. Viele vollwertige Knoten führen selbst aber keine Mining Aktivitäten durch und gehen daher leer aus. Hinzu kommt, dass auch viele Miner auf den Betrieb eines eigenen Knotens verzichten, da sie einem zentralisierten Mining-Pool angeschlossen sind und ihre Informationen somit aus einer zentralen Quelle erhalten (siehe Abschnitt 3.2.3).

Zweitens kann Bitcoin auch ohne einen eigenen vollwertigen Netzwerkknoten genutzt werden. Es gibt verschiedene Möglichkeiten von den Netzwerkressourcen, welche von anderen Teilnehmern zur Verfügung gestellt werden, zu profitieren, ohne selbst Ressourcen beisteuern und die entsprechenden Kosten tragen zu

---

[42]Die Seite `https://bitnodes.io` unterhält einen Dienst, der das Netzwerk nach aktiven Knoten scannt.

müssen. Weder der Erhalt oder Besitz von Bitcoin Einheiten, noch die Initiierung einer Transaktion setzt den eigenen Betrieb eines vollwertigen Knotens voraus.

Vollwertige Knoten können also gewissermassen als eine Dienstleistung gesehen werden, deren Bereitstellung individuelle Kosten für den Betreiber verursacht. Ein Grossteil des Nutzens ist hingegen öffentlich und in seiner jetzigen Form, rivalisierend und nicht ausschliessbar. Die Ressource weist somit die Charakteristika eines Allmendguts auf, was die Abnahme der Bereitstellung von vollwertigen Knoten, aus ökonomischer Sicht, wenig überraschend macht. Anmerkung 3.1 beschäftigt sich mit möglichen Incentivierungsansätzen, welche den Betrieb eines vollwertigen Knotens attraktiver gestalten könnten.

Anmerkung 3.1
Bitnodes und andere Incentivierungsprogramme
In der Bitcoin Community wird immer wieder aufgeführt, dass die Anreize zum Betreiben eines vollwertigen Knotens unter anderem durch reziproke Erwägungen der Teilnehmer gegeben sind. In der Tat ist davon auszugehen, dass Personen, die einen vollwertigen Knoten betreiben, dies oft aus reinem Interesse an der Sache und Idealismus tun.

Diese Grundlage ist aber ungenügend für ein System, welches ansonsten auf ökonomischen Anreizen basiert. Für das längerfristige Überleben und die Skalierbarkeit von Bitcoin wird es notwendig sein, den Rückgang der vollwertigen Knoten zu stoppen und deren Verbreitung gar auszudehnen.

Ein Programm zur Incentivierung von vollwertigen Knoten wurde von privater Seite gestartet. Das Projekt hat Betreibern von vollwertigen Knoten, die gewisse Voraussetzungen (Verfügbarkeit und Verlässlichkeit) erfüllen, eine Entschädigung ausbezahlt. Die Auszahlungen wurden aus dem Privatvermögen des Programm-Betreibers, sowie durch Spenden finanziert. Das Projekt war ein befristeter Versuch der Ende 2015 auslief, wobei der gewünschte Erfolg leider ausblieb.[205]

3 Transaktionsfähigkeit

> Ein wohl nachhaltigerer Ansatz wäre die Etablierung einer systemisch-nativen Entschädigung für Services wie das Weiterleiten einer Transaktion [13] oder für die Bereitstellung von Informationen für SPV Knoten (siehe Abschnitt 3.2.2). Mikrotransaktionen könnten solche Entschädigungen möglich machen. [124]
>
> Zudem existieren einige potentielle Anreizstrukturen, die sich von selbst ergeben könnten. Das Sammeln und Aufbereiten von Informationen, welche später analysiert und verkauft werden können, hat das Potential zu einer lukrativen Einnahmequelle heranzureifen und Personen oder Unternehmen zum Betrieb eines vollwertigen Knotens zu bewegen. Grosse Unternehmen wie Händler, Zahlungsdienstleister oder (Solo) Mining-Farmen sind zudem auf die sofortige Verfügbarkeit der Informationen angewiesen und werden deshalb einen vollwertigen Knoten mit einer möglichst umfassenden Netzwerkanbindung betreiben.
>
> Auch auf der Kostenseite gibt es Bestrebungen zur Optimierung. Verschiedene Unternehmen bieten Minihardware zum Betrieb eines vollwertigen Knotens an, deren Betriebskosten deutlich unter denen eines handelsüblichen Desktop Computers liegen. Solche Knoten sind meist einfach zu bedienen und normalerweise so vorkonfiguriert, dass die Hardware zur Inbetriebnahme lediglich an den Router und das Stromnetz angeschlossen werden muss.[a]
>
> [a]Der wohl bekannteste Anbieter heisst *bitseed*. Die Hardware kann entweder unter `https://bitseed.org/` gekauft oder die offengelegte Software auf ein anderes Gerät bespielt werden.

3.2 Erweitertes Netzwerk

Die Zahl der vollwertigen Knoten sollte keineswegs mit der Zahl der Bitcoin Nutzer gleichgesetzt werden. Die Zunahme der Blockchain Grösse und die höhere Frequenz der Transaktionsnachrichten führten im Verlaufe der Entwicklung zu einem wachsenden Anforderungsprofil an die Hardware und Internetverbindung eines vollwertigen Knotens. Deshalb entscheiden sich viele Nutzer gegen den Betrieb eines eigenen vollwertigen Knotens und verlassen sich entweder bei

3.2 Erweitertes Netzwerk

der Kommunikation und/oder beim Verifizieren der Transaktionen auf andere Teilnehmer, die einen vollwertigen Knoten betreiben.

Eine ausgelagerte Validierung bedeutet beispielsweise, dass das Blockchain-Register nicht heruntergeladen und ständig aktualisiert werden muss. Die Ressourcenersparnisse können insbesondere für Clients auf mobilen Geräten interessant sein, bei denen Speicher normalerweise eher knapp und Verbindungen in vielen Fällen sowohl über das Datenvolumen, als auch über die Übertragungsgeschwindigkeit beschränkt sind. Zudem würde der Betrieb eines vollwertigen Knotens die Akkulaufzeit der mobilen Geräte stark verringern. Eine eingeschränkte Netzwerkteilnahme bietet insofern die Möglichkeit zur einfachen Integration weiterer Teilnehmer, welche ansonsten nicht am Bitcoin-Netzwerk partizipieren könnten.

Gleichzeitig führt der Verzicht auf die vollständige Verifizierungsfunktion aber zu einer gewissen Abhängigkeit. Das Bitcoin-System bietet jedem Netzwerkteilnehmer die Möglichkeit, die Legitimität aller Transaktionen und des kompletten Blockchain-Registers selbstständig überprüfen zu können. Verzichtet ein Netzwerkteilnehmer auf diese Option, verliert er automatisch einen Teil seiner Selbstständigkeit und muss seinen Informationsquellen ein gewisses Vertrauen entgegenbringen.

Die genaue Struktur dieser Abhängigkeiten und das Ausmass des benötigten Vertrauens variieren stark und mit ihnen auch die Vor- und Nachteile sowie die Risiken der eingeschränkten Teilnahme. Während durch einige Formen der Abhängigkeit die komplette Kontrolle über die eigenen Mittel abgetreten wird, sind andere wesentlich subtiler. Eine indirekte Netzwerkteilnahme kann in der Form einer de facto Zentralisierung oder über sogenannte *Simplified Payment Verification* (SPV) Clients erfolgen. Zudem kann auch eine bestimmte Form der Mining-Funktion über eine eingeschränkte Netzwerkteilnahme erreicht werden.

3 Transaktionsfähigkeit

3.2.1 Quasi-zentrale Subnetzwerke

Quasi-zentrale Subnetzwerke stellen die höchste Form der Abhängigkeit dar. Die Teilnehmer sind lediglich indirekt an das Bitcoin-Netzwerk angebunden und verlassen sich exklusiv auf die Informationen und den Kommunikationskanal eines spezifischen Knotens. Sie sind dabei nicht in der Lage die Richtigkeit der Angaben dieses Knotens zu überprüfen. Zwei Beispiele von quasi-zentralen Subnetzwerken werden in Abbildung 24 dargestellt.

Durch die zentralen Dienste erhalten eingeschränkte Netzwerkteilnehmer die Möglichkeit zur Ausübung der Wallet-Funktion, ohne selbst über einen direkten Zugang zum Netzwerk verfügen zu müssen. Der zentrale Knoten wird als Proxy-Server genutzt, der periodisch zur Überprüfung von Guthabenständen der eigenen Adressen konsultiert werden kann. Zudem werden Transaktionsnachrichten an den zentralen Knoten übermittelt und dadurch indirekt an das Bitcoin-Netzwerk weitergeleitet.

Abbildung 24: Quasi-zentrale Subnetzwerke

Dies führt zu gewissen Abhängigkeiten, die allerdings im Normalbetrieb kaum spürbar sind und zudem durch eine oft einfachere Handhabung aufgewogen werden. So kann es für den Nutzer beispielsweise wesentlich komfortabler sein, lediglich einen schmalen Client installieren zu müssen oder seine Bitcoin Einheiten über eine Webapplikation verwalten zu können.

Läuft hingegen etwas schief, können diese Abhängigkeiten zu erheblichen Problemen führen. In quasi-zentralen Subnetzwerken wäre es einem zentralen Knoten beispielsweise möglich, den indirekten Netzwerkteilnehmern bestimmte Informationen vorzuenthalten oder deren Transaktionen nicht an den Rest des Netzwerks weiterzuleiten und somit zu blockieren. Dies kann absichtlich geschehen, oder aber weil der zentrale Knoten aus irgendeinem Grund nicht erreichbar ist oder

3.2 Erweitertes Netzwerk

fehlerhafte Informationen wiedergibt. Insofern verlieren quasi-zentrale Subnetzwerke einen Grossteil der robusten Eigenschaften eines peer-to-peer Netzwerks und führen neue Anfälligkeiten in das System ein.

In vielen Fällen gehen quasi-zentrale Subnetzwerke zudem mit Verwahrungsdienstleistungen einher. In solchen Beziehungen tritt der Besitzer die komplette Kontrolle über seine Bitcoin Einheiten an den zentralen Knoten ab. Er hält selbst keinen privaten Schlüssel für das entsprechende Guthaben, sondern verfügt lediglich über die Zugangsdaten zum zentralen Dienst des Knotens, mit denen er die Transaktion seiner Bitcoin Einheiten anfordern kann. Die eigentliche Bitcoin Transaktion wird von dem zentralen Knoten ausgelöst. In einem solchen Abhängigkeitsverhältnis besitzt der eingeschränkte Netzwerkteilnehmer also lediglich ein Versprechen auf Bitcoin Einheiten. Es handelt sich um Kreditgeld, welches in einer Abhängigkeit zur Bonität des zentralen Knotens steht (siehe Abschnitt 1.4.2).

Anmerkung 3.2
Clients mit eigenem vollwertigen Knoten verbinden
In quasi-zentralen Subnetzwerken muss der eingeschränkte Knoten dem zentralen Knoten vertrauen. Betreibt der Nutzer des eingeschränkten Knotens zusätzlich einen vollwertigen Knoten, kann diesem Problem entgegengewirkt werden.

So könnte ein mobiles Gerät beispielsweise auf einen vollwertigen Knoten auf dem heimischen Desktop Computer zurückgreifen und dadurch zeitgleich von allen Vorteilen der geringeren Belastung und der vollständigen Verifizierbarkeit profitieren. Einige Wallets für mobile Geräte bieten diese Option bereits an.

3 Transaktionsfähigkeit

3.2.2 Simplified Payment Verification (SPV) Knoten

Simplified Payment Verification (SPV) Clients ermöglichen das Ausüben der Wallet-Funktion, ohne dass dabei eine vollständige Kopie des Blockchain-Registers geladen und lokal gespeichert werden muss. Im Unterschied zu indirekten Teilnehmern, welche einem zentralen Knoten angebunden sind, verfügen SPV Knoten aber dennoch über einen direkten Zugang zum Bitcoin-Netzwerk. Die benötigten Daten werden von unterschiedlichen Knoten beschafft und können zumindest teilweise verifiziert werden. Die unterschiedlichen Datenquellen, die breitere Abstützung durch direkte Verbindungen zum Bitcoin-Netzwerk und die Möglichkeit zur partiellen Verifizierung der erhaltenen Daten führen zu einer höheren Sicherheit und Eigenständigkeit als bei indirekten Anbindungen über spezifische zentrale Knoten eines quasi-zentralen Subnetzwerks.

Ein SPV Knoten hält nur einen kleinen Teil der Blocks - den sogenannten Block Header. Dieser umfasst unter anderem die von den beinhalteten Transaktionen abhängige Identifikationsnummer, nicht aber die Transaktionen selbst.[43] Dadurch kommen *SPV Clients* mit rund einem Tausendstel des Speicherplatzes von vollwertigen Knoten zurecht. Pro Block fallen gerade mal 80 Bytes an. Viel wichtiger ist aber die Tatsache, dass diese Angabe unabhängig von der Anzahl der beinhalteten Transaktionen unverändert bleibt und der von SPV Knoten benötigte Speicherplatz selbst bei einem enormen Nutzerzuwachs ein lineares Wachstum beibehält.

Vollwertige Knoten nutzen zur Verifizierung einer Transaktion die Blockhöhe. Um sicherzustellen, dass das in einer Transaktion referenzierte Guthaben nicht bereits zuvor verwendet wurde, überprüfen vollwertige Knoten das komplette Blockchain-Register.[44] SPV Knoten nutzen stattdessen eine Heuristik basierend auf der Blocktiefe - also der Anzahl Bestätigungen, durch die eine Transaktion besichert wurde. Wird der Block durch eine gewisse Anzahl (meist sechs) weiterer Blocks referenziert, betrachten SPV Knoten die darin enthaltenen Transak-

---

[43]Die *Merkle Root* der Transaktionen ist einer der Block Inputs, welche die Identifikationsnummer beeinflussen.

[44]Vollwertige Knoten halten eine lokale Datenbank mit noch nicht verwendeten Transaktionsoutputs (UTXO).

3.2 Erweitertes Netzwerk

tionen als gültig. Aufgrund der hohen Rechenleistung, die zum Erstellen dieser nachfolgenden Blocks notwendig war, ist die Wahrscheinlichkeit eines Manipulationsversuchs sehr gering.

Die Informationsbeschaffung eines SPV Knotens erfolgt über die selektive Anfrage einzelner Transaktionen. Dies führt zu zwei Problemen:

Zum Ersten können SPV Knoten zwar verifizieren, ob eine erhaltene Transaktion tatsächlich zu einem Block gehört, umgekehrt wissen sie aber nicht, ob ihnen Informationen vorenthalten werden und eine weitere, möglicherweise konkurrierende Transaktion existiert. SPV Knoten weisen deshalb gewisse Anfälligkeiten auf und sind darauf angewiesen, dass sie eine zufällige Auswahl an Verbindungen halten. Eine breite und zufällige Abstützung der Informationsbasis kann Manipulationen durch vorenthaltene Informationen verhindern.

Zum Zweiten kann die selektive Informationsbeschaffung zu Problemen hinsichtlich der Privatsphäre führen. Beschafft ein SPV Knoten ausschliesslich Transaktionen, die seine eigenen öffentlichen Schlüssel (beziehungsweise seine Bitcoin Adressen) betreffen, werden die anderen Knoten in der Lage sein, diese mit seiner IP Adresse in Verbindung zu bringen und ein ausgeprägtes Guthabenprofil zu erstellen. Als Gegenmassnahme könnte der SPV Knoten eine grosse Anzahl an zusätzlichen (nicht zwingend benötigten) Daten anfordern. Das grosse Datenvolumen würde aber die ursprüngliche Idee und das Ziel der SPV Implementierung untergraben.

Um dem zweiten Problem entgegenzuwirken erfolgt die Abfrage von Transaktionen normalerweise über sogenannte *Bloom Filter*. Bloom Filter spezifizieren einen Suchauftrag über Hashfunktionen (siehe Abschnitt 4.2). Der SPV Knoten schickt eine Anfrage nach Transaktionen, die nach der Anwendung verschiedener Hashfunktionen einem bestimmten Suchmuster entsprechen. Die Präzision kann je nach Bedürfnissen variieren. Es existiert ein Trade-Off zwischen der Privatsphäre und der Höhe des Datenvolumens. *Falsch positive* Resultate sind aufgrund der probabilistischen Natur des Systems möglich beziehungsweise gar erwünscht. *Falsch negative* Resultate sind hingegen nicht möglich. Wird eine Transaktion durch den Filter abgelehnt, kann diese mit Sicherheit verworfen werden.

3 Transaktionsfähigkeit

Bloom Filter dienen also der Verschleierung und der Komprimierung der durch die SPV Knoten angeforderten Daten. Die Idee geht auf einen wissenschaftlichen Aufsatz von Bloom[32] zurück und wurde durch BIP0037[92] für das Bitcoin-System formalisiert.

3.2.3 Pool-Mining

Bitcoin Mining wird oft in grossen Gemeinschaften (Mining-Pools) durchgeführt. Ein Mining-Pool-Betreiber erstellt das Block-Grundgerüst und verteilt die Arbeit an verschiedene Pool-Mitglieder. Zwecks der späteren Auszahlung wird meist ein geringerer Schwellenwert der Block Identifikationsnummer gewählt. Wären beispielsweise nur Blocks mit einer Identifikationsnummer von unter 100 gültig, könnte der Pool-Betreiber den Schwellenwert auf 10'000 hochsetzen und für alle Blocks mit einer Identifikationsnummer unter diesem erhöhten Schwellenwert eine anteilige Entschädigung ausbezahlen.

Das Netzwerk wird weiterhin nur Blocks unter dem offiziellen Schwellenwert als gültig betrachten. Der erhöhte Schwellenwert ist lediglich für die Aufteilung einer allfälligen Entlohnung unter den Teilnehmern des Pools relevant.

Pool-Mining führt zu einer geringeren Volatilität der Entlohnung. Der Zusammenschluss resultiert in einer mehr oder weniger konstanten Auszahlung und macht den Prozess deutlich berechenbarer (siehe Abschnitt 5.3.3).

Klassisches *Solo-Mining* setzt den Betrieb eines vollwertigen Knotens voraus. *Pool-Mining* ermöglicht hingegen eine Mining-Funktion ohne die Verifizierungsfunktion. Normalerweise hält lediglich der Pool-Betreiber eine Kopie des Blockchain-Registers und verteilt die benötigten Informationen analog einem quasi-zentralen Subnetzwerk an die Pool-Mitglieder. *Pool-Mining* ist somit wesentlich am Rückgang der Zahl der vollwertigen Knoten beteiligt und schürt Bedenken hinsichtlich einer gewissen Zentralisierung des Bitcoin-Systems.

3.3 Das Bitcoin Kommunikationsprotokoll

Sinn und Zweck des Netzwerks ist der Austausch von Informationen zur Konsensfindung über den aktuellen Zustand der Besitzverhältnisse. Damit diese Informationen von den verschiedenen Clients verarbeitet werden können, muss die Kommunikation in einer standardisierten Form erfolgen. Kein Client kann zur Einhaltung dieser Standards gezwungen werden. Es dürfen insofern keine für die Sicherheit des Systems relevanten Vorgaben gemacht werden, die nicht kontrolliert werden können. Das Kommunikationsprotokoll umschreibt lediglich die Formatierung der Information. Möchte ein Knoten mit anderen Knoten kommunizieren, ist es folglich in seinem besten Interesse, diese Art der Formatierung einzuhalten.

Primär ist der Austausch von Blocks und Transaktionen relevant. Nachrichten, die nicht direkt dem Austausch dieser Informationen dienen, nehmen eine unterstützende Rolle ein.

3.3.1 Der Austausch von Blocks

Beim ersten Start wird der Client einige Stunden damit verbringen, alle Blocks des aktuellen Blockchain-Registers zu beziehen, zu verifizieren und zu indexieren. Lediglich der erste Block (Genesis Block) ist statisch in den Client eingebunden und wird mit der Software mitgeliefert. Alle nachfolgenden Blocks müssen von den anderen Knoten beschafft und verifiziert werden. Dies entspricht per Januar 2017 einem Datenvolumen von rund 96 GB.

Jeder Block muss nur einmalig heruntergeladen und verifiziert werden. Längere Ladezeiten entstehen nur dann, wenn der Client eine grosse Zahl an Blocks aufholen muss; also bei der initialen Installation oder wenn der Knoten längere Zeit nicht mit dem Netzwerk verbunden war.

Der Abgleich erfolgt über den gegenseitigen Austausch von `getblocks` Nachrichten. Diese Nachrichten beinhalten die Identifikationsnummer des neusten Blocks der lokalen Kette des Knotens. Sind die beiden Ketten äquivalent müssen

3 Transaktionsfähigkeit

keine Blocks ausgetauscht werden. Erhält hingegen einer der beiden Knoten eine `getblocks` Nachricht mit einer Identifikationsnummer, die nicht dem letzten Block seiner Kette entspricht, wird er versuchen den Block mit dieser Identifikationsnummer innerhalb der Kette zu lokalisieren und eine `inv` (Inventar) Nachricht mit den Identifikationsnummern der Nachfolger dieses Blocks zurückzusenden.[45]

Der Knoten, der die `inv` Nachricht mit all den Block Identifikationsnummern erhält, hat anschliessend die Möglichkeit die jeweiligen Blocks mittels `getdata` Nachrichten anzufordern. Abbildung 25 zeigt den Nachrichtenverlauf zwischen zwei Knoten bei der Übermittlung von Blocks.

Dieses Prinzip wird verwendet, um zu verhindern, dass ein Knoten Block-Daten erhält, die ihm bereits von einem anderen Knoten zugestellt wurden. Der Knoten kann selbstständig koordinieren, welche Daten er anfordern möchte und die Anfragen so auf verschiedene Knoten verteilen.

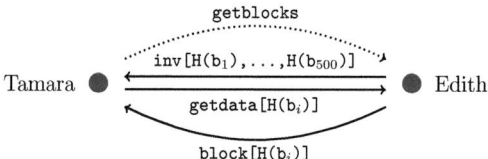

Abbildung 25: Der Austausch von Blocks

Erhält ein Knoten einen Block, überprüft er diesen selbstständig auf die Gültigkeit der beinhalteten Transaktionen und verifiziert, dass die Transaktionen ausschliesslich bisher nicht verwendete Guthaben[46] referenzieren und von dem Eigentümer initiiert wurden (siehe Abschnitt 4.4). Er überprüft die Referenz der Identifikationsnummer des alten Blocks und wird zudem die aktuelle Block Identifikationsnummer kontrollieren, um festzustellen, ob diese dem Schwellenwert-Kriterium entspricht. Jeder Knoten kann somit eindeutig feststellen, ob ein erhaltener Block die verschiedenen Konsensbedingungen erfüllt und in das Blockchain-Register aufgenommen werden kann.

---

[45]Eine einzelne `inv` Nachricht beinhaltet maximal 500 Block Identifikationsnummern.
[46]Beziehungsweise Transaktionsoutputs.

3.3 Das Bitcoin Kommunikationsprotokoll

3.3.2 Der Austausch von Transaktionen

Transaktionsnachrichten sind Zahlungsaufträge, die über das Netzwerk propagiert und von den Knoten kontrolliert und verarbeitet werden können. Die Integrität und den genauen Aufbau einer Transaktionsnachricht werden wir in Abschnitt 4.4 betrachten. Im vorliegenden Abschnitt beschäftigen wir uns lediglich damit, wie die Transaktionsnachrichten über das Bitcoin-Netzwerk propagiert und weitergereicht werden.

Der Austausch von Transaktionsnachrichten erfolgt auf eine ganz ähnliche Art und Weise wie jener von einzelnen Blocks. inv Nachrichten können nebst Block Identifikationsnummern auch Identifikationsnummern von Transaktionen beinhalten. Erhält ein Knoten eine inv Nachricht, welche die Identifikationsnummer einer ihm bisher unbekannten Transaktion beinhaltet, kann er die entsprechende Transaktion ebenfalls über eine getdata Nachricht anfordern. Die eigentliche Übermittlung der Transaktionsdaten erfolgt anschliessend über eine tx Nachricht. Abbildung 26 zeigt den Nachrichtenverlauf zwischen zwei Knoten bei der Übermittlung von Transaktionen.

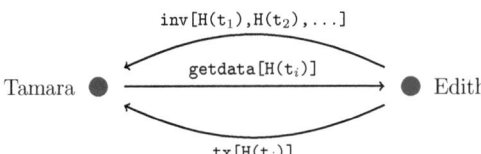

Abbildung 26: Der Austausch von Transaktionen

Erhält ein Knoten eine angeforderte tx (Transaktions-)Nachricht, wird er diese zuerst überprüfen. Die Überprüfung erfolgt anhand von vordefinierten Auszahlungsbedingungen und Signaturen, welche wir in Abschnitt 4.5 ausführlich betrachten werden. Scheitert die Verifizierung, wird die Transaktion unmittelbar verworfen. Dies schützt das Netzwerk gegen bestimmte Formen von *Denial of Service* Angriffen, bei denen durch eine grosse Menge an ungültigen Transaktionsnachrichten der Datenverkehr zum Erliegen gebracht werden könnte. Ist die Überprüfung hingegen erfolgreich, wird die Transaktionsnachricht im lokalen

3 Transaktionsfähigkeit

Speicher des Knotens, dem sogenannten *Transaction Pool*, abgelegt und anderen Knoten mittels erneuten `inv` Nachrichten zum Bezug angeboten.

Dies führt zu einer exponentiellen Verbreitung der Transaktionsnachricht. Je mehr Knoten die Nachricht lokal ablegen, in ihr Inventar aufnehmen und dadurch zum Bezug anbieten, desto schneller wird sich die Nachricht ausbreiten können.[63]

Anmerkung 3.3
Anreizinkompatibilitäten bei Propagierung
Unter gewissen Umständen können Knoten einen Anreiz haben, Transaktionsnachrichten nicht weiterzuleiten. Machen die Transaktionsgebühren einen hohen Bestandteil der Entlohnung aus, können Miner die eigene erwartete Auszahlung durch Zurückhalten der Information erhöhen.[13] Das Kommunikationsproblem von Transaktionen kann durch eine einfache Gegenmassnahme behoben werden. Mit dem Transaktionsinitianten existiert mindestens eine Partei, die von der Transaktion weiss und an deren Ausbreitung interessiert ist. Wird die Transaktionsnachricht durch den Initianten an mehrere unabhängige Knoten weitergeleitet, kann ein einzelner Knoten den Informationsfluss nicht unterbinden.

Bei der Kommunikation von erstellten Blocks kann ein ähnliches Problem auftreten. Teilweise wird es für einen Miner (Mining-Pool) vorteilhaft sein, einen Block mit einer gültigen Identifikationsnummer geheim zu halten und exklusiv an der zurzeit längsten Blockkette zu arbeiten. Zwar nimmt der Miner dadurch ein gewisses Risiko in Kauf, dass ihm ein anderer Miner seine aktuelle Entlohnung streitig macht, gleichzeitig kann er aber verhindern, dass seine Konkurrenten an der derzeit längsten Version der Kette arbeiten, und so dafür sorgen, dass diese einen Teil ihrer Rechenleistung verschwenden. Da der Erwartungswert der Entlohnung beim Mining in Abhängigkeit zur Gesamtrechenleistung aller Netzwerkteilnehmer steht, kann sich dieser durch die eigene Verschwiegenheit erhöhen. Das Phänomen ist als *Selfish Mining* bekannt.[40][58][75] Zurückhaltung bei der Kommunikation von neuen Blocks stellt ein weitaus grösseres Problem dar als jene bei Transaktionen. In diesem Szenario hat nämlich die Partei, welche exklusiv Kenntnis von der neuen Information hat, einen Anreiz die Information vorerst nicht mit dem Rest des Netzwerks zu teilen. Verschiedene Lösungsansätze lindern das Problem und sorgen dafür, dass sich die Zurückhaltung der Information erst ab einer Rechenleistung von rund einem Drittel des Netzwerks lohnen wird.[75][93]

3 Transaktionsfähigkeit

3.4 Aufgaben zur Repetition

Aufgabe 3.1: Erörtern Sie, inwiefern die dezentrale Architektur des Bitcoin-Netzwerks zu dessen Robustheit beiträgt.

Aufgabe 3.2: Erläutern Sie, wie sich ein neuer Knoten mit dem Netzwerk verbinden kann und welche Eigenschaften des Verbindungsaufbaus dafür sorgen, dass eine quasi-zufällige Netzwerktopologie entsteht.

Aufgabe 3.3: Beschreiben Sie, welche Funktionen ein Netzwerkknoten erfüllen muss, damit dieser als vollwertig bezeichnet wird. Führen Sie zudem aus, inwiefern vollwertige Knoten für den Zustand des Bitcoin-Netzwerks von Bedeutung sind?

Aufgabe 3.4: Beschreiben Sie die Funktionsweise der folgenden eingeschränkten Netzwerkteilnehmer und nennen Sie mögliche Vor- und Nachteile der jeweiligen Wahl.

  a) Wallet-Funktion über ein quasi-zentrales Subnetzwerk

  b) *SPV Wallet*

Aufgabe 3.5: Erläutern Sie den Sinn und Zweck des Bitcoin Kommunikationsprotokolls.

Aufgabe 3.6: Zeigen Sie anhand eines Beispiels wie Transaktionen und Blocks über das Netzwerk propagiert werden. Erläutern Sie den Vorgang intuitiv und nennen Sie die beteiligten Nachrichten und deren Zweck.

4 Transaktionslegitimität

In diesem Kapitel beschäftigen wir uns mit Transaktionen und deren Einschränkung. Wir zeigen, wie Bitcoin Einheiten einer Person zugeordnet werden können und durch welche Prinzipien der Mathematik eine dezentrale Validierung von Transaktionen ermöglicht wird. Dabei betrachten wir die Pseudonymität und erarbeiten die benötigten kryptografischen Grundlagen. Weiter betrachten wir die verschiedenen Transaktionsbestandteile und -typen sowie die konkreten Bedingungen, die zur Übertragung der Bitcoin Einheiten erfüllt werden müssen.

4.1 Pseudonyme und Zugriffsberechtigungen

Aufgrund der dezentralen Struktur des Bitcoin-Netzwerks kann die Verwaltung von Guthaben und Zugriffsberechtigungen nicht auf die klassische Weise erfolgen. Es existiert keine zentrale Instanz, die sich um Kontoeröffnungen kümmert, die Personalien der Eigentümer aufnimmt und den späteren Zugriff exklusiv an zugrundeliegende Identitätsmerkmale und Nachweise koppelt. Die Dezentralität macht es also enorm schwierig, die Legitimität von Besitzansprüchen zu überprüfen.

Das Verwenden tatsächlicher Identitäten in Form von Namen und Personalien ist weder praktikabel noch erstrebenswert. Wäre im Blockchain-Register beispielsweise vermerkt, dass Edith über fünf Bitcoin Einheiten verfügt, hätte Edith nur dann Zugriff auf ihr Guthaben, wenn sie auch in der Lage wäre einen entsprechenden Identitätsnachweis zu erbringen. Folglich müsste sie bei jeder Transaktion allen anderen Parteien beweisen, dass es sich bei ihr um ebendiese Edith handelt und die Nachricht zur Initiierung der Transaktion tatsächlich von ihr

4 Transaktionslegitimität

stammt. Insbesondere wenn die Nachricht über Drittknoten weitergeleitet wird (was in einem dezentralen Netzwerk zwangsläufig der Fall ist), kann mit diesem System weder die Authentizität des ursprünglichen Senders, noch die Integrität des Nachrichtentextes sichergestellt werden. Theoretisch könnten unterwegs beliebige Anpassungen erfolgen, oder aber eine Person könnte fälschlicherweise behaupten, einen bestimmten Nachrichtentext von Edith erhalten zu haben und diesen in ihrem Auftrag weiterzuleiten. Ferner wäre diese Art der Identifikation mit enormen Kosten verbunden und somit äusserst ineffizient.

Selbst wenn wir all die Probleme zur Authentizität und Legitimität erst einmal ausklammern, offenbart sich ein anderes, schwerwiegendes Problem. Das Blockchain-Register ist frei einsehbar und beinhaltet sämtliche Transaktionen und Guthaben zu Gunsten aller Teilnehmer. Wären diese Guthaben namentlich registriert und somit an die tatsächliche Identität geknüpft, könnte der komplette Transaktionsverlauf konkreten Personen zugeordnet werden. Informationen über Lohnzahlungen, Einkäufe und Kontostände wären frei zugänglich und fest mit tatsächlichen Identitäten verknüpft. Aus Sicht des Datenschutzes entspricht dieses Szenario einem Albtraum und nur wenige Personen dürften dazu bereit sein, derart sensitive Daten öffentlich preiszugeben.

Das Bitcoin-System löst diese Probleme über die Verwendung von Pseudonymen, die anstelle tatsächlicher Identitäten genutzt werden. Diese Idee kann in einem dezentralen System aber nur dann erfolgreich umgesetzt werden, wenn die beiden nachfolgenden Voraussetzungen erfüllt sind:

1. Den Teilnehmern muss es möglich sein, eigenständig (sprich ohne Beihilfe Dritter) Pseudonyme zu erstellen, die eine eindeutige Zuordnung von Bitcoin Einheiten erlauben. Dabei darf es nicht zu Überschneidungen kommen. Faktisch muss die Zahl der möglichen Pseudonyme so gross sein, dass die Wahrscheinlichkeit von zufälligen Überschneidungen verschwindend klein wird.

2. Besitzansprüche der Pseudonyme müssen öffentlich überprüfbar sein, so dass der Zugriff auf die zugehörigen Guthaben eingeschränkt ist und einen entsprechenden Nachweis erfordert.

4.1 Pseudonyme und Zugriffsberechtigungen

Bitcoin erfüllt beide Bedingungen mittels kryptografischer Schlüsselpaare. Ein solches Paar umfasst einen privaten und einen öffentlichen Schlüssel. Der öffentliche Schlüssel (beziehungsweise die daraus abgeleitete Bitcoin Adresse) nimmt die Rolle eines Pseudonyms ein, welches die Identität des jeweiligen Teilnehmers repräsentiert, jedoch nicht ohne Weiteres einer Person zugeordnet werden kann (Punkt 1). Der private Schlüssel bleibt stets im exklusiven Besitz derjenigen Person, die das Pseudonym erstellt hat und ermöglicht dadurch die Erbringung eines Nachweises, dass eine Berechtigung am entsprechenden Pseudonym besteht (Punkt 2). Jede Person kann eine beliebige Anzahl an Schlüsselpaaren erstellen und somit eine Vielzahl von Pseudonymen annehmen. Dadurch entsteht eine dezentrale Pseudonymität mit ebenfalls dezentral überprüfbaren Besitzansprüchen.

4.1.1 Ein Schlüsselpaar erstellen

Um ein Schlüsselpaar zu erstellen, wählt die betreffende Person ein zufälliges Element aus einer unvorstellbar grossen Zahlenmenge. Konkret umfasst diese Menge sämtliche Zahlen zwischen 1 und 115'792'089'237'316'195'423'570'985'008 '687'907'852'837'564'279'074'904'382'605'163'141'518'161'494'336, also zwischen 1 und einer 78-stelligen Zahl. Zum Vergleich: Die Anzahl Atome auf der Erde wird auf eine 51-stellige Zahl geschätzt und ist somit in etwa eine Quadrilliarde mal kleiner als die Menge dieser Auswahlmöglichkeiten.[47] Die gewählte Zahl dient als privater Schlüssel und kann zu einem späteren Zeitpunkt zwecks der Erbringung von Nachweisen der Eigentumsrechte genutzt werden.

Analog Abbildung 27 wird aus dem privaten Schlüssel eine zweite, zugehörige Zahl abgeleitet. Dabei handelt es sich um den korrespondierenden öffentlichen Schlüssel. Präziser ausgedrückt ist der öffentliche Schlüssel ein Punkt $K_Ö$ auf einer elliptischen Kurve, der durch einen x- und einen y-Wert repräsentiert wird.

---

[47]Die Schätzung der Anzahl Atome basiert auf einer Veröffentlichung des Jefferson Labs.[199]

4 Transaktionslegitimität

Der öffentliche Schlüssel kann hergeleitet werden, indem ein allgemein bekannter Basispunkt G der elliptischen Kurve mit dem zuvor gewählten privaten Schlüssel k_P multipliziert wird (siehe Abschnitt 4.3.4).

$$K_\ddot{O} = k_P \circ G$$

Entscheidend ist, dass die Multiplikation auf elliptischen Kurven mathematisch nicht umgedreht werden kann,[48] so dass es nicht möglich ist, aus dem öffentlichen Schlüssel den zugehörigen privaten Schlüssel abzuleiten oder den privaten Schlüssel für ein bestimmtes Pseudonym auszuwählen. Andernfalls könnte jede Person, welcher das Pseudonym bekannt ist, die zugehörige Zugriffsberechtigung in der Form des privaten Schlüssels herleiten.

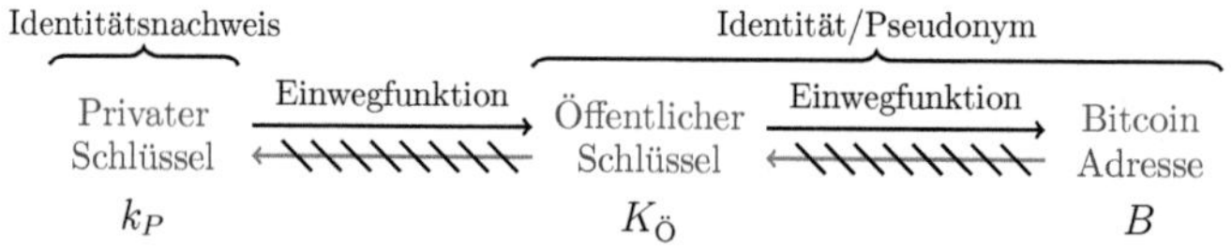

$$\underbrace{\text{Privater Schlüssel } k_P \xrightarrow{\text{Einwegfunktion}} \text{Öffentlicher Schlüssel } K_\ddot{O}}_{\text{Identitätsnachweis}} \underbrace{\xrightarrow{\text{Einwegfunktion}} \text{Bitcoin Adresse } B}_{\text{Identität/Pseudonym}}$$

Abbildung 27: Zusammenhang von Schlüsselpaar und Bitcoin Adresse

Durch die Einschränkung der Einwegfunktion werden Personen befähigt, ihren öffentlichen Schlüssel als Pseudonym preiszugeben, gleichzeitig aber im exklusiven Besitz des privaten Schlüssels zu verbleiben. Das System mit Pseudonymen und privaten Schlüsseln erlaubt die Anbindung von Bitcoin Einheiten an ein bestimmtes Pseudonym. Eine Person kann sich einen privaten Schlüssel aussuchen, daraus ein Pseudonym herleiten und eine Zahlung zugunsten dieses Pseudonyms entgegennehmen. Da sie im exklusiven Besitz des zugehörigen privaten Schlüssels ist, kann dieser zur Nachweiserbringung der Eigentumsrechte an dem zugehörigen Pseudonym und all seiner Guthaben verwendet werden.

Abbildung 27 zeigt einen weiteren Schritt bei der Pseudonym-Erstellung. Die Bitcoin Adresse ist nichts anderes als der Hashwert (siehe Abschnitt 4.2) des öffentlichen Schlüssels, der als ein alternatives Pseudonym verwendet werden kann.

---

[48]Es handelt sich um das Problem des diskreten Logarithmus, welches nach dem heutigen Wissensstand der Mathematik nur durch Ausprobieren aller möglichen Werte (*Brute-Force Angriff*) gelöst werden kann.

4.1 Pseudonyme und Zugriffsberechtigungen

Tatsächlich entsprechen Bitcoin Adressen dem Standard unter den Pseudonymen, die von den Nutzern verwendet werden. Wir werden später einige Vorteile dieser Bitcoin Adressen betrachten und eine Abgrenzung vom öffentlichen Schlüssel vornehmen. Zum jetzigen Zeitpunkt können öffentliche Schlüssel und Bitcoin Adressen aber als äquivalent betrachtet werden. Beide dienen als Pseudonyme, die durch einen oder mehrere unumkehrbare Schritte aus einem zugehörigen privaten Schlüssel abgeleitet werden.

Zur weiteren Beschreibung der Pseudonyme und Zugriffsberechtigungen folgen wir Tamara, die im letzten Kapitel neu dem Bitcoin-Netzwerk beigetreten ist. Tamara benötigt nun ein Pseudonym, zu dessen Gunsten sie Bitcoin Einheiten empfangen beziehungsweise verbuchen kann. Dazu werden die folgenden Schritte automatisch durch ihre Wallet-Software durchgeführt.

Zuerst wird eine zufällige Zahl als privater Schlüssel gewählt:

$$k_P = 100649517912463298218554941963735551419990\ldots$$
$$9193947758089436670762585615234106426$$

Daraus leitet die Software mittels Multiplikation auf elliptischen Kurven (siehe Abschnitt 4.3.2) den zugehörigen öffentlichen Schlüssel her. Tamara erhält den Punkt mit den folgenden Koordinaten als ihren öffentlichen Schlüssel:

$$x_{K_Ö} = 43086108819063845471784291298828806947 3526\ldots$$
$$45388418363213743744756576526107326$$
$$y_{K_Ö} = 746045400873459552096268383348084222597854\ldots$$
$$86813648239447613724663528494663884$$

Die Herleitung der Bitcoin Adresse aus dem öffentlichen Schlüssel betrachten wir in Abschnitt 4.1.3.

4.1.2 Darstellung von Schlüsseln

Wie wir bereits gesehen haben, sind sämtliche Schlüssel und Pseudonyme nichts anderes als Zahlen. Der Einfachheit halber haben wir diese Zahlen bisher im klassischen Dezimalsystem dargestellt. Die Darstellungsform kann aber variieren.

Durch den Computer werden die Schlüssel und Pseudonyme in ihrer binären Form generiert und verarbeitet. Die Zahl wird als eine lange Kette von Nullen und Einsen dargestellt, wobei jede Ziffer als ein Bit bezeichnet wird. Die binäre Schreibweise eignet sich hervorragend zur effizienten Verarbeitung durch Maschinen, da diese in absoluten Zuständen operieren. Für Menschen sind binäre Darstellungsformen allerdings nicht vorteilhaft. Dieselbe Information benötigt deutlich mehr Stellen als bei anderen, komprimierteren Darstellungsformen und ist dadurch in aller Regel wesentlich schwieriger erfass- und interpretierbar. Aus diesem Grund existieren in der Informationswissenschaft alternative Schreibweisen, die Binärdaten in ein für Menschen besser lesbares Format bringen.

Wichtig ist hierbei, dass der Wert der eigentlichen Zahl unverändert bleibt. Die Zahl wird lediglich durch ein Stellenwertsystem mit einer anderen Basis dargestellt und durch allfällige Prüfsummen erweitert. Der Informationsgehalt bleibt exakt bestehen.

Zu den gängigen Formaten gehört die binäre Darstellungsform (Basis 2), die Darstellung im Dezimalsystem (Basis 10) und das Hexadezimalsystem (Basis 16). Bei Bitcoin wurde zudem ein weiteres Format eingeführt: das sogenannte *Base58Check*. Wie der Name erahnen lässt, bedient sich dieses Format einem Stellenwertsystem mit Basis 58, wobei zur Darstellung die Ziffern 1-9 sowie sämtliche Gross- und Kleinbuchstaben, abzüglich 0,1 und I, verwendet werden. Der grosse Wert der Basis ermöglicht eine kompakte Schreibweise der Information. Gleichzeitig wird in diesem Format auf jene Zeichen verzichtet, die beim Übertragen zu Verwechslungen führen können. Als weitere Massnahme gegen Übertragungsfehler beinhaltet das Format eine Prüfsumme, anhand welcher allfällige Fehler erkannt und der Wert als ungültig identifiziert werden kann.

Base58Check wird zur Darstellung von privaten Schlüsseln und Pseudonymen verwendet, wobei ein Präfix auf die Natur der Daten hinweist. Beginnt die Abfolge

4.1 Pseudonyme und Zugriffsberechtigungen

mit einer 1 oder einer 3, so handelt es sich um ein Pseudonym. Die Präfixe 5, K und L verweisen auf einen privaten Schlüssel. Private Schlüssel in *Base58Check* werden auch als *WIF* Schlüssel bezeichnet (Wallet Import Format).

Anmerkung 4.1 zeigt die verschiedenen Formate am Beispiel eines privaten Schlüssels. Wir verwenden hierzu den Schlüssel, den Tamara im vorherigen Abschnitt generiert hat.

4 Transaktionslegitimität

> **Anmerkung 4.1**
> **Private Schlüssel in verschiedenen Formaten**
> Derselbe private Schlüssel kann in verschiedenen Formaten dargestellt werden. Alle Formate repräsentieren dieselbe Information.
>
> **Binär:** 1101111010000101100110111011110100001011110111000000011110 0011110100100101001001000111000111110011010100100110101101 1111010100011001101011110010001110111101010110100110111100 1101111110011000000001011111011001101111111101001001001110 0110110110010111111010
>
> **Dezimal:** 100649517912463298218554941963735551419990919394775808943667076258561523410426
>
> **Hexadezimal:** de859bbd0bdc0f1e929238f9a935bf519af23bd5a6f9bf300be cdfe9279b65fa
>
> **Base58Check (WIF):** 5KWHc3RENTEdyZg1s8WphuWcsPMhivBvCCngWavocfde DDD7DVS

Zudem finden wir oft sogenannte QR Codes vor, welche ebenfalls denselben Wert repräsentieren. Dabei wird die Zahl in einen durch den QR Scanner lesbaren Punkte-Code umformatiert. Bei privaten Schlüsseln ist dies besonders nützlich, wenn Tamara ein physisches Backup in die Wallet-Software einlesen möchte. Nachfolgend sehen wir ein Beispiel des privaten (*WIF*) Schlüssels von Tamara als QR Code.

4.1 Pseudonyme und Zugriffsberechtigungen

Öffentliche Schlüssel werden in aller Regel im Hexadezimal-Format dargestellt. Bei diesem Format mit Basis 16 werden die Ziffern 0-9 und die Zeichen a-f verwendet. In der Informationswissenschaft ist das Format sehr verbreitet, da jedes Zeichen im Hexadezimal-Format exakt vier Bits im binären Format entspricht ($2^4 = 16^1$). Der Zusammenhang ist in Tabelle 4 ersichtlich.

Binär:	0000	0001	0010	0011	0100	0101	0110	0111
Hexadezimal:	0	1	2	3	4	5	6	7
Binär:	1000	1001	1010	1011	1100	1101	1110	1111
Hexadezimal:	8	9	a	b	c	d	e	f

Tabelle 4: Umrechnung vom Binärsystem auf Hexadezimal

Die beiden Koordinaten von Tamara aus dem letzten Abschnitt ergeben übertragen auf das Hexadezimalsystem die folgende Zeichenfolge:

$x_{K_Ö}$ = 5f41df966899767381592461911e12789393736b29...
0a5d4beda3ba573d5582be

$y_{K_Ö}$ = a4f0ac5d9ca56b776db9f10895303efc8450892e0f...
8bd99db228dbd1206f08cc

Zur Darstellung in einer einzigen Zahl werden die beiden Koordinaten aneinandergereiht und durch das Präfix 04 ergänzt.[49] Diese Darstellungsform entspricht dem unkomprimierten öffentlichen Schlüssel $K_Ö$.

$K_Ö = 04 ⌢ x_{K_Ö} ⌢ y_{K_Ö}$
= 045f41df966899767381592461911e12789393736b...
290a5d4beda3ba573d5582bea4f0ac5d9ca56b776d...
b9f10895303efc8450892e0f8bd99db228dbd1206f...
08cc

Da der öffentliche Schlüssel einem Punkt auf einer vordefinierten elliptischen Kurve entspricht, reicht die Angabe der x-Koordinate aus, um daraus die entspre-

---

[49]Öffentliche Schlüssel haben immer dieselbe Bit-Länge. Die Hexadezimalzahl kann somit jederzeit in die beiden Koordinaten aufgeteilt werden.

4 Transaktionslegitimität

chende y-Koordinate berechnen zu können. Genauer gesagt kann der y-Wert eines spezifischen x-Wertes auf zwei Kandidaten eingeschränkt werden. Dies ist auf die Symmetrie der elliptischen Kurven zurückzuführen (siehe Abschnitt 4.3.2). Um einen eindeutigen Punkt zu erhalten, wird der x-Wert durch ein Präfix erweitert. Das Präfix entspricht den Ziffern 02 wenn der y-Wert des öffentlichen Schlüssels gerade ist und 03 wenn der y-Wert des öffentlichen Schlüssels ungerade ist. In Tamaras Fall wird das Präfix 02 verwendet. Die neue Zahl entspricht einer komprimierten Version des öffentlichen Schlüssels und wird fortan als $\overline{K}_Ö$ bezeichnet.

$$\overline{K}_Ö = \texttt{025f41df966899767381592461911e12789393736b...}$$
$$\texttt{290a5d4beda3ba573d5582be}$$

Der komprimierte öffentliche Schlüssel hat den grossen Vorteil, dass er platzsparend ist. Öffentliche Schlüssel müssen bei dem Grossteil aller Transaktionen mitgereicht werden (siehe Abschnitt 4.5) und werden dadurch zum fixen Bestandteil der Blockchain. Eine Reduktion der Schlüssellänge kann (multipliziert mit der grossen Menge der Transaktionen) einen enormen Effekt auf den benötigten Speicherplatz haben.

4.1.3 Bitcoin Adressen

Das wohl gängigste Pseudonym ist die Bitcoin Adresse. Sie entsteht aus einem öffentlichen Schlüssel, auf welchen nacheinander zwei Hashfunktionen angewendet werden. Der doppelte Hash ist eine Einwegfunktion, das heisst in anderen Worten, dass von der Bitcoin Adresse nicht auf den zugehörigen öffentlichen Schlüssel geschlossen werden kann. Wie genau die Überprüfung der Zugriffsberechtigungen funktioniert, analysieren wir in Abschnitt 4.5.

Eine Bitcoin Adresse hat eine Länge von 160 Bits, wird aber in aller Regel im *Base58Ckeck* Format mit dem Präfix 1 dargestellt. Abbildung 28 zeigt die zur Herleitung einer Bitcoin Adresse notwendigen Schritte. `SHA256` und `RIPEMD160` sind die Namen der beiden Hashfunktionen (siehe Abschnitt 4.2). Klassische Bitcoin Adressen sind auch unter dem Namen *Public-Key-Hash* bekannt.

4.1 Pseudonyme und Zugriffsberechtigungen

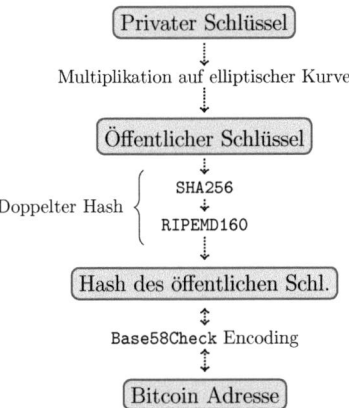

Abbildung 28: Vom Private Key zur Bitcoin Adresse

Die wesentlichen Vorteile der Bitcoin Adresse gegenüber dem öffentlichen Schlüssel bestehen im Komfort, der Sicherheit und der Flexibilität.

Erstens ist eine Bitcoin Adresse deutlich kürzer als der öffentliche Schlüssel und somit besser für den täglichen Gebrauch geeignet. Sie beinhaltet aufgrund der *Base58Check*-Codierung eine Prüfziffer.

Zweitens bietet die Bitcoin Adresse einen gewissen Mehrwert an Sicherheit. Selbst wenn ein Angreifer eine Schwachstelle bei der elliptischen Kurve entdecken sollte, könnte er einen Angriff erst dann beginnen, wenn er den öffentlichen Schlüssel des Ziels kennt. Die Bitcoin Adresse sorgt dafür, dass der öffentliche Schlüssel erst zum Zeitpunkt einer Transaktion bekannt gegeben werden muss.

Drittens können Bitcoin Adressen auch als sogenannte *Pay-to-Script-Hash*-Adressen gebildet werden. Diese Adressen bestehen nicht aus dem Hashwert eines öffentlichen Schlüssels und sind somit keine klassischen Bitcoin Adressen. Vielmehr umfassen sie den Hashwert eines ganzen Auszahlungskripts, welches die Zugriffsberechtigung an eine spezielle Bedingung koppelt. Dadurch können aussergewöhnliche Pseudonym-Konstrukte gebildet werden, die beispielsweise voraussetzen, dass Zahlungen durch mehrere private Schlüssel signiert werden müs-

4 Transaktionslegitimität

sen (siehe Abschnitt 4.5.4). Solche *Pay-to-Script-Hash*-Adressen beginnen immer mit einer 3.

> **Anmerkung 4.2**
> **Komprimierte Schlüssel und Bitcoin Adressen**
> Obwohl der komprimierte und der unkomprimierte öffentliche Schlüssel denselben Punkt auf der Kurve darstellen und von demselben privaten Schlüssel abstammen, führen sie zu unterschiedlichen Bitcoin Adressen. Generiert Tamara ihre Bitcoin Adresse aus dem unkomprimierten öffentlichen Schlüssel $K_Ö$, erhält sie die Bitcoin Adresse B. Verwendet sie stattdessen den komprimierten öffentlichen Schlüssel $\overline{K}_Ö$, erhält sie die Bitcoin Adresse $\overline{B}$.
>
> $$B = \text{1E8jc2eRXmjF2FKebTZwAsxwaRWeDvEwDj}$$
> $$\overline{B} = \text{13HE523Wvpqzjijjb1z3NDUz25AQN2eLw1}$$
>
> Mit ihrem privaten Schlüssel kann sie über beide Adressen verfügen. Zur Vereinfachung existieren zwei verschiedene Schreibweisen für jeden privaten Schlüssel. Beide entsprechen derselben Zahl und verweisen lediglich darauf, ob sie zum Gebrauch mit der einen oder der anderen Bitcoin Adresse erstellt wurden.
>
> Private Schlüssel mit dem Präfix 5 sind zur Verwaltung von Bitcoin Adressen gedacht, die aus dem unkomprimierten öffentlichen Schlüssel generiert wurden. Private Schlüssel mit dem Präfix K oder L weisen darauf hin, dass die Bitcoin Adresse aus dem komprimierten öffentlichen Schlüssel erstellt werden sollte. Die beiden Formate erleichtern insbesondere den Import der Schlüssel in eine Wallet-Software. Die Software weiss dann bereits aufgrund der jeweiligen Formatierung, welchen Pfad sie nehmen und auf allfällige Guthaben überprüfen muss.

4.1 Pseudonyme und Zugriffsberechtigungen

Die "komprimierte" *WIF* Version von Tamaras privatem Schlüssel $\overline{k}_P$ entspricht der folgenden Zeichenfolge:

$$\overline{k}_P = \texttt{L4gGHffx1goCCfDCpGAdZYmjKPgNk1mBnT2dPakUkRWjEec7ArQY}$$

Streng genommen ist der Begriff komprimierter privater Schlüssel aber inkorrekt. Es handelt sich nicht um eine komprimierte Version der Information, sondern lediglich um ein Format, welches auf die weitere Verarbeitung der Information hinweist. Tatsächlich ist der "komprimierte" private Schlüssel gar 8 Bits beziehungsweise 2 Hexadezimalzeichen länger als die unkomprimierte Darstellung. Bei privaten Schlüsseln ist die Länge jedoch nicht so entscheidend, da diese niemals mit Transaktionen versendet werden und somit die Blockchain nicht weiter belasten.

4.1.4 Einweg-Pseudonymität

Sämtliche Pseudonyme im Bitcoin-System sind darauf ausgelegt, dass sie nur einmal verwendet werden. Dies mag im Vergleich zu Bankkontonummern nicht gerade intuitiv erscheinen, basiert aber auf der Tatsache, dass das Blockchain-Register frei einsehbar ist. Verwendet eine Person immer dasselbe Pseudonym, wird es anderen Personen leichter fallen, Muster bei den Transaktionen festzustellen und dem Pseudonym eine konkrete Identität zuzuweisen. Gelingt die Identifikation könnten sämtliche vergangenen und zukünftigen Bewegungen der betroffenen Person abgefragt und überwacht werden.

Wenn Tamara eine Zahlung von Edith empfangen möchte, muss sie ihr eine Bitcoin Adresse zustellen, zu deren Gunsten Edith die Bitcoin Einheiten verbuchen kann. Edith weiss nun natürlich, dass das Pseudonym in Tamaras Besitz ist. Würde Tamara immer dasselbe Pseudonym verwenden, wäre Edith somit in der Lage sämtliche Bitcoin Transaktionen von Tamara zu analysieren.

Um derartige Analysen zu erschweren, erstellen die meisten Wallets für jede Transaktion ein neues Schlüsselpaar und verwenden immer andere Bitcoin Adressen. Sie versenden bei einer Zahlung den eigentlichen Rechnungsbetrag an

4 Transaktionslegitimität

die Adresse des Rechnungsstellers und generieren zusätzlich neue Wechselgeld-Adressen, auf welche das verbleibende Guthaben der Zahlungsadresse übertragen wird. Beobachter können nicht zwischen Wechselgeld und Rechnungsbetrag unterscheiden und sind ebenso wenig in der Lage herauszufinden, welches Pseudonym im Besitz der Person verbleibt.

Der grosse Bedarf nach neuen Adressen birgt Fragen zum Auswahlprozess und der Organisation der Zugangsdaten. Neue Pseudonyme können entweder aus willkürlichen und unabhängigen privaten Schlüsseln erstellt werden, oder aber auf einem initialen Wert (sogenannter *Seed*) basieren. Abschnitt 4.1.5 beschäftigt sich mit den verschiedenen Möglichkeiten zur Organisation der privaten Schlüssel.

4.1.5 Deterministische und nicht-deterministische Wallets

Um den Vorsatz der Einweg-Pseudonyme umsetzen zu können, muss eine Wallet eine Vielzahl von Schlüsseln und Pseudonymen generieren und speichern. Hierzu existieren verschiedene Ansätze, die sich beim Auswahlverfahren sowie der Organisation und Verwaltung unterscheiden.

Nicht-deterministische Implementierungen (Abbildung 29) setzen bei der Erstellung von Pseudonymen auf eine grosse Anzahl zufällig gewählter und zusammenhangloser privater Schlüssel. Für jeden privaten Schlüssel wird eine neue Zufallszahl gewählt. Ein Beispiel einer solchen nicht-deterministischen Implementierung ist Bitcoin Core. Die Wallet generiert anfänglich 100 Schlüsselpaare und zugehörige Bitcoin Adressen. Sollten später mehr benötigt werden, so generiert die Wallet nachträglich neue Adressen.

Das Problem der nicht-deterministischen Methode ist, dass regelmässig Sicherheitskopien jedes einzelnen neuen Schlüssels erstellt werden müssen. Hat Tamara beispielsweise nur eine Sicherheitskopie des anfänglichen Schlüsselpools, läuft sie im Falle eines Datenverlustes Gefahr, die neu generierten Schlüssel (und damit ihre Bitcoin Einheiten) zu verlieren. Natürlich könnte zu Beginn eine deutlich grössere Zahl an Schlüsselpaaren erstellt werden. Das grundsätzliche Problem wäre damit aber nicht gelöst. Sobald der anfängliche Schlüsselpool aufgebraucht

4.1 Pseudonyme und Zugriffsberechtigungen

ist, muss für jeden weiteren Schlüssel ein eigenes Backup erstellt werden. Hinzu kommt, dass ein Prozess bei dem eine grosse Menge an Schlüsselpaaren auf Vorrat erstellt und gespeichert wird, nicht gerade ökonomisch ist.

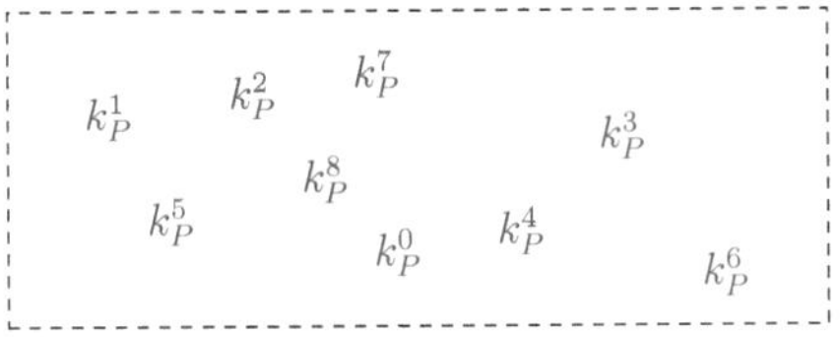

$$k_P^1 \quad k_P^2 \quad k_P^7 \quad k_P^3 \quad k_P^8 \quad k_P^5 \quad k_P^0 \quad k_P^4 \quad k_P^6$$

Abbildung 29: Aufbau einer nicht-deterministischen Wallet

Als Alternative bieten sich deterministische Wallets an (Abbildung 30). Diese nutzen eine sehr grosse Zufallszahl s als anfänglichen *Seed* (dt. Samen), der als Basis zur Wahl aller privaten Schlüssel dient. Eine einfache Implementierung könnte beispielsweise durch eine sichere Hashfunktion $H()$ erfolgen, die den Hashwert der jeweiligen Laufnummer i und des *Seeds* s berechnet und die daraus resultierende Zahl als privaten Schlüssel verwendet.

$$k_P^i = H(i, s)$$

Diese Vorgehensweise erlaubt die Wahl einer unbegrenzten Anzahl neuer privater Schlüssel k_P^i, die allesamt anhand eines anfänglich gesicherten *Seeds* wiederhergestellt werden können.[129] Wichtig ist, dass ein Schlüssel dieser Sequenz (dank der Hashfunktion) keinerlei Rückschlüsse auf den *Seed* oder die anderen Schlüssel zulässt. Auch lassen sich die daraus hergeleiteten Pseudonyme von einem Beobachter nicht von Pseudonymen unterscheiden, die durch eine nicht-deterministische Wallet erstellt wurden. Der Zusammenhang der Pseudonyme aufgrund des gemeinsamen *Seeds* bleibt also verborgen.

Hierarchisch-deterministische (HD) Wallets (Abbildung 31) sind eine konsequente Weiterentwicklung der einfachen deterministischen Wallets. Sie beinhalten sämtliche Vorteile der einfachen deterministischen Wallets, erweitern deren Funktionsumfang aber durch eine strikte Hierarchie der generierten Schlüssel und Pseudonyme, welche interessante Anwendungsfälle eröffnet.

4 Transaktionslegitimität

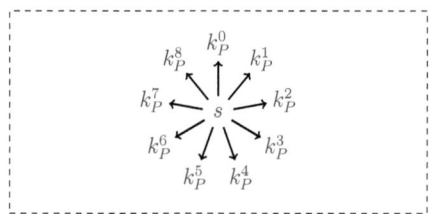

Abbildung 30: Aufbau einer einfachen deterministischen Wallet

HD Wallets basieren ebenfalls auf einem anfänglichen *Seed s* aus dem ein Hauptschlüssel k_P^m generiert wird. Die Herleitung weiterer Schlüssel erfolgt in einer Baumstruktur. Von jedem Schlüssel können neue Äste abzweigen, die wiederum zu neuen Sub-Schlüsseln führen. Ein erweiterter Schlüssel (Schlüssel und Chain Code) ermöglicht die Herleitung aller nachfolgenden Sub-Schlüsseln desselben Typs (privat oder öffentlich). Umgekehrt können Sub-Schlüssel nicht zur Herleitung ihrer Vorgänger verwendet werden. Folgerichtig kann der Hauptschlüssel also zur Verfügung über die Pseudonyme des gesamten Baumes verwendet werden.

Die strikte Hierarchie hat zwei wesentliche Vorteile. Erstens ist es möglich, bestimmte Astzweige des Baumes mit anderen Personen zu teilen. Ein Unternehmen könnte beispielsweise separate Astknoten für jeden teilautonomen Unternehmensbereich generieren. Die Zentrale hält den Hauptschlüssel k_P^m und bleibt somit in der Kontrolle über alle Pseudonyme. Gleichzeitig können die verschiedenen Bereiche selbstständig Sub-Schlüssel generieren und somit eigenständig arbeiten.

Da das Prinzip der Herleitung sowohl mit erweiterten privaten (*xprv*) als auch mit erweiterten öffentlichen Schlüsseln (*xpub*) funktioniert, können anhand eines erweiterten öffentlichen Schlüssels öffentliche Sub-Schlüssel erstellt werden. Besonders interessant an dieser Option ist, dass die Pseudonyme ohne die jeweiligen privaten Schlüssel generiert werden können. Das heisst ein potentiell unsicheres Gerät kann zum Erstellen von Pseudonymen für Zahlungseingänge verwendet werden, ohne dass es jemals Kontakt mit einem privaten Schlüssel haben muss.

4.1 Pseudonyme und Zugriffsberechtigungen

Auch für buchhalterische Anwendungen und für die Wirtschaftsprüfung können solche erweiterten öffentlichen Schlüssel interessant sein. Durch sie lassen sich sämtliche Transaktionen der Pseudonyme eines Astzweigs verfolgen, ohne dass der beobachtenden Instanz die Kontrolle über das Guthaben übertragen werden muss.

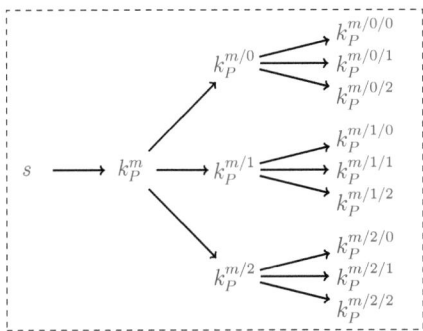

Abbildung 31: Aufbau einer hierarchisch-deterministischen Wallet

Der Standard für *HD Wallets* wurde durch die beiden Bitcoin Improvement Proposals BIP0032[204] und BIP0044[149] festgelegt. BIP0039[150] beschreibt den Standard zur vereinfachten Darstellung und Interkompatibilität von *Seeds* (siehe Anmerkung 4.3).

> **Anmerkung 4.3**
> **Mnemonische Wortfolgen**
> *Seeds* für hierarchisch-deterministische Wallets sind 512 Bits lange Binärfolgen. Derart lange Zahlen kann sich normalerweise niemand merken. Zudem besteht die Gefahr von Übertragungsfehlern bei handschriftlichen Sicherheitskopien. Um diesen Problemen entgegenzuwirken, wird eine Kombination von mnemonischen Wörtern und einer kryptografisch sicheren Erweiterungsfunktion verwendet.
>
> Die Erweiterungsfunktion PBKDF2 (Password Based Key Derivation Function) ermöglicht, dass der *Seed* aus einer kleineren Binärfolge generiert werden kann. 128 bis 256 zufällige Bits sind hierfür völlig ausreichend.
>
> *Mnemonische Wortfolgen* (griechisch mnēmonikós = ein gutes Gedächtnis habend) übersetzen die zufällige Binärfolge vor ihrer Erweiterung in mehrere Wörter, die dem Anwender den Umgang mit seinem *Seed*[a] deutlich erleichtern. Die Standardisierung (BIP0039[150]) erlaubt zudem einen einfachen Im- und Export von *Seeds* in verschiedene Wallet-Applikationen, sowie den gleichzeitigen Gebrauch einer deterministischen Wallet auf mehreren Geräten.
>
> Grundsätzlich können *mnemomische Wortfolgen* als ein Codierungsformat mit Basis 2'048 betrachtet werden; das heisst, es existieren 2'048 unterschiedliche Zeichen. Zur Repräsentation der Zeichen werden Wörter eines vordefinierten englischen Wörterbuches verwendet. Jedes Wort ersetzt dabei exakt 11 Bits (2^{11} = 2048). Abhängig von der Bitlänge der Zufallszahlen werden zwischen 12 und 24 Wörter verwendet. Das Format beinhaltet zudem eine Prüfsumme, die von der Länge der Zufallsdaten abhängig ist und dafür sorgt, dass die Binärfolge durch 11 teilbar ist. Die Prüfsumme besteht aus den ersten Bits des SHA256 Hashwertes und wird hinter den zufälligen Bits angehängt.

4.1 Pseudonyme und Zugriffsberechtigungen

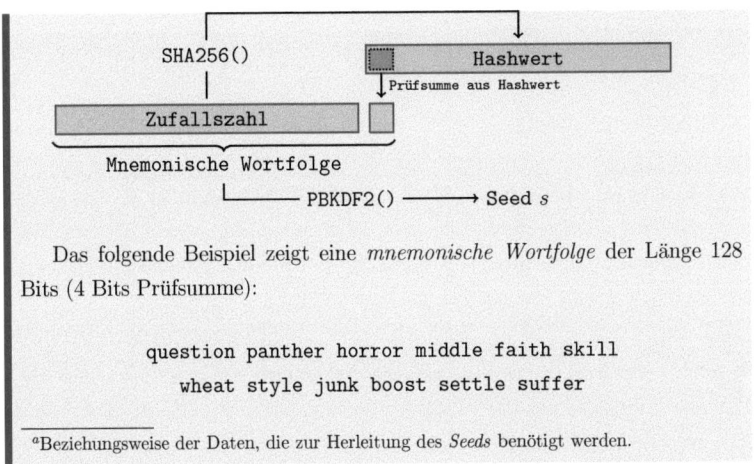

Das folgende Beispiel zeigt eine *mnemonische Wortfolge* der Länge 128 Bits (4 Bits Prüfsumme):

```
question panther horror middle faith skill
wheat style junk boost settle suffer
```

---
[a]Beziehungsweise der Daten, die zur Herleitung des *Seeds* benötigt werden.

4.1.6 Sicherheit des Schlüssel und Pseudonym Systems

Da es sich bei den privaten Schlüsseln um Zahlen aus einer geschlossenen (wenn auch sehr grossen) Menge handelt, sind alle möglichen Werte bereits vorgängig bekannt. Jeder Nutzer kann sich eine, beziehungsweise eine Vielzahl solcher Zahlen als private Schlüssel aussuchen und die dazugehörigen Pseudonyme errechnen.

Theoretisch könnte es hierbei zu Kollisionen kommen. Würden Edith und Tamara dieselbe Zahl wählen und somit über denselben privaten Schlüssel verfügen, hätten beide Personen uneingeschränkten Zugriff auf das gemeinsame Pseudonym. Besonders fatal wäre ein Szenario in dem Edith ihre Ersparnisse über ein Pseudonym verwaltet und Tamara sich nachträglich denselben privaten Schlüssel aussucht. Tamara wäre dadurch in der Lage, frei über die Ersparnisse von Edith zu verfügen.

Eine zweite Möglichkeit einer Kollision besteht darin, dass Edith und Tamara sich zwar verschiedene private Schlüssel aussuchen, deren öffentliche Schlüssel aber denselben Hashwert und somit dieselbe Bitcoin Adresse ergeben. Insofern

135

4 Transaktionslegitimität

würde dieses Szenario dazu führen, dass eine Bitcoin Adresse mit mehreren privaten Schlüsseln kontrolliert werden kann.

Die theoretische Existenz solcher Überschneidungen ist offensichtlich, wenn wir uns vor Augen führen, dass die Zahl der möglichen Bitcoin Adressen mit 2^{160} deutlich unter jener der privaten Schlüssel (mit fast 2^{256} möglichen Werten) liegt. Zur Analyse der Wahrscheinlichkeit von möglichen Pseudonym Kollisionen betrachten wir das wahrscheinlichere Szenario der Überschneidung bei den Bitcoin Adressen. Wir untersuchen drei mögliche Angriffe.

Angriff 1: Schlüssel für eine spezifische Adresse: Tamara entdeckt eine Bitcoin Adresse in der Blockchain, zu deren Gunsten eine grosse Zahl an Bitcoin Einheiten verbucht wurde. Nun möchte sie einen privaten Schlüssel auswählen, der sie zur Verfügung über diese Bitcoin Einheiten berechtigt. Da es sich sowohl bei der Multiplikationen auf elliptischen Kurven (privater Schlüssel zu öffentlichem Schlüssel), als auch bei den beiden Hashfunktionen (öffentlicher Schlüssel zu Bitcoin Adresse) um Einwegfunktionen handelt, kann Tamara das Problem nur durch einen *Brute-Force* Angriff lösen. Sie sucht also einen privaten Schlüssel, der sie zur Kontrolle über eine spezifische Adresse aus 2^{160} möglichen Kandidaten berechtigt.

Die Wahrscheinlichkeit die Adresse mit einem einzigen Versuch zu treffen, liegt offensichtlich bei $\frac{1}{2^{160}}$. Wenn wir davon ausgehen, dass Tamara einen hochmodernen Computer mit einer spezialisierten Grafikkarte besitzt, kann sie knapp 60 Milliarden Adressen pro Sekunde erstellen. Tamara würde bei einem 24/7 Betrieb über sieben Quadrilliarden Jahre benötigen (Quadrilliarde = Eins mit 27 Nullen im Dezimalsystem), um mit einer einprozentigen Wahrscheinlichkeit einen passenden privaten Schlüssel finden zu können.[50] Zum Vergleich: Das Alter des Universums wird auf 13.82 Milliarden Jahre geschätzt und ist somit rund 560 Billiarden mal kleiner als die Zeitspanne, die Tamara benötigen würde, um mit einer relativ geringen Wahrscheinlichkeit einen passenden Schlüssel zu finden. Es darf also mit gutem Gewissen

---

[50] Aufgrund der Charakteristika der Hashfunktionen kann Tamara Überschneidungen ihrer Versuche nicht ausschliessen.

4.1 Pseudonyme und Zugriffsberechtigungen

davon ausgegangen werden, dass diese Art des Angriffs nicht praktikabel ist.

Angriff 2: Schlüssel für irgendeine Adresse mit Guthaben: Anstatt eine spezifische Adresse anzuzielen, könnte Tamara versuchen einen privaten Schlüssel zu finden, der sie zur Verfügung über eine beliebige Bitcoin Adresse mit einem vorhandenen Guthaben berechtigt.

Um die Chancen eines solchen Angriffs abschätzen zu können, gehen wir von einem extremen Szenario aus. Wir nehmen an, dass die 21 Millionen Bitcoin Einheiten in 2.1 Billiarden Satoshi (kleinstmögliche Einheit) aufgeteilt werden und jeder Satoshi zugunsten einer anderen Bitcoin Adresse verbucht wird. Daraus resultieren 2.1 Billiarden potentielle Ziele für Tamara.

Die Wahrscheinlichkeit, dass Tamara die Adresse mit einem einzigen Versuch trifft, liegt somit bei $\frac{2.1 \cdot 10^9}{2^{160}}$. Selbst in diesem Extremszenario benötigt Tamara fast 3.7 Billionen Jahre, um mit einer einprozentigen Wahrscheinlichkeit über eine dieser 2.1 Billiarden Adressen verfügen zu können.

Was wir bei der Analyse noch nicht berücksichtigt haben, ist die Tatsache, dass dieselbe Rechenleistung auch beim Mining eingesetzt werden kann. Selbst wenn eine Person das schier Unmögliche möglich machen sollte und über die immense Rechenleistung und Zeit verfügen würde, um einen solchen Angriff zu realisieren, könnte sie diese Ressourcen anderweitig deutlich gewinnbringender einsetzen.

Angriff 3: Bitcoin Geburtstag Zu guter Letzt betrachten wir die Frage, wie hoch die Wahrscheinlichkeit einer beliebigen Adresskollision ist; also die Wahrscheinlichkeit, dass durch das gesamte Bitcoin-Netzwerk mindestens zwei private Schlüssel gefunden werden können, die zur Verfügung über dieselbe Bitcoin Adresse berechtigen.

Die vorliegende Fragestellung entspricht der mathematischen Grundlage des Geburtstagsparadoxons. Das Paradoxon zeigt, dass in einer Gruppe von 50 Personen die Wahrscheinlichkeit, dass mindestens zwei Personen an demselben Tag Geburtstag haben, überraschend hoch ist. Konkret liegt

4 Transaktionslegitimität

diese Wahrscheinlichkeit bei rund 97%. Eine ähnliche Überraschung könnte auch bei der Kollision von Bitcoin Adressen bestehen. Deswegen lohnt sich die Analyse der netzwerkweiten Kollisionsgefahr in Abhängigkeit zu den gesamthaft erstellten Adressen.

Eine Analyse[11] zeigt, dass bei $5.4 \cdot 10^{22}$ erstellten Bitcoin Adressen die Wahrscheinlichkeit einer Kollision noch immer bei 0.01% liegt. Um eine Wahrscheinlichkeit von 99.9999% zu erreichen, müssten mindestens $6.35 \cdot 10^{24}$ Bitcoin Adressen generiert werden. Bei dieser Menge an Daten würden zum Sichern der Bitcoin Adressen und der zugehörigen privaten Schlüssel rund 300 Billionen Terabyte Speicherplatz benötigt.

Angenommen jede Person auf der Erde besässe einen durchschnittlichen Desktop Computer und würde mit diesem non-stop Bitcoin Adressen generieren, würde es dennoch über 300 Jahre dauern bis die Weltbevölkerung gemeinsam die kritische Schlüsselzahl überschreiten könnte. Zudem müssten jeder Person rund 50'000 Terabyte Speicherplatz zur Verfügung stehen. Selbstredend sind die Annahmen sehr realitätsfremd und dienen lediglich der Veranschaulichung der unvorstellbar grossen Zahlenmengen, in denen wir uns bewegen.

Zusammenfassend kann festgehalten werden, dass das System, basierend auf Schlüsseln und Pseudonymen, sicher ist. Es gilt jedoch anzumerken, dass bei all den Berechnungen und generell bei allen Sicherheitsanalysen davon ausgegangen wurde, dass die privaten Schlüssel rein zufällig ausgesucht werden. Private Schlüssel, die ein bestimmtes Muster aufweisen oder dem Hashwert von Wörtern oder Sätzen entsprechen, können durch Wörterbuch-Angriffe erahnt und dadurch deutlich einfacher repliziert werden. Es ist also absolut unabdingbar, dass der private Schlüssel rein zufällig ausgewählt wird.

Zu diesem Zweck wird meist ein kryptografisch sicherer Pseudozufallszahlengenerator ($CSPRNG$ = Cryptographically Secure Pseudo-Random Number Generator) verwendet. Einige Wallet-Implementierungen basieren zudem auf externen Zufallsdaten, wie etwa auf der Bewegung des Mauszeigers oder auf Tastaturanschlägen. Bei korrekter Implementierung sind diese Verfahren sicher.

4.1 Pseudonyme und Zugriffsberechtigungen

Alternativ können private Schlüssel auch manuell und abseits des Computers erstellt werden. Physikalische Phänomene führen zu echten Zufallszahlen und stellen somit die sicherste Methode zur Erstellung von privaten Schlüsseln dar. Zwei Beispiele eines solchen Erstellungsprozesses werden in Anmerkung 4.4 abgehandelt.

> **Anmerkung 4.4**
> **Private Schlüssel mit Münzen und Würfeln erstellen**
> Der private Schlüssel ist nichts anderes als eine Zahl, die aus einer extrem grossen Menge an potentiellen Kandidaten ausgesucht wird. Wichtig ist, dass die Auswahl zufällig erfolgt.
>
> Eine einfache (wenn auch sehr aufwendige) Möglichkeit stellt die Verwendung einer Münze dar. Die Münze m kann 256 mal geworfen und das jeweilige Ergebnis mit Einsen und Nullen festgehalten werden.[a]
>
> Aus der Aneinanderreihung der Wurfergebnisse entsteht der private Schlüssel als Binärfolge ($b = 2$). Alternativ kann derselbe private Schlüssel in einer dezimalen Darstellungsform ($b = 10$) notiert werden. Dazu wird jedes Wurfergebnis mit der Zahl 2 in der zugehörigen Potenz multipliziert und dann die Summe aller daraus resultierenden Produkte gebildet.
>
> $$k_P \atop b=2 = m_1 \frown m_2 \frown (\ldots) \frown m_{255} \frown m_{256}$$
>
> $$k_P \atop b=10 = \sum_{i=1}^{256} m_i \cdot 2^{256-i}$$

4 Transaktionslegitimität

Mit Würfeln w können private Schlüssel als sogenannte Heximalzahl dargestellt werden. Dabei handelt es sich um ein Stellenwertsystem mit Basis 6, welches nicht mit dem Hexadezimalsystem (Basis 16) verwechselt werden sollte. Die Person würfelt 99-mal und notiert jeweils die Augenzahl, wobei die Augenzahl 6 als eine 0 notiert wird. Durch die Aneinanderreihung der Wurfergebnisse ergibt sich ein privater Schlüssel in der heximalen Darstellungsform, der wiederum in andere Stellenwertsysteme umgewandelt werden kann.

$$k_P\underset{b=6}{} = w_1 \frown w_2 \frown (\dots) \frown w_{98} \frown w_{99}$$

$$k_P\underset{b=10}{} = \sum_{i=1}^{99} w_i \cdot 6^{99-i}$$

Die beiden aufgezeigten Entstehungsprozesse haben den grossen Vorteil, dass sie zu garantiert zufälligen Ergebnissen führen und somit die höchstmögliche Sicherheit bei der Erstellung von privaten Schlüsseln aufweisen.

[a]Einige Zahlen, die theoretisch mit Münzen erworfen werden könnten, sind aufgrund der Eigenschaften des ECDSA (siehe Abschnitt 4.3.4) nicht möglich. Konkret muss unter den ersten 128 Münzwürfen mindestens eine 0 erscheinen, damit die Zahl in den möglichen Bereich fällt. Ansonsten wird die Zahl zu gross und der Prozess muss wiederholt werden. Analog dem Maximum existiert auch ein minimaler Wert, der dazu führt, dass unter den 256 Münzwürfen mindestens eine 1 vorkommen muss.

4.2 Hashfunktionen und Hashwerte

Viele Teile der Funktionsweise von Bitcoin basieren auf Hashfunktionen. Die Blockidentifikationsnummer aus Abschnitt 2.4.3 ist beispielsweise nichts anderes als der Hashwert bestimmter Inhalte des Blocks. Die Bitcoin Adresse aus Abschnitt 4.1.3 ist ebenfalls ein Hashwert des zugehörigen öffentlichen Schlüssels und auch die einzelnen Transaktionen werden anhand ihrer Hashwerte identifiziert. Insofern ist ein kurzer Exkurs zur Erläuterung von Hashfunktionen unverzichtbar.

Eine Hashfunktion H ist eine mathematische Abbildung. Sie weist einem beliebigen Input m (auch Urbild) einen Hashwert h zu, so dass $H(m) = h$. Das

4.2 Hashfunktionen und Hashwerte

Urbild unterliegt keinen Formvorschriften und kann einer Zeichenfolge beliebiger Länge entsprechen. Der Hashwert h hingegen kann nur eine begrenzte Menge von Werten annehmen und wird als binäre Zeichenfolge einer bestimmten Länge dargestellt. Die Abbildung erfolgt deterministisch. Ein gegebenes Urbild wird durch die Anwendung einer gegebenen Hashfunktion folglich immer zu demselben Hashwert führen. Hashfunktionen sind nicht injektiv, es ist also grundsätzlich möglich, dass unterschiedliche Urbilder denselben Hashwert erzeugen. Solche Überschneidungen werden als Kollisionen bezeichnet.[37][169]

Ein einfacher Anwendungsfall von Hashwerten ist deren Verwendung als Prüfsumme. Bei der *IBAN* (International Bank Account Number) des klassischen Bankensystems entsprechen beispielsweise die ersten beiden Ziffern nach dem Ländercode einem Hashwert, der abhängig von dem Rest der Kontonummer errechnet wird.[100] Vertippt sich eine Person bei der Eingabe der *IBAN*, so passt diese Prüfsumme meist nicht mehr zur eingegebenen Kontonummer. Die Eingabe kann sofort als ungültig identifiziert und die Person noch vor der Übermittlung des Zahlungsauftrags auf den Fehler hingewiesen werden.

Damit die Hashfunktion ihren Zweck erfüllt, muss sie über die folgenden beiden Eigenschaften verfügen:

- Beim Durchprobieren verschiedener Inputs sollten alle Hashwerte in etwa gleich häufig vorkommen.

- Selbst kleine Änderungen des Urbilds sollten zu einem veränderten Hashwert führen.

Eine Hashfunktion mit den beschriebenen Eigenschaften schützt aber lediglich vor versehentlichen Abweichungen wie etwa Tippfehlern. Sobald die Anwendungsbereiche komplexer sind und willentliche Manipulation zu Problemen führen kann, müssen zwingend *kryptografische Hashfunktionen* verwendet werden. Diese haben das zusätzliche Erfordernis, dass es Personen nicht möglich sein darf, durch die Wahl von Urbildern, gezielt Hashwerte mit bestimmten Charakteristika zu erstellen oder gar Kollisionen herbeizuführen (Kollisionsresistenz). Zudem dürfen keinerlei Rückschlüsse von dem Hashwert auf das Urbild möglich sein.

4 Transaktionslegitimität

Die Eigenschaften der kryptografischen Hashfunktionen eröffnen neue Möglichkeiten hinsichtlich ihrer Anwendung. Zwei dieser Anwendungsbereiche, welche für Bitcoin von besonderer Wichtigkeit sind, werden nachfolgend erläutert.

4.2.1 Integrität durch Hashwerte

Kryptografische Hashfunktionen können die Integrität der Urbilder besichern. Diese Absicherung funktioniert bei Texten beliebiger Länge. Dazu wird der Hashwert des zu sichernden Urbilds berechnet und abgespeichert. Da jegliche Anpassungen des Urbilds unweigerlich zu einem anderen Hashwert führen, wird eine Modifikation des Urbilds sofort erkannt werden. Aufgrund der Eigenschaften der kryptografischen Hashfunktionen wird es einer Person zudem nicht möglich sein, eine Kollision herbeizuführen; also ein alternatives Urbild zu finden, welches denselben Hashwert ergibt.

Der Hashwert reagiert selbst auf kleinste Veränderungen in einem Text. Auch wenn nur ein einziger Buchstabe angepasst oder ein Satzzeichen eingefügt oder weggelassen wurde, wird dies zu einem neuen Hashwert führen, der sich deutlich von dem ersten unterscheidet. Dies kann am besten anhand zweier Beispieltexte aufgezeigt werden, deren Hashwerte durch Anwendung der Hashfunktion `SHA256` errechnet wurden.[51] Auffällig ist, wie ähnlich die Beispieltexte sind, während deren Hashwerte deutlich voneinander abweichen.[52]

$m_1 = $ `Die Transaktionen A und C sind gültig.`

$h_1 = $ `b868664901f01372abeb273490817f635d28f5062f74dcf3444367c5717376bd`

$m_2 = $ `Die Transaktionen A und B sind gültig.`

$h_2 = $ `25ce2629b60eaaaed6d11167eb2c7dc32aef11150d6d96d460e2c00e2186e7ca`

---

[51] Die Hashwerte umfassen je 256 Bits und werden hier im Hexadezimal-Format dargestellt.
[52] Ken Shirriff hat auf seinem Blog[176] ein Video veröffentlicht, in welchem er eine Runde (von 64) der `SHA256` Hashfunktion von Hand berechnet. Der Beitrag ist sehr anschaulich gehalten und zeigt die verschiedenen Schritte dieser kryptografisch sicheren Hashfunktion.

4.2.2 Hashwerte als Arbeitsnachweis

Da es nicht möglich ist, gezielt bestimmte Hashwerte herbeizuführen, können kryptografische Hashfunktionen auch als Nachweis dienen, dass zu deren Erstellung durchschnittlich ein bestimmtes Mass an Rechenleistung aufgewendet wurde. Wird beispielsweise ein Hashwert vorausgesetzt, welcher an der ersten Hexadezimalstelle eine 0 aufweist, wird im Schnitt nur jeder sechzehnte Hashwert das Kriterium erfüllen.[53] Durch eine Verschärfung oder Lockerung dieser Vorschriften kann ein beliebiger Schwierigkeitsgrad erreicht werden.

Um zu verhindern, dass Hashwerte auf Vorrat erstellt und als Nachweis für mehrere Applikationen genutzt werden können, beinhaltet das Urbild meist einen fest vorgeschriebenen, applikationsspezifischen Teil, der durch einen variablen Input ergänzt wird. Der variable Teil kann frei angepasst werden und ermöglicht die Variabilität, die zum Errechnen eines gültigen Hashwertes benötigt wird.

Dieses Verfahren bildet die Basis des Konsensprotokolls von Bitcoin. In Abschnitt 2.4.3 haben wir es bereits zur Berechnung der Identifikationsnummern von Blocks verwendet. Eine ausführlichere Erläuterung folgt in Abschnitt 5.2.2.

4.3 Signaturen

Nun wenden wir uns den Signaturen zu. Wir zeigen, inwiefern die beiden Schlüssel eines Schlüsselpaares mathematisch zusammenhängen und wie private Schlüssel zur Nachweiserbringung über den Besitz eines bestimmten Pseudonyms beziehungsweise als Nachweis der Authentizität und Integrität einer Transaktionsnachricht verwendet werden können.[54]

Da wir dazu in die Grundlagen der Kryptografie eintauchen müssen, wird dieser Abschnitt unweigerlich etwas komplexer und mathematischer ausfallen als der Rest des Buches. Der Fokus liegt allerdings nach wie vor auf der Verständlichkeit. Dies gilt selbst dann, wenn dieses Ziel mit der mathematischen Präzision

---

[53]Hexadezimal-Format kann an jeder Stelle 16 verschiedene Werte annehmen.
[54]Der komplette Abschnitt basiert auf ausführlicheren Abhandlungen in der kryptografischen Literatur.[37] [57] [105] [166] [169]

4 Transaktionslegitimität

in Konflikt steht. Insofern wird der Mathematiker auf einige Vereinfachungen stossen, die bewusst so gewählt wurden.

4.3.1 Anwendungen der asymmetrischen Kryptografie

Klassische Anwendungen der Kryptografie basieren auf symmetrischen Verschlüsselungsverfahren. Zwei Parteien möchten ihre Kommunikation verschlüsseln und einigen sich dazu auf einen geheimen Schlüssel k, der zur Ver- und Entschlüsselung der Nachrichten verwendet werden kann. Derselbe Schlüssel kann somit zur wechselseitigen Kommunikation genutzt werden.

Symmetrische Verschlüsselungsverfahren haben allerdings eine entscheidende Einschränkung. Damit sich zwei Parteien auf einen Schlüssel k einigen können, ohne dass eine Drittpartei diese Information abfangen kann und somit ihrerseits von dem Schlüssel erfährt, müssen sie anfänglich über einen sicheren Kommunikationskanal verfügen, über welchen sie den Schlüssel austauschen können. Die symmetrische Kryptografie führt also lediglich zu einer zeitlichen Verschiebung der Sicherheitsanforderungen an den Kommunikationskanal.

Asymmetrische Verschlüsselungsverfahren beheben diese Einschränkung. Sie ermöglichen einen initialen Schlüsseltausch über Kanäle, die potentiell unsicher sind und abgehört werden können. Statt eines gemeinsamen Schlüssels k erstellt jede Partei ihr persönliches Schlüsselpaar, bestehend aus einem privaten Schlüssel k_P und einem öffentlichen Schlüssel $K_Ö$. Der öffentliche Schlüssel kann ohne weiteres bekannt gegeben werden. Der private Schlüssel muss hingegen zu jedem Zeitpunkt strikt geheim gehalten werden.

Das Schlüsselpaar hat die mathematische Eigenschaft, dass der öffentliche Schlüssel aus dem zugehörigen privaten Schlüssel abgeleitet wird, seinerseits aber nicht zur Herleitung des privaten Schlüssels verwendet werden kann (siehe Abbildung 27 auf Seite 120). Das Schlüsselpaar wird also durch eine Einwegfunktion verbunden, die zu einer gewissen Informationsasymmetrie führt.

Eine weitere interessante Eigenschaft dieser Schlüsselpaare ist, dass Nachrichten, die mit dem einen Schlüssel verschlüsselt werden, mit dem anderen Schlüssel

4.3 Signaturen

entschlüsselt werden können. Dadurch entstehen zwei mögliche Anwendungsfälle analog Abbildung 32.

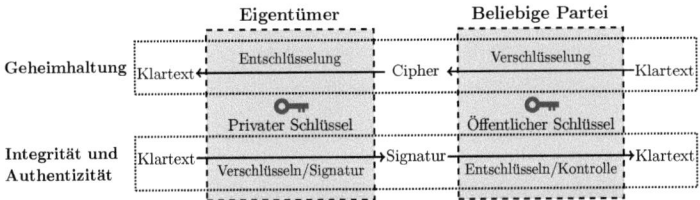

Abbildung 32: Zwei Anwendungsbereiche der asymmetrischen Kryptografie

Geheimhaltung. Jede beliebige Partei kann den öffentlichen Schlüssel einer anderen Partei nutzen, um damit eine Nachricht zu verschlüsseln. Da zur Entschlüsselung der zugehörige private Schlüssel benötigt wird, ist der Eigentümer des Schlüsselpaares die einzige Partei, welche in der Lage sein wird diese Nachricht zu entschlüsseln. Werden beispielsweise die Kreditkarteninformationen einer Person mit dem öffentlichen Schlüssel eines Online-Händlers verschlüsselt, kann sichergestellt werden, dass ausschliesslich dieser Händler die Daten einsehen kann.

Authentizität und Integrität. Verschlüsselt eine Partei eine Nachricht mit ihrem eigenen privaten Schlüssel, kann die Information von jeder anderen Partei entschlüsselt werden. Hierzu wird lediglich der zugehörige öffentliche Schlüssel benötigt. Dieser liegt in aller Regel jeder anderen Partei vor. Auf den ersten Blick macht diese Anwendung wenig Sinn, da der vermeintliche Zweck der Geheimhaltung verfehlt wird. Dafür kann mit diesem Verfahren die Authentizität und Integrität einer Nachricht sichergestellt werden. Die Entschlüsselung mit einem öffentlichen Schlüssel ist nur dann möglich, wenn die Nachricht zuvor mit dem zugehörigen privaten Schlüssel verschlüsselt und der verschlüsselte Text nicht abgeändert wurde. Es wird also sichergestellt, dass die Nachricht tatsächlich von dem Eigentümer des öffentlichen Schlüssels erstellt (Authentizität) und nachträglich nicht mehr

4 Transaktionslegitimität

angepasst (Integrität) wurde. Das Prinzip wird auch als eine digitale Signatur bezeichnet.

Bitcoin verwendet den Anwendungsbereich der Authentizität und Integrität. Die digitalen Signaturen werden zur Legitimitätsprüfung von Transaktionsnachrichten verwendet. Da die öffentlichen Schlüssel, beziehungsweise Ableitungen davon (Bitcoin Adresse), die Pseudonyme des Bitcoin-Netzwerks darstellen, kann mit dem Nachweis der Integrität einer Transaktionsnachricht direkt auf deren legitimen Ursprung geschlossen werden.

4.3.2 Grundlagen der elliptischen Kurven

Die Bitcoin-Technologie verwendet ein asymmetrisch kryptografisches Verfahren, welches auf elliptischen Kurven basiert. Im Unterschied zu anderen gängigen asymmetrischen Verschlüsselungsverfahren werden für Signaturen basierend auf elliptischen Kurven deutlich geringere Schlüssellängen benötigt, um ein bestimmtes Mass an Sicherheit zu erreichen.[55] Zudem ist der Verschlüsselungsprozess an sich wesentlich effizienter.

Bevor wir uns aber den kryptografischen Mechanismen der elliptischen Kurven widmen, betrachten wir erst deren Charakteristika. Elliptische Kurven werden in ihrer allgemeinen Form durch die Weierstrass-Gleichung definiert und umfassen alle Punkte eines Körpers, welche Lösungen zu ebendieser Gleichung darstellen. Hinzu kommt ein Punkt im Unendlichen 0, der in etwa die Rolle der 0 einnimmt (neutrales Element).

$$\{y^2 = x^3 + ax + b\} \cup \{0\}$$

Abhängig von der Parametrisierung können elliptische Kurven verschiedenste Formen annehmen.[56] Wird eine elliptische Kurve über dem Körper der reellen Zahlen $\mathbb{R}$ definiert, erinnert der Plot zumeist an eine Form, die klassischerweise mit einer elliptischen Kurve verbunden wird. Die Kurve in Abbildung 33 wurde

---
[55]Vergleiche beispielsweise *RSA*.[161]
[56]Für die Parametrisierung gilt die zusätzliche Einschränkung $4a^3 + 27b^2 \neq 0$.

4.3 Signaturen

beispielsweise durch die Parameter $a = -2$ und $b = 2$ berechnet. Wie wir später zeigen werden, können elliptische Kurven aber auch auf Galoiskörpern (endliche Körper) über $\mathbb{F}_n$ definiert werden. Solche Kurven werden eine entscheidende Rolle spielen, da sie die Basis der kryptografischen Anwendungen bilden.

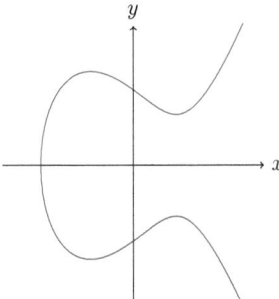

Abbildung 33: Elliptische Kurve

Addition von zwei Punkten

Um die kryptografischen Verfahren, die auf elliptischen Kurven basieren, verstehen zu können, müssen wir uns zuerst mit einigen algebraischen Grundoperationen auseinandersetzen. Wir beginnen mit der Addition auf elliptischen Kurven.

$$P_3 = P_1 + P_2$$

Die Addition zweier Punkte P_1 und P_2 erfolgt geometrisch durch eine Gerade, welche die zwei Summandenpunkte verbindet. Die Gerade wird die elliptische Kurve in genau einem weiteren Punkt schneiden. Dieser Punkt entspricht $-P_3$. Durch die Spiegelung an der x-Achse erhalten wir schliesslich den gesuchten Punkt P_3 (Inverse von $-P_3$). Die geometrische Addition wird in Abbildung 34 dargestellt.

4 Transaktionslegitimität

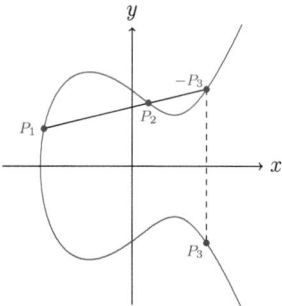

Abbildung 34: Geometrische Addition $P_1 + P_2 = P_3$

Die geometrische Darstellung liefert eine gute Intuition der Vorgehensweise. Für die Implementierung wird allerdings ein algebraisches Verfahren der Addition zweier Punkte benötigt. Hierzu muss zuerst die Steigung s der Geraden berechnet werden, die P_1, P_2 und $-P_3$ verbindet. Die Berechnung erfolgt über die Veränderung in der Vertikalen (y-Achse) im Verhältnis zur Veränderung in der Horizontalen (x-Achse).

$$s = \frac{y_{P_1} - y_{P_2}}{x_{P_1} - x_{P_2}}$$

Ausgehend von der Steigung können die x und die y Koordinaten von P_3 berechnet werden.

$$x_{P_3} = s^2 - (x_{P_1} + x_{P_2})$$
$$y_{-P_3} = y_{P_1} + s(x_{P_3} - x_{P_1})$$

Durch Umformen der Gleichung erhalten wir den y-Wert der Inversen P_3.

$$y_{P_3} = s(x_{P_1} - x_{P_3}) - y_{P_1}$$

4.3 Signaturen

Es existieren genau zwei Ausnahmen, für welche wir unsere Beschreibung der geometrischen Addition leicht anpassen müssen:

1. Eine senkrechte Gerade führt zur Addition von Punkt P mit seiner Inversen $-P$. Folglich ist der dritte Schnittpunkt der Punkt im Unendlichen.

$$P + (-P) = 0$$

2. Tangentialpunkte P gelten als zwei Schnittpunkte, da Tangenten die Addition von P mit sich selbst repräsentieren (siehe Abschnitt Punkteverdopplung).

$$P + P = 2P$$

4 Transaktionslegitimität

Punkteverdopplung

Die Punkteverdopplung bildet einen Spezialfall der Addition. Addiert man einen Punkt P mit sich selbst, erhält man den Punkt $2P$.

$$P + P = 2P$$

Geometrisch kann dieser Zusammenhang durch die Tangente von P aufgezeigt werden. Diese wird die elliptische Kurve in genau einem weiteren Punkt $-2P$ schneiden, dessen Inverse die Lösung der obigen Gleichung darstellt. Abbildung 35 visualisiert die geometrische Vorgehensweise.

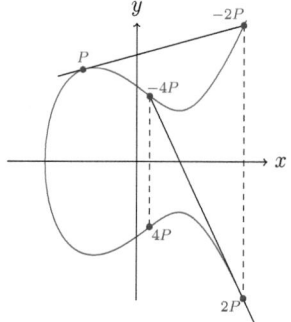

Abbildung 35: Punkteverdopplung

Bei der algebraischen Berechnung benötigen wir wiederum zuerst die Steigung s. Da die bisher verwendete Gleichung auf der horizontalen und vertikalen Differenz zweier Punkte basiert, wird diese im vorliegenden Fall zum Resultat 0 führen. Stattdessen berechnen wir die Steigung durch die erste Ableitung des Tangentialpunktes P, wobei a dem Parameter der Weierstrass-Gleichung entspricht.

$$s = \frac{3x_P^2 + a}{2y_P}$$

4.3 Signaturen

Die Berechnung der Koordinaten erfolgt auf dieselbe Weise wie bei der "normalen" Addition, mit dem Unterschied, dass in diesem Spezialfall $P_1 = P_2 = P$ gilt. Dadurch lassen sich die beiden Gleichungen zur Berechnung der Koordinaten von $2P$ wie folgt vereinfachen.

$$x_{2P} = s^2 - (2 \cdot x_P)$$
$$y_{2P} = s(x_P - x_{2P}) - y_P$$

Die Addition und die Punkteverdopplung können beliebig kombiniert werden. In der Tat handelt es sich bei der Punkteverdopplung lediglich um einen Spezialfall der Addition, der algebraisch etwas anders behandelt werden muss, grundsätzlich aber nach denselben Regeln abläuft. So gilt beispielsweise:

$$\underbrace{P + 3P}_{\text{Addition}} = 4P = \underbrace{2P + 2P}_{\text{Verdopplung}}$$

Abbildung 36 zeigt die geometrischen Zusammenhänge verschiedener Additionen und Punkteverdopplungen.

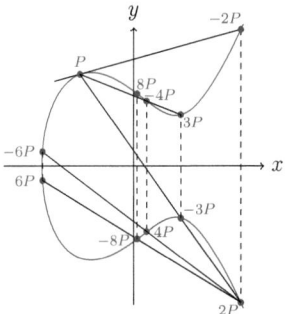

Abbildung 36: Punkteverdopplung und Addition

4.3.3 Elliptische Kurven auf endlichen Körpern

Bitcoin verwendet den Standard secp256k1, der die elliptische Kurve über einem endlichen Körper $\mathbb{F}_p$ definiert, wobei p einer unvorstellbar grossen Primzahl entspricht. Zur Beschreibung der Kurve werden die Parameter $a = 0$ und $b = 7$ verwendet. Die Spezifikation resultiert in der folgenden Gleichung:

$$\{(x,y) \in \mathbb{F}_p \mid y^2 = x^3 + 7\} \cup \{0\}, \text{ mit } p = 2^{256} - 2^{32} - 2^9 - 2^6 - 2^4 - 1$$

$(x, y) \in \mathbb{F}_p$ bedeutet vereinfacht ausgedrückt, dass x und y lediglich ganze Zahlen zwischen 0 und $p-1$ annehmen können. Die beiden Variablen verfügen also über eine diskrete und beschränkte Menge an möglichen Ausprägungen.

Da die bei Bitcoin verwendete Zahl p jegliches Vorstellungsvermögen sprengt und Veranschaulichungen verunmöglicht, werden wir die Grundprinzipien der Funktionsweise anhand einer minimalistischen elliptische Kurve in $\mathbb{F}_{37}$ erläutern. Wir befinden uns im Rahmen unserer Beispiele also auf einem Körper der für x und y ausschliesslich ganzzahlige Ausprägungen zwischen 0 und 36 zulässt.

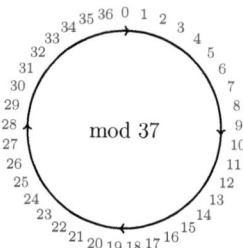

Abbildung 37: Modulo Arithmetik in $\mathbb{F}_{37}$

Die dazu verwendete Modulo Arithmetik wird anhand der Drehscheibe in Abbildung 37 visualisiert. Führt eine Operation dazu, dass das Ergebnis über den Maximalwert 36 hinaus geht, wird im Uhrzeigersinn bei 0 weiter gezählt. Für negative Zahlen gilt eine ähnliche Regel. Unterschreitet ein Wert die 0, kann der Drehscheibe entgegen dem Uhrzeigersinn gefolgt werden. Im Prinzip kann

4.3 Signaturen

also jede (positive) Zahl (mod 37) durch 37 geteilt, ganzzahlige Quotienten verworfen und der Rest als Ergebnis festgehalten werden.

Zur Verdeutlichung möchten wir die folgenden Beispiele anfügen:

$$(5 + 13) \mod 37 = 18$$
$$(13 + 32) \mod 37 = 8$$
$$(3 - 7) \mod 37 = 33$$
$$(5 \cdot 8) \mod 37 = 3$$

Mit den Beispielen und dem einfachen Prinzip sind drei der vier Grundoperationen abgedeckt; namentlich die Addition, die Subtraktion und die Multiplikation. Die Division $\frac{A}{B}$ setzt voraus, dass die Inverse des Dividenden B gebildet werden kann. Dies ist notwendig, da Brüche keine ganzzahligen Werte darstellen und daher nicht Teil des endlichen Körpers $\mathbb{F}_P$ sind. Da die Division jedoch nichts anderes ist, als eine Multiplikation des Divisors mit der Inversen des Dividenden, sprich $A \cdot B^{-1}$, können wir das Problem lösen, wenn es uns gelingt die Inverse von $B \mod p$ zu finden.

Die Existenz einer multiplikativen Inversen kann nur dann garantiert werden, wenn für p eine Primzahl gewählt wurde, also, wenn $\mathbb{F}_P$ einen sogenannten Primkörper darstellt. Da die kryptografischen Applikationen auf die Existenz von Inversen angewiesen sind, werden zu diesem Zweck stets Primkörper verwendet.

Zur Berechnung der Inverse einer Zahl B muss diese auf dem entsprechenden Körper mit B^{-1} multipliziert den Wert 1 ergeben.

$$(B \cdot B^{-1}) \mod p = 1$$

Die Gleichung kann entweder durch Ausprobieren verschiedener Werte für B^{-1} oder anhand des *Euclidean Algorithmus*[107] gelöst werden. Für die vereinfachten Beispiele ist der Ausprobier-Ansatz völlig ausreichend.

Der diskrete Primkörper wird unweigerlich einen erheblichen Einfluss auf die Visualisierung der elliptischen Kurven haben. Statt kontinuierlicher Kurven er-

4 Transaktionslegitimität

halten wir eine Ansammlung verstreuter Punkte, die umgangssprachlich wohl kaum mit elliptischen Kurven verbunden werden. Die elliptische Kurve auf $\mathbb{F}_{37}$ aus Abbildung 38 verfügt beispielsweise über exakt 39 solcher Punkte (38 in der Abbildung ersichtliche Punkte zuzüglich dem Punkt im Unendlichen). Die Zahl der Punkte wird auch als Ordnung der zyklischen Gruppe bezeichnet. Unsere Beispiel-Kurve hat folglich Ordnung 39.

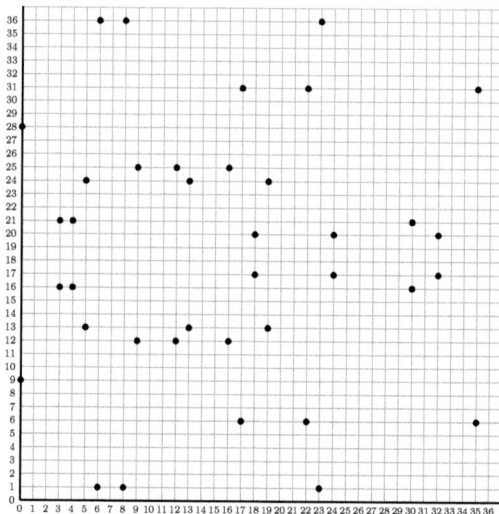

Abbildung 38: Elliptische Kurve $y^2 = x^3 + 7$ in $\mathbb{F}_{37}$

Die Frage ist nun wie sich die Addition und Punkteverdopplung von den reellen Zahlen $\mathbb{R}$ auf die diskreten elliptischen Kurven auf endlichen Primkörpern übertragen lassen. Die Antwort ist relativ einfach. Die Berechnung erfolgt analog der Berechnung auf $\mathbb{R}$. Zum besseren Verständnis der Vorgehensweise betrachten wir die folgenden Beispiele.

4.3 Signaturen

Beispiel 1 - Addition:

Gegeben sei $P_1 = (24, 17)$ und $P_2 = (35, 6)$ auf $y^2 = x^3 + 7$ in $\mathbb{F}_{37}$. Gesucht wird $P_3 = P_1 + P_2$.

Die Berechnung der Steigung erfolgt anhand derselben Gleichung, die auch bei elliptischen Kurven über den reellen Zahlen $\mathbb{R}$ verwendet wird. Der einzige Unterschied liegt darin, dass die Bildung der Inversen zur Durchführung der Division etwas komplexer ist. Da wir die Inverse zwingend benötigen und deren Existenz auf endlichen Körpern nur dann garantiert werden kann, wenn p einer Primzahl entspricht, war die Wahl eines Primkörpers so entscheidend.

$$s = \left[\frac{y_{P_1} - y_{P_2}}{x_{P_1} - x_{P_2}}\right] \mod p$$
$$= \left[(y_{P_1} - y_{P_2})(x_{P_1} - x_{P_2})^{-1}\right] \mod p$$
$$= \left[(17 - 6)(24 - 35)^{-1}\right] \mod 37$$
$$= \left[(11)(-11)^{-1}\right] \mod 37$$

Beim Berechnen der Steigung stossen wir an einen Punkt, an dem wir die Inverse von -11 bestimmen müssen. Diese entspricht 10, da $[(-11) \cdot 10] \mod 37 = 1$. Diesen Wert können wir nun in die obige Gleichung einsetzen. Daraus ergibt sich eine neue Gleichung, die ohne Weiteres nach s aufgelöst werden kann. Der Wert repräsentiert die Steigung derjenigen Geraden, welche die drei Punkte P_1, P_2 und P_3 verbindet.

$$s = (11 \cdot 10) \mod 37$$
$$= 36$$

Der Wert $s = 36$ kann anschliessend zur Berechnung der Koordinaten von P_3 genutzt werden. Dazu verwenden wir die bereits bekannten Gleichungen.

4 Transaktionslegitimität

$$x_{P_3} = \left[s^2 - (x_{P_1} + x_{P_2})\right] \mod p$$
$$= \left[(36)^2 - (24 + 35)\right] \mod 37$$
$$= 1237 \mod 37$$
$$= 16$$

Durch Einsetzen und Auflösen erhalten wir das Resultat 1237, welches in mod 37 dem Wert 16 entspricht. Der x-Wert von P_3 wird dann zur Berechnung des korrespondierenden y-Wertes verwendet.

$$y_{P_3} = [s(x_{P_1} - x_{P_3}) - y_{P_1}] \mod p$$
$$= [(36)(24 - 16) - 17] \mod 37$$
$$= 271 \mod 37$$
$$= 12$$

Somit steht fest, dass der neue Punkt P_3 die Koordinaten $(16, 12)$ hat.

Analog der algebraischen Lösung kann das Resultat der Addition auch geometrisch dargestellt werden (siehe Abbildung 39). Die Gerade dient dabei aber lediglich der Veranschaulichung. Wir befinden uns im diskreten Raum, insofern kann die Gerade (welche einer kontinuierlichen Punktemenge gleichkommt) nicht existieren.

Dies erklärt auch, weshalb sich die drei Punkte P_1, P_2 und $-P_3$ in Abbildung 39 entweder durch eine Gerade mit der Steigung $s = 36$ oder aber durch eine zweite Gerade mit der Steigung $s = -1$ verbinden lassen. Da $36 = -1 \mod 37$, sind die beiden Steigungswerte in $\mathbb{F}_{37}$ äquivalent.[57] Wir haben uns für die Visualisierung von $s = -1$ entschieden, da dieser Steigungswert zu einer übersichtlicheren Abbildung führt.

---

[57] Für alle Werte, die auf dem Körper $\mathbb{F}_{37}$ relevant sind, führen beide Steigungen zu denselben Ergebnissen.

4.3 Signaturen

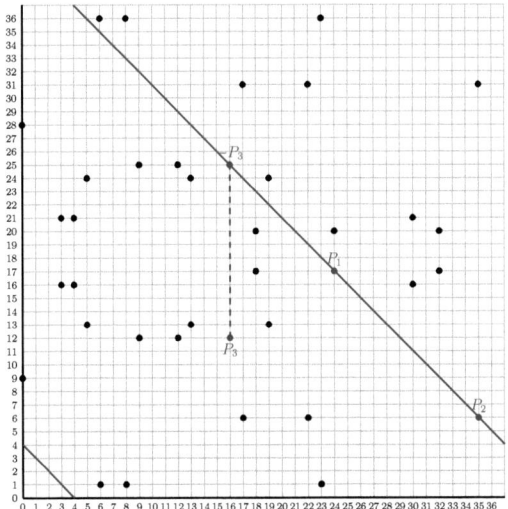

Abbildung 39: Visualisierung der Addition $P_1 + P_2 = P_3$ mit $P_1 = (24, 17)$ und $P_2 = (35, 6)$ auf $y^2 = x^3 + 7$ in $\mathbb{F}_{37}$.

4 Transaktionslegitimität

Beispiel 2 - Addition:

Gegeben sei $P_1 = (30, 16)$ und $P_2 = (13, 13)$ auf $y^2 = x^3 + 7$ in $\mathbb{F}_{37}$. Gesucht wird $P_3 = P_1 + P_2$.

Zuerst berechnen wir wiederum die Steigung s.

$$\begin{aligned} s &= \left[\frac{y_{P_1} - y_{P_2}}{x_{P_1} - x_{P_2}}\right] \mod p \\ &= \left[(y_{P_1} - y_{P_2})(x_{P_1} - x_{P_2})^{-1}\right] \mod p \\ &= \left[(16 - 13)(30 - 13)^{-1}\right] \mod 37 \\ &= \left[(3)(17)^{-1}\right] \mod 37 \end{aligned}$$

Um weiterfahren zu können, müssen wir anschliessend die Inverse des Dividenden (17) bilden. Diese kann durch das Lösen der Gleichung $17 \cdot (17)^{-1} \mod 37 = 1$ gefunden werden. Da $[(17) \cdot 24] \mod 37 = 1$, erhalten wir $(17)^{-1} = 24$. Durch Einsetzen und Auflösen ergibt sich ein Steigungswert von 35.

$$\begin{aligned} s &= [(3)(24)] \mod 37 \\ &= 72 \mod 37 \\ &= 35 \end{aligned}$$

Auch bei dieser Beispielrechnung kann die Steigung alternativ dargestellt werden. Da $35 = -2 \mod 37$ kann die Gerade entweder mit einer Steigung s von 35 oder -2 eingezeichnet werden. In Abbildung 40 haben wir uns für die Visualisierung mit $s = -2$ entschieden. Zur Berechnung der beiden Koordinaten x_{P_3} und y_{P_3} können ebenfalls beide Werte verwendet werden. Wir fahren mit $s = -2$ fort.

4.3 Signaturen

$$\begin{aligned} x_{P_3} &= \left[s^2 - (x_{P_1} + x_{P_2})\right] \mod p \\ &= [(-2)^2 - (30 + 13)] \mod 37 \\ &= -39 \mod 37 \\ &= 35 \end{aligned}$$

Analog den anderen Berechnungen wird der x-Wert von P_3 zur Berechnung des korrespondierenden y-Wertes verwendet.

$$\begin{aligned} y_{P_3} &= [s(x_{P_1} - x_{P_3}) - y_{P_1}] \mod p \\ &= [(-2)(30 - 35) - 16] \mod 37 \\ &= -6 \mod 37 \\ &= 31 \end{aligned}$$

Somit erhalten wir für P_3 die Koordinaten $(35, 31)$.

4 Transaktionslegitimität

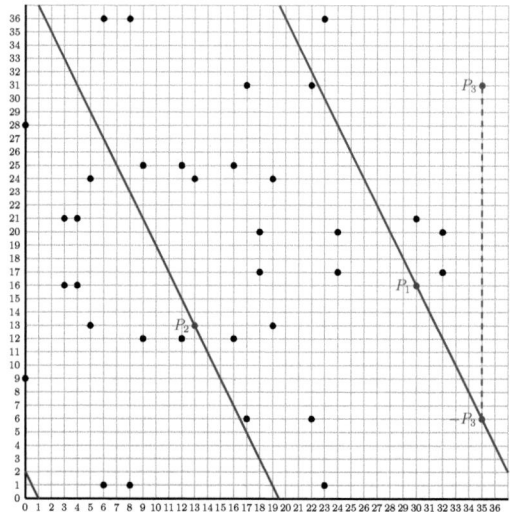

Abbildung 40: Visualisierung der Addition $P_1 + P_2 = P_3$ mit $P_1 = (30, 16)$ und $P_2 = (13, 13)$ auf $y^2 = x^3 + 7$ in $\mathbb{F}_{37}$.

4.3 Signaturen

Beispiel 3 - Punkteverdopplung:

Gegeben sei $P = (8, 1)$ auf $y^2 = x^3 + 7$ in $\mathbb{F}_{37}$. Gesucht wird $2P = P + P$.

Auch die Punkteverdopplung kann im Kontext elliptischer Kurven auf endlichen Primkörpern verwendet werden.

$$\begin{aligned} s &= \left(\frac{3x_P{}^2 + a}{2y_P}\right) \mod 37 \\ &= \left[(3x_P{}^2 + a)(2y_P)^{-1}\right] \mod 37 \\ &= \left[(3 \cdot 8^2 + 0)(2 \cdot 1)^{-1}\right] \mod 37 \\ &= \left[3(8^2)(2)^{-1}\right] \mod 37 \end{aligned}$$

Die Inverse von 2 beträgt 19, da $(2 \cdot 19) \mod 37 = 1$. Durch Einsetzen und Auflösen erhalten wir die Steigung s.

$$\begin{aligned} s &= (3 \cdot 64 \cdot 19) \mod 37 \\ &= 3648 \mod 37 \\ &= 22 \end{aligned}$$

Zur Berechnung der beiden Koordinaten von $2P$ können wir dieselben Gleichungen wie bisher nutzen, wobei $P_1 = P_2 = P$ entspricht.

$$\begin{aligned} x_{2P} &= \left[s^2 - (2 \cdot x_P)\right] \mod 37 \\ &= \left[22^2 - (2 \cdot 8)\right] \mod 37 \\ &= 468 \mod 37 \\ &= 24 \\ y_{2P} &= \left[s(x_P - x_{2P}) - y_P\right] \mod 37 \\ &= s(8 - 2 \cdot 24) - 1 \mod 37 \\ &= -353 \mod 37 \\ &= 17 \end{aligned}$$

Somit erhalten wir für $2P$ die Koordinaten $(24, 17)$.

4.3.4 Elliptische Kurven, zyklische Gruppen und Signaturen

Zur Etablierung des *Elliptic Curve Digital Signature Algorithms* (ECDSA) benötigen wir eine zyklische (Unter-)Gruppe, basierend auf unserer elliptischen Kurve. Eine zyklische Untergruppe ist eine Punktemenge, die aus einem Basispunkt G entsteht. Sie umfasst die Elemente $\{0, G, 2G, \ldots, (n-1)G\}$, wobei n als Ordnung bezeichnet wird und der Anzahl Punkte der Untergruppe entspricht. Für Faktoren grösser $n-1$ beginnt der Zyklus von vorne, sprich $(n-1)G + G = nG = 0$.

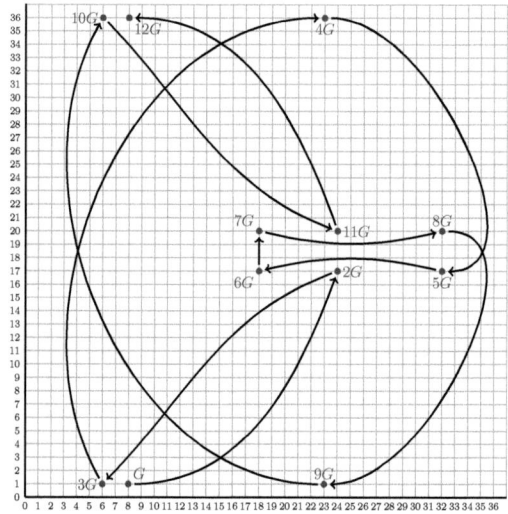

Abbildung 41: Zyklische Untergruppe der Ordnung $n = 13$ generiert durch den Basispunkt $G = (8, 1)$ auf $y^2 = x^3 + 7$ in $\mathbb{F}_{37}$. Die Untergruppe umfasst die 12 sichtbaren Punkte und den Punkt im Unendlichen ($0G$). Von $12G$ führt ein Pfeil zum nicht ersichtlichen Punkt $0 = 0G$, der über einen weiteren Schritt mit G verbunden ist. Die beiden nicht ersichtlichen Verbindungen schliessen den Zyklus.

Eine elliptische Kurve mit Ordnung N kann Untergruppen mit der Ordnung n hervorbringen, wobei n zwingend einem ganzzahligen Teiler von N entsprechen muss. Wir werden in diesem Abschnitt ein Beispiel einer zyklischen Untergruppe

4.3 Signaturen

mit $n = 13$ untersuchen.[58] Abbildung 41 visualisiert diese Untergruppe und die einzelnen Schritte des Zyklus.

Ein Schlüsselpaar erstellen

Die zyklische Untergruppe stellt die Menge dar, die zur Auswahl des Schlüsselpaares zur Verfügung steht. Zuerst erstellt sich Tamara einen privaten Schlüssel k_P. Dazu wählt sie ein zufälliges Element der Menge $\{1, \ldots, n-1\}$. Da die zyklische Untergruppe in unserem vereinfachten Beispiel die Ordnung $n = 13$ hat, wird sich Tamara zwischen den Werten 1 bis 12 entscheiden. Unser Beispiel umfasst also bloss 12 mögliche Werte für private Schlüssel (siehe Anmerkung 4.5).

> **Anmerkung 4.5**
> **Berechtigte Sicherheitsbedenken**
> Selbstverständlich ist eine derart kleine Menge an potentiellen privaten Schlüsseln nicht sicher. Wie wir in Abschnitt 4.1.6 gesehen haben, basiert das Sicherheitsprinzip des Schlüssel- und Pseudonym-Systems auf der extrem grossen Menge an möglichen Werten. Ein Angreifer wird kein Problem haben die 12 möglichen Werte unseres Beispiels durchzuprobieren. Vorliegend geht es aber auch ausschliesslich um das Aufzeigen des Prinzips.
>
> Die zyklische Untergruppe, die bei Bitcoin verwendet wird, hat die Ordnung 115'792'089'237'316'195'423'570'985'008'687'907'852'837'564'279'074'904'382'605'163'141'518'161'494'337 und damit eine unvorstellbar grosse Menge an möglichen Zahlen, die zu den absurden Berechnungsbeispielen in Abschnitt 4.1.6 führt.

Nehmen wir an unser vereinfachtes Bitcoin Modell verwendet die zyklische Untergruppe aus Abbildung 41 (Ordnung $n = 13$) und Tamara wählt den privaten Schlüssel $k_P = 9$. Aus diesem kann sie, mittels Punkteverdopplung und Addition, den öffentlichen Schlüssel $K_Ö$ herleiten. Dazu nimmt sie den allgemein

---
[58] Unsere elliptische Kurve hat die Ordnung 39 und 13 ist ein ganzzahliger Teiler von 39.

bekannten Basispunkt der Kurve $G = (8,1)$ und multipliziert diesen mit dem privaten Schlüssel $k_P = 9$, worauf sie den Punkt $(23,1)$ erhält. Dieser Punkt entspricht ihrem öffentlichen Schlüssel.

$$K_Ö = k_P \circ G$$
$$= 9 \circ (8,1)$$
$$= (23,1)$$

> **Anmerkung 4.6**
> **Komprimierte öffentliche Schlüssel**
> In Abschnitt 4.1.2 haben wir komprimierte öffentliche Schlüssel $\overline{K}_Ö$ vorgestellt, zu deren Repräsentation lediglich die x−Koordinate des Punktes und ein Präfix benötigt werden. Bei der Betrachtung von Abbildung 41 dürfte klar werden, weshalb der x−Wert alleine nicht ausreichend ist. Er enthält keine Informationen darüber, ob der öffentliche Schlüssel dem Punkt $(23,1)$ oder aber dem Punkt $(23,36)$ entspricht.
>
> Das angesprochene Präfix gibt Aufschluss darüber, welcher der beiden Punkte mit einem gegebenen x−Wert als öffentlicher Schlüssel verwendet werden soll.

Dank der Kombination aus Punkteverdopplung und Addition kann der öffentliche Schlüssel $K_Ö$ sehr schnell hergeleitet werden - vorausgesetzt die Person kennt den privaten Schlüssel k_P. Wohlwissend, dass der Punkt $9G$ gesucht wird, könnte Tamara den Basispunkt erst dreimal verdoppeln und dann ein weiteres G dazu addieren. So wäre es ihr möglich den öffentlichen Schlüssel in bloss vier Schritten zu berechnen. Je komplexer der private Schlüssel, desto grösser werden auch die Zeitersparnisse dieses *Double and Add* (dt. verdoppeln und addieren) Verfahrens. In der Informationstechnologie spricht man von einem Algorithmus der in Polynomialzeit abläuft.

4.3 Signaturen

Für den umgekehrten Schritt ist hingegen keine solche Abkürzung bekannt. Hat eine Person lediglich den öffentlichen Schlüssel $K_Ö$ und den Basispunkt der Kurve G, wird er den privaten Schlüssel bloss durch Ausprobieren herausfinden können. Das Phänomen ist unter dem Namen *Problem des diskreten Logarithmus auf elliptischen Kurven* bekannt und ermöglicht die asymmetrische Information, welche als Basis des Signaturmechanismus dient.

Signieren der Nachricht

Für Computer sind Nachrichten nichts anderes als Zahlen. Diese sind normalerweise deutlich länger. Für unser einfaches Beispiel kürzen wir hingegen die Länge dieser Zahl und gehen davon aus, dass ein gegebener Nachrichtentext durch den Wert $t = 4$ repräsentiert wird.

Theoretisch kann eine Nachricht einen beliebigen Text beinhalten. Im Kontext von Bitcoin wird es sich hierbei primär um Transaktionsnachrichten handeln; also Nachrichten, die einen Zahlungsauftrag zulasten eines bestimmten Pseudonyms beinhalten. Wir gehen davon aus, dass die Zahl t eine Transaktionsnachricht darstellt, mit der Tamara eine Bitcoin Einheit an Edith überträgt. Durch die Signatur ist Tamara in der Lage zu beweisen, dass sie im Besitz des zum Pseudonym zugehörigen privaten Schlüssels ist und somit über das Guthaben verfügen darf.

Die eigentliche Signatur erfolgt in fünf Schritten:

1. Tamara wählt erneut eine zufällige Zahl i zwischen 1 und $n-1$. Diese Zahl wird nur ein einziges Mal verwendet.[59]

2. Tamara berechnet den Punkt $P = iG$.

3. Tamara berechnet den ersten Teil der Signatur $r = x_P \mod n$, also den x–Wert des berechneten Punktes $\mod n$.

4. Tamara berechnet den zweiten Teil der Signatur $s = [i^{-1}(t + r \cdot k_p)] \mod n$.

---

[59] Wird dieselbe Zahl in Kombination mit demselben privaten Schlüssel mehr als einmal verwendet, lässt sich der private Schlüssel aus den öffentlich verfügbaren Informationen herleiten.

4 Transaktionslegitimität

5. Sie veröffentlicht die Nachricht t gemeinsam mit dem öffentlichen Schlüssel $K_{\ddot{O}}$ und der Signatur (r, s).

In Schritt 1 wählt Tamara die Zahl $i = 7$. Anhand dieser Zahl kann sie in Schritt 2 den neuen Punkt $P = G \cdot i$ berechnen. Die Berechnungsschritte erfolgen anhand unserer Ausführungen in Abschnitt 4.3.3 und führen zu den Koordinaten $(18, 20)$.

Im dritten Schritt berechnet sie den Wert r, der den ersten Teil der Signatur darstellt. Sie verwendet hierzu die x−Koordinate des Punktes $P = (18, 20)$ mod 13 und erhält schliesslich $r = 5$.

$$\begin{aligned} r &= x_P \quad \text{mod } 13 \\ &= 18 \quad \text{mod } 13 \\ &= 5 \end{aligned}$$

In Schritt 4 berechnet Tamara den zweiten Teil der Signatur.

$$\begin{aligned} s &= \left[i^{-1}(t + r \cdot k_p)\right] \quad \text{mod } n \\ &= \left[7^{-1}(4 + 5 \cdot 9)\right] \quad \text{mod } 13 \end{aligned}$$

Um die Gleichung auflösen zu können, benötigt Tamara die multiplikative Inverse der Zahl $i = 7$. Da $(2 \cdot 7)$ mod $13 = 1$ ergibt, entspricht die Inverse von 7 mod 13 dem Wert 2.

4.3 Signaturen

Entsprechend erhält sie durch Einsetzen die folgende Gleichung:

$$s = [2(4 + 5 \cdot 9)] \mod 13$$
$$= [2(49)] \mod 13$$
$$= 98 \mod 13$$
$$= 7$$

Die Signatur der Nachricht $t = 4$ ist somit $(r, s) = (5, 7)$.

Tamara kann nun in einem fünften Schritt die Signatur $(r, s) = (5, 7)$, die Nachricht $t = 4$ und ihren öffentlichen Schlüssel $K_Ö = (23, 1)$ an die anderen Netzwerkknoten senden, die aufgrund dieser Informationen in der Lage sein werden, die Signatur und somit die Authentizität und Integrität der Nachricht zu überprüfen.

Überprüfen der Signatur einer Nachricht

Ein beliebiger Netzwerkknoten erhält Tamaras Transaktionsnachricht und möchte nun eine Kontrolle der Signatur vornehmen. Die Kontrolle erfolgt in vier Schritten:

1. Der Nachrichtenempfänger berechnet $[u_1 = (s^{-1}t)] \mod n$.

2. Er berechnet $[u_2 = (s^{-1}r)] \mod n$.

3. Er berechnet den Punkt $P = u_1 \circ G + u_2 \circ K_Ö$.

4. Er weiss, dass die Signatur gültig ist, wenn $r = x_p \mod n$ entspricht.

4 Transaktionslegitimität

In Schritt 1 und 2 benötigt der Nachrichtenempfänger die multiplikative Inverse von $s = 7$. Da $(2 \cdot 7) \mod 13 = 1$ ergibt, entspricht die Inverse von $7 \mod 13$ dem Wert 2. Für den ersten Schritt wird dieser Wert in die folgende Gleichung eingesetzt.

$$\begin{aligned} u_1 &= (s^{-1}t) \mod n \\ &= (2 \cdot 4) \mod 13 \\ &= 8 \mod 13 \\ &= 8 \end{aligned}$$

Daraus resultiert $u_1 = 8$. Beim zweiten Schritt nimmt er wiederum die errechnete Inverse von 7 und multipliziert diese mit $r = 5$, wodurch er das Resultat $u_2 = 10$ erhält.

$$\begin{aligned} u_2 &= (s^{-1}r) \mod n \\ &= (2 \cdot 5) \mod 13 \\ &= 10 \end{aligned}$$

Die beiden Werte für u_1 und u_2 setzt er im dritten Schritt in die nachfolgende Gleichung ein. Die sich daraus ergebende Gleichung kann der Nachrichtenempfänger mittels Punkteverdopplungen und Additionen auflösen und so das Resulat $P = (18, 20)$ erhalten.

$$\begin{aligned} P &= u_1 \circ G + u_2 \circ K_\ddot{O} \\ &= 8(8,1) + 10(23,1) \\ &= (32, 20) + (8, 36) \\ &= (18, 20) \end{aligned}$$

Im vierten Schritt kann mittels der x−Koordinate von Punkt P die Authentizität der Signatur überprüft werden. Da $x_P \mod 13 = r = 5$ weiss der Nachrichtenempfänger, dass die Signatur gültig ist und die Transaktionsnachricht von einer Person verfasst wurde, die den privaten Schlüssel kennt und somit über das Guthaben von Pseudonym $K_{\ddot{O}} = (23, 1)$ verfügen darf. Zudem kann der Nachrichtenempfänger ausschliessen, dass die Transaktionsnachricht unterwegs modifiziert wurde, da jegliche Änderungen der Nachricht zu einem anderen Wert für t führen und die mitgelieferte Signatur somit ungültig werden lassen würden.

4.4 Transaktionen

In einigen Abschnitten haben wir bereits von Transaktionen oder Transaktionsnachrichten gesprochen, ohne auf deren genaue Struktur einzugehen. Dies wird im vorliegenden Abschnitt nachgeholt.

Transaktionen sind Nachrichten, die über das Bitcoin-Netzwerk verbreitet werden und als Zahlungsaufträge fungieren. Sie bilden die Grundlage für jegliche Anpassungen des Registers und stellen die einzige Möglichkeit zur Übertragung von Guthaben in Bitcoin Einheiten dar. Möchte Edith beispielsweise eine bestimmte Anzahl Bitcoin Einheiten an Daniel transferieren, muss sie einen Zahlungsauftrag in der Form einer Transaktionsnachricht erstellen, diese kryptografisch signieren und die signierte Nachricht an andere Netzwerkteilnehmer senden. Dabei ist es erstmal irrelevant, an wen sie die Transaktionsnachricht richtet. Wichtig ist, dass der Zahlungsauftrag auf irgendeine Weise im Netzwerk propagiert wird.

Erreicht die Transaktionsnachricht einen Netzwerkknoten, wird der Knoten diese anhand ihrer kryptografischen Signatur überprüfen und schliesslich an andere Knoten weiterleiten. Die neuen Empfänger werden ihrerseits dasselbe tun, so dass im Laufe der Zeit das gesamte Netzwerk von der Transaktion erfährt. Die Geschwindigkeit mit der sich eine Transaktionsnachricht im Netzwerk ausbreitet, hängt im Wesentlichen von der Netzwerktopologie ab (siehe Abschnitt 3.1.3).

Durch die fortlaufende Weiterleitung entwickeln veröffentlichte Transaktionen eine gewisse Eigendynamik und können unter normalen Umständen nicht storniert werden.[60] Hat Edith ihren Zahlungsauftrag erst einmal veröffentlicht, wird

---

[60]Unter gewissen Umständen ist es möglich nachträglich eine konkurrierende Transaktion auszulösen, mit dem Ziel, dass die erste Transaktionsnachricht nicht in das Register gelangen

4 Transaktionslegitimität

sich dieser im Netzwerk ausbreiten und letztlich mit hoher Wahrscheinlichkeit als bestätigte Transaktion in das Blockchain-Register übernommen. Wie genau das Blockchain-Register funktioniert und wie Transaktionen verbucht werden, betrachten wir in Kapitel 5. Vorerst konzentrieren wir uns ausschliesslich auf die Transaktionsnachrichten und gehen davon aus, dass Transaktionen mit einer genügend grossen Verbreitung im Netzwerk ihren Weg ins Blockchain-Register finden.

Bestätigte Transaktionen dienen als Wertspeicher und bilden die Grundlage des Blockchain-Registers. Anstelle von Kontoguthaben sind in dem Register sämtliche vergangenen Transaktionen hinterlegt und öffentlich einsehbar.

4.4.1 Aufbau einer Transaktion

Damit eine Transaktion formal gültig ist, muss sie einige Kriterien erfüllen und in einer standardisierten Form verfasst werden. Abbildung 42 zeigt eine Transaktion mit den dafür notwendigen Bestandteilen. Insbesondere bestehen Transaktionen aus mindestens einem Input und einem Output. In- und Outputs umfassen jeweils einen Betrag in Bitcoin Einheiten und können vereinfacht gesprochen als Gutschriften und Belastungen innerhalb der Transaktion gesehen werden. Mittels Inputs wird der Transaktion ein bestimmtes Guthaben in Bitcoin Einheiten zugeordnet und unmittelbar auf eine beliebige Anzahl neu generierter Outputs aufgeteilt. Dabei ist es zwingend erforderlich, dass die Summe der Bitcoin Einheiten aller Inputs, mindestens jenen der Outputs entsprechen.

Outputs enthalten zudem eine konkrete Auszahlungsbedingung (Auszahlungsskript), welche festlegt, wie die Verfügungsberechtigung geregelt ist und unter welchen Umständen die enthaltenen Bitcoin Einheiten abermals transferiert werden können. Üblicherweise werden Outputs zugunsten einer Bitcoin Adresse erstellt. Die Adresse wird von dem zugehörigen öffentlichen Schlüssel abgeleitet, so dass die Auszahlungsbedingung über eine Signatur des zugrundeliegenden privaten Schlüssels erfüllt werden kann (siehe Abschnitt 4.1 und 4.3).

---

kann. Solche *Double Spends* werden in Abschnitt 5.3.6 erläutert.

4.4 Transaktionen

Grundsätzlich herrscht beim Festlegen der Auszahlungsbedingung aber eine gewisse Flexibilität. In Abschnitt 4.5 betrachten wir alternative Auszahlungsbedingungen und mögliche Anwendungsfälle. Unabhängig von der genauen Form besteht das Ziel von solchen Bedingungen immer darin, den Zugriff einzuschränken und sicherzustellen, dass lediglich ein vordefinierter Personenkreis über einen spezifischen Output verfügen kann.

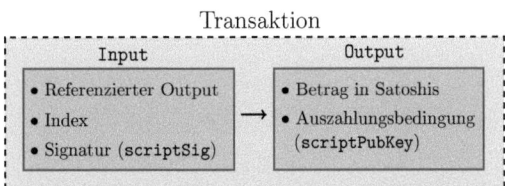

Abbildung 42: Bestandteile einer Transaktion

Jeder Output kann genau einmal als Input für eine neue Transaktion verwendet werden. Erhält ein Netzwerkknoten eine Transaktionsnachricht, die einen bereits verwendeten Output als Input referenziert, wird er die zweite Transaktion ignorieren. In Abbildung 43 wurde einzig der Output von Transaktion 3 noch nicht als neuerlicher Input eingesetzt und steht somit für neue Transaktionen zur Verfügung. In diesem Zusammenhang spricht man auch von *unspent transaction outputs* (UTXO), also Outputs, die bisher noch nicht verwendet wurden. Die UTXO dienen als Wertspeicher des Bitcoin-Netzwerks. Als Bestandteile einer bestätigten Transaktion sind sie in der Blockchain hinterlegt und können zu einem beliebigen Zeitpunkt in einer neuen Transaktion referenziert werden. Zudem werden die nicht-verwendeten Transaktionsoutputs im Arbeitsspeicher aller vollwertigen Knoten hinterlegt.

Bitcoin Einheiten können ausschliesslich in dieser Form existieren. Jede Bitcoin Einheit ist folglich Bestandteil eines nicht-verwendeten Transaktionsoutputs.

Inputs referenzieren die Outputs von vorherigen Transaktionen. Dazu muss die entsprechende Transaktion zwingend eine verifizierbare Lösung zur Auszahlungsbedingung des referenzierten Outputs enthalten. Wird die Auszahlungsbedingung erfüllt, kann der Output referenziert und dessen Gegenwert in Bitcoin

4 Transaktionslegitimität

Einheiten durch die Transaktion assimiliert werden. Durch die inter-transaktionale Aneinanderreihung von In- und Outputs entsteht eine Transaktionskette analog Abbildung 43.

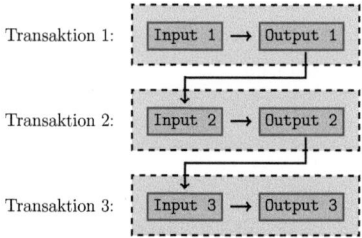

Abbildung 43: Transaktionskette

4.4.2 Transaktionstypen

Wird ein Output (UTXO) in einem Input referenziert, muss dieser immer komplett verwendet werden. Es ist nicht möglich, mit einem Input lediglich einen Teil eines Outputs anzusprechen. Um dennoch mit präzisen Beträgen arbeiten zu können, existieren verschiedene Transaktionsformen, die mehrere Inputs zu einem grossen Output zusammenfügen oder aber einen grossen Input in mehrere Outputs aufsplitten. Diese Transaktionstypen erlauben die Modifikation von Stückelungen und übernehmen im übertragenen Sinne die Rolle von Wechselgeld.

Die Basis der verschiedenen Transaktionstypen liegt in der unterschiedlichen Anzahl an In- und Outputs. Solange eine Transaktion die Mindestanforderungen von je einem In- und Output erfüllt, kann sie theoretisch eine beliebige Anzahl In- und Outputs anhäufen. Auch muss die Zahl der In- und Outputs nicht symmetrisch verteilt sein. Daraus resultieren vier verschiedene Transaktionstypen analog den Illustrationen in Abbildung 44 und 45.

Abbildung 44a zeigt den aggregierenden Transaktionstyp, der eine beliebige Anzahl Inputs zu einem einzigen Output zusammenfasst. Durch diesen Transaktionstyp können mehrere kleine Beträge an eine einzige Auszahlungsbedingung gekoppelt werden.

4.4 Transaktionen

Abbildung 44b visualisiert die aufsplittende Transaktion, in der ein einziger Input in eine beliebige Anzahl Outputs geteilt wird. Die aufsplittende Transaktion entspricht der gängigsten Transaktionsform. Übersteigt ein zu verwendender Input den Rechnungsbetrag, wird der Initiant der Transaktion oftmals eine aufsplittende Transaktion wählen und einen zweiten Output mit dem "Wechselgeld" zu seinen Gunsten generieren. Im Idealfall verwendet er zu diesem Zweck eine neue Adresse, so dass ein Beobachter nicht zwischen Zahlung und Wechselgeld unterscheiden kann (siehe Abschnitt 4.1.4).

Die weiterleitende Transaktion in Abbildung 44c nimmt einen einzigen Input und generiert daraus einen neuen Output. Die Transaktion wird dazu verwendet die Auszahlungsbedingung zu verändern und kommt einem Besitzerwechsel gleich. Dies führt, abgesehen von allfälligen Transaktionsgebühren, zu keinen Veränderungen bei der Stückelung.

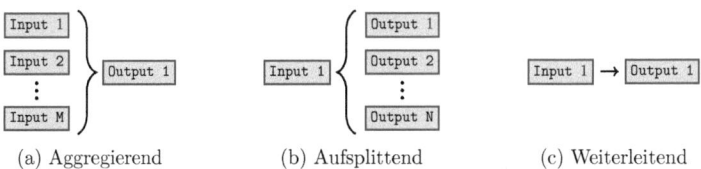

(a) Aggregierend   (b) Aufsplittend   (c) Weiterleitend

Abbildung 44: Verschiedene Transaktionstypen

Nebst diesen drei Grundformen existiert mit der kombinierten Transaktion ein vierter Typ. Transaktionen dieses Typs bestehen aus $M > 1$ Inputs und $N > 1$ Outputs und bilden eine Mischform der aufsplittenden und aggregierenden Transaktion. Mittels dieses in Abbildung 45 dargestellten Transaktionstyps können selbst komplexeste Zahlungskonstrukte in einer einzigen Transaktion abgewickelt werden. Da jeder Output an eine andere Auszahlungsbedingung geknüpft werden kann, können Transaktionen mit mehreren Outputs Bitcoin Einheiten an verschiedene Zahlungsempfänger übertragen.

Unabhängig von der Anzahl In- und Outputs gilt stets die Regel, dass die Summe der Bitcoin Einheiten aller Inputs mindestens so gross sein müssen, wie jene aller Outputs. Übersteigt der Wert der Outputs jenen der Inputs, wird die

4 Transaktionslegitimität

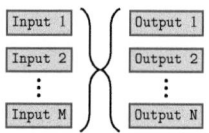

Abbildung 45: Kombinierte (M zu N) Transaktion

komplette Transaktion ungültig.[61] Sollte hingegen die Summe der Bitcoin Einheiten der Inputs jene der Outputs übersteigen, so bleibt ein gewisses Guthaben in der Transaktion erhalten. Diese Differenz wird automatisch als Transaktionsgebühr verbucht und zugunsten des Miners bereitgestellt, der die Transaktion in die Blockchain aufnimmt. Wie später erläutert, werden Transaktionen mit höheren Gebühren in aller Regel schneller dem Blockchain-Register hinzugefügt. Insofern hat ein Initiant bei zeitkritischen Transaktionen unter Umständen einen Anreiz, freiwillig eine höhere Transaktionsgebühr festzusetzen.

4.4.3 Herkunftsstrang und Homogenität

Als Folge der Verkettung von Transaktionen, analog Abbildung 43, entsteht eine eindeutige Transaktionshierarchie, in welcher jeder Output eine klar differenzier- und nachvollziehbare Herkunft hat. In unserem vereinfachten Beispiel ist ersichtlich, dass der Output von Transaktion 3 aus den Transaktionen 2 und 1 hervorgegangen ist. Obschon die Herkunftsstränge normalerweise wesentlich komplexere Zusammenhänge aufweisen, können tatsächlich sämtliche Transaktionen bis hin zu ihrer jeweiligen Ursprungstransaktion (*Coinbase Transaktion*) zurückverfolgt werden.

Der Rückwärtsbezug ermöglicht eine exakte Zuordnung und Identifikation jedes Transaktionsoutputs. Propagiert Tamara eine Transaktionsnachricht, beziehen sich die Transaktionsinputs auf spezifische Transaktionsoutputs von vorherigen Transaktionen und somit auf einen bestimmten Herkunftsstrang. Sollte dieselbe Transaktion mehrfach bei einem Knoten landen, kann dieser die Trans-

---

[61]Die Coinbase Transaktion zur Schöpfung neuer Bitcoin Einheiten bildet eine Ausnahme zu dieser Regelung.

4.4 Transaktionen

aktionsnachricht sofort als Duplikat erkennen und verwerfen. Dies gilt auch für alle anderen Transaktionen, die denselben Output referenzieren und dementsprechend mit der ersten Transaktion konkurrieren würden. Im Gegensatz zu Systemen mit generischen Buchungen und klassischen Kontoguthaben wird also bei jeder Transaktion klar, ob der entsprechende Transaktionsoutput bereits verwendet wurde und die neue Transaktion somit im Konflikt mit einer anderen Transaktion steht.

Gleichzeitig wird durch die Differenzierbarkeit aber auch die Homogenität der Transaktionsoutputs untergraben. Das Konzept der Homogenität umschreibt, dass zwei Einheiten gleichwertig und beliebig austauschbar sind. Vollständige Homogenität impliziert, dass eine Schuld mit einem beliebigen Vertreter einer homogenen Gattung beglichen werden kann. Für viele Verwendungszwecke kann die Homogenität für Bitcoin Einheiten als gegeben betrachtet werden. Der Herkunftsstrang eines Transaktionsoutputs spielt meist keine Rolle, da bei der Bewertung lediglich der Output-Betrag in Bitcoin Einheiten betrachtet und die vorhergegangene Transaktionskette als irrelevant abgetan wird. In einigen Fällen können die Herkunftsstränge verschiedener Transaktionsoutputs aber reale Auswirkungen auf deren Wert haben.

Existieren beispielsweise frei verfügbare Angaben zur Quelle eines Transaktionsoutputs, ermöglichen diese unter Umständen Rückschlüsse auf die Identität von anderen Personen, welche die entsprechende Transaktionskette referenzieren. Dadurch kann deren Pseudonymität untergraben werden, was theoretisch zu einer gewissen Wertbeeinträchtigung des entsprechenden Transaktionsoutputs führen kann.

Ein anderes Problem besteht bei Outputs, die nachweislich aus fragwürdigen oder gar rechtswidrigen Quellen stammen. Ist beispielsweise bekannt, dass ein gewisser Output aus einem Raub oder einem Hackerangriff resultiert, kann die Legitimität dieses Outputs angezweifelt werden. Die Differenzierbarkeit lässt theoretisch das sogenannte *Blacklisting* spezifischer Transaktionsoutputs zu. *Blacklisting* ist ein Begriff für das Erstellen von Listen, die verschiedene Transaktionsoutputs als ungültig beziehungsweise nicht mehr handelbar (und somit wertlos) erklärt. Obschon dieses Verhalten oberflächlich betrachtet sinnvoll erscheinen mag,

4 Transaktionslegitimität

führt es zu enormen Transaktionskosten, da jeder Zahlung eine Konsultation der Blacklist vorhergehen muss. Je weniger homogen ein Tauschmittel ist, desto ungeeigneter wird es als Geldeinheit. Des Weiteren drängt sich die Frage auf, wer in einem global-dezentralen System die finale Entscheidungsgewalt bezüglich dem Inhalt einer solchen Blacklist hat und inwiefern sich diese Position rechtfertigen und durchsetzen lässt. [60] [128]

Anmerkung 4.7
Output Selektionsprozess und Colored Coins
Einige Konzepte nutzen die Bitcoin Blockchain zur Abbildung externer Vermögenswerte. So können spezifische Transaktionsoutputs mit Zahlungsversprechen belegt werden, welche die Auslieferung eines bestimmten Gutes oder andere Ansprüche repräsentieren. Mögliche Anwendungsfälle umfassen die Repräsentation von Wertpapieren oder Punkten eines Treueprogramms. Die Verfahren werden üblicherweise als *Colored Coins* (dt. eingefärbte Münzen) bezeichnet.

Im übertragenen Sinne kann die Vorgehensweise mit einem auf Notengeld verfassten Versprechen gleichgesetzt werden. Nebst dem Wert der eigentlichen Bitcoin Einheit,[a] die sozusagen als Container für das Versprechen verwendet wird, enthält der Output den Gegenwert des angeknüpften Zahlungsversprechens.[b]

Wenn eine Wallet über Bitcoin Einheiten beziehungsweise Transaktionsoutputs verfügt, die externe Werte repräsentieren, wird die bewusste Selektion der Outputs unabdingbar. Verwendet jemand einen Transaktionsoutput mit einem angeknüpften Zahlungsversprechen als Input einer normalen Bitcoin Transaktion, geht das Versprechen normalerweise verloren. Es werden spezielle Wallets benötigt, die solche zusätzlichen Werte identifizieren und gesondert behandeln können.

Viele Wallet-Applikationen ermöglichen es dem Nutzer selbstständig zu entscheiden welche verfügbaren Transaktionsoutputs er für eine neuerliche

4.4 Transaktionen

Transaktion verwenden möchte. Standardmässig werden die Outputs nach vordefinierten Kriterien ausgewählt (abhängig von der Software-Implementierung der Wallet).

[a] Üblicherweise Bruchteile einer Einheit.
[b] Abschnitt 7.2 enthält eine ausführlichere Abhandlung dieser konkreten Anwendung.

4.4.4 Transaktionen als Kennzahl der Aktivität

Abbildung 46 zeigt die Menge der täglich in der Blockchain verbuchten Transaktionen (tausender Einheiten).

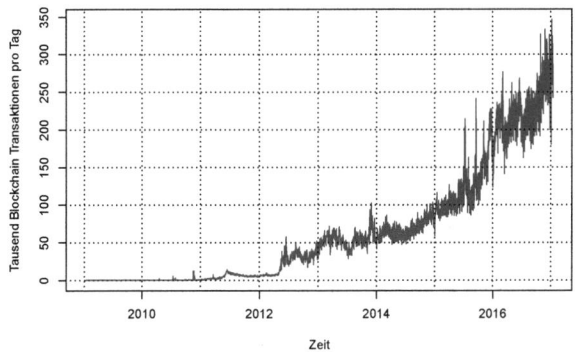

Abbildung 46: Anzahl der Transaktionen pro Tag

In gewisser Hinsicht stellt diese Zahl einen Indikator für das Aktivitätslevel des Netzwerks dar. Die Aussagekraft sollte aber nicht überschätzt werden. Aufgrund der verschiedenen Transaktionstypen können Transaktionen nicht als eine homogene Masseinheit betrachtet werden. Muss eine Person 10 Rechnungen begleichen, kann sie dies in einer oder aber 10 Transaktionen durchführen. Spam Transaktionen von Minimalbeträgen können das Bild genauso verfälschen, wie Zahlungsströme, die mit einer einzigen Transaktion hunderte oder gar tausende

4 Transaktionslegitimität

Bitcoin Einheiten an verschiedene Personen übertragen. Da die Zahl an Transaktionen keinen Informationsgehalt hinsichtlich des zugrundeliegenden Transaktionsvolumens in Bitcoin Einheiten aufweist, können solche Extreme zu einer Über- beziehungsweise Unterschätzung des tatsächlichen Aktivitätsniveaus führen.

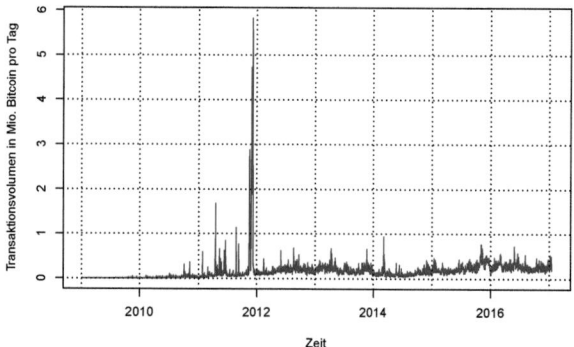

Abbildung 47: Geschätztes Bitcoin Transaktionsvolumen pro Tag (Mio. Bitcoin)

In Abbildung 47 versuchen wir diesem Problem entgegenzuwirken. Wir berücksichtigen das Volumen in Bitcoin Einheiten, welches innert eines gegebenen Tages transferiert wird. Aber auch diese Darstellung hat ein grundlegendes Problem. Sie berücksichtigt nicht, dass Bitcoin Einheiten üblicherweise keinen gängigen Wertmassstab darstellen und somit zum intertemporalen Vergleich von Transaktionsvolumina eher ungeeignet sind. Die Volatilität der Bitcoin Einheiten führt dazu, dass die Daten keiner stabilen Kaufkraft entsprechen und somit nicht vergleichbar sind.

In Abbildung 48 bewerten wir die Bitcoin Transaktionsvolumina zum jeweiligen Tageskurs in USD. Sofort wird klar, dass der augenscheinliche Ausschlag Ende 2011 (Abbildung 47), aus einer realwirtschaftlichen Perspektive deutlich weniger signifikant war, als die ursprüngliche Visualisierung vermuten lässt.

4.4 Transaktionen

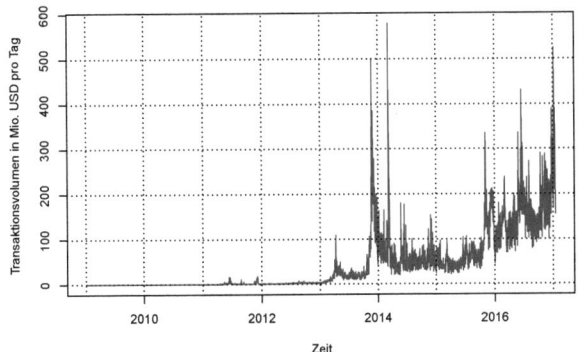

Abbildung 48: Geschätztes Transaktionsvolumen pro Tag (Mio. USD)

Dennoch muss auch Abbildung 48 mit einer gewissen Vorsicht interpretiert werden. Weder die Anzahl der Transaktionen, noch deren Volumina sagen etwas über die Motivation der Transaktion aus. Personen haben üblicherweise eine Vielzahl an Pseudonymen. Eine Transaktion könnte also auch lediglich einer Reorganisation der eigenen Vermögenswerte entsprechen, bei der Bitcoin Einheiten zugunsten anderer Pseudonyme derselben Person verbucht werden.

Zudem handelt es sich bei den abgebildeten Transaktionen lediglich um Bitcoin Transaktionen im engeren Sinne, also um gültige Transaktionsnachrichten, welche in das Blockchain-Register aufgenommen wurden. Sämtliche Transaktionen, die über Tauschbörsen und andere zentrale Dienste abgewickelt werden, sind nicht Bestandteil der Blockchain und somit auch nicht in dieser Statistik ersichtlich. In diesen Fällen befinden sich die eigentlichen Bitcoin Einheiten in der Obhut des Dienstleisters, der bei einer Transaktion lediglich die interne Buchhaltung der jeweiligen Kundenansprüche anpasst. Haben Edith und Tamara beide ein Benutzerkonto bei demselben Dienstleister, kann eine Transaktion über den Ausgleich der Kundenkonti abgewickelt werden. Eine Blockchain Transaktion entsteht nur dann, wenn sich ein Kunde dazu entscheidet, seine Bitcoin Einheiten wieder selbst zu verwalten.

4.5 Auszahlungsbedingungen und Script

Die Auszahlungsbedingungen werden in `Script` verfasst und überprüft. Wie der Name vermuten lässt, handelt es sich hierbei um eine Scripting-Sprache mit einer vordefinierten Liste an Befehlen: sogenannten *OP Codes*. Die Sprache an sich ist sehr einfach gehalten und wurde bewusst beschränkt.[62] Insbesondere umfasst `Script` keinerlei Schleifen, da diese potentiell neue Angriffsvektoren ermöglichen und das Netzwerk zum Erliegen bringen können. Nichtsdestotrotz können die Befehle flexibel eingesetzt und überraschend komplexe Auszahlungsbedingungen verfasst werden.

`Script` basiert auf einem Stapelprinzip. Wird eine Funktion ausgewertet, legt sie den entsprechenden Wert zuoberst auf den Stapel. Setzt eine Funktion Argumente voraus, werden diese wiederum von den obersten Positionen des Stapels bezogen (*Kellerprinzip* beziehungsweise *last in first out*). Nur wenn alle Befehle fehlerfrei durchlaufen werden und das Endresultat des Stapels eine 1 (`TRUE`) ergibt, wird die Transaktion als gültig betrachtet. Der Erfolg beim Durchlaufen der Auszahlungsbedingung hängt von zwei Teilskripten ab, die zusammengefügt werden. Abbildung 49 zeigt die beiden Skripte im Kontext einer Transaktionskette.

- `scriptPubKey` ist die Auszahlungsbedingung des Outputs. Sie enthält exakte Vorgaben über die Bedingungen einer Referenz und einen Ablauf der Überprüfung. Ein solches Skript ist Teil eines jeden Transaktionsoutputs.

- `scriptSig` ist Bestandteil des Transaktionsinputs und kann als eine Art Lösung zur Auszahlungsbedingung des referenzierten Outputs gesehen werden. Es umfasst die Signatur sowie allfällige weitere, für die Lösung relevante, Komponenten.

---

[62]`Script` ist nicht Turing-vollständig.

4.5 Auszahlungsbedingungen und Script

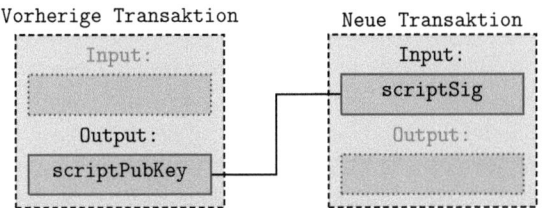

Abbildung 49: `scriptPubKey` und `scriptSig` in Transaktionen

Nachfolgend analysieren wir die fünf Standardtransaktionen, deren Skripte und die Abwicklung des Stapels. Alle Transaktionen, welche sich nicht in eine der fünf nachfolgenden Kategorien einteilen lassen, sind per Definition Nicht-Standard-Transaktionen und werden nur unter besonderen Umständen akzeptiert.

4.5.1 Pay-to-Public-Key (an öffentlichen Schlüssel)

```
scriptSig: <sig>
scriptPubKey: <pubKey> OP_CHECKSIG
```

Die *Pay-to-Public-Key* Auszahlungsbedingung verknüpft den Output direkt mit einem öffentlichen Schlüssel, so dass nur eine Signatur durch den zugehörigen privaten Schlüssel das Guthaben freizusetzen vermag. Diese Auszahlungsbedingung gilt als überholt und wurde weitestgehend durch *Pay-to-Address* abgelöst.

Die Lösung (`scriptSig`) umfasst lediglich eine Signatur (`<sig>`). Der öffentliche Schlüssel (`<pubKey>`) ist als Teil der Auszahlungsbedingung (`script PubKey`) fix hinterlegt. Nur wenn die Signatur zum vordefinierten öffentlichen Schlüssel passt, kann der Output erfolgreich referenziert und somit ausbezahlt beziehungsweise in einer neuerlichen Transaktion als Input verwendet werden. Die Signatur wird mittels dem Befehl `OP_CHECKSIG` überprüft, der auch fester Bestandteil der Auszahlungsbedingung ist.

181

4 Transaktionslegitimität

Der technische Prozess und Stapelverlauf wird in Abbildung 50 dargestellt. Auf die bereitgestellte Signatur aus Abbildung 50a wird in einem ersten Schritt der öffentliche Schlüssel der Auszahlungsbedingung gelegt (Abbildung 50b). Danach werden die beiden Stapeleinträge mittels OP_CHECKSIG auf ihre Zusammengehörigkeit überprüft und akzeptiert (1) oder verworfen (0).

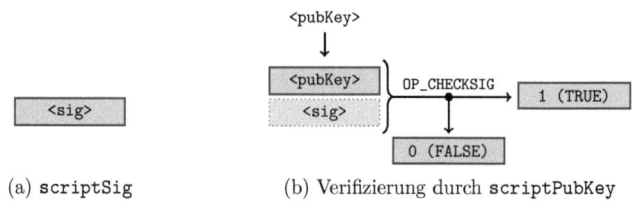

(a) scriptSig   (b) Verifizierung durch scriptPubKey

Abbildung 50: Stapelverlauf bei *Pay-to-Public-Key*

4.5.2 Pay-to-Address / Pay-to-Public-Key-Hash

```
scriptSig: <sig> <pubKey>
scriptPubKey: OP_DUP OP_HASH160 <pubKeyHash> OP_EQUALVERIFY
OP_CHECKSIG
```

Bei *Pay-to-Address* wird der Output mit einer Bitcoin Adresse statt mit dem öffentlichen Schlüssel verknüpft. Die Bitcoin Adresse wird zwar von dem öffentlichen Schlüssel abgeleitet (siehe Abschnitt 4.1.3), der zusätzliche Schritt bietet aber eine höhere Sicherheit gegenüber bestimmten Angriffen. Sollte eine Schwachstelle im *ECDSA* entdeckt werden, wären Guthaben mit *Pay-to-Address* Auszahlungsbedingung weiterhin geschützt, da der öffentliche Schlüssel erst mit der Transaktion bekannt gegeben wird und es sich bei der Umwandlung von öffentlichem Schlüssel zu Bitcoin Adresse um eine Einwegfunktion handelt.

4.5 Auszahlungsbedingungen und Script

Die Referenz eines Outputs mit dieser Auszahlungsbedingung ist nur dann gültig, wenn das `scriptSig` den zur Adresse zugehörigen öffentlichen Schlüssel (`<pubKey>`) und eine passende Signatur (`<sig>`) durch den zugrundeliegenden privaten Schlüssel enthält.

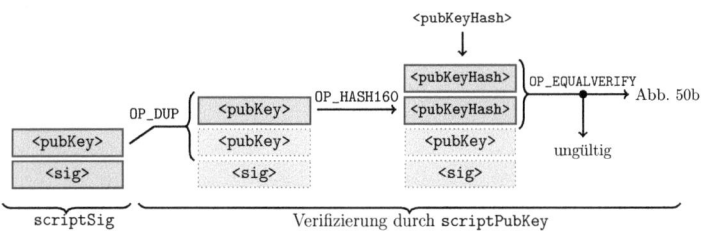

Abbildung 51: Stapelverlauf bei *Pay-to-Address*

Abbildung 51 zeigt wie das Auszahlungsskript und der Stapel abgewickelt werden. Zuerst wird die Signatur und der öffentliche Schlüssel im Rahmen des `scriptSig` auf den Stapel gelegt. Anschliessend setzt das Skript zur Überprüfung ein. Die Auszahlungsbedingung `scriptPubKey` dupliziert den öffentlichen Schlüssel mittels `OP_DUP` und wandelt die oberste Instanz durch `OP_HASH160` in die zugehörige Bitcoin Adresse um. Danach wird die in der Auszahlungsbedingung festgehaltene Bitcoin Adresse oben auf den Stapel gelegt und mittels `OP_EQIALVERIFY` überprüft, ob es sich bei der aus dem öffentlichen Schlüssel hergeleiteten Bitcoin Adresse tatsächlich um die durch die Auszahlungsbedingung vorgeschriebene Adresse handelt. Sind die beiden Adressen äquivalent, muss bloss noch die Signatur auf ihre Gültigkeit überprüft werden. Dieser Schritt erfolgt analog der Vorgehensweise in Abbildung 50b.

4 Transaktionslegitimität

4.5.3 Multisig (M von N)

```
scriptSig:    OP_0 <sig1> <sig2>
scriptPubKey: M <pubKey1>...<pubKeyN> N OP_CHECKMULTISIG
```

Multisig ermöglicht Auszahlungsbedingungen, die M von N Signaturen benötigen, um den entsprechenden Transaktionsoutput referenzieren zu können. Das Auszahlungsskript `scriptPubKey` umfasst N öffentliche Schlüssel. Mindestens M der zugehörigen privaten Schlüssel müssen im `scriptSig` eine gültige Signatur bereitstellen. Nur dann ist die Referenzierung des Outputs gültig. Die Auszahlungsbedingung wurde durch `BIP0011`[5] definiert und anschliessend in das Standardprotokoll aufgenommen.

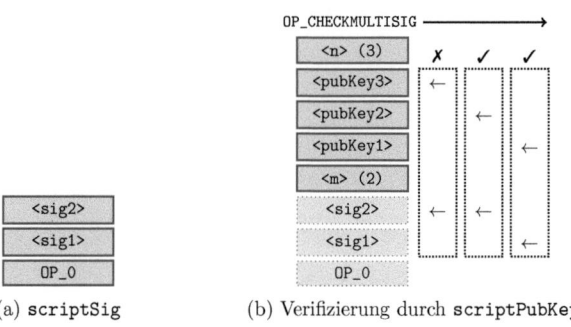

Abbildung 52: Stapelverlauf bei *Multisig* (2 von 3 Skript)

Multisig hat zahlreiche Anwendungen. Einerseits kann es dazu verwendet werden, die Sicherheit des Guthabens einer einzigen Person zu erhöhen. Wird beispielsweise ein *2 von 3 Skript* erstellt, könnte der Eigentümer je einen Schlüssel bei sich zuhause, bei einer Person seines Vertrauens und in einem Banktresor lagern. Um die Auszahlungsbedingung erfüllen und somit die Bitcoin Einheiten nutzen zu können, würden in diesem Fall Signaturen von mindestens zwei der drei privaten Schlüssel benötigt. Ein solcher Aufbau schützt den Eigentümer vor Diebstahl und Missbrauch sowie vor Hausbränden und anderen Szenarien, die theoretisch zum Verlust eines privaten Schlüssels führen könnten.

4.5 Auszahlungsbedingungen und Script

Nebst den Vorteilen für eine einzelne Person können mit *Multisig* Auszahlungsbedingungen auch klassische Bankkonten imitiert werden; so beispielsweise das Gemeinschaftskonto (1 von 2 Signaturen) oder Unternehmenskonten, bei denen die Teilhaber nur gemeinsam Zugriff auf das Vermögen haben sollen (beispielsweise 2 von 2 Signaturen).

Der Stapelverlauf erfolgt wie in Abbildung 52 dargestellt. Das Beispiel zeigt ein Skript, welches 2 von 3 Signaturen voraussetzt. Abbildung 52a zeigt das scriptSig mit den beiden benötigten Signaturen und einem Dummy.[63] Abbildung 52b zeigt den Stapel des zusammengefügten Verifizierungsskripts, bestehend aus scriptSig und scriptPubKey.

Der Befehl OP_CHECKMULTISIG bezieht n öffentliche Schlüssel und m Signaturen. Er überprüft iterativ die verschiedenen Schlüssel und Signatur Kombinationen und ist nur dann erfolgreich, wenn alle Signaturen gültig sind und einem anderen öffentlichen Schlüssel des Skripts zugewiesen werden können.

Die paarweise Evaluation der Gültigkeit erfolgt analog dem zuvor verwendeten Befehl OP_CHECKSIG. Die Überprüfung startet mit dem obersten Schlüssel und der obersten Signatur. Nach jedem Schritt wird jeweils der nächste öffentliche Schlüssel des Skripts verwendet. Schlägt die Überprüfung eines Paares fehl, wird dieselbe Signatur mit dem nächsten öffentlichen Schlüssel abgeglichen. War die Überprüfung erfolgreich, wird im nächsten Schritt die nachfolgende Signatur überprüft.

In unserem Beispiel aus Abbildung 52b werden zuerst `<pubKey3>` und `<sig2>` verwendet. Die Überprüfung schlägt fehl, da Signatur 2 nicht mit dem öffentlichen Schlüssel 3 verifiziert werden kann. Als nächstes wird `<pubKey2>` mit `<sig2>` abgeglichen. Die Überprüfung ist erfolgreich, weshalb in Schritt 3 sowohl beim öffentlichen Schlüssel wie auch bei der Signatur das jeweils nächste Element verwendet wird. Auch der Abgleich von `<pubKey1>` mit `<sig1>` ist erfolgreich. Somit konnte der Befehl die m benötigten Signaturen verifizieren. Der erfolgreiche Durchlauf des Skripts ermöglicht die gültige Referenz des Transaktionsoutputs.

---

[63]Der Dummy OP_0 wird benötigt, da der Befehl OP_CHECKMULTISIG einen Wert zu viel von dem Stapel entfernt. Ansonsten hat OP_0 keine Bedeutung. [5]

4 Transaktionslegitimität

4.5.4 Pay-to-Script-Hash (Flexible Skripts)

```
scriptSig: Beliebiges gültiges Skript
scriptPubKey: OP_HASH160 <scriptHash> OP_EQUALVERIFY
```

Pay-to-Script-Hash ist eine flexibel einsetzbare Auszahlungsbedingung. Im `scriptPubKey` wird lediglich der Hashwert eines beliebigen Skripts festgehalten. Um den Transaktionsoutput referenzieren zu können, muss eine Person ein `scriptSig` liefern, dessen Hashwert exakt jenem Hashwert entspricht, der im `scriptPubKey` festgesetzt wurde. Gelingt diese erste Überprüfung, wird in einem zweiten Schritt das komplette Skript des `scriptSig` durchlaufen. Nur wenn der zweite Schritt ebenfalls fehlerfrei funktioniert, ist die Referenz des Transaktionsoutputs gültig.

Durch die Verwendung des kryptografisch sicheren Hashwertes[64] kann sichergestellt werden, dass die Auszahlungsbedingung nur mittels des zuvor festgelegten Skripts gelöst werden kann. Gleichzeitig bietet die Auszahlungsbedingung ein sehr hohes Mass an Flexibilität, da die Bitcoin Einheiten durch verschiedenste Skripte besichert werden können.

Entscheidend ist, dass die Skripte erst zum Zeitpunkt einer Transaktion vorgelegt werden müssen, wodurch die Datenmenge, die in der Blockchain gespeichert werden muss, bis zu diesem Zeitpunkt reduziert wird. Zudem kann durch diese Vorgehensweise verhindert werden, dass komplexe und lange Skripte zum Bestandteil eines nicht-verwendeten Transaktionsoutputs werden. Da alle vollwertigen Knoten eine Liste mit diesen Outputs im Arbeitsspeicher halten, würden diese Transaktionen die Knoten stark belasten.

Ein weiterer Vorteil besteht darin, dass *Pay-to-Script-Hash* als eine Art Bitcoin Adresse mit dem Präfix 3 dargestellt werden kann. Dies ermöglicht unkomplizierte Zahlungsaufträge analog klassischer Bitcoin Adressen.

Natürlich birgt die *Pay-to-Script-Hash* Auszahlungsbedingung aber nicht bloss Vorteile. Eine Gefahr besteht darin, dass Bitcoin Einheiten durch ein ungültiges

---

[64] Analog der Erstellung von Bitcoin Adressen werden nacheinander die Hashfunktionen `SHA256` und `RIPEMD160` angewendet.

4.5 Auszahlungsbedingungen und Script

Auszahlungsskript blockiert werden. Da der Hashwert keine Rückschlüsse auf das Skript zulässt, ist es möglich Bitcoin Einheiten zugunsten eines Skripts zu übertragen, welches ungültig ist und somit nicht erfüllt werden kann. Zudem muss der Eigentümer, nebst den notwendigen privaten Schlüsseln, auch das Skript an sich aufbewahren. Verliert er das Auszahlungsskript, gibt es keine Möglichkeit mehr, den Transaktionsoutput gültig zu referenzieren.[65]

Zusammenfassend kann festgehalten werden, dass *Pay-to-Script-Hash* Auszahlungsbedingungen ein grosses Spektrum an Möglichkeiten bieten und gerade für den professionellen Anwender sehr interessant sein können. Die Möglichkeiten führen aber auch zu einem höheren Mass an Eigenverantwortung und deutlich mehr Potential für anwenderseitige Fehler, die bis zum vollständigen Verlust der eigenen Bitcoin Einheiten führen können.

Anmerkung 4.8
Multisig mit Pay-to-Script-Hash
Die Flexibilität von *Pay-to-Script-Hash* ermöglicht eine alternative Implementierung von *Multisig* Transaktionen. Im Unterschied zur klassischen *Multisig* Auszahlungsbedingung aus Abschnitt 4.5.3 besticht das *Pay-to-Script-Hash* Imitat durch die Existenz einer Adresse und erleichtert somit die Zahlungen.

Möchte jemand Bitcoin Einheiten zugunsten des Skripts übertragen, kann er dies ganz einfach unter Verwendung der Adresse tun. Anders als beim klassischen *Multisig* Implementierung muss das `scriptPubKey` im Transaktionsoutput nicht die öffentlichen Schlüssel aller Zugriffsberechtigten beinhalten und ist somit wesentlich kompakter. Das geringere Datenvolumen macht sich auch in den geringeren Transaktionsgebühren bei Gutschriften bemerkbar.

Pay-to-Script-Hash gilt heute als Standard für M von N Auszahlungsbedingungen und hat den klassischen *Multisig* Auszahlungstyp weitestgehend ersetzt.

---

[65]Eine Ausnahme bilden standardisierte Skripte. Ein Beispiel eines solchen Vorschlags kann in BIP0067[106] gefunden werden.

4 Transaktionslegitimität

4.5.5 Null Data (OP_RETURN)

```
scriptSig: Nicht existent.
scriptPubKey: OP_RETURN <0 bis 40 Bytes an Daten>
```

Null Data Auszahlungsbedingungen sind keine Transaktionen im eigentlichen Sinne. Sie dienen lediglich dazu, arbiträre Daten mit einer Länge von bis zu 40 Bytes (320 Bits) in der Blockchain zu verewigen. Genau wie andere Transaktionen können solche, in die Blockchain eingebettete Daten, nachträglich nicht mehr abgeändert werden. Sie sind fortan Bestandteil des öffentlichen Registers.

Eine mögliche Anwendung ist beispielsweise ein *Proof-of-Existence*, also ein Beweis, dass eine bestimmte Datei zu einem Zeitpunkt existiert hat. Dazu wird der Hashwert der Datei mittels einer Null Data Transaktion in der Blockchain hinterlegt. Die hinterlegten Daten ermöglichen es dem Urheber der Datei, zukünftig einen eindeutigen Beweis zu erbringen, dass die Datei zum Zeitpunkt der Eintragung in exakt dieser Form existiert hat. Das Beispiel ist aber nur eines unter vielen möglichen Anwendungsfällen. Auch viele *Colored Coin* Implementierungen nutzen die zusätzlichen Daten zur Identifizierung der angeknüpften Zahlungsversprechen.

Ursprünglich wurden Daten auf andere Arten in Transaktionen hinterlegt; beispielsweise über 1 von 3 *Multisig* Transaktionen, bei denen die Daten anstelle der beiden zusätzlichen öffentlichen Schlüssel im `scriptPubKey` eingetragen wurden oder durch vermeintliche Bitcoin Adressen, die in Wahrheit den Daten entsprachen. Viele solche *Hacks* haben dazu geführt, dass nicht-referenzierbare Transaktionsoutputs geschaffen, diese aber technisch nicht als solche identifiziert wurden. Die Daten verblieben als nicht-verwendete Transaktionsoutputs im Arbeitsspeicher der vollwertigen Knoten und haben das Bitcoin-Netzwerk dadurch stark belastet.

Als Gegenmassnahme beziehungsweise Kompromiss wurde die Null Data Auszahlungsbedingung mit dem Befehl `OP_RETURN` geschaffen. Der Befehl zeigt an, dass ein Transaktionsoutput nicht als neuerlicher Input verwendet werden kann und führt zum Abbruch des Skripts. Der Transaktionsoutput ist dadurch offen-

4.5 Auszahlungsbedingungen und Script

sichtlich als nicht referenzierbar gekennzeichnet und muss somit nicht im Arbeitsspeicher der vollwertigen Knoten (wohl aber im dauerhaften Speicher der Blockchain) verbleiben.

Die heterogenen Interessenslagen führen immer wieder zu politischen Debatten hinsichtlich der Notwendigkeit und Höhe des erlaubten Datenvolumens. So existieren beispielsweise Forderungen, welche das Datenlimit auf 80 Bytes anheben möchten.[45]

4 Transaktionslegitimität

4.6 Aufgaben zur Repetition

Aufgabe 4.1: Erläutern Sie, weshalb das Bitcoin-System Pseudonyme verwendet und nennen Sie die gängigsten Formen dieser Pseudonyme.

Aufgabe 4.2: Erklären Sie, weshalb es einer Person nicht möglich ist den privaten Schlüssel zu einem spezifischen Pseudonym herzuleiten.

Aufgabe 4.3: Nennen Sie mindestens drei gängige Formate, die zur Darstellung von privaten Schlüsseln verwendet werden.

Aufgabe 4.4: Welche Nachteile können entstehen, wenn ein Nutzer immer wieder dasselbe Pseudonym verwendet?

Aufgabe 4.5: Erläutern Sie die Verfahren zur deterministischen Schlüsselherleitung und beschreiben Sie, weshalb diese Verfahren auf einem zufälligen Ursprungswert (*seed*) basieren müssen.

Aufgabe 4.6: Gegeben sei eine elliptische Kurve auf $\mathbb{F}_{17}$, mit $a = 0$, $b = 7$ und $p = 37$. Für ein Signaturverfahren wird die zyklische Subgruppe mit dem Basispunkt $G = (24, 17)$ verwendet.

    a) Wählen Sie einen privaten Schlüssel.

    b) Leiten Sie den dazugehörigen öffentlichen Schlüssel ab.

    c) Signieren Sie eine Nachricht $t = 3$.

    d) Überprüfen Sie die Signatur (r, s).

Aufgabe 4.7: Skizzieren Sie drei Beispieltransaktionen und bestimmen Sie deren Typ, hinsichtlich der In- und Output Zahl.

4.6 Aufgaben zur Repetition

Aufgabe 4.8: Beschreiben Sie jeweils ein Beispiel für die folgenden Auszahlungsbedingungen und zeigen Sie das zugehörige `scriptPubKey`, sowie das zur Lösung benötigte `scriptSig`.

a) *Pay-to-Public-Key*

b) *Pay-to-Public-Key-Hash*

c) *Multisig*

d) *Pay-to-Script Hash*

e) *Null Data*

5 Transaktionskonsens

Im vorliegenden Kapitel betrachten wir die Konsensfindung der Netzwerkteilnehmer. Wir beschreiben, wie Transaktionen ihren Weg in das Blockchain-Register finden und durch welchen Prozess sich das Netzwerk auf einen Registerzustand einigen kann. Zu diesem Zweck analysieren wir die Bestandteile der Blockchain und die Einzelheiten des Konsensprotokolls. Anschliessend untersuchen wir die Anreizkompatibilität und gehen auf spezifische Situationen beim Bitcoin Mining ein. In diesem Rahmen beschreiben wir auch mögliche Angriffe auf das Konsenssystem.

5.1 Transaktionen, Blocks und die Blockchain

Bisher haben wir die Kommunikation und die Möglichkeiten zur Verifizierung von Transaktionsnachrichten betrachtet. Wir haben erläutert, wie eine Person Transaktionsnachrichten erstellen und diese über das Netzwerk propagieren kann. Weiter haben wir gezeigt, inwiefern diese Transaktionsnachrichten durch die anderen Netzwerkteilnehmer auf ihre Authentizität und Integrität überprüft werden können. Durch diese Systembestandteile hält nun jeder Knoten eine individuelle Sammlung an verifizierten Transaktionen, welche erwiesenermassen einem legitimen Ursprung entstammen und sämtliche Gültigkeitserfordernisse erfüllen.

Ein Problem ist bisher aber noch ungelöst. Die lokalen Sammlungen der verschiedenen Netzwerkknoten können und werden sich unterscheiden. Insofern muss das Bitcoin-System einen weiteren Prozess umfassen, der dem Netzwerk das Erreichen eines Konsenses darüber erlaubt, welche der Transaktionen durch das Kollektiv als gültig betrachtet werden. Nur dann wird es möglich sein eindeutig

5 Transaktionskonsens

festzuhalten, welche Auszahlungsbedingungen die entsprechenden Transaktionsoutputs besichern und welche Personen über welche Bitcoin Einheiten verfügen können.

Insbesondere wenn die lokalen Transaktionssammlungen der verschiedenen Netzwerkknoten widersprüchliche Transaktionen beinhalten, also wenn derselbe Transaktionsoutput in unterschiedlichen Transaktionsnachrichten verwendet wurde, müssen sich die Netzwerkknoten zwingend darauf einigen, welche dieser in Konflikt stehenden Transaktionen in das Register übergehen.

Wir haben für die lokalen Transaktionssammlungen die Analogie der Warteschlange verwendet und in der Tat entspricht dies in etwa dem Status, den diese lokal gehaltenen Transaktionen aufweisen. Die Transaktionen sind zwar bereits verifiziert, werden innerhalb des Netzwerks umhergereicht und haben abhängig von ihrer Verbreitung eine gute Möglichkeit in das Blockchain-Register aufgenommen zu werden, sie sind aber zu diesem Zeitpunkt noch unbestätigt. Es handelt sich lediglich um Kandidaten zur Aufnahme in die Blockchain. Erst wenn eine Transaktion zum Bestandteil der Konsensversion dieses Registers wird, kann sie als verarbeitet betrachtet werden.

5.1.1 Blockchain Einführung

Die Blockchain ist das öffentliche Register des Bitcoin-Systems in dem alle bestätigten Transaktionen festgehalten werden. Jeder Teilnehmer kann eine Kopie der Blockchain beziehen, deren Bestandteile selbstständig verifizieren und das Register auf seiner privaten Festplatte ablegen. Da die Daten lokal gehalten werden, ist es theoretisch möglich, die Blockchain anzupassen. Aufgrund des Konsensprotokolls (siehe Abschnitt 5.2.2) wird eine angepasste Version aber nur dann von den anderen Netzwerkteilnehmern akzeptiert werden, wenn sie gewisse Regeln befolgt. Werden die Regeln hingegen nicht eingehalten, also beispielsweise das eigene Vermögen unrechtmässig erhöht, hat die persönliche Registerversion in etwa den Stellenwert einer Textdatei mit den eigenen Kontoständen, die nicht nach den Regeln der jeweiligen Bank geführt wird. Ohne die Akzeptanz der Buch-

5.1 Transaktionen, Blocks und die Blockchain

führer, sei es die Bank oder im Falle von Bitcoin die anderen Netzwerkknoten, ist die persönliche Version der Blockchain nichtig.

Einige der Bitcoin Konsensregeln haben wir bereits kennengelernt; so beispielsweise die Notwendigkeit gültiger Signaturen in Transaktionen, welche sicherstellen, dass willkürliche Anpassungen zu ungültigen Blockchain-Versionen führen. Ein Grossteil der Konsensregeln werden wir aber erst in Abschnitt 5.2 besprechen.

Die Blockchain umfasst alle verarbeiteten Transaktionen seit der Entstehung von Bitcoin. Es handelt sich also um eine stetig wachsende Datenbank, aus der die Guthabenverteilung für jeden beliebigen Zeitpunkt ausgelesen werden kann. Um daraus relevante Informationen gewinnen zu können, müssen die Daten allerdings erst geparst, also entsprechend aufbereitet, werden. Dies ist eine wichtige Funktion der Bitcoin Clients.

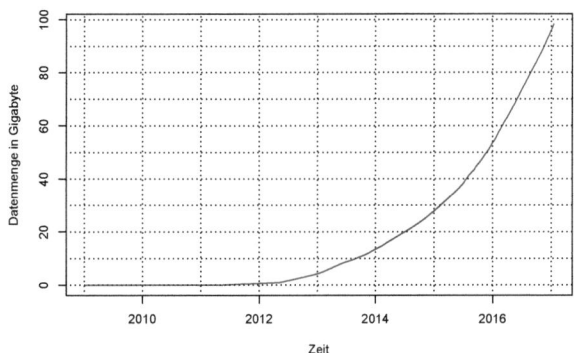

Abbildung 53: Wachstum der Blockchain (Datenvolumen in Gigabyte)

Zurzeit umfasst die Blockchain ein Datenvolumen von ungefähr 96 GB (Stand: Januar 2017). Abbildung 53 zeigt die Entwicklung des Datenvolumens im Verlaufe der Zeit. Dieses Wachstum, gemeinsam mit der Tatsache, dass diese Daten durch jeden vollwertigen Knoten des Systems gehalten und verarbeitet wer-

5 Transaktionskonsens

den müssen, führt immer wieder zu Bedenken hinsichtlich der Skalierbarkeit des Bitcoin-Systems. Insbesondere der Austausch der Daten kann zu gewissen Herausforderungen führen. Wir werden dieser Frage in Abschnitt 6.1.4 nachgehen.

5.1.2 Bestandteile eines Blocks

Die Blockchain besteht aus einzelnen Bausteinen, sogenannten Blocks, die mindestens eine Transaktion beinhalten. Damit eine Transaktion für die Aufnahme in die Blockchain in Frage kommt, muss sie erst Teil eines Blockkandidaten werden. Jeder vollwertige Netzwerkknoten mit Mining-Funktion kann solche Blockkandidaten erstellen, die zur Aufnahme in das Blockchain-Register in Frage kommen. Der jeweilige Knoten wählt hierzu verschiedene Transaktionen seiner lokalen Sammlung und bringt diese in die vordefinierte Struktur eines Blocks.

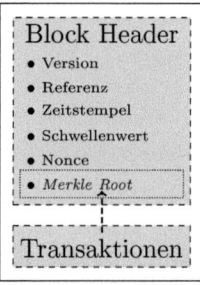

Abbildung 54: Aufbau und Bestandteile eines Blocks

Abbildung 54 visualisiert die Inhalte eines Beispielblocks. Jeder Block muss zwingend über diese Inhalte verfügen und in der entsprechenden Struktur aufbereitet werden. Nebst den Transaktionsdaten muss ein Block einen sogenannten *Block Header* aufweisen, der 640 Bits (80 Bytes) deskriptive Daten zur Identifikation des Blocks sowie zur Lokalisierung von dessen Position innerhalb der Blockchain umfasst. Nachfolgend gehen wir auf die einzelnen Bestandteile des *Block Headers* ein.

5.1 Transaktionen, Blocks und die Blockchain

Version Der Version-Eintrag beschreibt die Protokollversion unter welcher der Block erstellt wurde. Es handelt sich um eine 32 Bit Zahl, die Aufschluss über das zugrundeliegende Regelwerk zum Zeitpunkt der Blockerstellung gibt und somit auf jene Regeln verweist, die zur Validierung des entsprechenden Blocks verwendet werden müssen. Der Version-Eintrag ist essentiell für die Veränderbarkeit dieser Regeln. Müssten alle Blocks der gesamten Blockchain anhand derselben Regeln validiert werden, wären Veränderungen der Regeln selbst dann nicht möglich, wenn sich das komplette Netzwerk über deren Notwendigkeit einig wäre.

Referenz Dieser Eintrag referenziert einen Block als Vorgänger und bildet die Grundlage für die Kettenstruktur der Blockchain. Zur Referenz wird der 256 Bit SHA256d[66] Hashwert des *Block Headers* von dem Vorgängerblock verwendet. Dieser Hashwert kann als eine Art Identifikationsnummer gesehen werden, die eine eindeutige Referenzierung des Vorgängers ermöglicht.

Zeitstempel Der Zeitstempel beinhaltet Angaben zum Zeitpunkt der Blockerstellung. Er muss mindestens dem Median Zeitstempel der vorherigen elf Blocks entsprechen und darf zum Zeitpunkt der Aufnahme in die Blockchain nicht mehr als zwei Stunden in der Zukunft liegen.

Schwellenwert Der Schwellenwert-Eintrag zeigt über welchen Hashwert ein Block Header maximal verfügen darf, um vom Netzwerk als gültig betrachtet und dadurch Teil der Blockchain zu werden. Der Schwellenwert spielt eine wesentliche Rolle für den Konsens Algorithmus und wird in Abschnitt 5.2.3 ausführlich behandelt.

Nonce Bei dem Nonce-Eintrag handelt es sich um arbiträre Daten. Der Nonce ist die primäre Quelle für die Variation der Blockerstellung und sorgt dafür, dass Blocks mit ansonsten äquivalenten Inhalten dennoch unterschiedliche Hashwerte aufweisen können. Auch dieser Eintrag wird für das Konsensprotokoll eine entscheidende Rolle spielen, so dass wir in Abschnitt 5.2.2 nochmals darauf zurückkommen werden.

---

[66] Doppelte Anwendung der SHA256 Hashfunktion.

Merkle Root Die *Merkle Root* repräsentiert alle Transaktionen des Blocks in der Form eines kompakten 256 Bit Eintrags. Die Transaktionen selbst sind nicht Bestandteil des *Block Headers*. Stattdessen erfolgt die Sicherstellung der Integrität über einen *Merkle Tree* (dt. Hash Baum). Die Transaktionen werden paarweise arrangiert und der Hashwert jedes Paares berechnet. Hierzu wird wiederum die doppelte Hashfunktion `SHA256d` verwendet.

Die Hashwerte der Paare werden solange zu neuen Paaren zusammengefasst, bis nur noch ein Hashwert übrig bleibt. Dieser Wert bildet die *Merkle Root*, also die kryptografisch sichere Wurzel des Hash-Baumes. Wird auch nur eine einzige Transaktion des Baumes verändert, nimmt die *Merkle Root* einen völlig anderen Wert an. Modifikationen der Transaktionen führen also dazu, dass die *Merkle Root* nicht mehr zu den Transaktionen passen würde und der Block somit ungültig wäre. Die *Merkle Root* kann als Bindeglied zwischen dem *Block Header* und den Transaktionen des Blocks betrachtet werden und garantiert, dass die Transaktionsdaten eines Blocks nicht unbemerkt modifiziert werden können.

Abbildung 55 zeigt beispielhaft einen kleinen Hash-Baum mit bloss drei Transaktionen a, b und c. Die ungerade Zahl verunmöglicht das Bilden von Paaren. Immer wenn bei einem Hash-Baum eine ungerade Anzahl an Elementen vorliegt, wird das letzte Element verdoppelt und der Hashwert der beiden Kopien berechnet. In unserem Beispiel sehen wir, dass dieses Verfahren mit dem Wert c vorgenommen wird.

Der Vorteil dieser Hash-Baum-Struktur liegt in der Möglichkeit zur effizienten Verifizierung spezifischer Transaktionen. Bei N Transaktionen werden maximal $2\log_2(N)$ Berechnungsschritte benötigt um abschliessend überprüfen zu können, ob eine Transaktion Bestandteil des Hash-Baumes und somit des entsprechenden Blocks ist.

5.1 Transaktionen, Blocks und die Blockchain

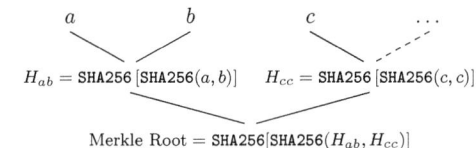

Abbildung 55: Hash-Baum mit den drei Transaktionen a, b and c

5.1.3 Kettenstruktur

Ein Block referenziert jeweils exakt einen anderen Block als Vorgänger.[67] Diese Referenzen führen dazu, dass das Register die Form einer linearen und geordneten Abfolge annimmt, die an eine Kette erinnert und dem Register den Namen Blockchain (dt. Blockkette) verleiht.

Jeder gültige Block hat eine bestimmte Position innerhalb dieser Kette, die über die Begriffe *Blockhöhe* oder *Blocktiefe* definiert wird. Die Blockhöhe ist ein statischer Begriff und eine Art aufsteigende Laufnummer. Sie repräsentiert die Position des jeweiligen Blocks innerhalb der Kette, wobei dem ersten Block (dem sogenannten Genesis Block) die Zahl 0 zugeordnet wird. Die Blocktiefe entspricht der gegenteiligen Betrachtungsweise und beschreibt wie viele Nachfolger ein gegebener Block hat. Aus diesem Grund verändert sich die Blocktiefe mit jedem weiteren Nachfolger eines Blocks. Die Betrachtung der Blocktiefe ist für Analysen der Sicherheit von grosser Bedeutung. Zudem bietet sie *SPV* Knoten eine Heuristik zur Beurteilung der Gültigkeit von Transaktionen (siehe Abschnitt 3.2.2).

Abbildung 56 zeigt ein Beispiel einer solchen Kette mit den entsprechenden Bezeichnungen zur Identifikation der Position des Blocks. In diesem Beispiel hat der dritte Block von links die Blockhöhe 2. Da er derzeit lediglich einen Nachfolger aufweist, hat der Block eine momentane Blocktiefe von 1.

Eine dritte Möglichkeit zur Identifikation von Blocks besteht über deren jeweilige Identifikationsnummer. Diese hängt direkt vom Inhalt des Block Headers

---

[67]Der erste Block (Genesis Block) bildet hierbei eine Ausnahme. Er stellt das erste Glied in der Kette dar und hat somit keinen Vorgänger.

5 Transaktionskonsens

ab. Wird also der Inhalt eines Blocks angepasst, verändert sich auch dessen Identifikationsnummer. Konkret handelt es sich hierbei um den SHA256d Hashwert des Block Headers. Zur Berechnung wird der gesamte Block Header als Urbild in die SHA256 Hashfunktion eingespiesen, wo die einzelnen Bits über 64 Runden, mittels verschiedener nicht-linearer Verfahren, zu einem Hashwert kombiniert werden. Der resultierende Hashwert wird dann in einem zweiten Durchgang als neues Urbild verwendet (deswegen das d für doppelt). Die Kollisionsresistenz der Hashfunktion (siehe Abschnitt 4.2) verhindert dabei, dass zwei Blocks der Kette dieselbe Identifikationsnummer aufweisen.

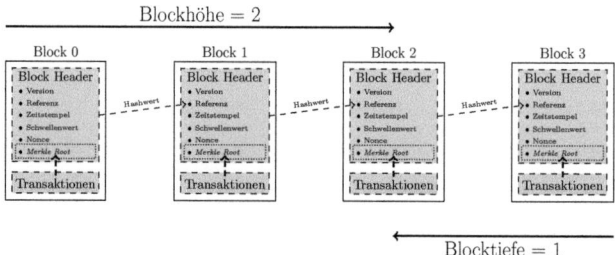

Abbildung 56: Beispiel einer Blockkette

SHA256 Hashwerte haben eine Länge von 256 Bits. Der Einfachheit halber werden diese zumeist als eine 64-stellige Hexadezimalzahl dargestellt. Ein Beispiel eines solchen Hashwertes ist 000000342bb08fa10ea042f4a6ce3b140c390f99781 6b7f353ddd806ac5db1ec. Dieser Hashwert entspricht der Identifikationsnummer des ersten Blocks der Beispielkette aus Abbildung 57.

Auf Basis solcher Hashwerte erfolgen zudem auch die Referenzen, welche die Blocks überhaupt erst zu einer Kette verbinden. Die Referenzangabe im Block Header eines Blocks umfasst den Hashwert seines Vorgängers. Wird ein neuer Block erstellt, referenziert dieser den bisher letzten Block der Kette als Vorgänger. Dies bindet den Block fest an seinen Vorgänger und macht ihn zum Bestandteil der Kette.

5.1 Transaktionen, Blocks und die Blockchain

In Abbildung 57 sehen wir zwei Beispiele solcher Referenzen. Der zweite Block der Kette verwendet den Hashwert des ersten Blocks als Referenzangabe. Der dritte Block bezieht sich seinerseits auf den Hashwert des zweiten Blocks.

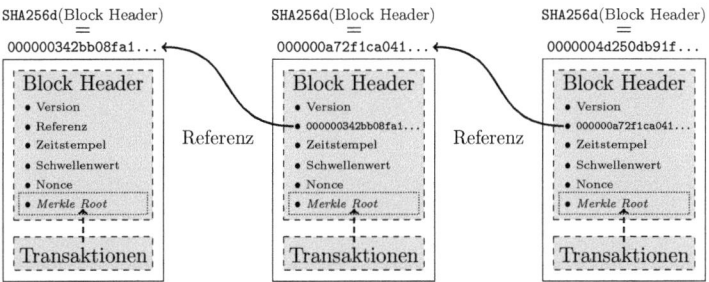

Abbildung 57: Die Referenzen über die Hashwerte der Block Header bilden eine Kettenstruktur.

Da die Referenzangaben Bestandteil des Block Headers sind, beeinflussen sie den Hashwert des jeweiligen Blocks. Die Blockinhalte sind also in gewisser Weise durch die Kettenstruktur besichert. Modifiziert nämlich jemand die Inhalte eines Blocks, wird sich dadurch unweigerlich auch der Hashwert beziehungsweise die Identifikationsnummer dieses Blocks ändern. Wir erinnern uns, dass selbst minimale Änderungen beim Urbild einer Hashfunktion deutliche Auswirkungen auf das Ergebnis haben. In Abschnitt 4.2 haben wir dies anhand zweier Urbilder gezeigt, die sich nur gering unterscheiden, aber dennoch zu völlig unterschiedlichen Hashwerten geführt haben. Analog diesem Beispiel wird auch die Modifikation eines Blocks zur Veränderung des Block Header Hashwertes führen.

Eine solche Modifikation ist in Abbildung 58 ersichtlich. Eine Person hat ihre Version der Blockchain verändert, indem sie dem ersten Block eine weitere Transaktion hinzugefügt hat. Die Modifikation wird über den Hash-Baum in den Block Header einfließen und dessen Hashwert beeinflussen. Da der Hashwert des Block Headers gleichzeitig auch die Identifikationsnummer des Blocks darstellt, wird die Referenz durch den zweiten Block ungültig. Diese lautet nach wie vor auf die Identifikationsnummer 000000342bb08fa10ea042f4a6ce3b140c390f997 816b7f353ddd806ac5db1ec. Die Modifikation des Blockinhaltes hat aber dazu

5 Transaktionskonsens

geführt, dass der erste Block neu die Identifikationsnummer `ae21f25523ae1d4e 3864583d2b99d27bfc4cf00dbf6281951aff01fe809e9534` trägt. Dadurch wird der zweite Block von seinem Vorgänger getrennt und die Kette gebrochen.

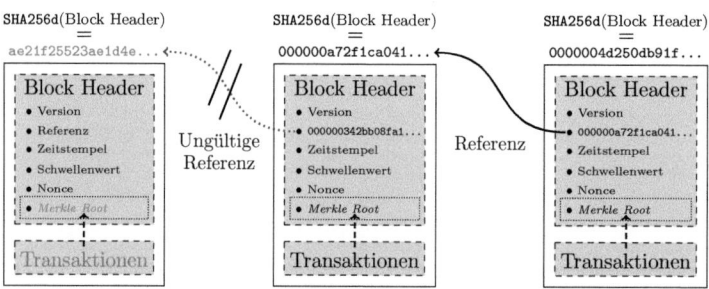

Abbildung 58: Die Modifikation (grau) der Inhalte von Block 1 verändert den Hashwert und lässt dadurch die Referenz durch Block 2 ungültig werden.

Damit Block 2 wieder eine gültige Referenz aufweist und an Block 1 anknüpfen kann, muss der Referenzwert im Block Header von Block 2 angepasst werden. Anstelle der alten Identifikationsnummer von Block 1 wird die angepasste Identifikationsnummer eingetragen und der Link der Kette dadurch wiederhergestellt.

Die Anpassung des Referenzwertes in Block 2 entspricht aber einer Veränderung des Blockinhalts. Insofern wird sich durch den neuen Referenzwert, auch der Hashwert und somit die Identifikationsnummer von Block 2 verändern. Der neue Wert führt dazu, dass die Referenzangaben in Block 3 nicht mehr gültig sind.

Abbildung 59 zeigt, wie sich die Anpassung des Referenzwertes in Block 2 auf die Identifikationsnummer dieses Blocks auswirkt und wie die neue Identifikationsnummer die Referenz im dritten Block ungültig werden lässt. Dadurch wird der dritte Block von seinen Vorgängern getrennt und die Kette erneut gebrochen; wenn auch an einer anderen Stelle.

Das Beispiel offenbart eine Art Kettenreaktion. Wird ein Block modifiziert, zerstört dies die Kette und lässt alle Nachfolger des modifizierten Blocks ungültig

5.1 Transaktionen, Blocks und die Blockchain

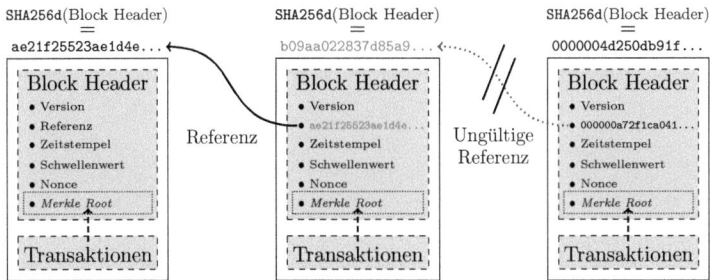

Abbildung 59: Die Modifikation (grau) des Referenzwertes in Block 2 verändert den Hashwert und lässt dadurch die Referenz durch Block 3 ungültig werden.

werden. Modifikationen führen folglich dazu, dass die Kette verkürzt wird. Versucht eine Person die Referenz anzupassen, resultiert daraus eine Veränderung des nächsten Hashwertes und eine ungültige Referenz im nachfolgenden Block. Damit also die Kette mit den modifizierten Angaben dieselbe Länge beibehält, müssen der modifizierte sowie alle nachfolgenden Blocks auf Basis der veränderten Referenzwerte neu berechnet werden.

5.1.4 Die Kette erweitern

Um die Blockchain zu erweitern, können die Netzwerkknoten selbstständig neue Blockkandidaten erstellen. Sie fassen beliebige Transaktionen aus ihrer persönlichen Sammlung über einen Hash-Baum zusammen und bilden aus der zugehörigen *Merkle Root* und den anderen Inhalten einen neuen Block. Als Referenzwert übernehmen sie die Identifikationsnummer des bisher letzten Blocks der Kette. In unserem unmodifizierten Beispiel aus Abbildung 57 würde zu diesem Zweck der Referenzwert 0000004d250db91fa626d0ca82800c8fc02532caadc39ba23497afdf5bb2266f verwendet werden.

Tony ist einer der Netzwerkteilnehmer, die dieser Tätigkeit nachgehen und neue Blocks erstellen. Er wählt hierzu einige Transaktionen aus seiner persönlichen Warteschlange und folgt dem beschriebenen Verfahren. Die Legitimität

5 Transaktionskonsens

der Transaktionen in seiner Warteschlange hat Tony bereits zu jenem Zeitpunkt verifiziert, zu welchem er die Transaktionsnachrichten über das Netzwerk erhalten hat. Tony weiss also, dass die Transaktionen ausschliesslich noch nichtverwendete Outputs referenzieren und dass jeder Transaktion gültige Lösungsskripte zu den Auszahlungsbedingungen aller referenzierten Outputs beiliegen.

Tony referenziert den letzten Block der Kette und knüpft seinen Blockkandidaten über diese Referenz der bestehenden Blockkette an. Aus all diesen Blockbestandteilen berechnet er die Identifikationsnummer seines neuen Blockkandidaten und versucht diesen über das Netzwerk an die anderen Knoten zu senden.

Bei diesem Schritt wird es jedoch problematisch. Tony ist bei Weitem nicht der einzige Netzwerkteilnehmer, der einen neuen Blockkandidaten erstellt hat. Ausser Edith, die bewusst darauf verzichtet, hat jeder andere Knoten ebenfalls Transaktionen aus der eigenen Warteschlange gewählt und diese mit anderen Blockinhalten zu einem neuen Block kombiniert. Alle diese Blockkandidaten basieren auf demselben Block mit der Identifikationsnummer `0000004d250db91fa 626d0ca82800c8fc02532caadc39ba23497afdf5bb2266f` und bilden somit den Anfang von konkurrierenden und nicht miteinander kompatiblen Versionen der Kette.

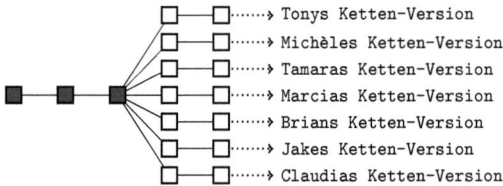

Abbildung 60: Verschiedene Versionen der Blockchain, die bis zum dritten Block identisch sind und danach auseinanderbrechen. Dadurch entstehen sieben konkurrierende Versionen der Kette.

Jeder dieser Knoten ist der Meinung, dass die Blockchain durch seinen eigenen Blockkandidaten ergänzt werden sollte und wird jene der anderen Netzwerkteilnehmer ignorieren. Nach einer Weile werden die Knoten weitere Blocks, basierend auf ihrer eigenen Version der Blockchain, erstellen und die individuelle

Kette daudurch weiter ausweiten. Es entstehen *Forks* (dt. Gabelungen) analog Abbildung 60, die das Erreichen eines Konsenses verhindern.

Das vorliegende Beispiel verdeutlicht, dass die Kettenstruktur nicht ausreicht um zu garantieren, dass sich die verschiedenen Netzwerkknoten auf eine einzige gültige Version einigen können. Sie bildet vielmehr die Grundlage und muss durch weitere Systemkomponenten ergänzt werden. Nur dann wird es möglich sein, einen netzwerkweiten Konsens zu erreichen.

5.2 Konsensprotokoll

Im Bitcoin-Netzwerk existiert keine zentrale Instanz, die darüber entscheiden kann, welche Blockchain-Version dem tatsächlichen Zustand entspricht. Gleichzeitig ist es aufgrund der Dezentralität der Buchführung jedem Netzwerkteilnehmer möglich, das Blockchain-Register selbstständig anzupassen. Ohne weitere Massnahmen würde also jeder Knoten seine eigene Version der Blockchain erstellen und diese als den einzig wahren Zustand betrachten. Ein solches Szenario wäre das genaue Gegenteil von einem Konsens und würde, aufgrund der kollektiven Uneinigkeit über die Verteilung der Besitzstände, jegliche Entstehung von Wert verunmöglichen.

Um diesem Problem entgegenzuwirken, basiert das Bitcoin-System auf einem vordefinierten Konsensprotokoll, welches diverse Regeln umfasst, anhand derer eine Registerversion als wahrer Zustand identifiziert werden kann.

Gängige Bitcoin Clients befolgen all diese Regeln. Die Standardeinstellungen bieten aber keinen Schutz vor einem abweichenden Verhalten. Netzwerkteilnehmer könnten ihre eigene Software schreiben oder die bestehende nach Belieben anpassen und sich über diese regelwidrigen Clients mit dem Bitcoin-Netzwerk verbinden. Dadurch wäre es einer Person möglich, sich nicht an das Konsensprotokoll zu halten. Eine rationale Person wird dies immer dann tun, wenn sie sich durch Nicht-Einhalten der Regeln besser stellen, beziehungsweise einen Gewinn erzielen, kann. Andernfalls würde sie sich selbst schaden und freiwillig von einem Regelverstoss absehen.

5 Transaktionskonsens

Das Konsensprotokoll muss also so konstruiert sein, dass sich Individuen aus reinem Eigeninteresse an die bestehenden Regeln halten. Nur dann wird das Protokoll tatsächlich einen Effekt haben und zu einem Konsens führen. Die entsprechenden Anreize werden über verschiedene Mechanismen erreicht. Grundsätzlich basiert das System aber auf der Tatsache, dass Falschmeldungen relativ teuer sind und jeder Teilnehmer diese ohne Weiteres als solche entlarven kann. Ehrliches Verhalten wird hingegen über ein natives Anreizsystem belohnt.

Nachfolgend gehen wir die grundlegenden Punkte des Konsensprotokolls durch und zeigen, wie diese das Verhalten der Netzwerkteilnehmer beeinflussen.

5.2.1 Ausschliesslich legitime Transaktionen

Die grundlegendste Konsensregel besagt, dass die Konsensversion der Blockchain nur legitime Transaktionen beinhalten darf. Die Legitimität von Transaktionen kann durch jeden vollwertigen Knoten selbstständig validiert werden. In erster Linie geschieht dies über die Kontrolle der Exklusivität und Summe von Inputs und Outputs sowie über das Zusammenspiel von Auszahlungsbedingungen und Signaturen. Diese Schritte erfolgen analog unseren Ausführungen in Kapitel 4. Zusätzlich umfasst die Kontrolle aber eine ganze Reihe weiterer Tests, die allesamt über die Gültigkeit einer Transaktion entscheiden. Viele dieser Punkte dienen lediglich dem Schutz vor einer forcierten Überlastung des Netzwerks (*Denial of Service* (*DoS*) Angriffe). Wir verzichten an dieser Stelle auf eine ausführliche Aufzählung der Mechanismen und fassen sämtliche Punkte unter dem Schlagwort der Transaktionsverifizierung zusammen.[68]

Die Kontrolle ist vergleichsweise trivial und benötigt keinen grossen Einsatz von Ressourcen. Dementsprechend werden Blockkandidaten mit ungültigen Transaktionen sofort auffliegen und vom Rest des Netzwerks ignoriert. Der Autor des ungültigen Blocks verspielt sich dadurch die Chance, dass sein Erzeug-

---

[68] Eine vollständige Auflistung aller Teilschritte der Überprüfung kann auf `https://en.bitcoin.it/wiki/Protocol_rules` gefunden werden.

5.2 Konsensprotokoll

nis akzeptiert wird und in die Konsensversion der Blockchain übergehen kann. Wohlwissend, dass der Rest des Netzwerks diese Überprüfung vornehmen wird, versuchen die Knoten gar nicht erst ungültige Blockkandidaten zu erstellen.

5.2.2 Proof-of-Work

Das Legitimitäts-Kriterium der Transaktionen aus dem letzten Abschnitt ist naheliegend und bildet die Basis für eine verlässliche Zuordnung der Werteinheiten. Es reicht aber nicht aus, um die Konsensbildung des Systems zu ermöglichen.

In unserem Beispiel aus Abbildung 60 sind wir bereits davon ausgegangen, dass sämtliche Netzwerkknoten ausschliesslich legitime Transaktionen aus ihrer persönlichen Sammlung verwenden. Dennoch haben wir sieben verschiedene Versionen der Kette erhalten.

Das Problem geht aus der Tatsache hervor, dass viel zu viele gültige Blockkandidaten entstanden sind - und das praktisch zeitgleich. Die zur Erstellung eines Blockkandidaten benötigte Rechenleistung ist derart gering, dass der Prozess selbst mit einem Mobiltelefon innert Sekundenbruchteilen vollzogen werden kann. Dies hat zur Konsequenz, dass neue Blockkandidaten um ein Vielfaches schneller erstellt werden können, als sich das Netzwerk auf einen Zustand einigen kann. Es muss also eine künstliche Beschränkung geschaffen werden, welche die Geschwindigkeit der Erstellung von gültigen Blockkandidaten zu drosseln vermag. Optimal wäre, wenn diese Beschränkung dynamisch an die Gesamtrechenleistung des Netzwerks angepasst werden könnte, so dass neue gültige Blocks immer in ungefähr denselben Zeitintervallen geschaffen werden. Die Umsetzung all dieser Anforderungen erfolgt über den sogenannten *Proof-of-Work* (dt. Arbeitsnachweis) Mechanismus.

Proof-of-Work wurde ursprünglich zur Bekämpfung von Spam Nachrichten und *Denial of Service* Angriffen entwickelt (siehe Abschnitt 5.3.6). Die Grundidee ist trivial. Eine Tätigkeit, welche zu schnell und effizient ausgeführt werden kann, wird mit einer probabilistischen Trial-and-Error Aufgabe verknüpft. Nur wenn die Aufgabe erfolgreich gelöst werden kann, wird auch die gewünschte Tä-

5 Transaktionskonsens

tigkeit ausgeführt. Im Schnitt wird also nur jeder x-te Versuch zum gewünschten Resultat führen.

Durch dieses Prinzip werden dem jeweiligen Prozess Grenzkosten auferlegt. Im Kontext von Email und dem Schutz vor *DoS* Angriffen, dämmen diese Kosten ein exzessives Ausüben der Tätigkeit ein. Gleichzeitig werden die Kosten bei einer normalen Nutzung noch nicht einmal wahrgenommen. Im Kontext von Bitcoin hat dieser Prozess gleich mehrere Effekte, die nachfolgend aufgelistet werden.

- Das Problem der zu schnellen Blockerstellung wird gelöst.

- Die Kette kann nicht ohne weiteres repliziert werden. Sie ist durch die investierte Rechenleistung besichert.

- Die Buchführung ist mit Kosten verbunden. Die Knoten müssen Ressourcen aufwenden. Dies forciert ehrliches Verhalten, da die aufgewendete Rechenleistung ansonsten verloren geht.

Proof-of-Work wurde im Bitcoin-Netzwerk über die Identifikationsnummern der Blockkandidaten implementiert. Aufgrund der Eigenschaften der verwendeten `SHA256` Hashfunktion ist es den Knoten nicht möglich, gezielt einen Block mit einer gewünschten Identifikationsnummer herbeizuführen. Wird eine Identifikationsnummer mit gewissen Eigenschaften vorausgesetzt, müssen die Knoten vielmehr solange neue Blockkandidaten erstellen, bis die Inhalte eines Kandidaten zufällig eine Identifikationsnummer der gewünschten Form ergeben.

Eine Identifikationsnummer in einer gewünschte Form heisst konkret, dass diese unter einem gegebenen Schwellenwert liegen muss. Nur dann wird der Blockkandidat vom Rest des Netzwerks als gültig betrachtet; vorausgesetzt die anderen Kriterien werden ebenfalls erfüllt.

Gehen wir beispielsweise davon aus, dass der momentane Schwellenwert bei 1000000000000000000000000000000000000000000000000000000000000 liegt. Folglich wären alle Identifikationsnummern gültig, die an der ersten Stel-

5.2 Konsensprotokoll

le der Hexadezimal Schreibweise eine 0 aufweisen.[69] Der Schwellenwert würde dazu führen, dass im Schnitt nur jeder sechzehnte Blockkandidat in diesem gültigen Bereich liegt.[70] Das Netzwerk müsste also gesamthaft durchschnittlich 16 Blockkandidaten erstellen, um einen gültigen Block hervorbringen und diesen der Kette anhängen zu können.

Liegt die Identifikationsnummer eines Blockkandidaten über dem Schwellenwert, wird der Block verworfen. Der Knoten wird anschliessend minimale Änderungen an den Blockinhalten vornehmen und auf dieser Basis eine neue Identifikationsnummer berechnen. Dieser iterative Prozess wird als Mining bezeichnet.

Die Quelle der Variation geht in erster Linie aus dem Nonce hervor. Dieser kann als eine Art Laufnummer betrachtet werden, die, bei ansonsten identischen Blockinhalten, zu völlig unterschiedlichen Identifikationsnummern führt.[71]

In Abbildung 61 sehen wir ein vereinfachtes Beispiel dieser iterativen Nonce Anpassung. Wir haben hierzu kurze Nachrichten erstellt, welche den Block Header repräsentieren und den Effekt der Nonce-Anpassung demonstrieren sollen. Nacheinander werden Blockkandidaten mit, abgesehen von dem Nonce, äquivalenten Inhalten berechnet. Erst der Hashwert des Blocks mit dem Nonce von 0000000F erfüllt die Auflagen des Schwellenwertes.[72]

---

[69]Das Kriterium wird durch alle Werte von 0000000000000000000000000000000000000000 00000000000000000000000 bis 0FFFFFFFFFFFFFFFFFFFFFFFFFFFFFFFFFFFFFFFFFFFFFFFFFFFFFFFF FFFFFFFFFFFFFFFF erfüllt.
[70]Hexadezimal Repräsentation hat 16 mögliche Zeichen (0-9 und A-F).
[71]Wurde der komplette Nonce mit einem bestimmten Transaktionsset erfolglos durchlaufen, können der Zeitstempel und das Auszahlungsskript der Coinbase Transaktion (Extranonce) angepasst werden. Der Zeitstempel ist selbst Bestandteil des Block Headers und Änderungen in der Coinbase werden über den Hash-Baum zu einer alternativen *Merkle Root* führen, welche wiederum Bestandteil des Block Headers ist.
[72]In unserem Beispiel haben wir die einfache Hashfunktion SHA256 anstelle der doppelten SHA256d verwendet. Das Prinzip ist dasselbe.

209

5 Transaktionskonsens

m_1 = Nonce 00000000 Blockkandidat
h_1 = 4fe8772dc5e7d9c575aa737727eace72023fcc3e91b32792ce076f6d852afd97
m_2 = Nonce 00000001 Blockkandidat
h_2 = 3ea4b89defe26cf99e6aba654bc2a57c156d131b41dd7ed7299caaf3d3feab2a
m_3 = Nonce 00000002 Blockkandidat
h_3 = 7863a19dc4dbfa99b1fa8287a1d9402439f53720becf3b6a6c3b2fe422f1fe4d
m_4 = Nonce 00000003 Blockkandidat
h_4 = c5435bb919b95c6f2c41c9470c5976fe212ce99a4b5bc26bf6df8740509fcb37
m_5 = Nonce 00000004 Blockkandidat
h_5 = ceb41ce33c82c050ab94c288014af8a3a991d2e2db5f76ec3f9db38647851729
m_6 = Nonce 00000005 Blockkandidat
h_6 = ac70b4a43c3f4614136fe8998815e5c7710ce2f46995d617f603dcb818af6314
m_7 = Nonce 00000006 Blockkandidat
h_7 = 40c45a2603b5741a033ae7aece4038987209d0bb25e5f7f8ff58d2bdf7901868
m_8 = Nonce 00000007 Blockkandidat
h_8 = 35f55dc20b835bdf7787b3ab190a93c77dc885d328f7c0d36c964f748d4c4070
m_9 = Nonce 00000008 Blockkandidat
h_9 = 5cece01218205e325df7ee42042d49e0295191332d7ff297bf58ffbec095804a
m_{10} = Nonce 00000009 Blockkandidat
h_{10} = c6510dfc3e06300e701928572430c1f85d4c863be81b3c386d1fc1ec647ac285
m_{11} = Nonce 0000000A Blockkandidat
h_{11} = ba217894fd130e49c5e27524114dc75755464b2eb8394bd09b13d0592ca0e0f3
m_{12} = Nonce 0000000B Blockkandidat
h_{12} = 479cf7ed914ce4d9aefb4420d67d63d457b5cd57d088b07efc8053df6246e5e0
m_{13} = Nonce 0000000C Blockkandidat
h_{13} = e7df519bbc989e9eee71fdd43dc5e9863f9c80700cab07730879e5391ce83dd9
m_{14} = Nonce 0000000D Blockkandidat
h_{14} = 28ea9ccd6fc42b628e7fb30c0f9d0204ee75b78147a8f4c86769daffc9fb6df3
m_{15} = Nonce 0000000E Blockkandidat
h_{15} = 9a11a153e1d4e78cf7a5cfe1cb26510f7170de129a445e4e928f535d953f50e3
m_{16} = Nonce 0000000F Blockkandidat
h_{16} = 02bbc3c17a4bdd9b986abbfc97a55a8d8d8d231ac8421022b679806121f257f4

Abbildung 61: Iterative Veränderung der Nonce beim Erstellen der Blockkandidaten. Zufällig wird der gültige Block beim 16. Versuch erstellt, so dass die Rate exakt im Erwartungswert liegt.

5.2.3 Dynamischer Schwellenwert und Difficulty

Der Schwellenwert entspricht einem Parameter δ der jeweils so angepasst wird, dass das gesamte Netzwerk im Schnitt nur alle zehn Minuten einen gültigen Block erstellen kann. Anpassungen erfolgen immer, nachdem die Kette um exakt 2'016 gültige Blocks erweitert werden konnte. Bei einem zehn Minuten Schnitt sollte eine δ Periode folglich 20'160 Minuten oder 14 Tage betragen.

Auf Basis dieses Erwartungswerts $E(t)$ und der tatsächlichen Zeitdauer t wird die Veränderung des Parameters δ berechnet. Vollwertige Knoten werden die Kalkulation selbstständig anhand der nachfolgenden Gleichung durchführen und den aktuellen Wert in ihre Blockkandidaten übernehmen.

$$\begin{aligned}\delta_{neu} &= \delta_{alt}\frac{t}{E(t)}\\ &= \delta_{alt}\frac{t}{20160}\end{aligned}$$

Werden die Blocks schneller gefunden, als dies ursprünglich geplant war, wird der zweite Faktor der Gleichung einen Wert zwischen 0 und 1 annehmen, was zu $\delta_{neu} < \delta_{alt}$ führt. Der geringere Schwellenwert wird dafür sorgen, dass in der nächsten Periode weniger Blockkandidaten akzeptiert werden und die Rate der Block-Erstellung wieder näher an den 10 Minuten Schnitt zurückführen. Überschreitet die tatsächliche Dauer jedoch den Erwartungswert, wird der zweite Faktor einen Wert von über 1 annehmen, was zu $\delta_{neu} > \delta_{alt}$ führt. Dadurch wird die Bedingungen gelockert und die Rate der Block-Erstellung erhöht.

Die dynamische Anpassung des Schwellenwertes ist notwendig, da die Rechenleistung im Verlaufe der Jahre enorm zunimmt. Um den zehn Minuten Schnitt neuer Blocks aufrechterhalten zu können, muss der Schwellenwert δ folglich immer weiter sinken.

Zudem werden sich auch Preisveränderungen der Bitcoin Einheiten auf die Allokation der Rechenleistung und dadurch auch auf δ auswirken. Ist mehr Rechenleistung im Bitcoin-Netzwerk verfügbar, wird dies dazu führen, dass die Blocks

5 Transaktionskonsens

schneller erstellt werden. Bei der nächsten Anpassung wird δ folglich abnehmen und den Schnitt wieder näher an die zehn Minuten führen.

Die Dynamik der ökonomischen Anreize, die sich von dem Bitcoin Preis auf die Allokation von Rechenleistung auswirken, betrachten wir in Abschnitt 5.3.1.

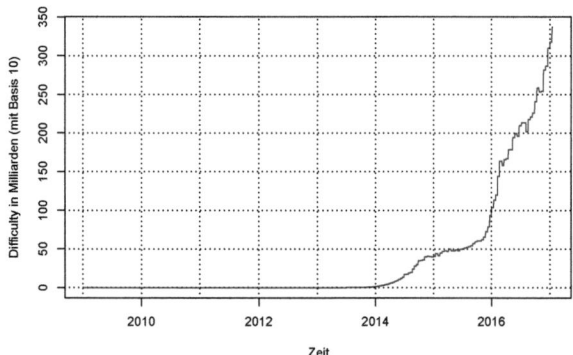

Abbildung 62: Anstieg der Difficulty Ratio im Verlaufe der Zeit: `Blockchain.info`)

Um die Veränderung des Schwellenwert-Parameters im Verlaufe der Zeit abbilden zu können, wird meist die *Difficulty* D (dt. Schwierigkeit) verwendet. Dabei handelt es sich um den Kehrwert des maximalen Schwellenwertes $\delta(B_0)$[73] geteilt durch den Kehrwert des aktuellen Schwellenwertes $\delta(B_i)$. Die aktuelle Difficulty D_i entspricht somit dem normalisierten Kehrwert des Schwellenwertes.

$$D_i = \frac{1/\delta(B_i)}{1/\delta(B_0)} = \frac{\delta(B_0)}{\delta(B_i)}$$

Die *Difficulty* entwickelt sich exakt in die entgegengesetzte Richtung des Schwellenwerts. Nimmt dieser ab, wird das Finden eines gültigen Blocks schwie-

---
[73] Also um den Schwellenwert zum Zeitpunkt des Genesis Blocks.

5.2 Konsensprotokoll

riger und die *Difficulty* dadurch höher. Abbildung 62 zeigt den rasanten Anstieg der *Difficulty*.

Anmerkung 5.1
Tatsächliche Rechenleistung

In unseren Beispielen verwenden wir sehr kleine Zahlen für die Rechenleistung und gehen von Schwellenwerten aus, die im Kontext des realen Bitcoin-Netzwerks lächerlich erscheinen. Dies ist absichtlich so gehalten und dient der Vereinfachung der ohnehin schon sehr komplexen Konzepte.

Dennoch möchten wir, dass die unvorstellbare Grössenordnung der Rechenleistung wahrgenommen wird. Die relevante Massangabe beim Mining ist die Anzahl Hashes pro Sekunde; also wie viele Hashwerte innert einer Sekunde berechnet werden können. Im Bitcoin-Netzwerk wird die Gesamtrechenleistung derzeit in Peta (Billiarden) Hashes pro Sekunde gemessen. Im Januar 2016 hat die geschätzte Gesamtrechenleistung gar erstmals einen Exa Hash pro Sekunde überschritten, was einer Rechenkapazität von rund einer Trillion Hashwerten pro Sekunde entspricht.

Der Anstieg der Rechenleistung ist auf höhere Bitcoin Preise und eine deutlich gestiegene Effizienz der *Mining Hardware* (siehe Anmerkung 5.3) zurückzuführen.

Der enorme Hardware- und Elektrizitätsverbrauch führt dazu, dass Bitcoin immer wieder in der Kritik steht. Davon ausgehend, dass die gesamte Rechenleistung ausschliesslich durch hocheffiziente *Mining Hardware* zur Verfügung gestellt wird, entspricht der Stromverbrauch des Bitcoin-Netzwerks Anfang 2016 in etwa 500'000 kWh. Selbst bei einem günstigen Strompreis von 0.08 US Dollar pro kWh verschlingt das Bitcoin-Netzwerk jede Stunde Strom im Wert von 40'000 US Dollar.

Im Verlaufe des Jahres hat sich die Gesamtrechenleistung des Bitcoin-Netzwerks nochmals mehr als verdoppelt.

5 Transaktionskonsens

5.2.4 Entlohnung und Schöpfung neuer Bitcoin Einheiten

Der *Proof-of-Work* Algorithmus auferlegt den Netzwerkknoten Kosten zur Erstellung von Blocks. Dies entspricht einer willentlichen Designentscheidung, die absolut unabdingbar für die Funktion des Systems ist. Gleichzeitig führen die Kosten aber dazu, dass der Mining Prozess erstmal einem öffentlichen Gut entspricht. Die Kosten in Form der Rechenleistung fallen individuell an, während der Nutzen weder rivalisierend noch ausschliessbar ist und dem Netzwerk als Ganzes zu Gute kommt.

Daraus ergibt sich die unausweichliche Frage, weshalb ein rationales Individuum überhaupt der *Mining* Tätigkeit nachgehen sollte. Jeder Knoten sollte vielmehr darauf hoffen, dass ein anderer Knoten die Ressourcen aufwendet und er, ohne selbst etwas beisteuern zu müssen, von dem generierten Nutzen profitieren kann.

Die Antwort auf diese Frage liegt im nativen Kompensationsmechanismus des Bitcoin-Systems, welcher ebenfalls Bestandteil des Konsensprotokolls ist.

Vollwertige Knoten, die neue Blocks erstellen, erhalten eine von der relativen Menge der allozierten Rechenleistung abhängige Kompensation in der Form neuer Bitcoin Einheiten.

Die Kompensation wird über die sogenannte Coinbase Transaktion ausbezahlt. Dabei handelt es sich um eine Transaktion, welche keinen `UTXO` referenzieren muss, sondern Bitcoin Einheiten in einem bestimmten Umfang schaffen und mit einer Auszahlungsbedingung versehen kann. Die Miner erhalten also neue Bitcoin Einheiten als eine Art Entschädigung für ihre Dienste.

Solche Coinbase Transaktionen sind in jedem Blockkandidaten enthalten und in der Regel immer zugunsten desjenigen Miners verfasst, der den Blockkandidaten erstellt hat. Wie alle Transaktionen in einem Block wird aber auch die Coinbase Transaktion nur dann von Relevanz sein, wenn der Blockkandidat gültig ist und in die Konsensversion der Blockchain übergehen kann. Andernfalls ist die Kompensation nichtig.

5.2 Konsensprotokoll

Die Höhe dieser Kompensation ist zudem vordefiniert. Ein Miner kann folglich nicht eine beliebige Anzahl neuer Bitcoin Einheiten schaffen. Hält er sich nicht an die Vorgaben, wird der Block von den anderen Netzwerkknoten ignoriert. Damit verfällt nicht bloss die Chance, dass der Block der Konsensversion der Kette angehängt wird, vielmehr verliert der Miner durch sein abweichendes Verhalten auch die angestrebte Belohnung.

Anfänglich hat die Kompensation pro Block 50 Bitcoin Einheiten betragen. Dieser Wert wird alle 210'000 Blocks halbiert. Block 0 bis 209'999 beinhalten folglich jeweils eine Coinbase Transaktion über 50 Bitcoin Einheiten zuzüglich Transaktionsgebühren. Zwischen Block 210'000 und 419'999 umfassen die Coinbase Transaktionen 25 Bitcoin Einheiten. Der Wert wird immer weiter halbiert, bis er sich schliesslich der Null annähert und keine neuen Bitcoin Einheiten mehr geschaffen werden. Dies wird voraussichtlich im Jahr 2140 erfolgen, wenn die maximale Anzahl von 21 Millionen Bitcoin Einheiten erreicht ist.[74] Zurzeit beträgt die Belohnung 12.5 Bitcoin Einheiten.

Das Bitcoin-System umfasst also einen kompetitiven Schöpfungsprozess, der über einen Anreizmechanismus ins System integriert wurde. Die ökonomischen Implikationen der gedeckelten Schöpfung und der Subventionen zur Aufrechterhaltung des Systems werden in Kapitel 6 abgehandelt.

Anmerkung 5.2

Transaktionsgebühren

Nebst den neugeschöpften Bitcoin Einheiten hat der Miner, der einen Block erstellt, Anspruch auf sämtliche Transaktionsgebühren dieses Blocks. Konkret bestehen diese aus der Summe aller Transaktionsinputs abzüglich der Summe aller Transaktionsoutputs. Es handelt sich also um eine Art Residualbetrag, der nicht verwendet wurde und von dem jeweiligen Miner beansprucht werden kann.

---

[74]Das vordefinierte Wachstum der Gesamtmenge an Bitcoin Einheiten ist in den Abbildungen 17 und 78 auf Seite 64 beziehungsweise 256 dargestellt.

5 Transaktionskonsens

> Die Transaktionsinitianten sprechen diese Transaktionsgebühren in aller Regel absichtlich aus, um dadurch Anreize zur Verarbeitung ihrer Transaktionsnachricht zu setzen. Grundsätzlich werden Miner Transaktionen bevorzugen, bei denen sie eine zusätzliche Entschädigung erhalten.
>
> Nimmt die eigentliche Belohnung ab, werden diese Transaktionsgebühren einen immer höheren Stellenwert einnehmen. Zudem ermöglichen sie das Aufkommen eines Marktes um die begrenzte Aufnahmekapazität von Blocks. Abschnitt 6.1.3 beschäftigt sich ausführlich mit dieser Thematik.

5.2.5 Wahl der aktuellen Blockchain-Version

Eine wichtige Konsensregel fehlt noch. Sind zwei oder mehr Versionen der Blockchain im Umlauf, muss es einen Mechanismus geben, der die Knoten darüber entscheiden lässt, welche dieser Versionen dem aktuellen Zustand entspricht. Um einen Konsens erreichen zu können, müssen alle (oder zumindest ein Grossteil der) Knoten zu demselben Resultat kommen.

Da wir nun den *Proof-of-Work* Algorithmus und die *Difficulty* kennengelernt haben, kann dieses Prinzip kompakt erklärt werden. Bevorzugt wird immer jene Kette, die über den grössten aufsummierten *Difficulty*-Wert verfügt. In Kapitel 2.4.3 haben wir dieses Kriterium vereinfacht dargestellt und von der jeweils längsten Kette gesprochen. Dies war eine Vereinfachung, die normalerweise aber zu dem korrekten Resultat führt.

5.2.6 Die Bausteine zusammenfügen

Fügt man all diese Konsensregeln zusammen, wird dadurch eine eindeutige Blockchain-Version geschaffen und besichert. Nachfolgend werden nochmals die wichtigsten Bestandteile des Konsensprotokolls zusammengefasst und deren Zusammenspiel aufgezeigt.

Legitimität Die Vorschrift der Legitimität verhindert, dass willkürliche und ungültige Blocks in die Konsensversion einfliessen können. Sie bildet sozusagen die Grundlage des Konsensprotokolls.

Verkettung Die Verkettung bindet die Blocks und Transaktionen aneinander und sorgt dafür, dass Blocks bei einer Modifikation der Blockinhalte neu berechnet werden müssen. Dies gilt für den modifizierten wie auch alle nachfolgenden Blocks der Kette.

Proof-of-Work Der Arbeitsnachweis erschwert die Erstellung gültiger Blocks. Wird die Kette verändert, kann sie nur unter Einsatz erheblicher Ressourcen wieder neu gebildet werden. Dies macht Modifikationen ressourcenaufwendig.

Schwellenwert Der variable Schwellenwert ermöglicht den 10 Minuten Schnitt bei der Block-Erstellung, unabhängig von der Höhe der gesamten Netzwerkrechenleistung.

Entlohnung Die Entlohnung setzt die Anreize für Knoten, überhaupt erst Rechenleistung zur Verfügung zu stellen und diese zur Weiterführung der Konsensversion der Blockchain zu verwenden.

Aufsummierte Difficulty Aufgrund dieses Kriteriums wird sichergestellt, dass bei Konflikten immer diejenige Version der Blockchain als Konsensversion betrachtet wird, in welche die meiste Arbeit geflossen ist.

5.3 Bitcoin Mining: Anreize und Beispiele

In diesem Abschnitt betrachten wir die Allokation von Rechenleistung und untersuchen die individuelle Anreizkompatibilität bestimmter Teile des Konsensprotokolls. Im Zentrum steht die Frage, wie sich Miner verhalten und welche Möglichkeiten zur Maximierung ihres Nutzens bestehen. Zudem zeigen wir verschiedene Angriffsszenarien auf.

5.3.1 Ökonomische Überlegungen bei der Allokation von Rechenleistung

Die Höhe der durch einen Knoten zur Verfügung gestellten Rechenleistung hängt von dessen Kostenstruktur und dem realwirtschaftlichen Gegenwert der erwarteten Belohnung ab.

Die Kosten werden im Wesentlichen durch die Effizienz der zur Verfügung stehenden Hardware und den Aufwand für den Unterhalt, wie die Wartung, Elektrizität oder Kühlung, beeinflusst. Daraus ergibt sich ein Preis für die Berechnung einer bestimmten Anzahl an Hashwerten: die sogenannten Grenzkosten.

Die Entlohnung wird in Bitcoin Einheiten ausbezahlt. Der realwirtschaftliche Gegenwert steht somit in einer direkten Abhängigkeit zum Bitcoin Preis. Steigt der Preis an, steigt auch der realwirtschaftliche Wert der Entlohnung. Sinkt der Preis, wird die Entlohnung ebenfalls geschmälert. Zudem wird die Wahrscheinlichkeit auf den Anspruch einer Belohnung durch die Rechenleistung aller anderen Miner beeinflusst. Dies ist auf die Tatsache zurückzuführen, dass die Wahrscheinlichkeit eines Miners den nächsten Block erstellen zu können, exakt der eigenen Rechenleistung in Relation zur Gesamtrechenleistung des Netzwerks entspricht.

Der Mining Markt gilt als äussert kompetitiv. Es existieren nur geringe Eintrittsbarrieren und die Zahl der Individuen, welche Rechenleistung beisteuern, ist sehr gross. Gewinne sind generell nur dann möglich, wenn eine beschränkte Gruppe von Minern deutlich effizienter arbeiten kann als der Rest des Netzwerks. Sind die Voraussetzungen homogen,[75] wird solange zusätzliche Rechenleistung in den Markt fliessen, bis die erwarteten Grenzerlöse, also die Erlöse aus einer weiteren Einheit Rechenleistung, den Grenzkosten dieser Einheit entsprechen.

Wir gehen der Einfachheit halber davon aus, dass die Grenzkosten für jede Einheit gleich hoch sind. Abnehmende Grenzkosten aufgrund von Skalenerträgen wären denkbar, ändern aber nichts an der grundlegenden Dynamik des Marktes.

---

[75] Eine mathematische Modellierung des Mining Marktes unter Heterogenitätsannahmen kann in Schär (2015)[172] gefunden werden.

5.3 Bitcoin Mining: Anreize und Beispiele

Die abnehmenden Grenzerlöse sind auf die veränderte Konkurrenzsituation im Markt zurückzuführen.[76] Je höher die Gesamtrechenleistung des Netzwerks, desto geringer die Wahrscheinlichkeit mit einer Einheit an Rechenleistung einen gültigen Block zu erstellen. Insofern sinkt der erwartete Erlös einer einzelnen Einheit mit der Zunahme der Gesamtrechenleistung. Die abnehmenden Grenzerlöse und das Gleichgewicht am Schnittpunkt von Grenzkosten und -Erlöse werden in Abbildung 63 dargestellt.

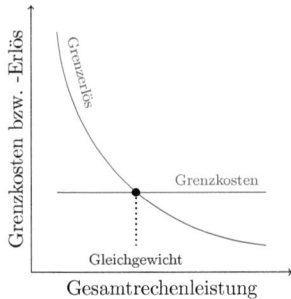

Abbildung 63: Gleichgewicht der Rechenleistung

Fixkosten, wie etwa die Beschaffungskosten der Hardware, spielen zwar bei Überlegungen hinsichtlich des Markteintritts eine Rolle; ist die Hardware aber erst einmal vorhanden, können diese Kosten bei der Allokationsentscheidung vernachlässigt werden. Relevant ist lediglich das Verhältnis von Grenzerlösen und Grenzkosten.

Befindet sich das Netzwerk in einer Unterallokation von Rechenleistung, d.h. steht weniger Rechenleistung zur Verfügung als dies das Gleichgewicht erwarten liesse, kann mit jeder Einheit Rechenleistung ein Ertrag realisiert werden. Da die Knoten in Konkurrenz zueinander stehen und jeder einen möglichst hohen Ertrag realisieren möchte, wird solange zusätzliche Rechenleistung bereitgestellt, bis die Kosten für eine weitere Einheit Rechenleistung den erwarteten Erlös dieser

---

[76] Im Unterschied zur Abhandlung in Abschnitt 1.5.1 erfolgt der Rückgang der Grenzerlöse hier nicht über inflationäre Effekte. Das Wachstum der Menge an Bitcoin Einheiten ist durch den zehn Minuten Schnitt der Block-Erstellung fixiert und kann durch eine erhöhte Allokation von Rechenleistung nur unwesentlich beeinflusst werden.

5 Transaktionskonsens

Einheit überschreiten würden. Analog Abbildung 64a wird sich das Netzwerk folglich beim Gleichgewicht einpendeln.

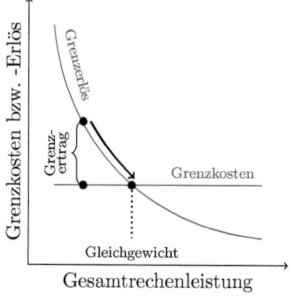

(a) Dynamik bei zu tiefer Allokation von Rechenleistung

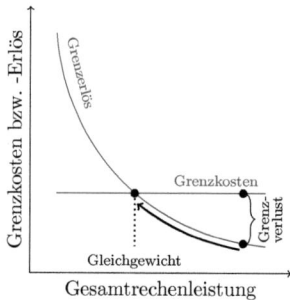

(b) Dynamik bei zu hoher Allokation von Rechenleistung

Abbildung 64: Anpassung der Gesamtrechenleistung des Netzwerks

Bei einer Überallokation herrscht eine ganz ähnliche Dynamik - wenn auch in die entgegengesetzte Richtung. Die Kosten für jede allozierte Recheneinheit übersteigen den erwarteten Grenzerlös. Jeder Miner hat folglich einen Anreiz die eigene Rechenleistung solange zu verringern, bis die Rechenleistung keinen Verlust mehr abwirft. Dies ist im Gleichgewicht der Fall, was zur in Abbildung 64b dargestellten Dynamik führt.

> **Anmerkung 5.3**
> **Effizientere Mining Hardware**
> Die Effizienz der Mining Hardware hat im Verlaufe der Jahre extrem zugenommen. Anfänglich war Mining nur über den Prozessor (CPU) des Computers möglich. Da Grafikkarten (GPU) zum Berechnen von Hashwerten wesentlich besser geeignet sind und oft über eine hohe Rechenleistung verfügen, wurden bald Programme geschrieben, welche die Suche von Hashwerten mittels dieser Hardwarekomponenten ermöglichten. Der Schritt zu sogenannten *Field Programmable Gate Arrays* (FPGA) ermöglichte die Konfiguration von

5.3 Bitcoin Mining: Anreize und Beispiele

Schaltungen und führte zu einer erneuten Effiziensteigerung. Seit 2013 werden vorwiegend *Application Specific Integrated Circuits* (ASIC) verwendet. Dabei handelt es sich um spezifisch zur Berechnung von SHA256 Hashwerten erstellte Maschinen, deren elektronische Schaltung fest in die Schaltkreise der Hardware integriert ist. Die Hardware kann also lediglich zur Ausübung einer einzigen Funktion verwendet werden, ist dafür aber auch für diesen Zweck optimiert.

Die stetige Effizienzsteigerung der Hardware führt aber nicht etwa dazu, dass das Netzwerk günstiger unterhalten werden kann, vielmehr wird dem System solange zusätzliche Rechenleistung zufliessen, bis wieder der ursprüngliche Kostenpunkt erreicht ist. Eine höhere *Difficulty* wird dabei für den Ausgleich der höheren Gesamtrechenleistung sorgen.[182]

Die Ursache dieser Eskalation besteht in der Natur des Mining Marktes. Im kompetitiven Gleichgewicht muss über einen bestimmten Zeithorizont immer derselbe Geld-Gegenwert für Rechenleistung ausgegeben werden, wie über die Seigniorage und die Transaktionsgebühren abgeschöpft werden kann. Allfällige Gewinnopportunitäten werden zusätzliche Miner beziehungsweise mehr Rechenleistung anziehen und sich dadurch selbst verunmöglichen. Die entsprechende Dynamik wird in Abbildung 64 visualisiert.

5.3.2 Beispiel der Allokation von Rechenleistung

Im nachfolgenden Beispiel erachten wir die Allokation der Rechenleistung als gegeben. Wir gehen davon aus, dass die Teilnehmer insgesamt 16 Einheiten Rechenleistung zur Verfügung stellen und dass dieser Wert der Gleichgewichtsmenge entspricht.

Die Rechenleistung der Knoten wird durch die Zahl auf dem jeweiligen Punkt in Abbildung 65 dargestellt. Die Wahrscheinlichkeit, dass ein Knoten den nächsten Block erstellen kann, entspricht somit exakt dieser Zahl geteilt durch die Gesamtrechenleistung von 16.

Edith betreibt zwar einen vollwertigen Knoten, hat sich aber gegen die Allokation von Rechenleistung entschieden. Sie hat folglich eine Wahrscheinlichkeit

5 Transaktionskonsens

von 0, einen gültigen Block zu finden, wird aber ansonsten ganz normal am Netzwerk partizipieren. Zudem ist sie dennoch in der Lage die Legitimität sämtlicher Transaktionen und der Kette zu verifizieren. Alle anderen Knoten beteiligen sich aktiv an der Erstellung neuer Blockkandidaten. Michèle verfügt über eine Rechenleistung von vier und hat somit eine Chance von 25% den nächsten gültigen Block zu erstellen. Die restlichen zwölf Recheneinheiten sind über alle verbleibenden Netzwerkteilnehmer aufgeteilt.

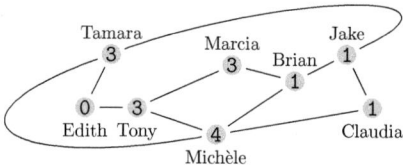

Abbildung 65: Allokation der Rechenleistung beim Mining

5.3.3 Mining-Pools

Hält ein Miner nur einen relativ geringen Anteil der Gesamtrechenleistung des Netzwerks, wird er lange Durststrecken ohne eine Entlohnung überstehen müssen. Er kann für seine Rentabilitätsrechnungen zwar die erwartete Auszahlung berücksichtigen, weiss aber niemals im Voraus, ob und wann die erwarteten Auszahlungen tatsächlich erfolgen werden. Die Entlohnung entspricht quasi einer Lotterie und die Rechenleistung der Anzahl Lose, die ein bestimmter Miner erhält. Je höher die Rechenleistung, desto grösser die Chance auf Erfolg; eine Garantie gibt es aber nicht.

Das probabilistische System hat zwei wichtige Implikationen. Erstens wird die Planungssicherheit der Miner erheblich eingeschränkt. Miner können zwar die Kosten einplanen und den Erwartungswert ihrer Erlöse berechnen, der Zeitpunkt der Auszahlungen unterliegt aber einzig und alleine dem Zufall. Zweitens kann die tatsächliche Auszahlung erheblich von der erwarteten Auszahlung abweichen. Dies ist häufig dann der Fall, wenn die Rechenleistung über relativ

5.3 Bitcoin Mining: Anreize und Beispiele

kurze Zeiträume alloziert wird. Beide Probleme werden durch die Volatilität der Auszahlung verursacht.

Um der Volatilitätsproblematik der Auszahlungen entgegenzuwirken und die eigenen Einkünfte zu glätten, haben Miner die Möglichkeit sich in sogenannten *Mining-Pools* zusammenzuschliessen. Dabei bündeln die betreffenden Knoten ihre Rechenleistung und agieren als ein einziger Miner. Die höhere Rechenleistung führt zu regelmässigeren Auszahlungen, die pro rata auf alle Mitglieder des Pools aufgeteilt werden können. Die erwartete Auszahlung bleibt somit unverändert,[77] die Volatilität der Entlohnung nimmt aber deutlich ab, da die Erlöse regelmässiger eintreffen und gewissermassen planbarer werden.

In unserem Beispiel aus Abbildung 65 agieren Brian, Jake und Claudia als individuelle Miner. Jeder von ihnen kontrolliert je $\frac{1}{16}$ der gesamten Netzwerkrechenleistung, wodurch bei einer Entlohnung von 12.5 Bitcoin Einheiten pro Block alle Miner mit einer erwarteten Auszahlung von $\frac{12.5}{16}$ Bitcoin Einheiten pro zehn Minuten rechnen. Das Problem besteht darin, dass die drei Miner bei jeweils 15 von 16 Ergebnissen leer ausgehen werden. Ihre möglichen Auszahlungen der verschiedenen Ergebnisse betragen 15-mal 0 und 1-mal 12.5 Bitcoin Einheiten, was zu einer hohen Standardabweichung der Entlohnung von 3.125 führt.

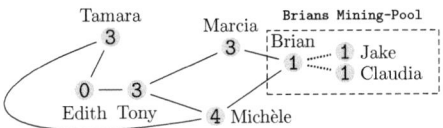

Abbildung 66: Brians Mining-Pool

In Abbildung 66 schliessen sich die drei stattdessen zu einem *Mining-Pool* zusammen. Die Standardabweichung der Entlohnung geht dadurch markant auf 1.68 zurück, da die Pool-Mitglieder nun in drei von zehn möglichen Fällen eine anteilmässige Entlohnung von je $\frac{12.5}{3}$ Bitcoin Einheiten erhalten. Der Erwartungs-

---

[77] In der Realität verrechnen *Mining-Pool* Betreiber oft eine prozentuale Gebühr. In diesem Fall sinkt die erwartete Auszahlung der Pool-Mitglieder. Aufgrund der höheren Planungssicherheit sind dennoch viele Individuen bereit, diese Abschläge in Kauf zu nehmen.

5 Transaktionskonsens

wert der Entlohnung bleibt von diesem Zusammenschluss unbetroffen. Dies kann durch die sehr einfach gehaltene Beispiel-Gleichung gezeigt werden, welche den Erwartungswert der Auszahlung beim *Solo-Mining* mit jenem beim *Pool-Mining* gleichsetzt.

$$12.5 \cdot \frac{1}{16} = 12.5 \cdot \frac{3}{16} \cdot \frac{1}{3}$$

Die Gleichung hält aber natürlich nicht bloss für unser Beispiel. Entspricht die Rechenleistung des betreffenden Miners h, die Gesamtrechenleistung des Netzwerks H und die derzeitige Entlohnung pro Block R, so wird der individuelle Erwartungswert der Entlohnung nicht durch die aggregierte Rechenleistung des *Mining-Pools* P beeinflusst.[78]

$$R \cdot \frac{h}{H} = R \cdot \frac{P}{H} \cdot \frac{h}{P}$$

In der Realität sind die Durststrecken nochmals deutlich grösser, so dass viele *Solo Miner* Monate oder gar Jahre warten müssten, um selbstständig einen einzigen gültigen Block erstellen zu können und dafür entlohnt zu werden. Aus diesem Grund haben *Mining-Pools* einen sehr hohen Stellenwert innerhalb des Bitcoin-Netzwerks, so dass in der Praxis nur Personen *Solo-Mining* betreiben werden, die ohnehin über eine sehr hohe Rechenleistung verfügen.

Mining-Pools sind aber auch einer der Faktoren, die zu einer schleichenden Zentralisierung des Bitcoin-Systems führen. Wird ein Grossteil der Netzwerkrechenleistung auf wenigen Individuen gebündelt, erfolgt die Buchführung de facto zentralisiert. Dies macht das Bitcoin-Netzwerk verwundbarer. Zudem betreiben Miner, die einem Pool angeschlossen sind, oft keinen vollwertigen Knoten (siehe dazu auch Abschnitt 3.2.3). Sie sind über ein quasi-zentrales Subnetzwerk dem Betreiber des *Mining-Pools* angeschlossen und erhalten alle für das Mining relevanten Informationen über diesen Kanal. Oft werden solche Miner auch als *Hasher* bezeichnet, um damit zu versinnbildlichen, dass sie lediglich Hashwerte

---

[78] Basierend auf der Annahme, dass eine Veränderung von P aufgrund der Dynamik zur Gleichgewichtsmenge keine Auswirkungen auf die Gesamtrechenleistung H haben wird.

5.3 Bitcoin Mining: Anreize und Beispiele

im Auftrag einer anderen Partei berechnen und nicht selbst Blockkandidaten erstellen, beziehungsweise über die Inhalte dieser Blocks entscheiden.

In unserem Beispiel aus Abbildung 66 betrifft dies Jake und Claudia. Mit ihrem Entscheid sich dem *Mining-Pool* von Brian anzuschliessen, haben sie auch ihren vollwertigen Knoten aufgegeben und berechnen fortan Hashwerte im Auftrag von Brian. Das Netzwerk verliert also schlagartig zwei vollwertige Knoten und hat durch den Zusammenschluss einen weiteren grossen Miner (Pool-Betreiber), der fast 20% der Rechenleistung kontrolliert.

5.3.4 Die Akzeptanz von fremden Blocks

Nach einer Weile gelingt es Michèle einen Blockkandidaten zu erstellen, dessen Identifikationsnummer unter dem aktuellen Schwellenwert liegt. Der Block entspricht auch allen weiteren Vorschriften des Konsensprotokolls und wird von den anderen Netzwerkknoten in die lokal gehaltenen Konsensversionen der Blockchain übernommen.

Brian zögert jedoch noch etwas. Er hätte sich die Belohnung gerne für seinen Pool gesichert und spielt insofern mit dem Gedanken, gegen das Konsensprotokoll zu verstossen und den grundsätzlich gültigen Block von Michèle nicht zu akzeptieren. Sollte es seinem Pool gelingen, selbst einen Block zu erstellen, der auf dem Vorgänger basiert, hätte der Pool eine Chance Michèle die Belohnung streitig zu machen.

Die Situation ist in Abbildung 67 dargestellt. Michèle hat erfolgreich einen Block generiert, der auf Block 3 basiert und die Konsensversion der Blockchain entsprechend erweitert. Brian, Jake und Claudia versuchen mit ihrem Mining-Pool nun ihrerseits einen Block basierend auf Block 3 zu generieren und Michèle so ihre Entlohnung streitig zu machen. Die drei hoffen durch dieses Vorgehen ihre eigene Auszahlung erhöhen zu können.

Damit der Pool die Konsensversion der Kette mit Michèles Block überholen kann, müssen sie die nächsten beiden gültigen Blocks erstellen. Der ganze Rest des Netzwerks wird gleichzeitig an der Konsensversion arbeiten.

5 Transaktionskonsens

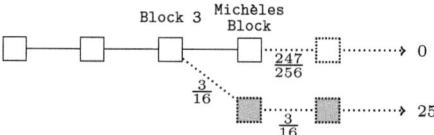

Abbildung 67: Wahrscheinlichkeiten und Auszahlungen für Brians Pool bei abweichendem Verhalten.

Die verschiedenen Pfade stehen für die möglichen Versionen der Blockchain. Blocks von Brians Pool sind in grau gehalten. Alle anderen Blocks sind in weiss dargestellt. Gepunktete Blocks können lediglich mit einer gewissen Wahrscheinlichkeit erstellt werden und befinden sich auf einem der möglichen Pfade.

Betrachten wir zuerst den unteren Pfad. Da Brians Pool drei Einheiten Rechenleistung kontrolliert, entspricht die Wahrscheinlichkeit, dass der Pool den jeweils nächsten Block erstellen kann $\frac{3}{16}$. Die Wahrscheinlichkeit, dass dies gleich zweimal nacheinander passiert entspricht folglich $\frac{3}{16} \cdot \frac{3}{16}$ beziehungsweise $\frac{9}{256}$. Sollte den Dreien dies gelingen, hat die Version mit ihren beiden Blocks diejenige mit Michèles Block überholt und wird vom Netzwerk als neue Konsensversion übernommen. In diesem Fall würde der Pool zweimal die Belohnung von 12.5 Bitcoin Einheiten erhalten.

In allen anderen Fällen werden konkurrierende Miner die bisherige Konsensversion zuvor um mindestens einen Block erweitern können. Damit würden wir uns auf dem oberen Ast der Kette befinden, also auf derjenigen Version, welche auf Michèles Block basiert, wodurch allfällige Blocks der unteren Kette irrelevant wären.[79] Die Wahrscheinlichkeit hierfür entspricht der Gegenwahrscheinlichkeit von $\frac{9}{256}$, was $\frac{247}{256}$ ergibt und zu folgendem Erwartungswert führt.

---

[79]Brians Pool könnte sich dazu entscheiden, den Versuch die Konsenskette zu überholen weiter in die Länge zu ziehen. Ein Angriff wäre also grundsätzlich auch dann denkbar, wenn die Konsensversion mit mehr als einem Block im Vorsprung liegt. An der grundlegenden Berechnungsweise würde sich nichts ändern. Die Rechenleistung wäre lediglich über eine noch längere Zeitdauer einer Version der Kette alloziert, die ein erhöhtes Ausfallrisiko aufweist, wodurch der Erwartungswert der Auszahlung in aller Regel nochmals geringer ausfallen würde.

5.3 Bitcoin Mining: Anreize und Beispiele

$$25 \cdot \frac{9}{256} + 0 \cdot \frac{247}{256} \approx 0.88$$

Zum Vergleich betrachten wir die Situation in der sich Brians Pool an die Konsensregeln hält und Michèles Block akzeptiert. Der Pool wird die eigenen Blockkandidaten folglich auf Basis von Michèles Block erstellen und gemeinsam mit dem Rest des Netzwerks an der Konsensversion der Kette arbeiten. Die möglichen Pfade in welche sich die Kette entwickeln kann, sind in Abbildung 68 dargestellt.

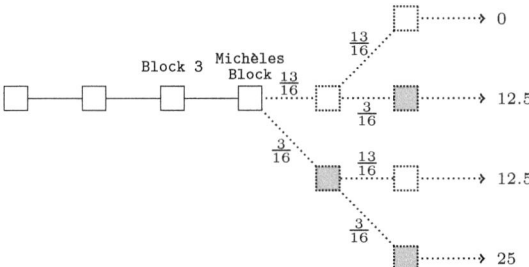

Abbildung 68: Wahrscheinlichkeiten und Auszahlungen für Brians Pool bei Konsensprotokoll konformem Verhalten.

Da alle Miner gemäss der jeweiligen Konsensversion arbeiten, werden keine Belohnungen verloren gehen. Gelingt es Brians Pool einen gültigen Block zu erstellen und diesen der Konsensversion der Blockchain anzufügen, erhält der Pool seine Entlohnung somit mit Sicherheit.

Wir betrachten wiederum den Zeitraum über den die nächsten beiden Blocks erstellt werden, also im Schnitt rund 20 Minuten. Der Pool hat in diesem Zeitraum zweimal die Möglichkeit von $\frac{3}{16}$, den jeweils nächsten Block zu erstellen. Die vier Pfade zeigen die verschiedenen Zustände in denen der Pool keinen, einen (zwei mögliche Pfade) oder beide Blocks beisteuern kann. Durch konformes Verhalten erhält der Pool die folgende erwartete Auszahlung.

5 Transaktionskonsens

$$0 \cdot \frac{169}{256} + 12.5 \cdot \frac{39}{256} + 12.5 \cdot \frac{39}{256} + 25 \cdot \frac{9}{256} \approx 4.69$$

Das Beispiel veranschaulicht den starken Kooperationsanreiz, der auf die Miner einwirkt. Der Erwartungswert bei Befolgung des Konsensprotokolls ist deutlich höher, als bei einem Verstoss. Es ist also im besten Interesse der Miner, gültige Blocks anderer Personen zu berücksichtigen und die eigene Blockchain-Version stets aktuell zu halten.

Bei der genauen Betrachtung sehen wir, dass der Erwartungswert des abweichenden Verhaltens exakt einem der möglichen Pfade bei ehrlichem Verhalten entspricht. Zusätzlich bietet das ehrliche Verhalten aber weitere Optionen, die ebenfalls zur Auszahlung einer Belohnung führen können und ist somit strikt besser.

Dies ist darauf zurückzuführen, dass es für Brians Auszahlung keine Rolle spielt, ob Michèle ihre Belohnung erhält. Die mathematischen Eigenschaften (Poisson Prozess) sorgen dafür, dass die Auszahlungen nicht wirklich konkurrierend sind. In anderen Worten: Kann Michèle einen gültigen Block erstellen, wird der Erwartungswert aller anderen Miner dadurch nicht beeinflusst - es sei denn sie ignorieren Michèles Block und versuchen eine konkurrierende Version der Kette zu bilden.

Nebst dem geringeren Erwartungswert nehmen Miner, welche ihre Blockkandidaten nicht auf der aktuellen Konsensversion basieren, zudem eine höhere Volatilität der Auszahlungen in Kauf.

5.3.5 Block Race

Da es sich beim Mining um einen probabilistischen Vorgang handelt, ist es trotz der künstlichen Beschränkung von *Proof-of-Work* möglich, dass zeitgleich zwei konkurrierende Blocks gefunden werden. Beide Blocks referenzieren denselben Vorgänger und bilden somit zwei unterschiedliche Versionen der Kette.

5.3 Bitcoin Mining: Anreize und Beispiele

Gehen wir beispielsweise davon aus, dass Block 3 dem letzten Block der aktuellen Konsensversion entspricht und sowohl Michèle als auch Tony einen Block finden, der Block 3 referenziert und eine Identifikationsnummer unter dem Schwellenwert aufweist. Dies führt zu der in Abbildung 69 visualisierten Situation.

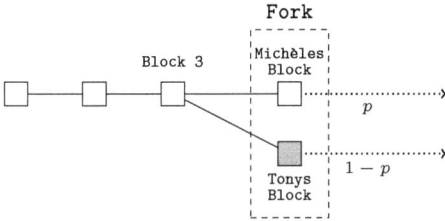

Abbildung 69: *Block Race* nach gleichzeitigem Generieren zweier konkurrierender Blocks.

Die Konsensregel der längsten Kette (beziehungsweise der höchsten aggregierten *Difficulty*) wird in einem solchen Fall zu keinem eindeutigen Ergebnis kommen. Beide Ketten sind gleichwertig und werden über einen gewissen Zeitraum koexistieren. Erst wenn eine der beiden Ketten durch einen zusätzlichen gültigen Block erweitert werden kann, wird diese Kette die Position der Konsensversion einnehmen und die andere Version der Kette irrelevant werden. Dieses Szenario wird als *Block Race* (dt. Block Rennen) bezeichnet.

Entscheidend für den Ausgang des Rennens ist wiederum die Allokation von Rechenleistung. Je mehr Rechenleistung der einen oder der anderen Version der Kette zufliesst, desto höher wird auch die Wahrscheinlichkeit, dass diese Version zuerst durch einen weiteren Block ergänzt werden kann.

Die Rechenleistung von Michèle und Tony wird ihren jeweiligen Versionen zugute kommen. Alle anderen Miner werden standardmässig denjenigen Block bevorzugen, der zuerst bei ihnen eingegangen ist. Gelingt es also entweder Michèle oder Tony ihren jeweiligen Block effizienter zu propagieren, können sie mehr Knoten und somit mehr Rechenleistung für ihre Version der Kette gewinnen. Wir

229

5 Transaktionskonsens

nennen den Anteil der Rechenleistung der Michèles Version zufliesst p. Dementsprechend wird der Anteil, der an Tonys Kette arbeitet bei $1 - p$ liegen.

Die Effizienz der Propagierung hängt insbesondere von der Netzwerkanbindung des jeweiligen Miners ab. Umso zahlreicher, vielfältiger und schneller die eigenen Verbindungen sind, desto effizienter wird sich der Block ausbreiten können. Die Geschwindigkeit steht zudem in Abhängigkeit zur Grösse des Blocks. Beinhaltet ein Block wesentlich mehr Transaktionen als der andere, kann es sein, dass das zusätzliche Datenvolumen den grösseren Block entscheidend ausbremst. Aus diesem Grund können Miner einen Anreiz haben, weniger Transaktionen in einen Block zu inkludieren, als theoretisch möglich wären. [96]

Sobald ein neuer Block gefunden wurde, haben alle Miner einen Anreiz an der dominanten Version zu arbeiten, wodurch das Netzwerk automatisch in einen Konsens zurückfindet. Welche Version der Kette sich durchsetzen kann, ist für den Fortbestand des Netzwerks irrelevant. Wichtig ist lediglich, dass ein eindeutiger Zustand geschaffen wird.

Für Michèle und Tony spielt es allerdings sehr wohl eine Rolle. Die Belohnung ist Bestandteil ihrer jeweiligen Version. Verliert ihre Version das Rennen, wird auch die darin beinhaltete Belohnung verloren gehen. Insofern könnte man sich fragen, ob der unterlegene Miner nicht einen Anreiz haben könnte, die eigene Rechenleistung selbst dann seiner Version zuzusprechen, wenn die konkurrierende Version weiter fortgeschritten ist. Sollte es ihm nämlich gelingen die nächsten beiden Blocks zu erstellen, könnte er die andere Version ein- und überholen und die ursprüngliche Belohnung retten.

Betrachten wir hierzu eine Situation in der es Michèle gelingt einen weiteren gültigen Block zu finden. Tony wird dadurch vor eine Entscheidung gestellt. Hält er sich an die Spielregeln und wechselt ebenfalls auf die Konsensversion, wird er zwar seine Belohnung verlieren, hat anschliessend aber zweimal die Chance von $\frac{3}{16}$ einen neuen gültigen Block zu erstellen und neue Belohnungen von jeweils 12.5 Bitcoin Einheiten zu erhalten. Sein Erwartungswert würde dadurch bei ungefähr 4.69 liegen. Wird sich Tony hingegen dazu entscheiden, mit seiner Rechenleistung weiterhin an der eigenen Version der Kette zu arbeiten, wird er nur dann Erfolg

5.3 Bitcoin Mining: Anreize und Beispiele

haben, wenn er die nächsten beiden Blocks erstellen kann. Dadurch könnte er sich die beiden Belohnungen aus den neuen Blocks sowie jene aus dem bereits erstellten Block sichern, wodurch sein Erwartungswert $\frac{3}{16} \cdot \frac{3}{16} \cdot 3 \cdot 12.5 \approx 1.32$ entsprechen würde. Die Auszahlungen beim abweichenden Verhalten werden in Abbildung 70 dargestellt.

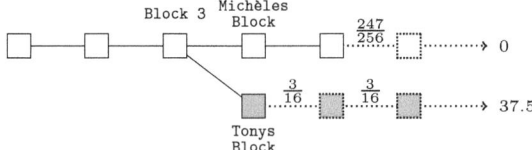

Abbildung 70: Möglicher Anreiz zur Bevorzugung einer unterlegenen Ketten-Version, da eine Belohnung aus einem vorherigen Block auf dem Spiel steht.

Trotz des zusätzlichen Anreizes der fest an die unterlegene Version gebundenen Belohnung würde Tony durch sein abweichendes Verhalten schlechter fahren. Erst ab einem bestimmten relativen Anteil an der Gesamtrechenleistung wird dieses Verhalten für Tony von Vorteil sein. Ersetzen wir $\frac{3}{16}$ durch einen variablen Ausdruck für Tonys relative Rechenleistung x, können wir diesen kritischen Wert berechnen.

Auf der linken Seite der nachfolgenden Gleichung sehen wir Tonys Erwartungswert, falls er an seiner eigenen Kette arbeitet. Die rechte Seite umfasst Tonys Erwartungswert, falls er sich der Konsensversion anschliesst. R entspricht der Höhe der Entlohnung und wird im Kürzungsprozess vollständig wegfallen.

$$3x^2 R = 2xR$$
$$3x = 2$$
$$x = \frac{2}{3}$$

5 Transaktionskonsens

Tony ist also indifferent wenn er exakt zwei Drittel der Gesamtrechenleistung des Netzwerks kontrolliert. Für eine geringere relative Rechenleistung wird er durch abweichendes Verhalten strikt schlechter gestellt. Kontrolliert er hingegen mehr als zwei Drittel der Gesamtrechenleistung, lohnt sich die Arbeit an der eigenen Kette.

Hat Tony einen längeren Zeithorizont und ist bereit selbst dann an der eigenen Kette weiterzuarbeiten, wenn der Rest des Netzwerks initial weiter davonzieht, wird die Sache deutlich komplexer. Vereinfacht kann aber festgehalten werden, dass ein Miner der mehr als 50% der Rechenleistung kontrolliert theoretisch immer an seiner eigenen Kette arbeiten könnte, da er seine Kette im Schnitt schneller anwachsen lassen kann, als jegliche konkurrierende Versionen.[80]

Zudem hätte ein derart dominanter Miner die Möglichkeiten gewisse Angriffe durchzuführen, die wir im nächsten Abschnitt besprechen werden. Die Dominanz eines Miners (oder kolludierenden Miner-Gruppierungen) stellt also eine gewisse Bedrohung für das Bitcoin-Netzwerk dar.

Anmerkung 5.4
Konformität in der Gegenwart exogener Anreize
Möchte ein Miner seine Auszahlung aus den System-nativen Belohnungen maximieren, wird er normalerweise nicht von dem Protokoll abweichen. Es kann aber durchaus andere Gründe geben, die einen Miner zu einem abweichenden Verhalten bewegen. So wäre es beispielsweise denkbar, dass ein Knoten primär durch exogene Anreize motiviert wird.

Szenarien in denen die exogene Motivation dazu führt, dass der Miner dem Bitcoin-System zu schaden versucht, werden als *Goldfinger Angriffe*[115] bezeichnet. Sie basieren auf der Annahme, dass eine ressourcenstarke Entität in erheblichem Masse vom Vertrauensverlust in das Bitcoin-System profitieren würde. Der Nutzen könnte beispielsweise politischer Natur oder direkt an sinkende Preise der Bitcoin Einheit geknüpft sein.

---

[80]Siehe Anmerkung 3.3 für Fälle in denen sogar eine Rechenleistung von unter 50% ausreicht.

> Abhängig vom Umfang dieses Nutzens wäre es einer Entität möglich Kosten auf sich zu nehmen, um dem System gezielt zu schaden. Diese Gefahr war insbesondere in den Anfängen des Projekts sehr gross. Die zunehmende Adaption und die stark angestiegene Marktkapitalisierung machen derartige Angriffe aber immer teurer und somit unwahrscheinlicher.

5.3.6 Angriffe auf das System

Miner mit einem hohen Anteil an der Gesamtrechenleistung des Netzwerks können den Verlauf der Konsenskette wesentlich mitgestalten. Weigert sich ein Miner beispielsweise eine bestimmte Transaktion in seine Blockkandidaten aufzunehmen, wird sich die durchschnittliche Verarbeitungsdauer dieser Transaktion verzögern. Je höher die Rechenleistung des entsprechenden Miners, desto geringer die Wahrscheinlichkeit, dass die Transaktion mit dem nächsten Block ihren Weg in die Konsensversion der Blockchain findet.

Möchte der dominante Miner gar gänzlich verhindern, dass die Transaktion in die Blockchain übernommen wird, kann er ab einer gewissen Rechenleistung versuchen, dies zu verhindern. Erstellt ein anderer Miner einen gültigen Block, der diese Transaktion beinhaltet, kann der erste Miner diesen Block angreifen, indem er weiterhin Blockkandidaten erstellt, die auf dem Vorgänger des neuen Blocks basieren. Gelingt ihm dies, kann er eine alternative Ketten-Version schaffen, in welcher die Transaktion nicht verarbeitet wurde.

Abbildung 71 zeigt ein Beispiel einer solchen Situation. Block 4 der Konsens-Kette beinhaltet unter anderem eine Transaktion von Raphael an Lucas. Möchte ein Miner diese Transaktion ungeschehen machen, kann er versuchen eine alternative Kette auf Basis von Block 3 zu starten. Je mehr Bestätigungen ein Block bereits hat, das heisst je tiefer ein Block in der Konsensversion der Kette integriert ist, desto schwieriger wird ein solcher Angriff. Für die meisten Transaktionen sind zwei bis drei Bestätigungen genügend sicher. Ab sechs Bestätigungen gilt ein Block, inklusive aller darin enthaltenen Transaktionen, als unumkehrbar.

Dieselbe Methode kann aber nicht bloss zur Blockade von Transaktionen verwendet werden; auch Raphael selbst könnte in bestimmten Situationen einen

5 Transaktionskonsens

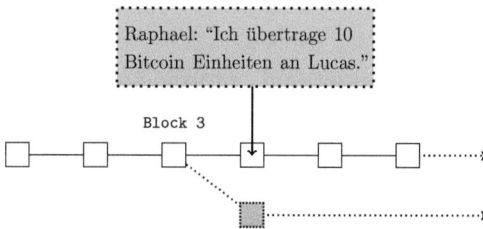

Abbildung 71: Der Miner der alternativen Kette möchte die Transaktion von Raphael an Lucas ungeschehen machen.

Anreiz haben, seine eigenen Transaktionen ungeschehen zu machen. Kauft Raphael beispielsweise einen Goldbarren bei Lucas, könnte er versuchen die Bitcoin Transaktion nach Erhalt des Goldbarrens umzukehren. Raphael verfügt zwar selbst über keine Rechenleistung, wäre aber in der Lage einen Miner anzuheuern. Gelingt dieser Angriff und hat Lucas ihm den Goldbarren bereits ausgehändigt, wäre Raphael im Besitz des Goldes und der Bitcoin Einheiten. Ein derartiger Angriff wird generell als *Double Spend* (dt. doppelte Ausgabe) bezeichnet.

Damit Lucas die bereits von Raphael signierte Transaktionsnachricht nicht einfach zu einem späteren Zeitpunkt erneut propagieren kann, wird Raphael eine konkurrierende Transaktion erstellen, welche denselben Transaktionsoutput referenziert. Raphael kann für die neue Transaktion einen beliebigen Empfänger festlegen (also auch sich selbst). Sollte sich jene Version der Kette durchsetzen, welche die neue Transaktion beinhaltet, würde die Transaktionsnachricht zugunsten Lucas einen Output referenzieren, der bereits anderweitig verwendet wird. Die Transaktion wäre somit ungültig und könnte nicht mehr in spätere Blockkandidaten integriert werden.

Die aufgezeigten Angriffe werden allgemein als *51% Angriffe* bezeichnet. Der Name ist auf die Voraussetzung zurückzuführen, dass der oder die Angreifer über einen erheblichen Anteil der Gesamtrechenleistung verfügen. Anders als der Name vermuten lassen würde, können *51% Angriffe* aber auch mit einer Rechenleistung von unter 50% durchgeführt werden. Die Höhe der Rechenleistung beeinflusst lediglich die Erfolgswahrscheinlichkeit eines solchen Angriffs.

5.3 Bitcoin Mining: Anreize und Beispiele

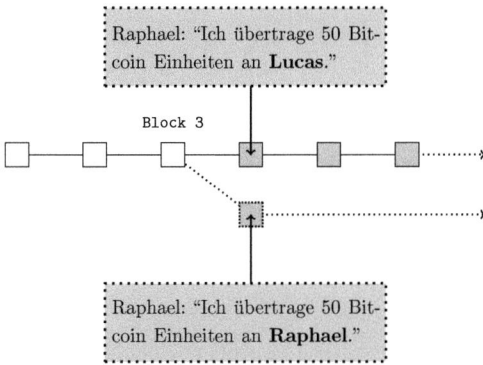

Abbildung 72: Der Miner der alternativen Kette möchte die Transaktion von Raphael an Lucas ungeschehen machen und inkludiert eine konkurrierende Transaktion um eine neuerliche Kommunikation der ersten Transaktion zu verhindern.

Anmerkung 5.5
Beschränkte Möglichkeiten mit 51% Angriffen
Selbst wenn ein 51% Angriff gelingt, sind die Möglichkeiten des Angreifers sehr beschränkt. Ein Angreifer könnte beispielsweise nicht neue Transaktionen im Namen einer anderen Person ausstellen oder Bitcoin Einheit beschlagnahmen, über welche er nicht verfügungsberechtigt ist. Unabhängig von der Allokation der Rechenleistung sind die Transaktionsoutputs stets durch Auszahlungsbedingungen besichert, welche ausschliesslich mittels gültiger Signaturen gelöst werden können.

Ein 51% Angriff kann im schlimmsten Fall eine Transaktion umkehren oder verhindern, dass bestimmte Transaktionen in die Blockchain aufgenommen werden. Mit den entsprechenden Vorsichtsmassnahmen (abwarten von Bestätigungen) stellen derartige Angriffe aber ein überschaubares Problem dar.

5 Transaktionskonsens

> Hinzu kommt, dass Miner mit einem derart hohen Anteil an der Gesamtrechenleistung des Systems in aller Regel kein Interesse daran haben, das Vertrauen in das Bitcoin-System zu untergraben und dadurch ihre eigene Existenzgrundlage anzugreifen.

Es existiert aber auch eine Form von *Double Spend* Angriffen, die keinerlei Rechenleistung voraussetzt. Raphael kann folglich versuchen diesen Angriff ohne Beihilfe eines Miners durchzuführen.

Wir zeigen diesen Angriff erneut anhand eines konkreten Beispiels auf. Diesmal kauft Raphael einen Kaffee bei Daniels Take-Away und bezahlt diesen mit Bitcoin Einheiten. Aufgrund des Geschäftsfeldes von Daniel ist es ihm nicht möglich 10 Minuten auf eine Bestätigung zu warten bevor er seinen Kunden den Kaffee aushändigt. Folglich akzeptiert er auch unbestätigte Transaktionen, in der Annahme, dass diese ohnehin in den nächsten Block aufgenommen werden.

Raphael versucht diese Tatsache auszunutzen und erstellt beim Kauf des Kaffees eine zweite Transaktion, welche denselben Transaktionsoutput referenziert, aber zu seinen Gunsten ausgestellt ist. Er sendet die erste Transaktion zugunsten von Daniel an einen Knoten und die zweite Transaktion an einen anderen Knoten. Beide Transaktionen werden über das Netzwerk weitergeleitet, wobei die Knoten normalerweise jene Transaktionsnachricht bevorzugen, die zuerst bei ihnen eingegangen ist.

Raphael hofft, dass Daniels Wallet lediglich die erste Transaktion zugestellt bekommt, die zweite Transaktion aber dennoch möglichst breit über den Rest des Netzwerks gestreut wird. Je mehr Miner die zweite Transaktion in ihrer Warteschlange halten, desto höher ist Raphaels Chance, dass er nebst dem Kaffee auch seine Bitcoin Einheiten zurückerhält. Unbestätigte Transaktionen können also stets zum Ziel eines *Double Spend* Angriffs werden.

Wenn immer möglich sollte bei einem Handel deshalb mindestens eine Bestätigung abgewartet werden. Erlaubt die Natur des Handels keine längere Wartezeit, sollten zwischen Bezahlvorgang und Übergabe der Ware wenigstens einige Sekunden vergehen. Verfügt der Knoten des Verkäufers über eine breit abgestützte Netzwerkanbindung und erhält er über diesen Zeitraum keine konkurrie-

5.3 Bitcoin Mining: Anreize und Beispiele

rende Transaktion zugestellt, kann er davon ausgehen, dass keine konkurrierende Transaktionsnachricht propagiert wurde. Nach diesem Zeitraum wird die erste Transaktion bereits in den meisten lokalen Sammlungen der Miner vorhanden sein. Eine konkurrierende Transaktion hätte es somit schwer, die für einen erfolgreichen *Double Spend* notwendige Verbreitung zu erreichen.

Abbildung 73 zeigt die schematische Ausbreitung zweier konkurrierender und gleichzeitig propagierter Transaktionen im Bitcoin-Netzwerk. Wir gehen davon aus, dass sämtliche Verbindungen über dieselbe Geschwindigkeit verfügen und in jeweils einem Schritt überwunden werden können. Die Kommunikation erfolgt an alle direkten Verbindungen der Knoten, die eine der beiden Transaktionen in der Warteschlange halten. Hält ein Knoten bereits eine Transaktion, die diesen Transaktionsoutput referenziert, wird er Transaktionen mit derselben Referenz ignorieren.

Raphael kommuniziert die Transaktion zugunsten von Daniel an Tamara. Die konkurrierende Transaktion zu seinen Gunsten sendet Raphael gleichzeitig an Michèle. Nun beginnt eine Art Rennen der beiden Transaktionen. Abhängig von der Netzwerktopologie, der Allokation der Rechenleistung und dem Zufall wird sich die eine oder die andere Transaktion durchsetzen können.

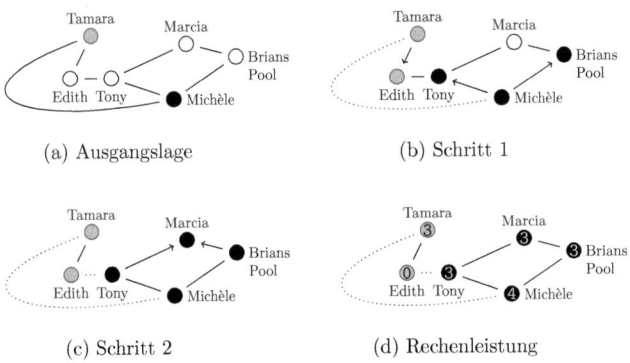

Abbildung 73: Ausbreitung der Transaktionsnachricht über mehrere Schritte

5 Transaktionskonsens

Konkret hängt die Wahrscheinlichkeit zum Gelingen von Raphaels *Double Spend* Versuch davon ab, wie viele Miner beziehungsweise wie viele Einheiten Rechenleistung die eine oder die andere Transaktion bevorzugen. In unserem Beispiel aus Abbildung 73 wird der *Double Spend* mit der hohen Wahrscheinlichkeit von $\frac{13}{16}$ gelingen. 13 der 16 Einheiten Rechenleistung werden Raphaels zweite Transaktion in den nächsten Block aufnehmen. Daniel erhält seine Bitcoin Einheiten folglich nur dann, wenn Tamara den nächsten Block erstellen kann. Dies wird lediglich mit einer Wahrscheinlichkeit von $\frac{3}{16}$ passieren.

Wir möchten an dieser Stelle nochmals hervorheben, dass diese Art des *Double Spend* Angriffs nur bei unbestätigten Transaktionen durchgeführt werden kann und mit entsprechenden Vorsichtsmassnahmen seitens Daniel hätte abgewendet werden können. Zudem muss dieser potentielle Angriff im entsprechenden Kontext gesehen werden. Jedes Zahlungsmittel beinhaltet gewisse Risiken. Sei es die Existenz von Fälschungen bei Bargeld, die Möglichkeit von *Chargebacks* bei Kreditkarten oder der Versuch eines *Double Spends* bei Bitcoin. Im Unterschied zu den anderen beiden Problemen kann die Gefahr eines *Double Spends* aber durch technische Massnahmen nicht bloss entschärft, sondern mit einer sehr hohen Wahrscheinlichkeit gänzlich verhindert werden.

5.4 Aufgaben zur Repetition

Aufgabe 5.1: Skizzieren Sie einen Block mit den wichtigsten Bestandteilen. Fügen Sie Ihrer Skizze dann einen zweiten Block hinzu und erläutern Sie inwiefern aus den Blocks eine Kette entstehen kann.

Aufgabe 5.2: Beschreiben Sie das Prinzip der Referenzen von Block Header Hashwerten (Identifikationsnummern). Weshalb können Blocks durch dieses Prinzip besichert werden?

Aufgabe 5.3: Nennen Sie die wichtigsten Bestandteile des Bitcoin Konsensprotokolls und deren Zusammenspiel zur Gewährleistung eines Konsenses.

Aufgabe 5.4: Erklären Sie den Begriff des Schwellenwertes im Kontext von *Proof-of-Work*. Weshalb wird im Bitcoin-System ein dynamischer Schwellenwert verwendet und wie kommt dieser zustande?

Aufgabe 5.5: Gehen Sie davon aus, dass eine Einheit Rechenleistung 0.6 Geldeinheiten pro Stunde kostet. Nehmen Sie zudem an, dass die Blockchain im Gleichgewicht des kompetitiven Marktes durch 2'000 Einheiten Rechenleistung besichert wird und die momentane Entlohnung 12.5 Bitcoin Einheiten entspricht. Bei welchem Preis sollte die Bitcoin Einheit unter diesen Annahmen liegen?

Aufgabe 5.6: Erörtern Sie, was sich an Aufgabe 5.5 ändern würde, wenn plötzlich *Mining Hardware* mit einer 500% höheren Effizienz erhältlich wäre. Begründen Sie Ihre Ausführungen.

Aufgabe 5.7: Begründen Sie, inwiefern die Blocktiefe für die Sicherheit der im Block beinhalteten Transaktionen eine Rolle spielt.

5 Transaktionskonsens

Aufgabe 5.8: Nennen Sie die beiden Arten von *Double Spend* Angriffen, die Sie kennengelernt haben und zeigen Sie deren Unterschiede hinsichtlich der Voraussetzungen und Möglichkeiten des Angreifers.

Aufgabe 5.9: Betrachten Sie das Beispiel in Abbildung 73. Wie hoch wäre Raphaels Wahrscheinlichkeit für die erfolgreiche Durchführung eines *Double Spends*, wenn er die zweite Transaktion an Marcia statt an Michèle kommuniziert hätte?

Teil III

Weitere Ausführungen

6 Bitcoin als Geldeinheit?

Zu Beginn dieses Buches haben wir dargelegt, dass Bitcoin als ein neuartiges monetäres System geschaffen wurde. Gleichzeitig haben wir bereits zu diesem Zeitpunkt angemerkt, dass es legitime Punkte gibt, die gegen eine derartige Definition sprechen mögen. Erstens erfüllen Bitcoin Einheiten die Funktionen einer Geldeinheit nur bedingt. Zweitens eröffnet die Bitcoin-Technologie zahlreiche neue Anwendungsbereiche, die weit über den monetären Aspekt hinausgehen. Wir laufen also Gefahr, durch eine derart enge Definition die Innovationskraft dieser Technologie deutlich zu unterschätzen.

In diesem Kapitel gehen wir explizit der Frage nach, ob Bitcoin Einheiten tatsächlich als Geld bezeichnet werden sollten. Insbesondere analysieren wir deren Fähigkeit zur Erfüllung der drei Funktionen aus Abschnitt 1.2.

6.1 Eignung als Tauschmittel

Bitcoin Einheiten können gegen eine Vielzahl von Waren und Dienstleistungen getauscht werden und die Zahl der Akzeptanzstellen ist tendenziell steigend. Dennoch kann die Akzeptanz von Bitcoin bei weitem nicht mit derjenigen von traditionellen Geldeinheiten verglichen, geschweige denn die Bitcoin Einheit als dominantes Tauschmittel bezeichnet werden. Im Folgenden betrachten wir einige Punkte, die wesentlichen Einfluss auf die Tauschmittel-Funktion der Bitcoin Einheit haben.

6 Bitcoin als Geldeinheit?

6.1.1 Komplexität

Die Komplexität der noch jungen Technologie wirkt sich negativ auf die derzeitige Adaptionsrate durch Händler und Verbraucher aus. Langfristig muss dies aber nicht unbedingt ein Problem darstellen. Nutzer verstehen in den wenigsten Fällen die Einzelheiten derjenigen Technologien, die sie täglich verwenden. Für eine breite Akzeptanz ist es wichtig, dass die Technologie komfortabel einsetzbar ist und eine einfache Befriedigung der Nutzerbedürfnisse ermöglicht. In den nächsten Jahren wird sich zeigen, ob es der Bitcoin-Technologie gelingen wird, über vereinfachte Produkte und Dienstleistungen den Mainstream zu erreichen.

Zugegebenermassen besteht bei diesem Prozess eine gewisse Gefahr, dass die nutzerseitige Unabhängigkeit verloren geht und die Vereinfachung primär durch die Entstehung von zentralisierten Sub-Netzwerken (siehe Abschnitt 3.2.1) erfolgt. Ein solches Vorgehen würde die Vorteile von Bitcoin untergraben und die Technologie verwässern.

6.1.2 Keine rechtliche Annahmepflicht

Im Unterschied zu staatlichen Währungen besteht für Bitcoin Einheiten kein gesetzlicher Annahmezwang, der sämtliche Marktteilnehmer einer Jurisdiktion dazu verpflichtet, die entsprechende Landeswährung zur Begleichung jeglicher Geldschulden in Zahlung zu nehmen.[81]

Obschon das Erreichen des monetären Gleichgewichts ab einer bestimmten Schwelle durch selbstverstärkende Effekte gestützt wird (siehe Abschnitt 1.3), ist der Schritt bis zu dieser Schwelle ohne die gesetzliche Stütze wesentlich schwieriger. Die Tatsache, dass andere Tauschmittel über diese explizite Annahmegarantie durch den Staat verfügen, erschwert das Erreichen einer hinreichend grossen Akzeptanz zusätzlich. Denn obwohl es Gründe geben mag, die für einen Währungswettbewerb sprechen,[196] ist von einem reinen Tauschmittel-Aspekt ein einziges dominantes Tauschmittel gesamtwirtschaftlich optimal. Mehrere Tausch-

---

[81]In der Schweiz ist dies im *Bundesgesetz über die Währung und die Zahlungsmittel*[175] sowie in Artikel 84 des Schweizerischen Obligationenrechts festgehalten (siehe Abschnitt 1.4.3).

6.1 Eignung als Tauschmittel

mittel führen zu einer Eskalation der möglichen Tauschpaare und haben somit höhere Transaktionskosten zur Folge (siehe Abschnitt 1.2.1).[82]

6.1.3 Gebühren und Kosten einer Transaktion

Bitcoin Einheiten verfügen über eine virtuelle Repräsentation und unterliegen somit nicht den Nachteilen physischer Geldeinheiten. Für die Transaktionen spielt die örtliche Nähe keine Rolle und die durch den Transaktionsinitianten zu verrichtenden Transaktionsgebühren sind gering bis komplett vernachlässigbar. Dies ist eines der Hauptargumente, die für die Tauschmittel-Funktion der Bitcoin Einheit sprechen. Abbildung 74 zeigt die Entwicklung dieser Transaktionsgebühren (in USD) für eine durchschnittliche Transaktion.

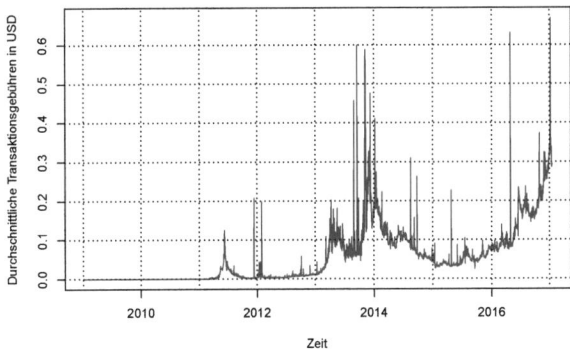

Abbildung 74: Durchschnittliche durch den Initianten bezahlte Transaktionsgebühren in USD. Tagesdurchschnitte der Gebühren pro Transaktion (Datenquelle: Blockchain.info).

Die Transaktionsgebühren stellen aber lediglich einen Bruchteil der tatsächlichen Kosten einer Transaktion dar. Nebst den Gebühren erhalten die Miner,

---

[82]Boel (2016)[34] fasst Studien zusammen, die für die parallele Existenz verschiedener Währungen sprechen.

6 Bitcoin als Geldeinheit?

welche die Transaktionen der Blockchain hinzufügen, eine fixe Belohnung in der Form von neu geschöpften Bitcoin Einheiten. Dies führt zu einer Ausdehnung der Geldmenge und somit zu zusätzlichen Kosten, die durch inflationäre Kräfte an alle Marktteilnehmer weitergereicht werden, die über Bitcoin Einheiten verfügen. Es kann also festgehalten werden, dass Bitcoin Transaktionen derzeit durch alle Eigentümer subventioniert werden.

Bezieht man diese fixen Kosten in die Kalkulation mit ein und bricht sie anteilig auf die einzelnen Transaktionen herunter, entsteht ein ganz anderes Bild, welches die Kosteneffizienz von Bitcoin und somit eines der wichtigsten Argumente für die Tauschmittel-Funktion in Frage stellt. Abbildung 75 zeigt die Entwicklung der tatsächlichen Kosten einer Transaktion, welche den Gebühren zuzüglich dem Wert der neu geschaffenen Bitcoin Einheiten pro Transaktion entsprechen.

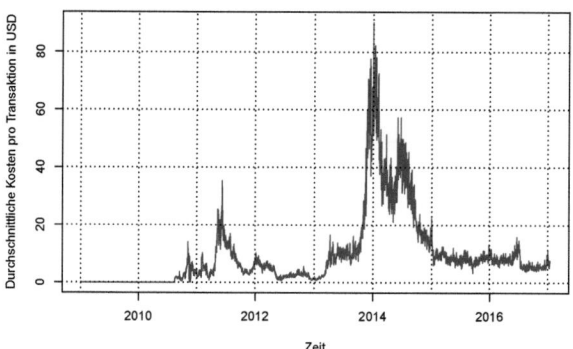

Abbildung 75: Schätzung der tatsächlichen Kosten einer Bitcoin Transaktion. Tagesdurchschnitte inklusive der Subventionen durch Schöpfung neuer Bitcoin Einheiten. (Datenquelle: `Blockchain.info`)

Da die Schöpfung neuer Bitcoin Einheiten systematisch rückläufig ist und schliesslich ganz versiegen wird, werden die Subventionen mit der Zeit einen immer geringeren Stellenwert einnehmen. Das Bitcoin-System beinhaltet also

6.1 Eignung als Tauschmittel

einen vordefinierten Subventionsprozess, der eine zunehmende Internalisierung der Kosten von Transaktionen über Gebühren vorsieht.

Abbildung 76: Vergleich der Preisdaten pro Bitcoin Einheit, mit (gestrichelt) und ohne (durchgezogen) inflationären Druck. Berechnung über Marktkapitalisierung, geteilt durch normalisierte Anzahl Bitcoin Einheiten auf Niveau vom 1. Januar 2013. Datenquelle: `blockchain.info`

Um das Ausmass der möglichen Preiseffekte dieser Subventionen aufzeigen zu können, haben wir in Abbildung 76 die Anzahl der Bitcoin Einheiten auf dem Niveau vom 1. Januar 2013 belassen und die Marktkapitalisierung des Bitcoin-Systems auf diese fixe Anzahl Bitcoin Einheiten aufgeteilt. Die Abbildung zeigt also einen fiktiven Preis pro Bitcoin Einheit, ausgehend von der Annahme, dass die Verwässerungseffekte durch die Schöpfung neuer Bitcoin Einheiten nicht stattgefunden haben. Dieser fiktive Preis wird mit der durchgezogenen Kurve dargestellt. Die gestrichelte Kurve zeigt den tatsächlichen Preisverlauf zum direkten Vergleich. Die Differenz der beiden Kurven offenbart, dass eine Person, die eine Bitcoin Einheit über die Zeitperiode von Anfang 2013 bis am 15. Januar 2017 in Besitz hielt, die Preisdifferenz in der Höhe von rund 420 US Dollar pro Bitcoin Einheit als Subvention an das Bitcoin-Netzwerk abgetreten hat.

6 Bitcoin als Geldeinheit?

Der allmähliche Wegfall der Subventionen kann entweder dazu führen, dass die Transaktionsinitianten höhere realwirtschaftliche Gebühren für ihre Transaktionen bezahlen, oder aber, dass der Erlös der Miner und damit auch die zur Verfügung gestellte Sicherheit in Form der Rechenleistung einen Rückgang verzeichnet.[83] Eine dritte Möglichkeit besteht darin, dass die Anzahl der Transaktionen pro Block ausgedehnt und die zur Incentivierung der Miner notwendigen Gebühren auf eine breitere Transaktionsbasis verteilt werden.

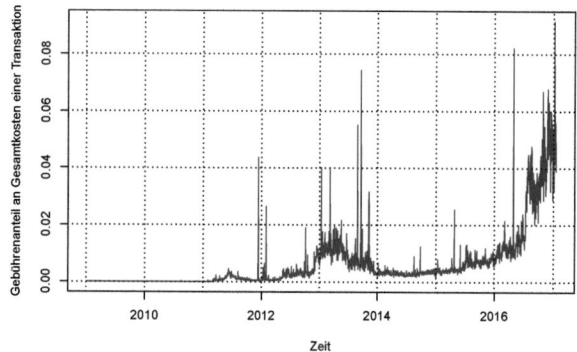

Abbildung 77: Transaktionsgebühren als Anteil an den gesellschaftlichen Kosten einer durchschnittlichen Transaktion. Tagesdurchschnitte in USD (Datenquelle: `Blockchain.info`).

Abbildung 77 zeigt den Anteil der Kosten einer Transaktion, der vom Initianten selbst getragen werden muss. Der Sprung Ende 2012 ist auf das *Block Reward Halving* vom 28. November 2012[84] zurückzuführen, wobei die Subventionen durch die Schöpfung neuer Bitcoin Einheiten von 50 auf 25 Bitcoin Einheiten pro Block gekürzt wurden. Eine weitere Kürzung der Subventionen von 25 auf 12.5 Bitcoin Einheiten pro Block erfolgte mit Block 420'000 am 9. Juli 2016.

---

[83]Hier gilt es anzumerken, dass das Bitcoin-Netzwerk derzeit einen Überschuss an Sicherheit produziert, der in dieser Grössenordnung nicht benötigt und lediglich aufgrund der Subventionen zur Verfügung gestellt wird.[171]

[84]Siehe `https://blockchain.info/block-height/210000`.

6.1 Eignung als Tauschmittel

Auch bei der Anreizstruktur der Miner kann dieses Missverhältnis zu einigen Problemen führen. Der hohe statische Coinbase Reward, relativ zu den variablen und vergleichsweise geringen Entschädigungen aus den Transaktionsgebühren, macht das Inkludieren von Transaktionen unattraktiv. Miner haben dadurch einen individuellen Anreiz, nebst der Coinbase Transaktion, keine weiteren Transaktionen in ihre Blockkandidaten aufzunehmen. Die Transaktionsgebühren verändern ihre Entlohnung nur marginal. Gleichzeitig führen zusätzliche Transaktionen aber dazu, dass das Datenvolumen des Blocks ansteigt. Je grösser ein Block, desto länger dauert die Propagierung über das Netzwerk. Dadurch laufen Miner Gefahr, ihre Entlohnung an einen Konkurrenten zu verlieren, der praktisch zeitgleich einen anderen Block erstellt und propagiert, welcher kleiner ist und sich dadurch schneller verbreiten kann (siehe Abschnitt 5.3.5).[96]

Um diesen Fehlanreizen entgegenwirken zu können und Minern einen systemischen Anreiz zu bieten, Transaktionen in ihre Blocks aufzunehmen, müssen die Transaktionsgebühren entweder deutlich ansteigen oder der Coinbase Reward weiter verringert werden.[96]

Interessanterweise ist das Problem in der Praxis nicht so verbreitet, wie eine theoretische Analyse vermuten lassen würde. Dies ist wohl darauf zurück zu führen, dass grosse Mining-Pools nicht anonym sind und einen derart grossen Anteil der Gesamtrechenleistung des Netzwerks kontrollieren, dass sie mit einem solchen Vorgehen die Glaubwürdigkeit des Systems und somit den Wert ihrer Entlohnung beeinträchtigen würden.

Zudem kann davon ausgegangen werden, dass sich dieses Problem durch die Verringerung der Coinbase Rewards und eine Erhöhung der aggregierten Transaktionsgebühren (über höhere Transaktionslimiten pro Block und/oder höhere Gebühren pro Transaktion) lösen wird.

6 Bitcoin als Geldeinheit?

> **Anmerkung 6.1**
> **Ko-Entwicklung von Transaktionsgebühren und Anreizen**
> Eine naive Analyse könnte darauf deuten, dass die Transaktionsgebühren bei einer Preiserhöhung der Bitcoin Einheit so nach unten korrigiert werden können, dass deren realwirtschaftlicher Gegenwert gleichbleibt. Eine solche Verringerung könnte beispielsweise die Anpassung der durchschnittlich zu bezahlenden Transaktionsgebühren von 0.0001 Bitcoin Einheiten auf 0.00005 Bitcoin Einheiten umfassen. Ist der Wert der Bitcoin Einheit in der betreffenden Zeitperiode um 100% angestiegen, bleiben die Transaktionsgebühren realwirtschaftlich gleich hoch.
>
> Eine solche Entwicklung würde aber unweigerlich dazu führen, dass Miner einen geringeren Anreiz hätten weitere Transaktionen in ihre Blockkandidaten aufzunehmen. Der realwirtschaftliche Gegenwert des *Coinbase Rewards* würde ansteigen (12.5 Bitcoin Einheiten mal den höheren Preis), während die Transaktionsgebühren auf demselben realwirtschaftlichen Niveau verharren. Unter Berücksichtigung der Tatsache, dass Blocks mit einer höheren Anzahl an Transaktionen langsamer propagiert werden und somit eine geringere Wahrscheinlichkeit haben sich durchzusetzen, wird das Hinzufügen weiterer Transaktionen weniger attraktiv. Die Konkurrenz um die zeitnahe Aufnahme in einen Block führt wiederum dazu, dass ein steigender Bitcoin Preis durchaus realwirtschaftlich höhere Transaktionsgebühren nach sich ziehen kann.[122]

6.1.4 Skalierbarkeit und Wartezeit von Transaktionen

Das Limit der Blockgrösse und der zehn Minuten Durchschnitt beim Erstellen neuer Blocks führen zu einem Maximum der möglichen Daten pro Zeiteinheit. Zurzeit korrespondiert dieses Datenmaximum mit ungefähr sieben Transaktionen pro Sekunde. Mehr Transaktionen kann das Bitcoin-Netzwerk in seiner jetzigen Form nicht bewältigen.

6.1 Eignung als Tauschmittel

Diese Einschränkung scheint allfällige Ansprüche der Technologie, als dominantes Tauschmittel hervorzugehen, im Keim zu ersticken. Zum Vergleich: Alleine das VISA Netzwerk hatte 2013 eine Kapazitäts-Obergrenze von 47'000 Transaktionen pro Sekunde ausgewiesen.[193] Im Jahr 2014 wurde gar eine Obergrenze von fast 57'000 Transaktionen pro Sekunde erreicht.[195]

Ein weiterer Punkt der deutlich gegen eine unmittelbare Tauschmittel-Funktion der Bitcoin Einheit spricht, ist die Dauer der Bestätigungen von Transaktionen. Da im Schnitt nur alle zehn Minuten neue Blocks erstellt werden, wird die durchschnittliche Bestätigungsdauer einer Transaktion ebenfalls in dieser Grössenordnung liegen.[85] Zudem macht die probabilistische Natur der Block-Erstellung diese Wartezeiten unberechenbar. So ist es möglich, dass Bestätigungen praktisch unmittelbar oder aber erst nach mehreren Stunden erfolgen.

Beim Online-Shopping ist diese Verzögerung zumeist kein grosses Problem. Beim Einkauf an der Kasse kann eine derart lange und unberechenbare Wartezeit hingegen zu erheblichen Problemen führen. Ein gängiges Beispiel umfasst die zehn minütige Wartezeit auf einen Take-Away Kaffee.[206]

Die genauere Betrachtung dieser Probleme offenbart jedoch, dass sowohl für die maximale Blockgrösse, als auch für die Wartezeit-Problematik Lösungsansätze bestehen.

Bezüglich der Wartezeit muss erstmal festgehalten werden, dass auch unbestätigte Transaktionen unter gewissen Umständen eine ausreichend hohe Sicherheit bieten können. Gerade wenn der Händler über eine solide Netzwerkanbindung verfügt und einige Sekunden abwartet, wird die Transaktion mit einer sehr hohen Wahrscheinlichkeit in der Blockchain verbucht werden.[17] Des Weiteren existieren Dienstleistungen, bei denen die Transaktion nebst dem Kunden auch durch einen Zahlungsdienstleister signiert wird. Dadurch kann der Kunde glaubhaft aufzeigen, dass er ohne die Beihilfe des Zahlungsdienstleisters nicht in der Lage sein wird, eine konkurrierende Transaktion zu veröffentlichen. Die Zahlung kann sofort als gültig betrachtet werden, da *Double Spend* Angriffe unter diesen Bedingungen nicht möglich sind.[28]

---

[85]Tatsächliche Median Bestätigungsdauer fluktuiert zwischen fünf und zehn Minuten.[31]

6 Bitcoin als Geldeinheit?

Die Begrenzung der Anzahl Transaktionen pro Block kann ohne weiteres angehoben werden. Abhängig von der genauen Umsetzung ist dafür entweder eine Soft- oder eine Hardfork notwendig. Realistisch betrachtet wird das Transaktionslimit in naher Zukunft - allfälligen Änderungen zu trotz - nicht in die Grössenordnungen der maximalen Belastbarkeit des VISA Netzwerks vorstossen können. Modifikationen, die derzeit in Betracht gezogen werden, würden die Kapazität des Bitcoin-Netzwerks in etwa verdoppeln und somit vorerst bei maximal 14 Transaktionen pro Sekunde festsetzen.[86]

Sogenannte Zahlungskanäle bieten einen alternativen Lösungsansatz. Sie ermöglichen *Off-Blockchain* Transaktionen, also Transaktionen, die nicht einzeln in die Blockchain eingehen, sondern aggregiert verbucht werden. Insofern belasten diese *Off-Blockchain* Transaktionen auch nicht die maximale Blockgrösse.

Zahlungskanäle basieren auf *Multisig* (beziehungsweise *Pay-to-Script-Hash*) Auszahlungsbedingungen und erlauben es zwei Parteien, über einen gewissen Zeitraum eine nahezu beliebige Anzahl an (Mikro-)Transaktionen durchzuführen. Spätestens am Ende einer vordefinierten Zeitperiode werden die einzelnen Zahlungen verrechnet und als aggregierte Transaktion der Blockchain hinzugefügt. Solche Zahlungen sind sicher, unmittelbar gültig und können zwischen Parteien ohne etabliertes Vertrauensverhältnis durchgeführt werden. Ein zusätzlicher Vorteil besteht darin, dass nur zwei Blockchain Transaktionen notwendig sind, um eine beliebige Anzahl an *Off-Blockchain* Transaktionen verrechnen zu können.[155]

Möchte Tamara beispielsweise mehrere Zahlungen zu Gunsten von Brian durchführen, können die beiden einen Zahlungskanal eröffnen. Dazu erstellen sie eine 2 von 2 *Multisig* Adresse, für welche sich jeweils ein privater Schlüssel im Besitz von Tamara und Brian befindet. Tamara erstellt eine initiale Transaktion

---

[86]Die wichtigsten Vorschläge umfassen eine Erhöhung der maximalen Blockgrösse auf 2 MB [26] [82] und ein etwas komplexerer Vorschlag, der die Signaturdaten von der eigentlichen Transaktion loslöst und somit für weniger Platzbedarf sorgt (*Segregated Witness*).[126] Die Entwicklungen rund um Ethereum und Ethereum Classic haben die möglichen Konsequenzen einer Fork aufgezeigt und die Zurückhaltung innerhalb der Bitcoin Community grösser werden lassen. Dennoch ist davon auszugehen, dass sich in den nächsten Monaten ein einzelner oder möglicherweise eine Kombination mehrerer Skalierungsvorschläge durchsetzen werden.

6.1 Eignung als Tauschmittel

zugunsten der *Multisig* Adresse. Noch bevor Tamara diese Transaktion signiert und an das Bitcoin-Netzwerk kommuniziert, erstellt und teil-signiert Brian eine Transaktion, welche das entsprechende Guthaben von der *Multisig* Adresse an Tamaras Adresse zurücksendet. Diese zweite Transaktion ist an eine `nLockTime` Bedingung geknüpft. Das bedeutet, dass die Transaktion erst ab einem gewissen Zeitpunkt gültig ist und somit erst zu diesem Zeitpunkt von dem Bitcoin-Netzwerk beachtet wird. Die Transaktion garantiert, dass Tamara ihr Guthaben im schlimmsten Fall zu einem bestimmten Stichtag zurückerhält.

Vor dem Eintritt dieser Bedingung kann Tamara das Guthaben auf der *Multisig* Adresse beliebig neu aufteilen. Dazu teil-signiert sie Transaktionen mit zwei Outputs. Ein Output zugunsten von Brian und einen anderen Output zugunsten ihrer eigenen Adresse. Hat Tamara beispielsweise einen Zahlungskanal mit 0.001 Bitcoin Einheiten eröffnet und möchte nun eine Zahlung von 0.00001 Bitcoin Einheiten an Brian vornehmen, wird sie eine Transaktion teil-signieren, die 0.00001 Bitcoin Einheiten Brians Adresse und den Rest ihrer eigene Adresse gutschreibt. Die teil-signierte Transaktion sendet sie direkt an Brian. Möchte Tamara später nochmals 0.00001 Bitcoin Einheiten an Brian senden, verfasst sie eine neue Transaktion mit dem aufsummierten Total von Brians Guthaben; also den beiden Outputs 0.00002 für Brian und dem Restbetrag zugunsten ihrer eigenen Adresse.

Brian kann den Zahlungskanal schliessen indem er eine der teil-signierten Transaktionen durch seine eigene Signatur ergänzt und an das Bitcoin-Netzwerk sendet. Brian muss sich zwingend zwischen den verschiedenen Transaktionen entscheiden. Sie alle verwenden denselben Input und sind somit konkurrierend. Da die aktuellste Version der Transaktion den grössten Output zu seinen Gunsten beinhaltet, wird Brian stets diese Transaktion wählen, signieren und im Bitcoin-Netzwerk propagieren.[27]

Solange der Kanal offen steht, kann Tamara beliebig viele Zahlungen bis zum Gesamtwert des anfänglich hinterlegten Maximalbetrags initiieren. Sie kann dabei beliebig kleine Stückelungen wählen. Da keine dieser Zahlungen individuell über die Blockchain abgewickelt wird, werden keine Transaktionsgebühren fällig. Lediglich für das Eröffnen und Schliessen eines Zahlungskanals müssen Transaktionen über die Blockchain abgewickelt und somit Gebühren bezahlt werden.

6 Bitcoin als Geldeinheit?

Mögliche Anwendungsfälle von Zahlungskanälen umfassen unter anderem *Pay-As-You-Go* Lösungen wie die sekundengenaue Abrechnung für einen *WIFI* Zugang oder *Pay Walls* für Inhalte, welche durch Mikrotransaktionen freigeschaltet werden können.[192]

Zahlungskanäle können auch bidirektional verwendet werden. Um zu verhindern, dass eine Transaktion propagiert wird, die nicht dem aktuellen Stand entspricht, muss bei jedem Richtungswechsel des Zahlungsstroms die `nLockTime` der teil-signierten Transaktion verringert werden. Dadurch kann sichergestellt werden, dass die neuste Transaktion zuerst propagiert werden kann und somit allen anderen Transaktionsnachrichten zuvorkommt.

> **Anmerkung 6.2**
> **Zahlungsnetzwerke auf Bitcoin Basis**
> Die Idee der bidirektionalen Zahlungskanäle kann so erweitert werden, dass daraus ein Zahlungsnetzwerk auf der Basis der Bitcoin-Technologie entsteht. Über eine Serie von Ausgleichszahlungen von verschiedenen Zahlungskanälen können Zahlungen zwischen beliebigen Teilnehmern abgewickelt werden. Die einzige Voraussetzung ist, dass der Absender und der Empfänger der Zahlung über eine (indirekte) Verbindung durch einen oder mehrere Zahlungskanäle verfügen. Die Blockchain dient dabei lediglich als Sicherheitsebene, welche den Abschluss von Zahlungskanälen ermöglicht. Die einzelnen Zahlungen werden abseits der Blockchain verrechnet.
>
> Derartige Zahlungsnetzwerke sind dezentral[a] und können Probleme hinsichtlich der Skalierbarkeit sowie der Wartezeit bei Zahlungen lösen, ohne dass dafür einer zentralen Instanz vertraut werden muss.
>
> Designvorschläge für solche Zahlungsnetzwerke umfassen das *Lightning Netzwerk*[156] und *Amiko Pay*[153][154]. Verschiedene Personen arbeiten derzeit an Implementierungen dieser Vorschläge.[104][167]
>
> [a]Es ist jedoch davon auszugehen, dass sich aufgrund von Netzwerkeffekten gewisse Anbieter durchsetzen und dominante Zahlungskanäle etablieren werden.

6.2 Eignung als Wertspeicher

Nachfolgend betrachten wir einige Punkte, die wesentlichen Einfluss auf die Wertspeicher-Funktion der Bitcoin Einheit haben. Insbesondere betrachten wir die vordefinierte und begrenzte Schöpfung und deren mögliche Konsequenzen. Anschliessend analysieren wir die Volatilität des realwirtschaftlichen Wertes der Bitcoin Einheit und wenden uns den Fragen der Vermögensverteilung zu.

6.2.1 Geldmengenentwicklung

Die vordefinierte und begrenzte Schöpfung des Bitcoin-Systems führt zu einer impliziten Seltenheit der Bitcoin Einheit. Die Wachstumsrate der monetären Basis nimmt stetig ab und nähert sich asymptotisch einem Nullwert an. Das absolute Maximum der Bitcoin Einheiten, die jemals existieren werden, liegt bei 21 Millionen. Der bisherige Wachstumsverlauf der Anzahl Bitcoin Einheiten wird in Abbildung 78 dargestellt. Die durchgezogene Kurve zeigt das tatsächliche Wachstum der Anzahl Bitcoin Einheiten, während die gestrichelte Kurve den Erwartungswert des probabilistischen Schöpfungsprozesses aufzeigt. Die Differenz kommt zustande, da der Schwellenwert nur alle 2016 Blocks angepasst wird. Steigt oder sinkt die aggregierte Netzwerkrechenleistung über einen längeren Zeitraum, kommt es mit einer relativ grossen Wahrscheinlichkeit zu solchen Differenzen.

Der begrenzte Schöpfungsprozess macht Bitcoin Einheiten zu einer potentiell interessanten Wertanlage. Bleibt die Nachfrage nach Bitcoin Einheiten bestehen, wird ein positives Wirtschaftswachstum dazu führen, dass eines Tages eine konstante[87] Anzahl an Bitcoin Einheiten einem wachsenden Güter- und Dienstleistungspool gegenüber steht. Dies könnte zu einer erheblichen Wertzunahme der Bitcoin Einheit führen und ist die Ursache weshalb Bitcoin Einheiten häufig als deflationär bezeichnet werden.

---

[87] Der Verlust von privaten Schlüsseln wird in der Praxis gar zu einem Rückgang der Anzahl verfügbarer Bitcoin Einheiten führen.

6 Bitcoin als Geldeinheit?

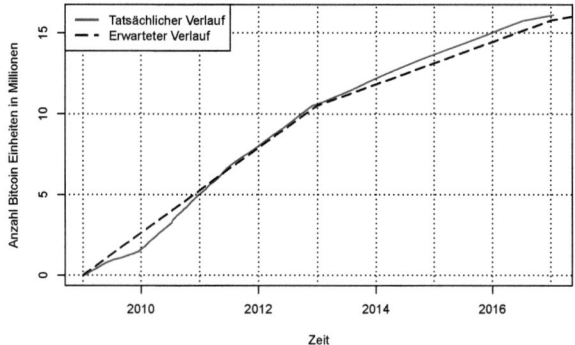

Abbildung 78: Anzahl sich im Umlauf befindenden Bitcoin Einheiten. Datenquelle: `https://blockchain.info`

Bezüglich der Frage, ob Bitcoin eine potenziell deflationäre Währung ist, muss man zwingend erwähnen, dass die moderne Geldtheorie keinen festen Zusammenhang zwischen Geldmenge und Preisentwicklung postuliert. Es kann also durchaus sein, dass Bitcoin eines Tages graduell im Wert steigt, weil eine gegebene Geldmenge auf einen wachsenden Bedarf trifft. Ebenso gut ist es möglich, dass Bitcoin eines Tages von der Bildfläche verschwindet und der Wert gegen Null geht, weil die Menschen das Vertrauen in Bitcoin verloren haben. Der heutige Wert einer Währung hängt von den Erwartungen der Menschen bezüglich des zukünftigen Wertes ab und solche Erwartungen können bekanntlich stark schwanken. In diese Erwartungen fliessen natürlich auch Überlegungen zur zukünftigen Geldmengenentwicklung ein, und dadurch kann ein moderates Geldmengenwachstum helfen, eine stabile Währung zu kreieren.

Abbildung 79 zeigt das Wachstum der monetären Basis von Bitcoin und dem US Dollar im direkten Vergleich. Die Abbildung verdeutlicht die anfänglich extrem hohen Wachstumsraten der Anzahl Bitcoin Einheiten. Der Rückgang ist darauf zurückzuführen, dass eine stetig zunehmende monetäre Basis, relativ ge-

6.2 Eignung als Wertspeicher

sehen, zu geringeren Wachstumsraten führt. Hinzu kommt die periodische Halbierung der *Coinbase Rewards*, die sprungartige Rückgänge bei den absoluten und relativen Wachstumszahlen zur Konsequenz hat. Ein Beispiel eines solchen Rückgangs kann Ende 2012 beobachtet werden. Derselbe Einschnitt ist auch in Abbildung 78 auf Seite 256 zu erkennen.

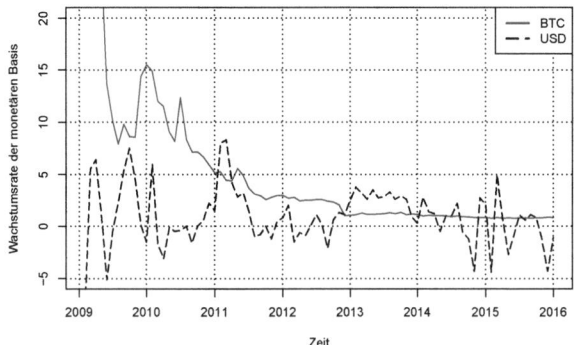

Abbildung 79: Wachstum der monetären Basis der Bitcoin Einheit und des US Dollars im Vergleich. Monatliche Wachstumsraten als prozentuale Veränderung im Vergleich zur Basis des Vormonats. Daten nicht saisonal bereinigt. Datenquellen: blockchain.info, research.stlouisfed.org/fred2/series/BOGMBASE

Auffällig ist die hohe Volatilität im Wachstum der monetären Basis des US Dollars. Während die Bitcoin Geldmenge zumindest in der zweiten Hälfte der Abbildung mit einer relativ stabilen Wachstumsrate ansteigt, fluktuiert die Wachstumsrate des US Dollars stark. Eine traditionelle Analyse, die einen direkten Zusammenhang zwischen Geldmenge und Preisentwicklung postuliert, würde erwarten lassen, dass die Preisvolatilität des US Dollars deutlich über jener der Bitcoin Einheit liegt. Wie bereits mehrfach erwähnt, ist die tatsächliche Entwicklung exakt umgekehrt, was die These stützt, dass kein fester Zusammenhang zwischen Geldmenge und Preis besteht.

6 Bitcoin als Geldeinheit?

Zudem muss berücksichtigt werden, dass die monetäre Basis des US Dollars und jene der Bitcoin Einheit unterschiedliche realwirtschaftliche Implikationen haben. Während die monetäre Basis der Bitcoin Einheit praktisch 1:1 der verfügbaren Bitcoin Menge entspricht, werden im Falle des US Dollars zusätzliche Geldeinheiten geschaffen, welche die realwirtschaftlich verfügbare Geldmenge deutlich über die monetäre Basis ansteigen lassen. Dies geschieht über die Praxis des *Fractional Reserve Bankings*, welches einen essentiellen Bestandteil der Geldmengensteuerung von traditionellen Geldeinheiten bildet (siehe Abschnitt 1.5.1). Vereinfacht ausgedrückt wird ein Grossteil der Geldeinheiten von Geschäftsbanken geschaffen. Die Geschäftsbanken verleihen ein Vielfaches des Geldes, das ihnen durch Kundeneinlagen oder durch die Zentralbank zur Verfügung gestellt wird. Dies ist möglich, da im Normalfall nur ein sehr geringer Teil der Kunden ihre Geldeinheiten gleichzeitig beziehen möchte und ein beträchtlicher Teil der Transaktionen innerhalb des (Geschäfts-)Bankensystems vonstattengeht.

Analog unseren Ausführungen in Abschnitt 1.4 handelt es sich bei dem durch Geschäftsbanken geschaffenen Geld um Zahlungsversprechen, also um Versprechen auf Auslieferung von Zentralbankengeld. Da in der Praxis diese Unterscheidung aber nicht geläufig ist und das elektronisch geschaffene Geld der Geschäftsbanken im Normalfall auf dieselbe Art und Weise verwendet werden kann, wie das exklusiv durch die Zentralbank ausgegebene Bargeld, kommt diese Geschäftspraxis einer Ausdehnung der Geldmenge gleich.[88]

Beschränkt wird die Vorgehensweise durch regulatorische Mindestreservesätze und Eigenkapitalquoten, sowie Risikoüberlegungen seitens der jeweiligen Geschäftsbank. Je kleiner der Anteil der Reserven relativ zu den Verpflichtungen, desto grösser die Wahrscheinlichkeit, dass die Geschäftsbank in Zahlungsschwierigkeiten gerät. Ein funktionierender Interbankenmarkt auf dem sich die verschiedenen Institute gegenseitig Zentralbankengeld ausleihen können, sowie die Funktion der Zentralbank als *Lender of Last Resort* verringern diese Risiken. Zudem wirkt auch eine schwindende Nachfrage nach Bargeld eindämmend auf die Gefahr und macht geringere Reservesätze attraktiver.

---

[88] Für Kunden einer Bank spielt es im Normalfall keine Rolle, ob sie ihre Lebensmittel bar oder mit der Debitkarte ihrer Bank bezahlen.

6.2 Eignung als Wertspeicher

Fractional Reserve Banking ist grundsätzlich auch im Bitcoin-System denkbar. Wird eine Unternehmung mit der alleinigen Verwahrung von Bitcoin Einheiten beauftragt, hindert diese Unternehmung im Prinzip nichts daran, nur einen Teil der Kundeneinlagen in Reserve zu halten. Es existieren gar konkrete Hinweise dafür, dass einige Tauschbörsen und *Online-Wallets* diesem Geschäftsmodell nachgegangen sind.[97][98][180] Gepaart mit den vergleichsweise geringen regulatorischen Auflagen und einer weitgehend institutionsfreien Bitcoin Finanzlandschaft (kein *Lender of Last Resort* und keine *Einlagensicherung*) kann diese Geschäftspraktik potentiell verheerende Auswirkungen haben, was grundsätzlich für eine strikte Regulierung zentraler Dienstleister spricht.

Auf der anderen Seite entfallen unter dem Bitcoin-System zahlreiche Anreize, die das Bankensystem in dieser Form überhaupt erst möglich machen. Zum Ersten können Bitcoin Einheiten auch abseits des Finanzsystems verwahrt und vor allem übertragen werden. Die virtuelle Repräsentation, gemeinsam mit der dezentralen Verarbeitung der Bitcoin Einheiten, machen die Nutzung der zentralen Verwahrungs- und Transaktionsdienstleistungen optional und schränken dadurch jene Teile der monetären Basis ein, die überhaupt erst bei solchen Dienstleistern landen und zur Reservenbildung verwendet werden können. Selbst wenn sich die Geschäftspraktik auf das Bitcoin-System übertragen liesse, würde der Geldmengenmultiplikator mit grosser Wahrscheinlichkeit deutlich geringer ausfallen, da die Kunden bessere Aussenoptionen haben.

Zum Zweiten kann über eine geschickte Implementierung der Verwahrungsdienstleistung sichergestellt werden, dass der Dienstleister volle (oder alternativ eine gewisse Höhe an) Reserven hält. Ein simpler Überwachungsmechanismus kann über Verwahrungsoptionen erreicht werden, welche auf *Multisig*-Lösungen basieren und somit dem Dienstleister nicht den alleinigen Zugriff auf die Guthaben ermöglichen. Eine andere Option besteht in der Erbringung kryptografischer Beweise über die Höhe der Reserven.[114]

Fraglich ist hingegen, ob das Halten von vollständigen Reserven überhaupt im Interesse der Kunden liegt. Entfällt nämlich ein wichtiger Einkommensstrom der bankenartigen Dienstleister, müssen die Kosten der Verwahrungsdienstleistung durch alternative Einkommensströme kompensiert werden. Insofern wird klar,

6 Bitcoin als Geldeinheit?

dass in solchen Fällen zusätzliche Gebühren erhoben werden. Davon ausgehend, dass tatsächlich ein Teil der Kundeneinlagen brach liegt, kann das Halten voller Reserven zu einer gewissen Ineffizienz führen.

6.2.2 Preisvolatilität

Eine hohe Volatilität ist für eine Wertanlage nicht grundsätzlich negativ. Die subjektive Attraktivität eines volatilen Instruments hängt im Wesentlichen von den Risikopräferenzen des Investors ab. Für die Wertspeicherfunktion einer Geldeinheit sind hohe Wertschwankungen jedoch keine wünschenswerte Eigenschaft. So ist es auch wenig überraschend, dass die instabilen Preise der Bitcoin Einheit häufig als ein Kritikpunkt hervorgehoben werden um die monetäre Funktion der Bitcoin Einheit in Frage zu stellen.[206]

Jahr	Min	Max	$\sigma_{\text{ann}}(\Delta)$
2009	0.00	0.00	0.00
2010	0.00	0.50	∞
2011	0.30	35.00	1.96
2012	4.33	15.40	0.63
2013	13.40	1151.00	1.43
2014	293.67	934.21	0.71
2015	176.50	461.16	0.68
2016	368.38	997.73	0.48

Tabelle 5: Informationen zu den Preisschwankungen der Bitcoin Einheit in US Dollar. Abgebildet werden Höchst- und Tiefstwerte des jeweiligen Jahres sowie die annualisierte Volatilität der Tagesrenditen. Datenquelle Preise: `blockchain.info`

Tabelle 5 fasst die Informationen zu den Wertschwankungen der Bitcoin Einheit zusammen. Es werden die Höchst- und Tiefstwerte der verschiedenen Jahre sowie die annualisierte Volatilität der Tagesrenditen ausgewiesen. Die Wertschwankungen sind tatsächlich sehr gross, nehmen aber im Verlaufe der Zeit deutlich ab.

6.2 Eignung als Wertspeicher

Um die Entwicklung der Wertschwankungen besser verfolgen zu können haben wir den Verlauf der Volatilität in Abbildung 80 visualisiert. Dargestellt wird die rollende annualisierte Volatilität auf Basis der Standardabweichung der letzten 365 Tagesrenditen.

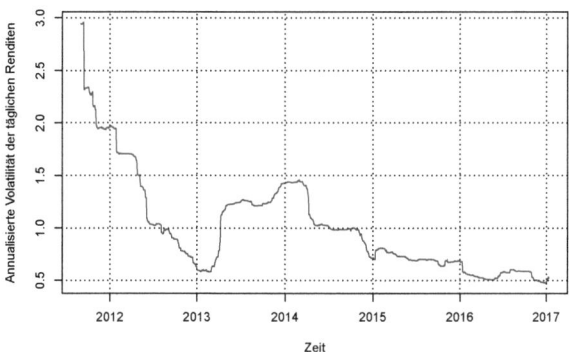

Abbildung 80: Annualisierte Volatilität der Tagesrenditen auf dem Preis der Bitcoin Einheit über die letzten 365 Tage. Datenquelle der Preisdaten: https://blockchain.info

Auch die kontinuierliche Darstellung bestätigt die Ergebnisse aus Tabelle 5. Eine anfänglich sehr hohe Volatilität folgt einem abnehmenden Trend. Dieser Verlauf ist wenig überraschend; bedenkt man doch die Unsicherheit, die mit einer neuartigen Geldeinheit einhergeht. Wird die Geldeinheit weder durch eine anerkannte Institution gedeckt (angeknüpfte Zahlungsversprechen), noch durch einen Fundamentalwert gesichert, werden die initialen Wertschwankungen umso stärker ausfallen. Die hohe Volatilität der Bitcoin Einheit ist also eine völlig normale Markterscheinung.

Es wäre jedoch falsch zu behaupten, dass die kurzfristige Volatilität der Bitcoin Einheit das Niveau der traditionellen Geldeinheiten erreichen wird. Gewisse Wertschwankungen werden aufgrund der starren und nicht durch exogene Ein-

6 Bitcoin als Geldeinheit?

flüsse veränderbaren Geldmengenregel bestehen bleiben. Dies ist auf die Tatsache zurückzuführen, dass ein fixes Angebot auf eine variable Nachfrage trifft. Zyklische Konjunktureffekte und plötzliche Veränderungen der Nachfrage nach Bitcoin Einheiten (Nachfrageschocks) können folglich zu erheblichen Preisschwankungen führen.

Diese kurzfristigen Nachfrageschwankungen stellen einen der Gründe dar, weshalb Zentralbanken heute mit flexiblen Geldmengen arbeiten. Viele Zentralbanken haben das Mandat der Preisstabilität. In der kurzen Frist kann dieses Ziel nur erreicht werden, wenn die Zentralbank eine elastische Geldmenge anbietet, mit der sie flexibel auf diese Änderungen reagieren kann. Ist die Geldnachfrage hoch, bietet sie zusätzliches Geld an, ist die Geldnachfrage hingegen tief, werden überschüssige Geldeinheiten aus dem Kreislauf abgeschöpft - so zumindest die Theorie.[89] In der Praxis ist dies bei weitem nicht so einfach, weshalb es nicht zuletzt auch Stimmen gibt, die der Meinung sind, dass die aktive Geldmengensteuerung kontraproduktiv sei.

Die Volatilität trifft aber nicht bloss die Wertspeicher-Funktion. Auch die Funktion des Tauschmittels und jene der Recheneinheit werden durch hohe Wertschwankungen negativ beeinflusst. Insofern ist es wenig überraschend, dass verschiedene Vorschläge zur Schaffung einer wertstabilen Kryptowährung entwickelt wurden.[102]

Der Vorschlag des *Hayek Geldes*[2] kann als Versuch gesehen werden, eine stabile Recheneinheit zu schaffen. Die Menge der Krypto-Geldeinheiten werden periodisch an die Kaufkraft angepasst. Diese kann beispielsweise anhand eines vordefinierten Warenkorbs betrachtet werden. Das Ziel wäre dann, den Preis des Warenkorbs, gemessen in Krypto-Geldeinheit, möglichst stabil zu halten. Fällt der Wert des Krypto-Geldes, werden Einheiten vernichtet. Steigt der Wert des Krypto-Geldes an, wird das Angebot ausgedehnt und neue Einheiten geschaffen. Die Nachfrageschwankungen werden also über ein variables Angebot ausgeglichen.

---

[89]Die optimale Stabilisierungspolitik in einer Ökonomie mit instabiler Geldnachfrage wird in Berentsen und Waller (2011)[24] analysiert.

6.2 Eignung als Wertspeicher

Der Zu- und Abfluss von Geldeinheiten erfolgt anteilig analog den bisherigen Besitzständen der Krypto-Geldeinheiten. Wird die Geldmenge beispielsweise um 50% ausgedehnt, erhält ein Marktteilnehmer, der zuvor zehn Krypto-Geldeinheiten besass, fünf zusätzliche Krypto-Geldeinheiten. Umgekehrt schrumpfen die absoluten Wallet-Bestände der Marktteilnehmer bei einer Kontraktion der Geldmenge anteilig.

Durch diese Anpassungen kann gewährleistet werden, dass eine Krypto-Geldeinheit immer dieselbe Kaufkraft aufweist. Dies führt zu einer stabilen Recheneinheit, hat aber keinerlei Effekte auf die Wertspeicher- oder die Tauschmittelfunktion. Anstatt eine fixe Menge an Geldeinheiten zu einem variablen Preis zu bewerten, wird eine variable Menge zu einem fixen Preis bewertet. Hayek-Geld ist also kein valider Lösungsvorschlag zur Stabilisierung des Gegenwertes, sondern vielmehr ein Versuch eine stabile Recheneinheit zu schaffen. [168]

Zur Entschärfung der Wertschwankungen der Besitzstände existiert eine Reihe anderer Lösungsvorschläge, die generell in zwei Hauptkategorien zusammengefasst werden können. Die erste Kategorie versucht die Volatilitätsproblematik über angeknüpfte Zahlungsversprechen zu lösen. Die Krypto-Geldeinheit wird dadurch an einen anderen Gegenwert gekoppelt, wodurch das Risiko von der eigentlichen Geldeinheit losgelöst und davon getrennt gehandelt werden kann. Die zweite Kategorie schafft ein duales System bestehend aus zwei *Kryptoassets*: einer Aktie und einer Geldeinheiten. Das Risiko der Wertschwankungen wird in diesem System ausschliesslich von den Aktionären getragen, während der Preis der Krypto-Geldeinheit stabil bleiben soll. Die beiden Ansätze werden nachfolgend behandelt.

Kopplung. Beim Ansatz der Kopplung wird die Krypto-Geldeinheit durch ein Zahlungsversprechen besichert (siehe Abschnitt 1.4). Eine Partei verspricht die Auslieferung eines bestimmten Gegenwertes und schafft dadurch eine Wertreferenz, unabhängig von der Zahlungsbereitschaft für die Krypto-Geldeinheit. Es handelt sich also um auf Zahlungsversprechen basierendes Kreditgeld, das auf unterschiedliche Arten implementiert werden kann.

6 Bitcoin als Geldeinheit?

Eine Möglichkeit sind besicherte nutzergenerierte Versprechen, durch welche das Volatilitätsrisiko zwischen verschiedenen Parteien gehandelt werden kann. Die Kryptowährung *Bit-Shares*[173] ermöglicht beispielsweise die Schaffung von Assets, die an den US Dollar gekoppelt sind. Zu diesem Zweck wird ein Vielfaches des momentanen US Dollar Gegenwertes der Krypto-Geldeinheit als Sicherheit in einem kryptografischen Vertrag festgehalten, so dass selbst grosse Wertschwankungen ausgeglichen werden können. Das neu geschaffene *Kryptoasset* kann dann normal gehandelt werden. Die Schaffung dieser überdeckten *Kryptoassets* ist ökonomisch betrachtet ineffizient. Zum einen wird im Rahmen der Sicherung sehr viel Kapital gebunden, was hohe Opportunitätskosten verursachen kann. Zum anderen besteht ein nicht unerhebliches Restrisiko. Die Auslieferung des Zahlungsversprechens erfolgt über eine angepasste Menge der Krypto-Geldeinheit. Bei normalen Wertschwankungen ist die dreifache Deckung ausreichend. Hohe Wertverluste innert kurzer Zeit können hingegen dazu führen, dass die vermeintlich abgesicherte Partei ebenfalls einen Verlust davonträgt.

Eine zweite Implementierung zieht eine oder mehrere zentrale Gegenpartei(en) bei. Die Sicherheit wird eingelagert und kann auf Abruf von der Gegenpartei eingefordert werden. Wird die eine Krypto-Geldeinheit also beispielsweise an den US Dollar gekoppelt, werden auch tatsächlich US Dollar im entsprechenden Gegenwert bei einem Finanzinstitut hinterlegt. Die Kryptowährung Tether[187] verfolgt dieses Prinzip. Sie basiert auf der Bitcoin Blockchain und nutzt geringe Fragmente von Bitcoin Einheiten zur Repräsentation von Ansprüchen auf US Dollar. Dadurch kann das Bitcoin-Netzwerk zur Transaktion von Geldeinheiten mit einer kurzfristig vernachlässigbaren Volatilität genutzt werden. Eine direkte Konsequenz dieser Vorgehensweise besteht allerdings im Verlust der Dezentralität und der regulatorischen Immunität. Da der Gegenwert der Krypto-Geldeinheit durch externe Zahlungsversprechen von zentralen Instituten besichert wird, können regulatorische Eingriffe erheblichen Einfluss auf den Wert der Krypto-Geldeinheit nehmen. Zudem besteht ein Gegenparteirisiko hinsichtlich der späteren Erfüllung des Zahlungsversprechens (siehe Abschnitt 1.4.2).

Ein dritter Vorschlag basiert auf der Ausgabe von Kryptowährungen durch die Zentralbanken selbst.[4][113] Kryptowährungen dieser Art werden üblicherweise unter dem Begriff *Fedcoin* zusammengefasst und würden sozusagen eine Mischform zwischen Fiatgeld und Kreditgeld darstellen. Die jeweilige Zentralbank garantiert, über eine zugesicherte Zweiweg-Konvertibilität zwischen Bargeld und der Krypto-Geldeinheit, explizit für den Gegenwert der Kryptowährung. Eine direkte und unvermeidliche Konsequenz dieser Implementierung bestünde allerdings in der Zentralisierung der Schöpfung.

Duale Systeme. Ein vollkommen anderer Ansatz besteht in der Ausgabe zweier unterschiedlicher Assets, einer Krypto-Geldeinheit und einer zugehörigen Kryptoaktie.[168][59] Die Aktien und Geldeinheiten sind unter gewissen Voraussetzungen konvertierbar, so dass die Geldmenge flexibel an eine sich ändernde Nachfrage angepasst werden kann. Die Geldeinheit soll dadurch ein hohes Mass an Wertstabilität aufweisen, während das Risiko vollständig von den Besitzern der Aktie getragen wird. Eine Implementierung dieses Prinzips ist das duale System von *NuBits* und *NuShares*.[119]

6.2.3 Vermögensverteilung

Ein interessanter Aspekt zur Betrachtung der Bitcoin Einheit als Wertspeicher ist die Frage nach der Anzahl Personen, die Bitcoin Einheiten besitzen. Generell kann davon ausgegangen werden, dass die Bitcoin Einheit auf einer soliden Grundlage steht, je breiter die Nachfrage abgestützt ist. Zudem muss man sich bewusst sein, dass einzelne grosse Akteure die vergleichsweise tief kapitalisierte Bitcoin Ökonomie beeinflussen oder gar komplett aus dem Gleichgewicht bringen könnten.

In einer Studie[99] aus dem Jahr 2014 wurde aufgezeigt, dass maximal 1.2 Millionen Personen im Besitz von Bitcoin Einheiten waren. Diese Zahl basiert auf der Anzahl Bitcoin Adressen mit einem signifikanten Guthaben in Bitcoin Einheiten. Da zu diesem Zeitpunkt nicht mehr Adressen in Gebrauch waren, stellt der Wert eine obere Grenze der maximal möglichen Nutzer dar. Davon ausgenommen sind Eigentümer, die ihre Bitcoin Einheiten in die Obhut von

6 Bitcoin als Geldeinheit?

Verwahrungsdienstleistern geben, bei denen ein Grossteil der Kundengelder auf wenigen Pseudonymen konzentriert wird. Tabelle 6 visualisiert die Ergebnisse aus einer ähnlichen Analyse anhand eines Datensatzes[29] vom Dezember 2016. Auffällig ist, dass knapp 20% aller zu diesem Zeitpunkt existierenden Bitcoin Einheiten auf gerade mal 115 Adressen verteilt sind.

Andere Analysen versuchen sich gar an der Berechnung von Gini Koeffizienten, als ein Mass der Vermögensverteilung im Bitcoin-Netzwerk.[186] Solche Studien geben zwar interessante Anhaltspunkte für erste Einschätzungen, sind aber dennoch kritisch zu betrachten. Das Grundproblem besteht darin, dass anhand von Pseudonymen versucht wird, die entsprechenden Guthaben einzelnen Individuen zuzuordnen. Die meisten Bitcoin Nutzer werden aber eine Vielzahl solcher Pseudonyme besitzen, was eine korrekte Zuordnung der Guthaben verunmöglicht.[90] Abhängig von der genauen Vernetzung der Pseudonyme werden Ungenauigkeiten zu einer erheblichen Über- oder Unterschätzung des Gini-Koeffizienten führen. Das bereits angesprochene Problem der Nichtberücksichtigung von Verwahrungsdienstleistungen und Schwierigkeiten bei der Interpretation der Eigentümerstruktur von *Pay-to-Script-Hash* Adressen (siehe Abschnitt 4.5.4) führt zu zusätzlichen Verzerrungen dieser Werte. Hinzu kommen Blockchain Transaktionen mit sehr geringen Volumina, welche im Rahmen von Stresstests oder Angriffen auf das Netzwerk ausgeführt wurden. Die Guthaben sind oft geringer als die Transaktionskosten und verharren deshalb als *Dust* (dt. Staub) auf einer sehr hohen Zahl verschiedener Adressen.

Sämtliche Analysen zur Vermögensverteilung deuten aber darauf hin, dass eine grosse Anzahl Bitcoin Einheiten auf relativ wenige Adressen verteilt sind. Da diese Adressen mit keinem Anbieter von Verwahrungsdienstleistungen in Verbindung gebracht werden können, ist davon auszugehen, dass die korrespondierenden Bitcoin Einheiten dieser Adressen jeweils einer Person gehören.[91] Personen mit grossen Vermögen in Bitcoin Einheiten werden auch als *Bitcoin Whale* (dt. Bitcoin Wal) bezeichnet.

---

[90]Es existieren gewisse Algorithmen, die unter bestimmten Umständen eine ungefähre Zuordnung zulassen.[163]

[91]Die Personenzahl bildet wiederum eine obere Grenze. Theoretisch könnten sich mehrere Adressen mit hohen Guthaben im Besitz einer einzelnen Person befinden.

Kategorie	Adressen			Aggregierte Guthaben		
Bitcoin	Anzahl	%	↑Σ%	Bitcoin	%	↑Σ%
0 - 0.001	7'206'485	54.72%	100.00%	1'436	0.01%	100.00%
0.001 - 0.01	2'238'454	17.00%	45.28%	8'316	0.05%	99.99%
0.01 - 0.1	2'192'943	16.65%	28.29%	67'750	0.42%	99.94%
0.1 - 1	983'903	7.47%	11.64%	318'076	1.97%	99.52%
1 - 10	400'240	3.04%	4.17%	1'123'360	6.96%	97.55%
10 - 100	130'465	0.99%	1.13%	4'357'497	26.99%	90.59%
100 - 1'000	16'636	0.13%	0.14%	3'804'391	23.56%	63.60%
1'000 - 10'000	1'628	0.01%	0.01%	3'340'251	20.69%	40.04%
10'000 - 100'000	113	0.00%	0.00%	2'874'045	17.8%	19.35%
100'000 - 1'000'000	2	0.00%	0.00%	249'134	1.54%	1.54%

Tabelle 6: Vermögensverteilung im Bitcoin-Netzwerk. Datenquelle: bitinfocharts.com Stand: 26. Dezember 2016

6 Bitcoin als Geldeinheit?

Solche Bitcoin Wale können entweder finanzkräftige Personen sein, die hohe Investitionen getätigt haben oder aber Anwender, die sehr früh mit Bitcoin in Kontakt kamen und durch anfängliche Ankäufe und/oder den Mining-Prozess eine grosse Zahl an Bitcoin Einheiten anhäufen konnten.

Das Problem einer solchen Vermögenskonzentration besteht in der potentiell destabilisierenden Wirkung auf das noch junge System. Hohe Verkaufsaufträge können positive Angebotsschocks auslösen und enorme Auswirkungen auf den Preis der Bitcoin Einheit haben. Zudem muss auch die Möglichkeit in Betracht gezogen werden, dass die Preisentwicklung der Bitcoin Einheit in einem gewissen Umfang bewusst manipuliert werden kann.

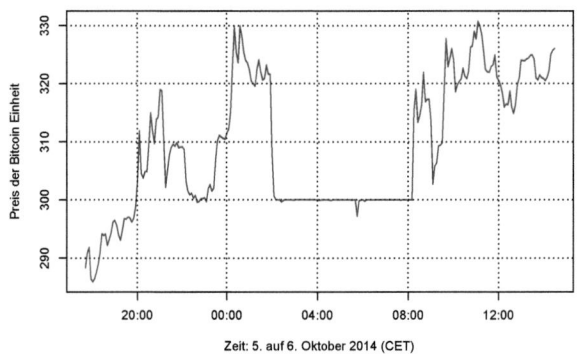

Abbildung 81: Preisverlauf der Bitcoin Einheit auf der Tauschbörse BitStamp rund um das Auftauchen des Bär-Wales. Zeitraum vom 5. auf den 6. Oktober 2014. Datenquelle: `bitcoincharts.com`

Ein Beispiel eines solchen Ereignisses konnte am 6. Oktober 2014 beobachtet werden, als rund 26'000 Bitcoin Einheiten auf die Tauschbörse *BitStamp* transferiert und dort zum Verkauf angeboten wurden. Der Marktpreis der Bitcoin Einheit reagierte auf das ausgedehnte Angebot und rutsche zeitweise um rund 10% nach unten.[165] Der Preis erholte sich wieder, es bleibt jedoch nicht abschätzbar, welche Entwicklung der Preis durchlaufen hätte, wenn diese 26'000

6.2 Eignung als Wertspeicher

Bitcoin Einheiten nicht angeboten worden wären. Das eben beschriebene und in Abbildung 81 visualisierte Ereignis ist in der Bitcoin Szene als *Slaying of the Bearwhale*[92] (dt. Erlegen des Bär-Wales) bekannt und steht sinnbildlich für die grossen Auswirkungen der Aktionen einzelner Akteure.

> **Anmerkung 6.3**
> **Satoshi Nakamotos Vermögen**
> Die Person, welche über die beste Ausgangslage verfügte, um sich eine sehr grosse Anzahl an Bitcoin Einheiten anzuhäufen, ist Satoshi Nakamoto. Sein Vermögen wird auf rund eine Million Bitcoin Einheiten geschätzt.[121]
>
> Interessant ist, dass dieses Vermögen bisher nicht bewegt wurde, obwohl die Bitcoin Einheiten zeitweise umgerechnet rund einer Milliarde US Dollar entsprachen. Dieser Betrag hätte sich zwar nicht vollständig realisieren lassen, aber selbst ein Bruchteil davon hätte zu einer beachtlichen Auszahlung geführt.
>
> Viele Nutzer des Bitcoin-Systems gehen davon aus, dass die privaten Schlüssel zur Kontrolle dieser Bitcoin Einheiten vernichtet wurden. Trotzdem muss stets zumindest die Möglichkeit in Betracht gezogen werden, dass die Angebotsmenge schlagartig um eine Million Bitcoin Einheiten ausgedehnt werden könnte. Nebst den normalen Marktkräften könnten in diesem Fall weitere Preiseffekte auftreten. Trennt sich der Erfinder und die Symbolfigur von seinen Bitcoin Einheiten, wird dies starke psychologische Kräfte auf den Markt ausüben.

---

[92]Wal für Person, die über viele Bitcoin Einheiten verfügt und Bär als Tier, welches üblicherweise mit sinkenden Kursen assoziiert wird (*Bear Market*).

6 Bitcoin als Geldeinheit?

6.2.4 Mass der Spekulation

Idealerweise sollte der reale Wert einer Geldeinheit im Verlaufe der Zeit konstant bleiben. Fällt der Wert einer Geldeinheit zu schnell, versagt die Wertspeicher-Funktion, wodurch die intertemporale Konsumglättung und Spartätigkeiten verunmöglicht werden. Ist eine Geldeinheit hingegen ein attraktives Investment und wirft hohe Renditen ab, kann dies eine hemmende Wirkung auf die Tauschmittel-Funktion der Geldeinheit haben. Dies ist insbesondere dann problematisch, wenn die Geldmenge statisch ist und der höheren (Spekulations-)Nachfrage nicht durch eine Ausdehnung der Geldmenge entgegengewirkt werden kann. Das Wissen um eine konstante Geldmenge kann die Spekulation anheizen und zu selbstverstärkenden Effekten führen.

Diese Problematik wird im Zusammenhang mit der Bitcoin Einheit immer wieder hervorgehoben. Ein Grossteil der Bitcoin Einheiten, so die These, wird auf ruhenden Adressen gelagert und dient mehrheitlich Spekulationszwecken. Die Menge, die als Tauschmittel verwendet wird, sei vernachlässigbar.[163]

Um diese These überprüfen zu können, müssen wir ein Mass zur Bewertung der Aktivität in der Bitcoin Ökonomie beiziehen. Wie bereits in Abschnitt 4.4.4 angemerkt sind Transaktionszahlen hierzu ungeeignet. Bitcoin Transaktionen geben weder Anhaltspunkte über die Anzahl, das Volumen, die Intention, noch den zugrundeliegenden realwirtschaftlichen Wert des Handels. Insbesondere sind Transaktionszahlen anfällig auf verkettete Transaktionsstrukturen, bei denen sich eine Person immer wieder dieselben Bitcoin Einheiten an eigene Adressen weiterleitet. In Transaktionsstatistiken fliessen diese Überträge vollumfänglich ein. Wir benötigen ein alternatives Mass, welches diese Schwäche der Transaktionsstatistik beheben kann.

Eine Masseinheit, die in der Bitcoin Ökonomie immer wieder auftaucht, trägt den etwas seltsamen Namen *Bitcoin Days Destroyed* (dt. zerstörte Bitcoin Tage). Im Unterschied zur einfachen Analyse von Transaktionen gewichtet dieses Mass Transaktionen mit der Zeitdauer, für welche die transferierten Bitcoin Einheiten nicht verwendet wurden. Bitcoin Tage sind nichts anderes als das Produkt von dieser Ruhephase und dem Volumen. Transferiert beispielsweise jemand eine

6.2 Eignung als Wertspeicher

Bitcoin Einheit, die zuvor 30 Tage nicht verwendet wurde, werden durch diese Transaktion 30 Bitcoin Tage zerstört.

Durch diese Vorgehensweise können die zuvor angesprochenen Kettenstrukturen entsprechend niedrig gewichtet werden. Transferiert eine Person beispielsweise eine Bitcoin Einheit mehrmals an neue Adressen, die ebenfalls von ihr kontrolliert werden und leitet die Bitcoin Einheit erst anschliessend an den neuen Besitzer weiter, werden *Bitcoin Days Destroyed* dadurch nicht beeinflusst. Der Wert wird exakt gleich hoch sein, wie wenn die Transaktion direkt an den neuen Besitzer weitergeleitet worden wäre. Klassische Transaktionsmasse würden dem hingegen zu völlig unterschiedlichen Ergebnissen führen.

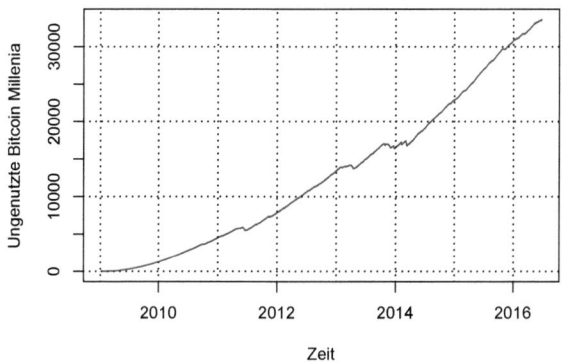

Abbildung 82: Ungenutzte Bitcoin Millenia

Wesentlich interessanter ist aber die Differenz der zerstörten und maximal möglichen Bitcoin Tage. Subtrahiert man die aggregierte Zahl aller zerstörten Bitcoin Tage von der zu diesem Zeitpunkt maximalen Zahl an erschaffenen Bitcoin Tagen, erhält man einen Wert, welcher als Indikator für das Aktivitätslevel beziehungsweise das Ausmass der ruhenden Bitcoin Einheiten genutzt werden

6 Bitcoin als Geldeinheit?

kann. Abbildung 82 zeigt die Entwicklung dieser Zahl. Die Ordinate repräsentiert ungenutzte Bitcoin Tage in Jahrtausenden.

Die Abbildung zeigt eine starke (und annähernd stetige) Zunahme der ungenutzten Bitcoin Tage und stützt somit die These, dass viele Bitcoin Einheiten ausschliesslich zu Spekulationszwecken gehalten werden.

Es gilt jedoch anzumerken, dass die Visualisierung wesentlich durch das ruhende Satoshi Guthaben (siehe Anmerkung 6.3) beeinflusst wird. Hinzu kommen zerstörte und verloren gegangene Bitcoin Einheiten,[93] die als vermeintlich ruhende Adressen in die Statistik einfliessen und das Bild weiter verschärfen.

6.3 Eignung als Recheneinheit

Hinsichtlich der Funktion als Recheneinheit kann die Kritik auf zwei wesentliche Punkte zusammengefasst werden. Erstens gibt es Hinweise, dass Menschen gewisse Schwierigkeiten haben, Dezimalzahlen zu erfassen und deren Informationsgehalt korrekt zu interpretieren. Der hohe Wert einer Bitcoin Einheit führt dazu, dass die Preise vieler Güter und Dienstleistungen in Bruchteilen einer Bitcoin Einheit ausgedrückt werden müssen und die Nutzer dadurch zum Umgang mit Dezimalstellen gezwungen sind. Zweitens führt die Volatilität dazu, dass sich Preise ständig verändern. Ziel einer Recheneinheit ist die Erleichterung der Handelstätigkeit durch die Einführung von Referenzwerten. Verändern sich diese Werte ständig, verfehlt die Recheneinheit ihren Zweck. Zudem kann die hohe Dynamik zu zusätzlichen Preisanpassungskosten (sogenannte Menükosten) und zu gewissen Ineffizienzen in der Preissetzung führen.[206]

Nachfolgend zeigen wir auf, dass den beiden vermeintlichen Problemen mit einfachen Massnahmen entgegengewirkt werden kann.

---

[93]Zerstörte Bitcoin Einheiten umfassen alle Bitcoin Einheiten, die an Pseudonyme gesendet werden, zu denen nachweislich kein privater Schlüssel existiert. Normalerweise geschieht dies über den Gebrauch von Namen und Sätzen. Durch die spezifische Zeichenfolge ist die Wahrscheinlichkeit, dass jemand im Besitz des zugehörigen privaten Schlüssels ist, verschwindend klein. Beispiele solcher Adressen umfassen: `1CounterpartyXXXXXXXXXXXXXXXUWLpVr` und `1BitcoinEaterAddressDontSendf59kuE` (die letzten sechs Stellen gehören zur Prüfsumme der Bitcoin Adresse).

6.3.1 Dezimalstellen und Teilbarkeit

Bitcoin Einheiten sind bis auf die achte Nachkommastelle teilbar und viele Güter und Dienstleistungen werden Preise aufweisen, die nicht durch ganzzahlige Werte in Bitcoin Einheiten ausgedrückt werden können.

Diese Preisgestaltung ist eine direkte Konsequenz vom Erfolg des Bitcoin-Systems. In unserer Chronologie der Preisentwicklung aus Abschnitt 2.6.2 haben wir den ersten dokumentierten Bitcoin Handel beschrieben. Es wurden zwei Pizzen gegen 10'000 Bitcoin Einheiten getauscht. Heute, am 15. Januar 2017, können die Pizzen für 0.0305656 Bitcoin Einheiten erworben werden. Die immense Preissteigerung der Bitcoin Einheit kann folglich als Ursache der teilweise absurd erscheinenden Preise im Dezimalstellen-Bereich gesehen werden.

Die Problematik solcher Preise besteht in der Schwierigkeit der Informationserfassung. Verschiedene Marketing Studien zeigen die Probleme von Konsumenten, Dezimalstellen korrekt zu interpretieren und zu vergleichen.[190] So werden beispielsweise viele Konsumenten nicht auf Anhieb erkennen können, dass 0.0531 fast dem sechsfachen von 0.0089329 entspricht, was zu erheblichen Ineffizienzen in der Handelstätigkeit führen kann.

Subeinheit	In Bitcoin Einheiten
1 Bitcoin	1 Bitcoin
1 Deci-Bitcoin	0.1 Bitcoin
1 Centi-Bitcoin	0.01 Bitcoin
1 Milli-Bitcoin	0.001 Bitcoin
1 Bit (Microbitcoin)	0.000001 Bitcoin
1 Satoshi	0.00000001 Bitcoin

Tabelle 7: Mögliche Stückelung einer Bitcoin Einheit

Die Kritik ist allerdings nur teilweise berechtigt. Sollte dies tatsächlich zu einem Problem werden, kann die Referenzeinheit ohne weiteres angepasst werden. Würde beispielsweise der US Dollar enorm an Wert zulegen, könnten die Preise fortan in US Cents angegeben werden. Analog dazu können Preise statt in Bitcoin Einheiten in Bruchteilen von Bitcoin Einheiten referenziert werden; so beispielsweise in Bits, was einem Millionstel Bitcoin entspricht.[206]

6 Bitcoin als Geldeinheit?

6.3.2 Preisvolatilität und ausgelagerte Recheneinheit

Ein zweiter Kritikpunkt geht auf die in Abschnitt 6.2.2 angesprochene Preisvolatilität der Bitcoin Einheit zurück. Schwankt der Marktpreis der Bitcoin Einheit, so müssen auch die in Bitcoin Einheiten ausgedrückten Preise für Güter und Dienstleistungen angepasst werden. Zudem erschweren solche Schwankungen den Nutzern das Erfassen der realwirtschaftlichen Preise.

In der Praxis werden die Preise zumeist in der jeweiligen Landeswährung ausgedrückt und erst bei Kauf in Bitcoin Einheiten umgerechnet. Die Bitcoin Einheit wird also in vielen Fällen nicht als Recheneinheit verwendet.

Die Recheneinheit-Funktion stellt allerdings auch kein grundlegendes Erfordernis dar. Analog Anmerkung 1.1 existieren verschiedene Beispiele von Geldeinheiten, die selbst nicht die dominante Recheneinheit darstellen.

6.4 Schlussfolgerung

Obschon Bitcoin Einheiten als Geld geschaffen wurden und einige monetäre Charakteristika aufweisen, können sie derzeit nicht als eine Geldeinheit im klassischen Sinne bezeichnet werden. Bitcoin Einheiten verfehlen die Stellung als dominantes Tauschmittel aufgrund vergleichsweise geringer Adaptionsraten und technischer Einschränkungen. Neue Ansätze hinsichtlich der Skalierbarkeit deuten darauf hin, dass Letztere zukünftig nicht zu einem beschränkenden Faktor werden. Sollte der Gebrauch der Bitcoin Einheit tatsächlich weiter ansteigen, wäre somit eine Entwicklung zum dominanten Tauschmittel möglich.

Die Wertschwankungen werden durch den Vertrauensgewinn zwar abnehmen, die ultimativ statische (de facto abnehmende) Geldmenge wird aber dazu führen, dass sich die Volatilität auf einem für Geldeinheiten hohen Niveau einpendelt. Dies ist darauf zurückzuführen, dass zyklische und schockartige Änderungen in der Nachfrage nach Geldeinheiten auf eine fixierte Geldmenge treffen. Diese Eigenschaft erinnert stark an Gold.[94]

---

[94]Selbst Gold verfügt aber über eine gewisse Flexibilität auf der Angebotsseite. Steigt der

6.4 Schlussfolgerung

Zusätzlich hat die kurzfristige Volatilität Konsequenzen für die Funktionen des Wertspeichers und der Recheneinheit. Während die Funktion der Recheneinheit ohne Weiteres ausgelagert werden kann, ist eine gewisse Wertbeständigkeit ein zwingender Funktionsbestandteil einer Geldeinheit.

Wir können also festhalten, dass die Bitcoin Einheit sicherlich keine optimale Geldeinheit ist, dennoch aber viele Eigenschaften auf sich vereint, die einen monetären Einsatz grundsätzlich möglich machen.

Zusätzlich werden durch das Bitcoin-System Applikationen ermöglicht, die weit über diese monetäre Funktion hinausgehen. Die Bitcoin Einheit kann dabei als eine Ressource betrachtet werden, die zur Erfassung von Blockchain Transaktionen benötigt wird und somit die Basis all dieser Applikationen bildet.

Im nachfolgenden Kapitel wenden wir uns von dem monetären Aspekt ab und betrachten einige alternative Anwendungsmöglichkeiten der Bitcoin-Technologie. Das Kapitel wird verdeutlichen, dass Bitcoin nicht auf rein monetäre Aspekte reduziert werden sollte.

Goldpreis an, kann der Abbau bisher ökonomisch nicht gewinnbringender Goldvorkommen attraktiv werden, wodurch das Angebot ebenfalls ansteigt. [168]

6 Bitcoin als Geldeinheit?

6.5 Aufgaben zur Repetition

Aufgabe 6.1: Nennen Sie einige Punkte, welche die Tauschmittel-Funktion der Bitcoin Einheit grundlegend beeinträchtigen.

Aufgabe 6.2: Erläutern Sie, weshalb sich die tatsächlichen Kosten einer Bitcoin Transaktion von jenen, die von dem Transaktionsinitianten getragen werden, unterscheiden.

Aufgabe 6.3: Bitcoin wird häufig als eine inhärent deflationäre Geldeinheit bezeichnet. Erläutern Sie weshalb dies nur teilweise korrekt ist und welche Einschränkungen berücksichtigt werden müssen.

Aufgabe 6.4: Beschreiben Sie verschiedene Massnahmen zur Wahrung einer höheren Preisstabilität im Kontext der Kryptowährungen.

Aufgabe 6.5: Erörtern Sie die Effekte der Volatilität auf die Recheneinheit-Funktion der Bitcoin Einheit. Wie gravierend sind diese Effekte für die monetäre Funktion der Bitcoin Einheit?

Aufgabe 6.6: Entscheiden Sie, ob die Bitcoin Einheit Ihrer Meinung nach als Geldeinheit bezeichnet werden sollte. Nutzen Sie dabei die verschiedenen Konzepte aus Kapitel 1 als Argumentationshilfe.

7 Nicht-monetäre Anwendungen

Bitcoin hat eine technologische Errungenschaft hervorgebracht, die in einem breiten Kontext angewendet werden kann: die Blockchain. Sie bildet das Grundgerüst, welches die dezentrale Zuordnung rivalisierender (Wert-)Einheiten jeglicher Art ermöglicht. Zudem kann die Blockchain Zustände abbilden und diese so festhalten, dass deren Existenz und Ausprägungen durch alle Teilnehmenden verifizierbar sind. Dies lässt viel Spielraum für innovative Applikationen fernab rein monetärer Aspekte.

Das Spektrum dieser alternativen Anwendungen ist ausgesprochen vielfältig. Das Venture Capital Unternehmen *Ledra Capital* führt beispielsweise eine Liste mit möglichen Applikationen der Blockchain-Technologie. Die Liste umfasst 84 verschiedene Bereiche, wobei gerade mal 14 in die Kategorie der Finanzinstrumente fallen und nur eine Anwendung (Currency), dem strikt monetären Gebrauch zugeordnet werden kann.[118] Bitcoin ist also wesentlich mehr als eine Geldeinheit und sollte trotz des monetären Ursprungs nicht auf diesen Bereich reduziert werden.

Die Entwicklung der Blockchain Applikationen wird oftmals in drei Phasen gegliedert. Phase 1 umfasst sämtliche monetären Anwendungsbereiche und damit die Entstehung von Kryptowährungen und einfachen Zahlungsprotokollen. Phase 2 inkorporiert weitreichende ökonomische Aspekte, darunter das Erstellen, Festhalten und Ausführen von Blockchain-basierten Verträgen. Die dritte Phase umfasst sämtliche politischen, kulturellen und gesellschaftlichen Anwendungsbereiche, die nicht durch einfache Verträge abgebildet oder ausschliesslich dem Bereich der Finanzinstrumente angegliedert werden können.[181]

7 Nicht-monetäre Anwendungen

Wir erachten diese Abgrenzung nach Phasen jedoch als künstlich und sind der Meinung, dass viele Applikationen nicht eindeutig zugeordnet werden können. Zudem hat die scheinbar chronologische Eingliederung wertenden Charakter und vermittelt die Idee, dass die Phasen 1 und 2 überholt sind. Dementsprechend verzichten wir bewusst auf diese Art der Gliederung und zeigen beispielhaft einige mögliche Blockchain Applikationen auf.

Die nachfolgenden Beispiele sind stellvertretend für das immense Potential und sollen keinesfalls den Eindruck einer abschliessenden Aufzählung erwecken. Wir beschränken uns zudem auf nicht-monetäre Aspekte. Mögliche monetäre Innovationen wie *Maschinen-zu-Maschinen Zahlungen* im Rahmen des *Internet of Things* (IoT) oder globale Mikrotransaktionen wurden teilweise bereits in vorhergegangenen Kapiteln behandelt und werden aufgrund ihres rein monetären Hintergrunds in diesem Kapitel aussen vor gelassen.

7.1 Dezentrale Nachweise und Atteste

Die Bitcoin Blockchain ist im Grunde genommen nichts anderes als ein eindeutiges und dezentral geführtes Register. Nebst Transaktionen von Werteinheiten können in dem Register auch andere Daten festgehalten werden und genau wie reguläre Transaktionen werden diese Daten in der Blockchain verewigt.

Sinnbildlich hat die Bitcoin Blockchain den Charakter einer öffentlich einsehbaren und dezentral bewirtschafteten Pinnwand, an der alle möglichen Informationen angebracht werden können. Im Gegensatz zu einer normalen Pinnwand können die Informationen aber nachträglich nicht mehr entfernt oder verändert werden. Zudem wird der Zeitpunkt festgehalten, zu welchem die Information hinzugefügt wurde und auch der Autor der Information kann (optional) eindeutig festgehalten werden.

Technisch erfolgt die Angliederung über Transaktionsoutputs mit Null Data oder `OP_RETURN` Auszahlungsbedingungen (siehe Abschnitt 4.5.5). Die Datenmenge, welche einem Transaktionsoutput und somit der Blockchain angehängt werden kann, ist relativ gering, reicht jedoch für die Inkludierung eines kryp-

7.1 Dezentrale Nachweise und Atteste

tografisch sicheren Hashwertes (siehe Abschnitt 4.2). Wurde der Hashwert erst einmal der Blockchain hinzugefügt, kann diese Information nicht mehr verändert werden. Diese Vorgehensweise eröffnet verschiedene Möglichkeiten zur Beweisführung der Existenz, Authentizität und Integrität der Daten.

7.1.1 Existenz

Ein sogenannter *Proof-of-Existence* (dt. Beweis der Existenz) belegt öffentlich, dass ein Datenpaket zu einem gewissen Zeitpunkt in einer bestimmten Form existiert hat. Die Daten müssen nicht sofort offengelegt werden. Um die Möglichkeit der späteren Beweiserbringung zu schaffen, genügt es den Hashwert des fraglichen Datenpakets zu berechnen und diesen über einen Transaktionsoutput der Blockchain anzubinden. Der Hashwert wird dadurch fest mit einem Block und einem bestimmten Zeitpunkt verknüpft.

Gehen wir beispielsweise davon aus, dass Michèle einen Kundenauftrag erhalten hat, der die Ausarbeitung eines neuen Strategiekonzeptes umfasst. Nach getaner Arbeit präsentiert sie dem Kunden ihre Ideen und reicht eine Mappe mit detaillierten Umsetzungsmassnahmen ein. Der Kunde hätte nun die Möglichkeit ein eigenes Dokument zu verfassen und zu behaupten, dass die Ideen intern ausgearbeitet wurden. Es würde Aussage gegen Aussage stehen und Michèle hätte keinerlei Möglichkeit zu beweisen, dass ihr Entwurf bereits vor dem Meeting existiert hat und sie die Urheberin der Idee ist.

Fügt Michèle aber vor dem Meeting den Hashwert[95] des Datenpakets der Blockchain hinzu, kann sie zu einem späteren Zeitpunkt belegen, dass ihre Idee bereits zum Zeitpunkt der Blockchain-Anbindung existiert hat. Sie kann die Dokumente zu einem beliebigen Zeitpunkt offenlegen und dadurch jeder Person ermöglichen, den Hashwert des Datenpakets zu berechnen und zu verifizieren, dass dieser mit dem in der Blockchain hinterlegten Hashwert übereinstimmt.

Aufgrund der Eigenschaften von kryptografisch sicheren Hashfunktionen (siehe Abschnitt 4.2) ist es nicht möglich, gezielt ein Datenpaket mit einem spezifi-

---

[95] Normalerweise auf Basis der Hashfunktion SHA256.

7 Nicht-monetäre Anwendungen

schen Hashwert zu erstellen. Die Übereinstimmung der Hashwerte genügt also als Beweis dafür, dass die Dokumente zum fraglichen Zeitpunkt tatsächlich existiert haben. Zudem würde jede Änderung der Dokumente zu einem völlig anderen Hashwert führen und den Beweis dadurch ungültig werden lassen. Würde also beispielsweise jemand die Autorenangaben der Dokumente verändern, könnte er sich nicht mehr auf denselben Hashwert berufen, was die Verbindung zum öffentlich belegbaren Zeitstempel brechen würde.

Der *Proof-of-Existence* bietet zwar keinen rechtlichen Exklusivitätsschutz analog einem Patent, hat aber dennoch interessante Anwendungsbereiche zur Beweiserbringung. Die Methode kann generell immer dann verwendet werden, wenn die Existenz einer Information zu einem gewissen Zeitpunkt öffentlich attestiert werden muss.

7.1.2 Integrität

Eine andere mögliche Anwendung umfasst die Sicherstellung der Integrität von Daten. Möchte jemand beispielsweise überwachen, dass Geschäftsbedingungen, Zeitungsartikel oder gar ganze Bücher nicht nachträglich verändert werden, kann diese Person den Hashwert der Daten in die Blockchain einbetten. Erst einmal in der Blockchain verewigt, kann der unveränderbare Hashwert nun immer zur Überprüfung der Datenintegrität beigezogen werden. Jede Änderung in den Daten wird unweigerlich zu Veränderungen des daraus resultierenden Hashwertes führen und somit nicht mehr mit dem Hashwert in der Blockchain übereinstimmen. Jegliche Manipulationen wären sofort ersichtlich und öffentlich belegbar.

Der Integritätsschutz lässt sich auch auf interne Geschäftsprozesse anwenden. So kann beispielsweise der Hashwert von Controlling und Compliance relevanten Dokumenten regelmässig der Bitcoin Blockchain angefügt werden. Die Geheimhaltung der Dokumente wäre weiterhin gewährleistet, da der Hashwert keinerlei Rückschlüsse auf die Art und den Inhalt der Daten zulässt. Gleichzeitig kann durch den nicht abänderbaren Hashwert aber die Integrität der Daten überprüft werden, wodurch (manipulative) Veränderungen einfacher aufgespürt werden können. Wird beispielsweise der Hashwert eines Dokuments, welches einen

7.1 Dezentrale Nachweise und Atteste

gewissen Lagerbestand zum Zeitpunkt t attestiert, in die Blockchain übertragen, kann nachträglich nicht behauptet werden, dass das Lager zum fraglichen Zeitpunkt eine andere Menge an Gütern umfasst hat.

Der grosse Vorteil der Blockchain-Anbindung besteht darin, dass Manipulationen der Hashwerte ausgeschlossen sind. Würde das Unternehmen die Daten stattdessen auf ihren eigenen Servern ablegen, könnten Mitarbeiter mit entsprechenden Zugangsberechtigungen oder Angreifer, die sich selbst Zugang verschaffen, die Daten beliebig anpassen und somit die Historie der sensitiven Dokumente verändern oder diese gar unbemerkt verschwinden lassen.

Jedem Unternehmen steht es frei, die Blockchain auf diese Weise zu nutzen. Die Implementierung solcher Systeme ist langfristig sehr interessant, bedingt aber eine relativ hohe initiale Investitionsbereitschaft und ein ausgeprägtes Know-How. Das *Factom*[178] Projekt erleichtert diesen Einstieg, indem es eine Applikation beziehungsweise eine Programmierschnittstelle zur Verfügung stellt, die auf der Bitcoin Blockchain basiert und Unternehmen eine vereinfachte Möglichkeit zur Implementierung solcher Kontrollinstrumente liefert.

> **Anmerkung 7.1**
> **Blockchain Grundstückregister**
> Im Mai 2015 verkündete *Reuters*,[47] dass der Staat Honduras sein Grundstückregister über die Bitcoin Blockchain besichern würde. Konkret, so die Meldung, würde die Blockchain-Einbindung über *Factom* erfolgen und dadurch eine nicht-abänderbare Chronologie der Eigentumsrechte entstehen.
>
> Das Projekt kam schliesslich zum vorläufigen Stillstand,[108] steht aber stellvertretend für das grosse Potential von Bitcoin und der Blockchain-Technologie. Projekte dieser Art könnten die Korruption eindämmen und sichere Gegebenheiten schaffen, die Investitionen attraktiver machen und internationale Geldgeber anziehen.

7 Nicht-monetäre Anwendungen

> Gewissermassen ermöglicht die Bitcoin Blockchain eine dezentrale Überprüfung von Institutionen, durch welche eine ansonsten undenkbare Transparenz erreicht werden kann.

7.1.3 Authentizität

Können bestimmte öffentliche Schlüssel mit einem Unternehmen, einer Organisation oder einer Person assoziiert werden, kann zusätzlich auch die Authentizität der Daten überprüft werden. Dies ist aufgrund der Signatur der mit den Outputs korrespondierenden Inputs möglich. Wurden Daten in einer Transaktion veröffentlicht, die nachweislich Signaturen beinhaltet, die nur von einer bestimmten Organisation ausgestellt werden können, kann folgerichtig davon ausgegangen werden, dass die Daten ebenfalls durch die Organisation verfasst wurden.

Die Universität Nicosia besichert beispielsweise die Diplome der Master Vorlesung *Introduction to Digital Currency* anhand der Blockchain.[194] Potentielle Arbeitgeber können später die Existenz, Authentizität und Integrität der Diplome anhand des Blockchain Eintrags überprüfen, was die Gefahr von gefälschten und manipulierten Diplomen deutlich verringert.

Das Unternehmen *Blockverify* möchte mittels der Blockchain dem Problem gefälschter Güter und des Handels mit Hehlerware begegnen. Medikamente, Unterhaltungselektronik und Luxusartikel können mittels in die Blockchain eingebetteter Hashwerte und Signaturen auf ihre Authentizität überprüft werden und auch Hehlerware wäre bereits beim Kauf als solche identifizierbar. Auch bei dieser Anwendung ist der Ursprung der Daten und somit die Authentizität von entscheidender Bedeutung.

7.2 Zahlungsversprechen und Kryptoassets

Die Bitcoin Bockchain erlaubt ausschliesslich Transaktionen in der nativen Bitcoin Einheit, welche innerhalb des Systems geschaffen werden und standardmässig keinerlei Ansprüche oder Versprechen auf Werteinheiten ausserhalb des

7.2 Zahlungsversprechen und Kryptoassets

Systems beinhalten. Indirekt ermöglicht die Bitcoin Blockchain aber die virtuelle Repräsentation und Transaktion beliebiger Werteinheiten. Wertpapiere können einem Fragment einer spezifischen Bitcoin Einheit angeknüpft und so gehandelt werden. Das Bitcoin Fragment dient dabei lediglich als Hülle, welche den Handel über das Bitcoin-Netzwerk ermöglicht. Der eigentliche Wert kommt über das angeknüpfte Zahlungsversprechen zustande.

Grundsätzlich gilt, dass die Erfüllung aller angeknüpften Versprechen einem Gegenparteirisiko unterliegen. Kann oder möchte die ausstellende Partei das Versprechen nicht erfüllen, entfällt der zusätzliche Wertbestandteil. Obschon also die Transaktionen dezentral abgewickelt werden und sämtliche Vorzüge der virtuellen Repräsentation geniessen, kann die Auszahlung der angeknüpften Werteinheit durch die Gegenpartei verweigert werden. Hierbei handelt es sich allerdings um eine grundsätzliche Eigenschaft angeknüpfter Zahlungsversprechen und nicht etwa um ein Problem der Bitcoin-Technologie.

Eine konkrete Umsetzung dieser Wertanknüpfung ist unter dem Namen *Colored Coins* (dt. eingefärbte Münzen) bekannt. Bitcoin Einheiten werden "eingefärbt" beziehungsweise mit Merkmalen versehen, über welche die eindeutige Identifikation eines Zahlungsversprechens möglich ist. So kann Michèle beispielsweise vertraglich festhalten, dass sie dem Eigentümer eines spezifischen Bitcoin Fragments, am 31. Dezember 2020, 1'000 US Dollar ausbezahlen wird. Abhängig von ihrer Glaubwürdigkeit, Bonität und Reputation wird der Markt diesem Bitcoin Fragment dadurch einen zusätzlichen Wert zuweisen (siehe Abschnitt 1.4).

Die Anknüpfung kann beliebige Versprechen beinhalten. Edelmetalle, Unternehmensanteile, Schuldscheine oder Forderungen in anderen Währungen sind nur einige Beispiele möglicher Verknüpfungen. Grundsätzlich lassen sich auf diese Weise beliebige Formen von *Kryptoassets* erstellen. Die Bitcoin Blockchain könnte also als ein Grundgerüst zur Verrechnung genutzt werden, welches die Besitzstände von Werteinheiten jeglicher Art festhält.

7 Nicht-monetäre Anwendungen

> **Anmerkung 7.2**
> **Overstock und TØ (T-zero)**
> *Overstock* ist das erste grosse Unternehmen, welches die eigenen Unternehmensaktien über die Bitcoin Blockchain handeln möchte. Der grosse Online-Retailer mit über einer Million verschiedener Produkte und einem ungefähren Jahresumsatz von 1.6 Milliarden US Dollar war bezüglich Bitcoin bereits mehrfach in einer Vorreiterrolle, so beispielsweise durch die Akzeptanz der Bitcoin Einheit als Zahlungsmittel seit Anfang 2014.[148]
>
> Mit TØ plant das Warenhaus nun den Handel der eigenen Unternehmensaktien über eine Art Sidechain abzuwickeln.[16] Die Besitzstände wären damit direkt durch die Bitcoin Blockchain besichert und gleichzeitig flexibel genug um regulatorische Auflagen erfüllen zu können.[65]

Das Interessante an diesem Verfahren ist die schnellere und eindeutige Übertragung der Assets. Während die Verrechnung im klassischen Finanzsystem oft mehrere Tage dauern kann, wäre dies im Bitcoin-System im Schnitt innert 10 Minuten möglich. Zudem ermöglicht die Bitcoin Blockchain den Handel auf einem globalen und nicht-segregierten Markt.

Problematisch ist hingegen die beschränkte Zahl der Transaktionen, kombiniert mit der Tatsache, dass viele Skalierungsoptionen, die zurzeit diskutiert werden, für die gängigen *Colored Coin* Protokolle ungeeignet sind. Zahlungskanäle (siehe Abschnitt 6.1.4) reichen beispielsweise nicht dieselben Bitcoin Einheiten weiter. Für die mehrheitlich fungiblen Bitcoin Einheiten stellt dies kein Problem dar. Ist allerdings ein Teil der Bitcoin Einheiten "eingefärbt" und verfügt über angeknüpfte Zahlungsversprechen, wird die Fungibilität untergraben und die Abwicklung über bestehende Bitcoin Zahlungskanäle verunmöglicht.

Insofern müssten zur Verfolgung dieses Skalierungsansatzes für jedes Asset gesonderte Zahlungskanäle entstehen, die allesamt zur Eröffnung und Schliessung je eine Blockchain Transaktion voraussetzen. Bei *Kryptoassets* mit einer gewissen Marktkapitalisierung und einer nahezu perfekten Fungibilität wären solche dedizierten Zahlungskanäle theoretisch möglich. Nicht-fungible Assets wie

7.2 Zahlungsversprechen und Kryptoassets

Versprechen auf Kunstobjekte oder Immobilien müssten hingegen über einzelne Blockchain Transaktionen abgewickelt werden.

Zudem bestehen gewisse regulatorische Hürden. In vielen Jurisdiktionen ist der Besitz bestimmter Wertschriften meldepflichtig. Bei Aktien soll diese Regelung beispielsweise vor unbemerkten feindlichen Übernahmen schützen. Wird ein Asset über die Bitcoin Blockchain gehandelt, mutiert es standardmässig zum Inhaberpapier. Aus einem reinen Handelsaspekt entspricht dies einer begrüssenswerten Effizienzsteigerung. Auf der anderen Seite wird bei reinen Inhaberpapieren aber die Identifikation der derzeitigen Eigentümer deutlich erschwert.

Sollten die Nachteile der potentiell anonymen Besitzstände die Vorteile der gesteigerten Handelseffizienz übersteigen, wäre es möglich entsprechende Gegenmassnahmen zu treffen. So könnten bei Kryptoaktien beispielsweise die Vorzüge des Besitzes, wie das Stimmrecht, die Auszahlung einer Dividende oder die Einladung an die Generalversammlung, an die Bedingungen geknüpft werden, dass die Identität des Eigentümers initial offengelegt wird.

Eine weitere Option besteht in der Form von Handelsbeschränkungen über 2 von 2 *Multisig* Implementierungen. Bei diesem Verfahren würde jede Transaktion des betreffenden *Kryptoassets* eine zweite Signatur bedingen, welche nur durch das Unternehmen selbst ausgestellt werden kann. Die Signatur und somit die Übertragbarkeit könnte an die Bedingung der Identifikation des neuen Eigentümers gekoppelt werden.

Selbst wenn die Buchführung der Unternehmensanteileigner abseits der Blockchain und durch eine zentrale Instanz erfolgt, kann die korrekte Abwicklung dennoch über die Blockchain-Anbindung von Hashwerten besichert werden. In einem solchen Fall wäre es der zentralen Instanz zwar möglich, eigenmächtig eine beliebige Neuzuordnung der Assets vorzunehmen, die Chronologie der Veränderungen wäre aber eindeutig festgehalten und öffentlich einsehbar. Manipulationen und ungerechtfertigte Veränderungen könnten somit nicht vertuscht und der ursprüngliche Zustand auf dem Rechtsweg eingefordert werden.[137]

7.3 Smart Property

Analog den *Kryptoassets* handelt es sich bei *Smart Property* (dt. intelligentes Eigentum) ebenfalls um externe, sprich nicht-native, Vermögenswerte, die einem Bitcoin Fragment angebunden und dadurch über die Bitcoin Blockchain gehandelt werden können.

Die Unterscheidung erfolgt anhand zweier zusätzlicher Erfordernisse. Erstens ist der Begriff *Smart Property* auf physische Objekte beschränkt; also auf Mobilien und Immobilien. Folglich fallen viele der Blockchain angeknüpfte Werteinheiten nicht in die Kategorie des *Smart Property*. Zweitens besteht aus ökonomischer Sicht eine klare Abgrenzung hinsichtlich der Art der Garantie des Besitzstandes. Während *Kryptoassets* durch eine Gegenpartei besichert werden, die einem Bitcoin Fragment ein zusätzliches Zahlungsversprechen anknüpft, ist *Smart Property* nicht von derartigen Zusicherungen abhängig. Das Objekt verfügt vielmehr über Eigenschaften, die den Gebrauch exklusiv an kryptografische Bedingungen koppeln. Konkret ist das Objekt selbstständig in der Lage, seinen Besitzer anhand der Blockchain zu identifizieren und entsprechende Nutzungsrechte zu vergeben. Dementsprechend wird das Objekt eine Person nur dann als Besitzer anerkennen beziehungsweise ihr den Gebrauch ermöglichen, wenn diese Person den kryptografischen Beweis des Eigentums erbringen kann.

Ein gängiges und viel zitiertes Beispiel eines solchen Objekts ist ein Auto. Der Autohersteller verankert ein Nachweiserfordernis im System, also beispielsweise den Besitz eines bestimmten Genesis Outputs (spezifisches Bitcoin Fragment). Nur wenn eine Person in der Lage ist, eine von dem Auto ausgestellte Eintrittshürde zu signieren und die Signatur nachweislich mit dem privaten Schlüssel ausgestellt wurde, der zu derjenigen Adresse gehört, die zur Kontrolle über das entsprechende Bitcoin Fragment berechtigt ist, wird sich die Tür öffnen und das Auto anspringen.[183]

Schlüsselsysteme, die auf ähnlichen kryptografischen Implementierungen basieren, sind bereits heute in Autos eingebaut. Diese Schlüssel und Nachweiserfordernisse sind jedoch statisch. Ein Verkauf bedingt daher die physische Übergabe des Schlüssels und birgt die Gefahr, dass der Verkäufer vorgängig in der Lage

7.3 Smart Property

war, Kopien des Schlüssels zu erstellen. Durch die Anbindung an die Blockchain und die daraus resultierende Option der dynamischen Anpassung der gültigen Schlüssel kann das Auto hingegen virtuell gehandelt und abschliessend übertragen werden.

Obschon der Besitz von *Smart Property* keinem klassischen Gegenparteirisiko unterliegt, gilt es anzumerken, dass das Konzept ein funktionierendes Rechtssystem voraussetzt. Jegliche Arten von physischem Eigentumsschutz eines Objekts können durch Gewalteinwirkung umgangen werden. Analog mechanischer Haustüren sind auch kryptografische Schlösser nur partielle Hürden, die zumindest teilweise durch das Rechtssystem besichert werden müssen.

Zudem ist der tatsächliche Gebrauch von *Smart Property* und somit dessen Glaubwürdigkeit als handel- und beleihbare Werteinheit in aller Regel an die Fähigkeit des physischen Zugriffs geknüpft. Kann der physische Zugriff verweigert werden, bietet das Objekt, dem kryptografisch garantierten Eigentümerwechsel zu trotz, dem neuen Besitzer keinerlei Mehrwert.

Komplett kann das Gegenparteirisiko also auch bei *Smart Property* nicht ausgeschaltet werden, wodurch die potentielle Abhängigkeit von einem bestehenden Rechtssystem nochmals hervorgehoben wird. Ziel der Blockchain-Anbindung von Objekten ist allerdings auch nicht die Überwindung der rechtlichen Grundpfeiler des Obligationenrechts. Vielmehr soll *Smart Property* im Regelfall die unkomplizierte und kostengünstige Abwicklung von Besitzüberträgen ermöglichen und die Transaktionskosten senken.

7 Nicht-monetäre Anwendungen

> **Anmerkung 7.3**
> **Ungleichgewicht durch Kryptoassets und Smart Property**
> *Kryptoasset* und *Smart Property* Implementierungen fügen der Bitcoin Blockchain weitere Werteinheiten hinzu, deren Besicherung von der Gesamtrechenleistung des Netzwerkes abhängt. Der Sicherheitsbedarf der Bitcoin Blockchain steigt folglich mit der Höhe der über die Blockchain besicherten Werte. Dies ist darauf zurückzuführen, dass ein potentieller Angreifer nicht bloss die Besitzstände in Bitcoin Einheiten, sondern auch jene der angeknüpften Werte auf einen bestimmten Zeitpunkt zurücksetzen könnte.
>
> Für einen solchen Angriff benötigt der Angreifer mehr Rechenleistung als der ganze Rest des Netzwerks. Zudem muss er die Rechenleistung über einen längeren Zeitraum aufrechterhalten können. Je weiter der angezielte Zeitpunkt zurückliegt, desto aufwendiger und kostspieliger der Angriff.
>
> Die native Bitcoin Einheit wird durch das Anreizsystem besichert. Da bei einem steigenden Wert der Bitcoin Einheit automatisch auch der realwirtschaftliche Wert der Miner Entlohnung (ebenfalls in Bitcoin Einheiten) anwächst, steigt und fällt die allozierte Rechenleistung mit dem Bitcoin Preis, was zu einem automatischen Ausgleich der benötigten Sicherheit führt.
>
> Werden der Bitcoin Blockchain aber nicht-native Werte angeknüpft, steigt dadurch zwar der Sicherheitsbedarf der Bitcoin Blockchain an, die Entlohnung der Miner bleibt aber unverändert.[a] Unabhängig davon wie viele nicht-native Werteinheiten der Bitcoin Blockchain angegliedert sind, werden die Miner immer über eine bestimmte Anzahl generischer Bitcoin Einheiten entlohnt. Folglich können *Kryptoassets* und *Smart Property* zu einem Ungleichgewicht von Entlohnung und Angriffsanreiz sorgen, was zumindest in der Theorie ein Problem darstellt.
>
> [a]Es ist möglich, dass die Anknüpfung der *Kryptoassets* und des *Smart Property* zu einer erhöhten Nachfrage nach Bitcoin Einheiten führt und somit positive Preiseffekte freisetzt. Dies würde zwar die Entlohnung der Miner erhöhen, gleichzeitig aber den Sicherheitsbedarf der Blockchain nochmals steigern, da die Bitcoin Einheiten selbst auch einen Wertbestandteil der Bitcoin Blockchain bilden und der Wert dieser Bitcoin Einheiten ebenfalls besichert werden muss.

7.4 Blockchain-Verträge (Smart Contracts)

Die Definition des Begriffs *Vertrag* ist im Bitcoin-Kontext alles andere als klar geregelt. Insbesondere für das Schlagwort *Smart Contract* (dt. intelligenter Vertrag) existiert eine grosse Zahl ambivalenter Definitionsansätze. Wir beschränken uns deshalb auf eine minimale und sehr breit gefasste Definition, welche lediglich jene Punkte umfasst, die in einem Grossteil der bestehenden Definitionen aufgeführt werden.

Blockchain-Verträge oder *Smart Contracts* sind geskriptete Abfolgen, welche mindestens ein Resultat an bestimmte Bedingungen und/oder Ereignisse knüpfen. Der Vollzug dieser Abfolge wird durch die Blockchain, also durch das Register und das Konsensprotokoll, besichert.

7.4.1 UTXO als Blockchain-Verträge

Grundsätzlich kann nach dieser Definition jeder noch nicht verwendete Transaktionsoutput (UTXO) als ein Blockchain-Vertrag betrachtet werden.[36] Die Idee wird klar, wenn wir uns an die Ausführungen in Abschnitt 4.5 erinnern. Jeder Transaktionsoutput wird durch Auszahlungsbedingungen besichert. Diejenige Person, die als erste eine Lösung präsentieren kann, hat die Möglichkeit frei über das gebundene Guthaben zu verfügen.

In aller Regel handelt es sich bei dem Guthaben um Bitcoin Einheiten. Durch die Blockchain-Anbindung von *Kryptoassets* und *Smart Property* können die UTXO aber auch andere Werteinheiten verwahren und in den Vertrag einbinden (siehe Abschnitt 7.4.3).

Die konkreten Vertragsbedingungen der UTXO variieren abhängig von den verwendeten Standardskripts. Bei *Pay-to-Public-Key* und *Pay-to-Public-Key-Hash* wird die Signatur mit einem privaten Schlüssel vorausgesetzt, der gewisse Bedingungen erfüllt. *Multisig* setzt m von n Signaturen voraus und *Pay-to-Script-Hash* bietet gewisse Freiheiten bei der konkreten Ausgestaltung des Vertrags. Die technischen Einzelheiten der Auszahlungsbedingungen sind in Abschnitt 4.5

7 Nicht-monetäre Anwendungen

festgehalten. Wichtig ist das Verständnis, dass jeder dieser noch nicht verwendeten Outputs die Definition eines Blockchain-Vertrages erfüllt und viele einfache Vertragskonstrukte über diese Standardskripte entwickelt werden können.

7.4.2 Verträge basierend auf (teil-)signierten und nicht-propagierten Transaktionsnachrichten

Über die geschickte Kombination mehrerer Transaktionsnachrichten kann das Spektrum der möglichen Vertragskonstrukte nochmals deutlich ausgeweitet werden.

Die Tatsache, dass Transaktionsnachrichten nicht zwingend über das Bitcoin-Netzwerk propagiert werden müssen und an weitere Bedingungen gekoppelt werden können, eröffnet die Möglichkeit interessanter Vertragskonstrukte, die durch den direkten Austausch von (teil-)signierten Transaktionen implementierbar sind.

Ein Beispiel eines solchen Konstrukts stellen die Zahlungskanäle aus Abschnitt 6.1.4 dar. Durch *Multisig* und den Austausch von Transaktionen kann ein verbindlicher Vertrag zur reibungslosen Abwicklung von Mikrotransaktionen geschaffen werden. Interessanterweise wird dieser Vertrag durch die Bitcoin Blockchain besichert, obschon ein Grossteil der Transaktionsnachrichten niemals über die Blockchain abgewickelt werden.

7.4.3 Kryptoasset und Smart Property Verträge

Die Blockchain-Anbindung von Zahlungsversprechen und Objekten bietet nebst den transaktionalen Vorteilen einige weitere Vorzüge. So ist es beispielsweise möglich, bedingte Kaufverträge abzuschliessen, die einen parallelen Vollzug der Verpflichtungen beider Parteien garantieren. Ferner können *Kryptoassets* und *Smart Property* als Sicherheit bei Blockchain-basierten Kreditgeschäften verwendet werden und dadurch besicherte Kredite, abseits der Notwendigkeit etablierter Vertrauensverhältnisse, ermöglichen.[91][183]

7.4 Blockchain-Verträge (Smart Contracts)

Die nachfolgenden Beispielimplementierungen sind technisch anspruchsvoll. Entscheidend ist jedoch, dass sämtliche Schritte im Hintergrund ablaufen und durch eine entsprechende Wallet abgewickelt werden können. Reine Anwender müssen die technischen Zusammenhänge also nicht zwingend verstehen.

Bedingter Kaufvertrag

Beginnen wir unsere Analyse mit bedingten Kaufverträgen. Konkret betrachten wir ein Beispiel, in welchem Claudia ein *Kryptoasset* von Jake erwerben möchte. Weiter gehen wir davon aus, dass das *Kryptoasset* durch die Autoren dieses Buches ausgestellt wurde und zum Bezug eines physischen Buchexemplars berechtigt.

Der Handel birgt für beide Parteien ein gewisses Risiko. Claudia möchte, dass Jake zuerst das *Kryptoasset* überträgt, während Jake lieber zuerst die Bitcoin Einheiten von Claudia erhalten möchte. In traditionellen Systemen werden derartige Probleme über zentralisierte Dienste abgewickelt, welche die Zahlung vorübergehend verwahren und erst freigeben, nachdem auch das versprochene Objekt übertragen wurde. Die Einberufung eines solchen Vermittlers kann aber zu hohen Transaktionskosten führen. Zudem ist diese zentralisierte Lösung im dezentralen Kontext von Bitcoin unbefriedigend. Stattdessen existiert ein alternativer Ansatz, der das Problem wesentlich eleganter zu lösen vermag.

Der Lösungsansatz basiert auf der Tatsache, dass sowohl die Bitcoin Einheiten, wie auch das *Kryptoasset*, über die Bitcoin Blockchain gehandelt werden. Daraus resultiert die Möglichkeit, beide Überträge in einer einzigen Transaktion zusammenzufassen.

Der grosse Vorteil einer solchen Vorgehensweise besteht darin, dass Bitcoin Transaktionen entweder ganz oder gar nicht durchgeführt werden. Dementsprechend werden Szenarien verunmöglicht, in denen eine der beiden Parteien über die Bitcoin Einheiten und das *Kryptoasset* verfügen kann.

Technisch wird ein bedingter Kaufvertrag über eine Transaktion mit zwei Inputs und zwei Outputs umgesetzt. In unserem Beispiel erstellt Claudia erst

7 Nicht-monetäre Anwendungen

die komplette Transaktionshülle inklusive aller In- und Outputs. Der erste Input umfasst die Bitcoin Einheiten, die sie Jake übertragen muss. Der zweite Input referenziert das eingefärbte Bitcoin Fragment von Jake, welches den Besitz des Anspruches auf das Buch repräsentiert. Die Outputs werden zugunsten der Bitcoin Adressen von Jake (Bitcoin Einheiten) und Claudia (eingefärbtes Bitcoin Fragment) erstellt.

In einem zweiten Schritt teil-signiert Claudia den Input mit den Bitcoin Einheiten. Die Transaktion ist dadurch noch nicht gültig, da lediglich ein nicht-separierbarer Teil der Transaktion signiert wurde. Nur wenn Jake seinerseits den anderen Input signiert, wird die Transaktion von dem Bitcoin-Netzwerk als gültig betrachtet, so dass beide Überträge zeitgleich abgewickelt werden können.

Besicherter Kredit

Die Verwendung eines *Kryptoassets* als Sicherheit im Rahmen eines Kreditgeschäfts ist nochmals deutlich komplexer. Betrachten wir eine Situation, in der Claudia ein Darlehen aufnehmen möchte. Sie findet mit Brian einen potentiellen Gläubiger, der sich aber nur dann dazu bereit erklärt Claudia Bitcoin Einheiten zu leihen, wenn sie ihm vorübergehend eine Sicherheit im entsprechenden Gegenwert zur Verfügung stellt.

Ein bedingter Kaufvertrag analog dem letzten Beispiel wäre problematisch, da die Sicherheiten oft einen höheren Wert in Bitcoin Einheiten umfassen als die Kreditsumme. Der Gläubiger, also Brian, hätte somit einen Anreiz sich nicht an die Vereinbarung zu halten und das *Kryptoasset* zu behalten. Claudia ist sich, aus ihrer Position des Schuldners, der Problematik bewusst und wird einem derartigen Abkommen folglich nur dann einwilligen, wenn sie eine Garantie hat, dass sie das verpfändete *Kryptoasset* durch die fristgerechte Einhaltung der Kreditrückführung wieder in Besitz nehmen kann.

Die technische Lösung dieses Problems erfolgt über eine geschickte Verknüpfung verschiedener Bausteine des Bitcoin-Systems. In einem ersten Schritt erstellen Claudia und Brian gemeinsam eine 2 von 2 *Multisig* Adresse, die wir fortan als M bezeichnen werden. Die Adresse dient der gemeinsamen Verwahrung der

7.4 Blockchain-Verträge (Smart Contracts)

Sicherheit, analog einem Gemeinschaftskonto mit Unterschrift zu Zweien. Bevor Claudia das *Kryptoasset* aber auf diese neue Adresse überträgt, müssen einige andere Schritte vollzogen werden, welche einen reibungslosen Ablauf des Kreditgeschäfts garantieren.

Claudia (Schuldner) erstellt eine Transaktion, welche das *Kryptoasset* von M an Brian (Gläubiger) überträgt. Sie integriert eine Beschränkung (nLockTime), welche die Ausführung der Transaktion vor einem bestimmten Stichtag t verhindert. Danach signiert sie die Transaktion und stellt die teil-signierte Transaktionsnachricht Brian zu. Die Transaktion wird vom Bitcoin-Netzwerk nur dann bearbeitet, wenn der Stichtag t erreicht wurde und Brian die Transaktion mit seiner Signatur ergänzt.

In einem zweiten Schritt erstellt Brian (Gläubiger) eine Transaktion, welche das *Kryptoasset* von der *Multisig* Adresse M an Claudia (Schuldner) überträgt. Zusätzlich beinhaltet die Transaktion einen zweiten Output zugunsten der Bitcoin Adresse von Brian. Der Output wird in der Höhe des Kreditbetrages festgesetzt und so definiert, dass zu dessen Begleichung beliebige Inputs mit dem entsprechenden Gesamtwert in die Transaktion integriert werden dürfen (SIGHASH_ANYONECANPAY). Danach teil-signiert er die Transaktion und stellt die teil-signierte Transaktionsnachricht Claudia zu. Die Transaktion wird vom Bitcoin-Netzwerk wiederum nur dann bearbeitet, wenn Claudia die Transaktion mit Inputs in der entsprechenden Gesamthöhe und den zugehörigen Signaturen ergänzt.

Erst im letzten Schritt erstellen und signieren die beiden eine auf zwei Inputs und zwei Outputs basierende Transaktion, die das *Kryptoasset* an M und den Kredit an Claudia überträgt.

Claudia kann die Transaktion nun jederzeit vervollständigen und im Bitcoin-Netzwerk propagieren. Tut sie dies fristgerecht, erhält Brian den Kreditbetrag (zuzüglich allfälliger Zinsen) und Claudia die hinterlegte Sicherheit. Versäumt Claudia die Rückführung des Kredits bis zum festgesetzten Stichtag, kann Brian die erste teil-signierte Transaktionsnachricht durch seine Signatur vervollständigen und beliebig über die Sicherheit verfügen.

7 Nicht-monetäre Anwendungen

7.4.4 Oracle Verträge und die Einbindung externer Zustände

Schwierig zu implementieren sind Blockchain-Verträge, deren Ausführung von der Ausprägung externer Zustände abhängig ist. Externe Zustände können Daten wie Sportresultate, Börsenkurse oder Umweltzustände umfassen und interessante Applikationen im Bereich der Wetten und Versicherungen ermöglichen. Insofern wäre es wünschenswert, Verträge abschliessen zu können, die auf solchen Daten basieren. Da es aber nicht möglich ist die nativen Auszahlungsbedingungen der Bitcoin Blockchain direkt an externe Daten zu knüpfen oder das Skript in Abhängigkeit der Daten anzupassen, müssen zur Schaffung derartiger Verträge zwingend sogenannte *Oracles* beigezogen werden.

Oracles sind meist automatisierte Instanzen, die einen privaten Schlüssel halten und die jeweiligen Transaktionen nur dann signieren, wenn eine anhand externer Daten verifizierbare Bedingung eintritt. Die Oracles dienen also zur Datenbeschaffung und als richterliche Instanzen bei der möglicherweise subjektiven Beurteilung des fraglichen Zustandes.

Die Implementierung kann auf unterschiedliche Weise erfolgen. Bei einer sehr einfachen Umsetzung transferieren die beiden Vertragsparteien die für den Vertrag relevanten Werteinheiten auf eine Adresse eines *Oracles* und halten die genauen Bedingungen zur Freigabe des Guthabens fest. Bei dieser Form des *Oracles* handelt es sich de facto um eine zentralisierte Instanz, welcher die vollumfängliche Kontrolle über das Guthaben und die Vertragsausführung übertragen wird. Das *Oracle* hat somit nicht nur die Möglichkeit über die Auswertung der Vertragsvariablen zu entscheiden, sondern kann beliebig und nach eigenem Ermessen über die gebundenen Werteinheiten verfügen.

Eine derart naive Implementierung führt zu den folgenden vier Problemen:[125]

1. Das *Oracle* bietet einen zentralen Angriffspunkt und untergräbt somit einen der wichtigsten Vorteile des Bitcoin-Systems.

2. Die Datenerhebung und der Entscheidungsprozess des *Oracles* können undurchsichtig sein. Der zentralisierte Ansatz birgt zudem die Gefahr, dass

das *Oracle* falsche Ergebnisse liefert und die Vertragsausführung somit auf falschen Entscheidungsgrundlagen basiert.

3. Eine erhebliche Gefahr besteht darin, dass das *Oracle* vor der vollständigen Vertragsabwicklung verschwindet. Dies passiert, wenn der Server auf welchem das *Oracle* gehosted wird, aus irgendwelchen Gründen nicht mehr erreichbar ist. Geht dabei der private Schlüssel verloren, wären die Werteinheiten in einem Vertrag gebunden, der niemals ausgeführt beziehungsweise abgewickelt werden kann.

4. Das *Oracle* ist potentiell korrumpierbar. Daraus resultieren Möglichkeiten zur Veruntreuung der Guthaben im eigenen Interesse oder im Interesse Dritter. Ferner wären auch Korruptionszahlungen zur Beeinflussung des Vertragsausgangs oder Erpressungsfälle hinsichtlich der Freigabe der gebundenen Werteinheiten denkbar.

Einen etwas besseren Schutz bietet die Umsetzung mittels 2 von 3 *Multisig*, wobei die drei privaten Schlüssel auf die beiden Vertragsparteien und das *Oracle* verteilt werden. Bei dieser Implementierung steht die Vertragsausführung nach wie vor in Abhängigkeit eines einzelnen zentralisierten Dienstes. Das *Oracle* kann somit noch immer exklusiv über den Ausgang des Vertrages entscheiden, hat aber nicht mehr die Möglichkeit, eigenständig über die relevanten Werteinheiten zu verfügen. Die Einschränkung verhindert beispielsweise, dass die Werteinheiten durch das *Oracle* auf eine völlig andere Bitcoin Adresse übertragen werden. Zudem können sich die beiden Vertragsparteien zu jedem Zeitpunkt zusammenschliessen und gemeinsam über die gebundenen Werteinheiten verfügen. Sollte das *Oracle* also nicht mehr erreichbar sein, kann das Guthaben durch eine bilaterale Einigung der Vertragsparteien dennoch freigegeben werden. Punkt 3 kann durch diese Vorgehensweise vollständig und Punkt 4 teilweise gelöst werden.

Optimalerweise erfolgt die Auswertung aber über mehrere *Oracles*. Ein solches System kann beispielsweise über sieben *Oracles* und eine 8 von 15 *Multisig*[96] Auszahlungsbedingung implementiert werden. Vier private Schlüssel gehen

---

[96]Festgehalten in einer *Pay-to-Script-Hash* Auszahlungsbedingung.

7 Nicht-monetäre Anwendungen

jeweils an die beiden Vertragsparteien. Die restlichen sieben Schlüssel sind im Besitz der verschiedenen *Oracles*. Die beiden Vorteile der letzten Implementierung bleiben bestehen. Sollten mehr als die Hälfte der *Oracles* ausfallen, könnten die beiden Vertragsparteien die gebundenen Werteinheiten unabhängig von den *Oracles* freigeben. Die *Oracles* können hingegen nicht über die Werteinheiten verfügen. Die partielle Dezentralisierung erschwert zudem die Korrumpierbarkeit und eliminiert den zentralen Angriffspunkt. *Oracle* Kollusion wäre zwar grundsätzlich möglich, bedingt jedoch die Zustimmung von mindestens einer der beiden Vertragsparteien. Zudem kann dieses System nahezu beliebig erweitert werden.[125]

Zur Implementierung von Systemen dieser Art, kann jeweils eine bestimmte Form der m von n *Multisig* Auszahlungsbedingungen verwendet werden. Jeder der beiden Vertragspartner hält $\frac{m}{2}$ private Schlüssel. Hinzu kommen $m-1$ *Oracles* mit jeweils einem privaten Schlüssel. Die allgemeine Form umfasst folglich m von $2m - 1$ *Multisig* Implementierungen, mit der Einschränkung, dass m zwingend einer geraden Zahl entsprechen muss.

Der Einbezug von *Oracles* kann in gewisser Hinsicht als Umgehung der eigentlichen Intention der Blockchain-Verträge gesehen werden. Insbesondere drängt sich die berechtigte Frage auf, inwiefern derartige Verträge tatsächlich durch die Bitcoin Blockchain besichert sind und somit überhaupt der Definition von Blockchain-Verträgen entsprechen. Die externe Anbindung ist nicht bloss auf die Datenerhebung beschränkt. Ein Grossteil der Auszahlungsbedingung wird ebenfalls abseits der Bitcoin Blockchain geregelt. Das native Konsensprotokoll der Bitcoin Blockchain bietet lediglich einen partiellen Schutz und kann nicht die vertragskonforme Abwicklung der Vereinbarung garantieren.

Aufgrund der partiellen Absicherung und dem äusserst vielfältigen und interessanten Spektrum möglicher Anwendungen haben derartige Vertragskonstrukte aber dennoch einen hohen Stellenwert. Zudem existieren alternative Blockchain Implementierungen, die mehr Freiheiten bei der Ausgestaltung der Auszahlungsbedingungen auf `Script`-Ebene zulassen und Möglichkeiten zum Auslesen externer Zustände direkt in das Konsensprotokoll einbinden. Die Datenbeschaffung kann in solchen Systemen direkt über das Konsensprotokoll gelöst werden. Die

7.4 Blockchain-Verträge (Smart Contracts)

Datenquelle bleibt aber als potentieller Angriffspunkt und Ursprung von Fehlern bestehen. Ein Beispiel einer solchen Implementierung ist das vollständig von der Bitcoin Blockchain unabhängige *Ethereum*.[73] Die Möglichkeiten zur Vertragsbildung auf Basis der Bitcoin Blockchain werden aber häufig unterschätzt.[9]

7 Nicht-monetäre Anwendungen

7.5 Aufgaben zur Repetition

Aufgabe 7.1: Beim Entstehungsprozess dieses Buches haben die Autoren ihre Ideen und Texte anhand der Bitcoin Blockchain besichert. Erläutern Sie grob die Vorgehensweise bei solchen Besicherungen und welche Vorteile sich daraus für die Autoren ergeben.

Aufgabe 7.2: Nennen Sie je ein nicht-monetäres Anwendungsbeispiel bei dem der Existenz-, Integritäts- und Authentizitäts-Beweis der Bitcoin Blockchain angewendet werden kann.

Aufgabe 7.3: Erläutern Sie den Begriff des Gegenparteirisikos im Kontext von *Kryptoassets*.

Aufgabe 7.4: Smart Property unterliegt per Definition keinem klassischen Gegenparteirisiko. Erörtern Sie, inwiefern dennoch Risiken bestehen, die durchaus mit einer Art Gegenparteirisiko verglichen werden können.

Aufgabe 7.5: Nennen Sie einige Beispiele von Blockchain-Verträgen und zeigen Sie die Vorteile, die gegenüber der nicht-Blockchain-basierten Vertragsabwicklung bestehen.

Aufgabe 7.6: Erläutern Sie, weshalb Verträge, welche auf externen Zuständen basieren, nur teilweise als Blockchain-Verträge bezeichnet werden können. Präzisieren Sie Ihre Begründung anhand einer konkreten Implementierung und Vertragsabwicklung.

8 Bitcoin Praxisleitfaden

In diesem Abschnitt widmen wir uns konkreten Hinweisen für den Einstieg und den praktischen Umgang mit Bitcoin Einheiten. Wir betrachten verschiedene Möglichkeiten zur Beschaffung und Verwahrung und weisen dabei auf einige Risiken sowie gängige Fehler hin, die es zu vermeiden gilt. Anschliessend wenden wir uns den Zahlungsvorgängen zu und zeigen, wie Sie mit Bitcoin zahlen und Zahlungen entgegennehmen können.

> **Haftungsausschluss:** *Kryptowährungen* und *-assets* sind höchst spekulativ und können im Totalverlust des investierten Kapitals enden. Die Umsetzung aller Hinweise zur Beschaffung, Handhabung und Verwahrung von *Kryptoassets*, einschliesslich aller Randbemerkungen, erfolgt auf eigenes Risiko. Namentlich erwähnte und verlinkte Unternehmen sind lediglich als Beispiele zu sehen. Die Autoren können nicht für allfällige Verluste haftbar gemacht werden. Dies gilt selbst dann, wenn die Verluste unmittelbar aus der Befolgung der Hinweise resultieren.
>
> **Stetige Veränderung:** Wir betrachten ein höchst dynamisches Feld, das sich innert Wochen oder gar Tagen verändern kann. Da die Aktualität vieler Angaben mit einem statischen Medium nicht gewährleistet werden kann, werden wir stellenweise auf Online-Tools verweisen. Die Autoren lehnen jegliche Verantwortung für verlinkte und erwähnte Inhalte ab.

8.1 Beschaffung

Um mit Bitcoin Einheiten experimentieren zu können, müssen zuerst einige Bitcoin Einheiten beschafft werden. Hierzu gibt es ein grosses Spektrum an Möglichkeiten, welches grob in vier Kategorien der legalen Beschaffung aufgegliedert werden kann. Entweder Sie finden jemanden, der bereit ist Ihnen Bitcoin Einheiten zu schenken, Sie versuchen durch Mining selbst welche zu schöpfen, oder aber Sie entscheiden sich die Bitcoin Einheiten käuflich zu erwerben. Eine weitere Option besteht über den Verkauf von Gütern und Dienstleistungen.

8.1.1 Geschenke

So absurd sich diese Art der Beschaffung auch anhören mag, hat sie dennoch eine gewisse Praxisrelevanz. Viele Eigentümer von Bitcoin Einheiten werden bereit sein, Ihnen zu Versuchszwecken eine geringe Menge an Bitcoin Fragmenten zu schenken. Nutzen Sie diese Möglichkeit für Ihre ersten Versuche. Gute Anlaufstellen sind Meetups, Konferenzen und Präsentationen zum Thema Bitcoin. Aktuelle Termine und Lokalitäten sollten durch eine Internetsuche zu finden sein.

8.1.2 Mining

Mining wird von Neulingen meist als die logische Aktivität zur Beschaffung von Bitcoin Einheiten betrachtet. Der Traum eines stetigen Einkommensstroms durch die Allokation von Rechenleistung klingt auch erst einmal verlockend. Eine genauere Betrachtung offenbart aber, dass es sich hierbei in vielen Fällen um eine äusserst unrentable Art der Beschaffung handelt.

Der Mining Markt hat sich in den letzten Jahren enorm verändert und professionalisiert. Prozessoren und moderne Grafikkarten wurden durch Chips mit applikationsspezifischen Schaltkreisen (ASICs) ersetzt. Diese, speziell für das Bitcoin Mining geschaffene, Hardware weist eine deutlich höhere Rechenleistung auf und macht das Mining mit dem heimischen Computer nicht bloss ineffizient sondern faktisch obsolet. Der Schöpfungsprozess wird von grossen Unternehmen

8.1 Beschaffung

dominiert, die sich aufgrund von Skalenerträgen und strategisch günstigen Lokalitäten mit geringen Elektrizitäts- und Kühlungskosten, einen entscheidenden Wettbewerbsvorteil erarbeitet haben.

Als eine direkte Konsequenz daraus ergibt sich, dass Mining für kleinere Netzwerkteilnehmer höchstens aus Interessensgründen zu empfehlen ist. Aus ökonomischer Sicht lohnt sich Mining zumeist nicht, da die Hobbyisten in einer direkten Konkurrenz zu diesen höchst effizienten Unternehmen stehen. Die relative Seigniorage-Ausschüttung wird dadurch kleiner und liegt üblicherweise deutlich unter den Ausgaben, welche sich primär aus Strom- und Netzwerkkosten sowie der Hardwareabnutzung zusammensetzen.

Ein zusätzliches Problem stellen die kurzlebigen Produktzyklen der Hardware dar. Um mit der Investition die Nutzenschwelle zu erreichen, müssten aus dem Mining Prozess nicht bloss positive Deckungsbeiträge entstehen, die Differenz muss vielmehr gross genug sein, um die angeschaffte Hardware amortisieren zu können. Dabei sollten Sie sich bewusst sein, dass sich die Mining Technologie stetig weiterentwickelt und ältere Geräte innert kurzer Zeit ineffizient und somit praktisch wertlos sind. Entsprechend sollte eine hohe Abschreibungsrate unterstellt werden.

Alte *Mining Hardware* wird häufig zu absurd hohen Preisen in online Auktionshäusern angeboten. Es empfiehlt sich vor einem Kauf in jedem Fall Abklärungen hinsichtlich der Rentabilität des jeweiligen Gerätes zu treffen. Ein guter Anknüpfpunkt für eigene Recherchen bieten die beiden folgenden Tools.

> → Bitcoin Wisdom: Mining Rechner (`https://goo.gl/pRgWfI`)
> → Bitcoin Wiki: *Mining Hardware Vergleich* (`https://goo.gl/jgMyOX`)

Ausserdem sollte die Berechnung der Rentabilität auf der Basis von aktuellen Preisen und strikt abseits allfälliger Spekulationsgewinne betrachtet werden. Erwartungen hinsichtlich der Preisentwicklung sind ausschliesslich für Volatilitäts- und Risikoüberlegungen interessant. Ist das Mining zum aktuellen Preis nicht rentabel, sollte zwecks Spekulation der direkte Kauf dem Mining vorgezogen werden.

> **Anmerkung 8.1**
> **Cloud Mining / Miner Hosting**
> Bei einigen Anbietern ist es möglich Anteile an Mining Kontrakten zu erwerben. Der jeweilige Anbieter stellt und unterhält die Hardware im Auftrag der Anteilseigner. Diese erhalten einen Teil des generierten Mining Seigniorage-Einkommens. Im Gegenzug verrechnet der Anbieter ein einmaliges Fixum für den Anteilsschein sowie eine periodische Gebühr, welche die Ausgaben für den Unterhalt der Hardware decken soll. Einige Anbieter verrechnen zudem eine Mitgliedschaftsgebühr.
>
> Wir raten dringlichst davon ab, solche Kontrakte zu erwerben. Meist ist Cloud Mining nur für den Anbieter rentabel. Die Auszahlung ist oft undurchsichtig und die Anteilseigner haben keinerlei Kontrolle über die physische Hardware. In vielen Fällen deutet gar alles daraufhin, dass die Hardware gar nicht erst existiert und es sich um klassische Schneeballsysteme handelt.[158]

8.1.3 Kauf

Over-The-Counter Geschäfte (OTC)

Bitcoin Einheiten können in bilateralen Geschäften von anderen Personen oder Unternehmen erworben werden. Solche Transaktionen werden als OTC (*Over-the-Counter*) Geschäfte bezeichnet und können bei einem Treffen von Angesicht zu Angesicht oder über Kommunikationsmittel jeglicher Art abgewickelt werden. Natürlich sind in beiden Fällen entsprechende Vorsichtsmassnahmen zu treffen.

Ein guter Ausgangspunkt für den Kauf kleinerer Mengen sind wiederum die regelmässigen Bitcoin Treffen (sogenannte Bitcoin Meetups). Normalerweise finden sich an solchen Events Personen, die Bitcoin Einheiten zum Erwerb gegen die Lokalwährung anbieten. Überprüfen Sie vor einem solchen Geschäft unbedingt den aktuellen Umrechnungskurs. Bestehen Sie ausserdem darauf, dass die Zahlung mit einer angemessenen Transaktionsgebühr (meist 0.0001 Bitcoin Einheiten

8.1 Beschaffung

oder höher) in Auftrag gegeben wird und warten Sie mindestens eine Bestätigung ab, um das Risiko eines *Double Spends* zu verringern (siehe Abschnitt 5.3.6). Für höhere Beträge ist es ratsam mehrere Bestätigungen abzuwarten. Drei bis sechs Bestätigungen werden allgemein als unumkehrbar betrachtet. Dies dauert im Schnitt 30-60 Minuten.

Für den Kauf ohne einen direkten physischen Kontakt sollte unbedingt eine Vertrauensplattform mit einem Reputationssystem verwendet werden. Entsprechende Angebote finden Sie auf allen gängigen online Auktionsplattformen. Auch hier lohnt sich ein vorgängiger Abgleich mit dem aktuellen Kurs, da teilweise horrende Aufschläge verrechnet werden.

Die Plattform `https://localbitcoins.com` führt eine Liste mit OTC Anbietern aus aller Welt. Die Plattform bietet ein Reputationssystem und unterhält eine Treuhandfunktion. Es können physische Treffen zur Bargeldzahlung vereinbart oder Geschäfte per Überweisung abgewickelt werden. Im Falle einer Überweisung gilt es zu berücksichtigen, dass Transaktionen mit dem Stichwort *Bitcoin* bei einigen Banken ungern gesehen werden und zu Komplikationen führen können. Dieses Problem geht soweit, dass sich einige Banken weigern, Zahlungen zugunsten und -lasten offiziell regulierter Bitcoin Unternehmen auszuführen.

Kleinere Beträge können Sie normalerweise ohne Identitätsnachweis erwerben. Für grössere Beträge ist der Verkäufer verpflichtet, die sogenannten KYC (*Know Your Customer* dt. Kenne deinen Kunden) Auflagen zu erfüllen, welche unter anderem die Einsicht von Ausweisdokumenten vorschreiben.

Anmerkung 8.2
Niemals private Schlüssel übernehmen
Erwerben Sie niemals einen privaten Schlüssel von einer anderen Person. Die Person könnte Kopien dieses Schlüssels halten und wäre somit in der Lage, weiterhin über das entsprechende Guthaben zu verfügen. Ein legitimer OTC Kauf muss immer durch eine Blockchain Transaktion erfolgen, die das Guthaben zugunsten einer Ihrer Bitcoin Adressen verbucht.[a]

8 Bitcoin Praxisleitfaden

> Um sicherzustellen, dass ausschliesslich Sie über den zugehörigen privaten Schlüssel verfügen, muss die Adresse von Ihnen selbst erstellt worden sein. Private Schlüssel, die Ihnen durch andere Personen mitgeteilt oder übergeben wurden, müssen als unsicher betrachtet werden.
>
> Sollte Ihnen eine Person beim Einrichten einer Wallet-Applikation behilflich sein, müssen Sie vermeiden, dass diese Person Ihre privaten Schlüssel oder Ihre *mnemonische Wortfolge* (siehe Anmerkung 4.3) zu Gesicht bekommt. Die Offenlegung dieser Daten kann zum Verlust Ihres Guthabens führen.
>
> [a]Eine Ausnahme besteht bei dem Ausgleich über Kundenkonti von zentralisierten Verwahrungsoptionen.

Tauschbörsen

Bei den Tauschbörsen (oder Exchanges) handelt es sich um Handelsplattformen, die eingehende Kauf- und Verkaufsangebote miteinander abgleichen und die entsprechenden Transaktionen durchführen. Die Abwicklung basiert nicht auf Blockchain Transaktionen. Stattdessen besitzen Käufer und Verkäufer Konten in Bitcoin Einheiten und mindestens einer anderen Währung bei der Tauschbörse. Der Käufer erhält eine Gutschrift in Bitcoin Einheiten und eine entsprechende Belastung in der anderen Währung. Die Buchung wird durch die gegenteilige Operation auf der Seite des Verkäufers ausgeglichen, wobei eine vordefinierte Differenz der Tauschbörse als Vermittlungskommission zusteht.

Solange sich die erworbenen Bitcoin Einheiten in der Obhut der Tauschbörse befinden, kann dies zu erheblichen Problemen mit der Verwahrungssicherheit führen (siehe Abschnitt 8.2.2). Es empfiehlt sich, die Bitcoin Einheiten alsbald auf eine eigene Adresse zu transferieren, deren privater Schlüssel sich in Ihrem Besitz befindet. Einige Tauschbörsen erheben zusätzlich eine prozentuale Gebühr für den Abzug der Mittel. Auch hier lohnt sich ein vorgängiger Vergleich der verschiedenen Tauschbörsen. Nebst den Tarifen sollten bei der Tauschbörsenwahl das Handelsvolumen (Liquidität), der Dienstleistungsumfang und die gehandelten (Krypto-)Währungen berücksichtigt werden.

8.1 Beschaffung

| → Bitcoinity: Aktuelle Exchange Daten (`https://goo.gl/joobfH`)

Zudem weisen Bitcoin Tauschbörsen sehr heterogene Regulierungen auf. Viele Börsen haben einen relativ aufwendigen Registrierungsprozess, der durchaus mit den KYC Auflagen bei einer Kontoeröffnung im klassischen Finanzsystem zu vergleichen ist. Dazu gehören Wohnsitz- und Ausweiskontrollen sowie entsprechende Massnahmen zur Vermeidung von Geldwäscherei (*Anti Money Laundering* Bestimmungen). Einige wenige Tauschbörsen treffen praktisch keine solchen Vorkehrungen und bewegen sich in einem Rechtsvakuum. Bei der Wahl einer Tauschbörse sollte stets der Gedanke mitspielen, dass eine gewisse Form der Regulierung durchaus im Interesse des Kunden ist. Insofern raten wir von zentralisierten und gleichzeitig nicht-regulierten Tauschbörsen ab.

> **Anmerkung 8.3**
> **Makler**
> Wenn Sie sich nicht selbstständig um den Erwerb der Bitcoin Einheiten kümmern möchten, gibt es einige Unternehmen, welche Maklerdienstleistungen anbieten. Die Makler bewegen sich üblicherweise auf verschiedenen Tauschbörsen und handeln in Ihrem Auftrag. Im Gegenzug fällt eine gewisse Gebühr an, die an den Makler zu entrichten ist.
>
> Auch bei der Beauftragung von Maklern sollten Sie stets die Risiken der Verwahrung berücksichtigen. Zudem machen die hohen Gebühren diese Art der Dienstleistung erst beim Kauf höherer Beträge interessant.

Bevor Sie handeln können, müssen Sie entweder Bitcoin Einheiten oder klassische Geldeinheiten auf Ihrem Tauschbörsenkonto deponieren. Zwecks der Übertragung von Bitcoin Einheiten erhalten Sie von der Tauschbörse eine Bitcoin Adresse, zu deren Gunsten Sie Transaktionen ausstellen können. Landeswährungen können meist mittels einer SEPA-Zahlung (*Single European Payment Area*) übertragen werden. Bitcoin Transaktionen werden nach spätestens sechs Bestätigungen, also rund einer Stunde, auf Ihrem Tauschbörsenkonto verfügbar sein.

8 Bitcoin Praxisleitfaden

Eine SEPA-Zahlung geht in aller Regel innert 1-3 Arbeitstagen bei der Tauschbörse ein.

Eine schnellere Alternative bildet die Kreditkartenzahlung. Bei einigen Tauschbörsen ist es möglich, Ihr Konto per Kreditkarte aufzustocken. Da Kreditkartenzahlungen rückbuchbar sind und dies für Bitcoin Transaktionen nicht möglich ist, nehmen Händler, die Bitcoin Einheiten gegen Kreditkartenzahlung anbieten, ein hohes Risiko in Kauf. Dies hat zur Konsequenz, dass die Option ausschliesslich auf Tauschbörsen angeboten wird, die eine ausführliche Kundenidentifikation vornehmen. Zusätzlich wird ein Preisaufschlag verrechnet, der zur Deckung der Kreditkartengebühren und zur Kompensation des Ausfallrisikos dient.

→ Coinbase: Tauschbörse SEPA/Kreditkarte (`https://coinbase.com`)
→ Cex.io: Tauschbörse SEPA/Kreditkarte (`https://cex.io`)

Bitcoin Geldautomaten (ATM)

Bitcoin Geldautomaten oder ATMs sind Geräte, die äusserlich stark an einen Geldautomaten erinnern. Vom Funktionsumfang her haben diese Geräte aber wenig mit den klassischen Geldautomaten gemein. Es sind vollautomatisierte Geldwechselmaschinen, bei denen Bitcoin Einheiten gegen Bargeldeinheiten der Lokalwährung gekauft und teilweise auch verkauft werden können. Die Gegenpartei des Geschäfts bildet normalerweise der Betreiber des Geldautomaten.

In der Schweiz wurde jeder Ticketautomat der Schweizerischen Bundesbahnen (SBB) zum Bitcoin Geldautomaten aufgerüstet. Zudem existieren in den meisten Städten Geräte anderer Anbieter.

Um Bitcoin Einheiten zu kaufen, führt der Kunde den gewünschten Geldschein in die Maschine ein. Die Auszahlung der Bitcoin Einheiten erfolgt üblicherweise auf eine Adresse, die der Kunde vorgängig erstellt hat. Zur Erfassung der Bitcoin Zahlung wird ein QR Code mit der Adresse vor einen in die Maschine integrierten Scanner gehalten.

8.1 Beschaffung

Einige Geräte generieren stattdessen neue Adressen und geben einen Papierbeleg aus, auf dem die Adresse und der zugehörige private Schlüssel abgedruckt werden. Diese Methode birgt wiederum die Gefahr, dass der private Schlüssel absichtlich oder versehentlich im Speicher der Maschine, beziehungsweise des Geldautomatennetzwerks, verbleibt und durch den Anbieter oder eine Drittpartei ausgelesen werden kann (siehe Abschnitt 8.2).

Der Bezug über diese Geräte ist äusserst komfortabel. Die Konditionen sind aus Kundensicht aber eher schlecht. Gerade bei grösseren Beträgen kann sich der Schritt zu einer Tauschbörse lohnen.

Die meisten Betreiber dieser Wechselmaschinen sind gewissen Regulierungen unterstellt, so dass theoretisch Bezugslimits pro Person und Tag bestehen. In der Praxis sind diese Beschränkungen schwierig durchzusetzen.

> → Coin ATM Radar: Bitcoin Geldautomaten Karte (https://goo.gl/RgFLmU)

Physische Bitcoin Einheiten

Bitcoin Einheiten sind grundsätzlich rein virtueller Natur. Einige Unternehmen haben es sich aber zum Ziel gemacht, die Bitcoin Einheiten in physischen Objekten einzufangen, so dass diese in der Form von Münzen, Zertifikaten, Barren und anderen Objekten zirkulieren können. Technisch heisst das, dass der private Schlüssel zur Kontrolle der jeweiligen Guthaben in dem physischen Objekt oder unter Sicherheitssiegeln verborgen ist. Die Adresse ist äusserlich ersichtlich.

Diese Objekte sind meist sehr hübsch ausgestaltete Produkte und eine einsteigerfreundliche (wenn auch kostspielige) Art der Beschaffung von Bitcoin Einheiten, da der Käufer keinerlei Vorwissen benötigt. Selbst die Bitcoin Adressen werden bereits vorgängig durch den Produzenten generiert. Genau hierbei liegt aber auch das Problem dieser Objekte. Sie bedingen ein enormes Vertrauen gegenüber dem Produzenten. Der Käufer weiss erstmal nicht, ob sich unter dem Siegel auch tatsächlich der korrespondierende private Schlüssel befindet. Bricht er

8 Bitcoin Praxisleitfaden

das Siegel zur Kontrolle, werden die Bitcoin Einheiten faktisch von dem Objekt losgelöst und der ursprüngliche Zweck der Anbindung vereitelt.

Selbst wenn sich unter dem Siegel tatsächlich der korrespondierende private Schlüssel befindet, könnte derselbe Schlüssel für mehrere Objekte verwendet worden sein, oder aber sich zusätzlich im Besitz des Produzenten oder einer Drittpartei befinden. Die physischen Objekte fallen somit exakt in die Kategorie unserer Warnung in Anmerkung 8.2 und sollten nur mit äusserster Vorsicht erworben werden. Als eine sichere Anlage eignen sich diese Produkte in keinem Fall.

Des Weiteren stellt sich die Frage, ob und wodurch die Forcierung einer physischen Gestalt zu Vorteilen führt. Die physische Repräsentation entspricht einer künstlichen Einschränkung der transaktionalen Vorteile von Bitcoin und ist in vielen Fällen nicht erstrebenswert.

Anmerkung 8.4
Objekte ohne Bitcoin Inhalt

Nebst Objekten, die einen privaten Schlüssel beinhalten, kursieren auch solche, die lediglich zur Zier dienen. Gerade in online Auktionshäusern werden diese Objekte gerne unter dem Schlagwort "Bitcoin" verkauft, obschon sie keinerlei Bitcoin Einheiten enthalten.

Einige Objekte existieren gar in verschiedenen Versionen. Die Münze von *Casascius* beinhaltete in den frühen Auflagen ein Siegel, unter welchem sich ein privater Schlüssel zur Verwahrung des entsprechenden Bitcoin Nominalwertes der Münze (BTC 1, 0.5 oder 0.1) verbarg. Aufgrund regulatorischer Schwierigkeiten werden die Münzen seit dem 27. November 2013 ausschliesslich ohne diese Siegel und dementsprechend ohne Bitcoin Inhalt verkauft.[43]

Kryptoasset Tauschbots

Für den anonymen Tausch verschiedener *Kryptoassets* können automatisierte Tauschbots verwendet werden. Der Kunde wählt ein Tauschpaar, also beispielsweise Bitcoin zu Ether und hinterlässt eine Auszahlungsadresse für das neue Asset. Danach wird eine Einzahlungsadresse für das Ursprungsasset angezeigt. Ist die Zahlung auf die Einzahladresse eingegangen, erfolgt die Auszahlung auf die Kundenadresse des entsprechenden *Kryptoassets*.

Die Umwandlung bedingt keine Registrierung. Dies ist möglich, da der Tausch ausschliesslich im Bereich der *Kryptoassets* stattfindet, welche in vielen Jurisdiktionen nicht als Geld klassifiziert und dadurch weniger streng reguliert werden. Diese Art der Beschaffung ist aber nur dann möglich, wenn Sie bereits über andere *Kryptoassets* verfügen, die Sie gegen Bitcoin Einheiten tauschen möchten.

→ ShapeShift.io (https://shapeshift.io)

8.1.4 Verkauf von Waren und Dienstleistungen

Eine weitere Beschaffungsoption besteht im Verkauf eigener Waren oder Dienstleistungen gegen Bitcoin Einheiten. Die entsprechende Vorgehensweise wird in Abschnitt 8.3 beschrieben.

8.2 Verwahrung

Die sichere Verwahrung der Bitcoin Einheiten ist essentiell. Durch die speziellen Kontrollstrukturen können die Werteinheiten potentiell selbstständig und abseits jeglichen Zugriffes durch Dritte verwahrt werden. Die grosse Herausforderung liegt in der Komplexität und dem hohen Mass an Eigenverantwortung, die eine solche Verwahrung mit sich bringt. Selbst kleinere Fehler in der Konfiguration können schwerwiegende Konsequenzen haben und zum Verlust der Bitcoin Einheiten führen. Sollten Ihnen Ihre Bitcoin Einheiten auf diese Weise

8 Bitcoin Praxisleitfaden

abhandenkommen, ist der Verlust endgültig und kann durch keine Person oder Organisation rückgängig gemacht werden.

Wie wir nachfolgend sehen werden, können private Schlüssel in einer beliebigen Form aufbewahrt werden. Gängige Verwahrungsformen umfassen physische Notizen, Dateien oder gar die exklusive Verwahrung im Gedächtnis des Eigentümers. Alle Verwahrungsoptionen tragen den Namenszusatz Wallet, was auf Deutsch Brieftasche bedeutet.

Unabhängig von der Art der Verwahrung gibt es einen einfachen Grundsatz, den es um jeden Preis zu befolgen gilt: Die privaten Schlüssel müssen so aufbewahrt werden, dass sie nicht verloren gehen. Ein Verlust des privaten Schlüssels hat unweigerlich auch den Verlust des entsprechenden Bitcoin Guthabens zur Folge. Gleichzeitig sollte niemals einer anderen Person Zugriff auf die eigenen privaten Schlüssel gewährt werden; denn ist eine Person im Besitz eines privaten Schlüssels, kann sie uneingeschränkt über die zugehörigen Guthaben verfügen. Wird dieser Grundsatz befolgt, ist man auf der sicheren Seite. Die Umsetzung ist aber nicht ganz trivial, denn oft beinhalten vermeintlich sichere Verwahrungsoptionen unerwartete Tücken und Sicherheitslücken.

Die verschiedenen Verwahrungsmöglichkeiten weisen alle spezifische Vor- und Nachteile auf. Insbesondere besteht ein unweigerlicher Trade-Off zwischen der komfortablen Verfügbarkeit und der Sicherheit. Wallets der Kategorie *Hot Storage* sind direkt an das Netzwerk angebunden und können meist selbstständig Transaktionen initiieren. Die Kategorie *Cold Storage* umfasst Wallets, die über keine eigenständige Netzwerkverbindung verfügen. Die Guthaben sind dadurch sicherer, können aber nur durch den Export der bereits signierten Transaktionsdaten zur Zahlung verwendet werden.

8.2.1 Private Schlüssel aussuchen

Zur unabhängigen Verwahrung von Bitcoin Einheiten benötigen Sie mindestens eine Bitcoin Adresse und den korrespondierenden privaten Schlüssel. Bei fast allen *Software Wallets* gehört die Erstellung neuer Adressen zur Grundfunktiona-

8.2 Verwahrung

lität. Die Wallet generiert im Hintergrund die privaten Schlüssel und gibt in den meisten Fällen eine *mnemonische Wortfolge* aus, die Sie zur Wiederherstellung der Guthaben verwenden können (siehe Anmerkung 4.3). Diese unkomplizierte Art der Schlüsselerstellung ist für nahezu alle Verwendungszwecke ausreichend.

Alternativ existieren Webseiten, die zur Auswahl von privaten Schlüsseln und zur Erstellung von Bitcoin Adressen genutzt werden können. Bei der Verwendung solcher Dienste ist äusserste Vorsicht angebracht. Nebst einigen legitimen Diensten tauchen immer wieder Seiten mit betrügerischen Absichten auf, die Ihnen einen privaten Schlüssel ausgeben und selbst eine Kopie davon halten, um zu einem späteren Zeitpunkt auf Ihre Guthaben zugreifen zu können. Wichtig ist, dass Sie nur Webseiten verwenden, deren Code-Basis offengelegt wurde und somit nachweislich einen genügenden Zufallszahlengenerator verwenden. Zudem sollte der Auswahlprozess der privaten Schlüssel ausschliesslich auf Ihrem Rechner erfolgen (clientseitig) und kein Informationsaustausch mit dem Server stattfinden. Im Idealfall laden Sie die gesamte Webseite herunter und öffnen diese auf einem Computer ohne Internetanbindung. Dadurch verhindern Sie jegliche Zugriffe durch Dritte.

→ Bitaddress (`https://goo.gl/qJlJhX`)
→ Bitcoinpaperwallet (`https://goo.gl/6FZVv3`)

Anmerkung 8.5
Vorsicht bei Zufallszahlengeneratoren
Zufallszahlen, die durch Computer erstellt werden, sind nicht zufällig im eigentlichen Sinne. Sie basieren auf Funktionen, deren Output zufällig erscheint, tatsächlich aber deterministisch erstellt wird. Einfache Pseudozufallszahlengeneratoren sind somit berechenbar.

Dementsprechend kann die Verwendung solch einfacher Pseudozufallszahlengeneratoren, für die Wahl von privaten Schlüsseln zu erheblichen Problemen

8 Bitcoin Praxisleitfaden

führen. Die Outputs weisen oft bestimmte Muster auf, die zu einer nicht wirklich zufälligen Wahl der privaten Schlüssel führen und dadurch die Sicherheit des Schlüsselsystems untergraben. Kryptografisch sichere Pseudozufallszahlengeneratoren können diesem Problem entgegenwirken.

Verwenden Sie eine der gängigen Wallets zur Erstellung Ihrer Schlüssel, müssen Sie sich nicht mit diesem Problem auseinandersetzen. Die Auswahl erfolgt automatisch auf Basis von kryptografisch sicheren Zufallszahlengeneratoren.

Sollten Sie aber selbst ein Skript zur Erstellung von privaten Schlüsseln schreiben wollen, müssen Sie unbedingt auf diese Unterscheidung achten. Die Wahl eines unsicheren Generators wird dazu führen, dass Sie Ihre Bitcoin Einheiten verlieren.

Echte Zufallszahlen können nur über physikalische Phänomene generiert werden, deren erwarteter Ausgang zufällig ist. Hierzu bietet sich beispielsweise die Schlüsselwahl durch Würfel oder Münzen an. Anmerkung 4.4 beschreibt ausführlich, wie private Schlüssel auf Würfel- und Münzwurfbasis erstellt werden können. Diese Methode ist aber äusserst aufwendig und somit nur für die Lagerung sehr hoher Guthaben empfehlenswert.

Anmerkung 8.6
Mycelium Entropy

Mycelium Entropy ist ein Gerät in der Form eines USB Sticks, welches zum Generieren von privaten Schlüsseln verwendet werden kann. Der integrierte Zufallszahlengenerator basiert auf drei Entropy-Quellen und ermöglicht dadurch die zufällige Wahl des privaten Schlüssels. Gleichzeitig bietet das Gerät eine sehr hohe Benutzerfreundlichkeit.

Ein weiterer Vorteil besteht in der Unabhängigkeit von Computern. Mycelium Entropy kann direkt an einen Drucker mit USB Port angeschlossen werden. Dadurch entfällt der Angriffsvektor über den Computer (siehe Anmerkung 8.7 für eine ausführliche Abhandlung der Druckerwahl).

8.2 Verwahrung

> Das Gerät wird in erster Linie zur Erstellung von *Paper Wallets* (siehe Abschnitt 8.2.3) verwendet. Die erstellten privaten Schlüssel und *mnemonischen Wortfolgen* können aber auch in andere Verwahrungsoptionen importiert werden.

8.2.2 Hot Storage

Werden private Schlüssel auf Geräten verwahrt, die direkt oder indirekt mit dem Internet verbunden sind, so spricht man von *Hot Storage*. Bei dieser Verwahrungsoption steht die komfortable Verfügbarkeit im Zentrum. Generell sind solche Wallets verwundbarer, als die *Cold Storage* Alternativen, welche im nächsten Abschnitt behandelt werden.

Software Wallets

Software Wallets weisen meist eine hohe Nutzerfreundlichkeit auf und können durch ihre Anbindung an das Netzwerk nicht bloss zur Verwahrung, sondern auch zur Übertragung von Bitcoin Einheiten genutzt werden. Wir unterscheiden zwischen *Desktop Wallets* für (vollwertige) Rechner und *Mobile Wallets* für mobile Geräte wie Smartphones oder Tablets.

Aufgrund der programmierbaren Umgebung und der Netzwerkanbindung sind alle *Software Wallets* potentiell einem Angriff ausgesetzt. Hinsichtlich der Offenheit der verschiedenen Systeme existieren aber deutliche Unterschiede. Die meisten Smartphones und Tablets isolieren die einzelnen Apps und bieten somit einen besseren Schutz vor Malware. Desktop Computer sind diesbezüglich verwundbarer. Die Applikationen sind meist tief im System verankert und können ohne grössere Einschränkungen miteinander interagieren; wobei auch hier erhebliche Unterschiede zwischen den verschiedenen Betriebssystemen bestehen.

Es ist in jedem Fall ratsam, die privaten Schlüssel in der *Software Wallet* zu verschlüsseln. Fast alle gängigen *Software Wallets* bieten diese Option. Aber auch eine Verschlüsselung bietet höchstens einen partiellen Schutz. Ist ein Computer beispielsweise mit einem *Key Logger* infiziert, also einem Programm, welches sämtliche Tastaturanschläge ausliest und aufzeichnet, wird die Verschlüsselung der Wallet wirkungslos.

Zusätzlich besteht ein erhebliches Risiko hinsichtlich des Verlusts aller Dateien (inklusive der privaten Schlüssel). Dies kann beispielsweise aufgrund einer Fehlfunktion der Festplatte oder eines Ausfalls des Gerätes hervorgerufen werden. Sicherheitskopien der Schlüssel können diesem Problem teilweise entgegenwirken, sollten jedoch niemals in digitaler Form aufbewahrt werden. Generell sind *Software Wallets* für die langfristige Lagerung grösserer Guthaben ungeeignet. Sie sind vielmehr als eine Art Alltags-Brieftasche für den schnellen und komfortablen Zugriff auf kleinere Vermögenswerte zu sehen.

Eine *Software Wallet* kann entweder als vollwertiger Knoten, *SPV Client* oder auf Basis eines zentralisierten Subnetzwerkes betrieben werden (siehe Abschnitt 3.2). Vollwertige Knoten bieten dem Nutzer eine autonome Validierung von Transaktionen, setzen aber eine stetige Internetanbindung sowie einiges an temporärem und fixem Speicherplatz voraus. Zudem dauert es initial meist einige Tage, bis die komplette Blockchain heruntergeladen und verarbeitet wurde. Erst nach Abschluss dieses Initialisierungsvorgangs läuft der Knoten synchron zum restlichen Netzwerk und ist bereit zur Verwendung. *SPV Clients* und zentralisierte Systeme haben deutlich geringere Ladezeiten und Systemanfoderungen, müssen sich zwecks der Validierung von Transaktionen aber auf Angaben Dritter verlassen. Für viele Anwendungsbereiche sind *SPV Clients* ausreichend. Von zentralisierten Systemen raten wir grundsätzlich ab, da sie einen Grossteil der Vorteile des Bitcoin-Systems aushebeln.

Ferner sollte darauf geachtet werden, dass die Wallet die eigenmächtige Verfügung über die Bitcoin Einheiten zulässt. Hierzu existieren verschiedene Ansätze. Viele klassische *Software Wallets* überlassen den Nutzern die volle Kontrolle über ihre privaten Schlüssel. Dies ist durchaus zu begrüssen, bedeutet aber auch, dass Sie ausnahmslos selbst für Backups und den Schutz Ihrer Bitcoin Einheiten verantwortlich sind. Ein alternativer Ansatz besteht in der Aufteilung der Kontrolle, so dass ausgehende Transaktionen durch den Nutzer und den zentralisierten Dienst des Wallet-Betreibers validiert werden müssen. Diese Services basieren üblicherweise auf *Multisig* (siehe Abschnitt 4.5.3), wobei die anbietersei-

8.2 Verwahrung

tige Signatur durch die *Zwei-Faktor-Authentifizierung* (2FA) des Nutzers ausgelöst wird. Normalerweise besteht in solchen Systemen ein alternativer Weg, über welchen Sie Ihr Guthaben selbst dann noch verwenden können, wenn der Service verschwinden sollte. Setzen Sie sich unbedingt mit diesen Optionen auseinander, so dass Sie im Notfall alle Optionen kennen.

Abzuraten ist von Wallets, die Sie in eine Abhängigkeit drängen. Dies ist insbesondere dann der Fall, wenn Guthaben, welches über solche Wallets verwaltet wird, ausschliesslich mit der Zustimmung des zentralen Service-Betreibers verwendet werden kann. Sollte der Betreiber den Service aus irgendwelchen Gründen einstellen, würden Sie dadurch den Zugriff auf Ihre Bitcoin Einheiten verlieren.

Tabelle 8 zeigt eine nach verschiedenen Kriterien aufgeschlüsselte Gegenüberstellung der gängigsten *Software Wallets*. In dieser Tabelle werden Sie eine Wallet finden, die auf Ihre Bedürfnisse zugeschnitten ist.

Verwahrung auf Tauschbörsen

Bitcoin Einheiten können auch auf Krypto-Tauschbörsen verwahrt werden. Dies ist meist sehr komfortabel. Der Nutzer muss sich nicht selbst um die Sicherheit seiner Bitcoin Einheiten kümmern und kann die entsprechenden Vorkehrungen dem Anbieter der Dienstleistung überlassen. Dennoch möchten wir dringlichst davon abraten diese Art der Verwahrung in Anspruch zu nehmen, da die eigenen Bitcoin Einheiten dadurch einem erheblichen Risiko ausgesetzt werden. Insbesondere für eine längerfristige Lagerung ist diese Option ungenügend.

Das grosse Problem besteht darin, dass der Nutzer die privaten Schlüssel niemals zu Gesicht bekommt. Stattdessen erfolgt der Zugriff via Benutzernamen, Passwort und einer meist optionalen 2FA. Transaktionen zwischen zwei Tauschbörsennutzern werden über die Nutzerkonten ausgeglichen. Nur wenn ein Nutzer Bitcoin Einheiten von der Tauschbörse abziehen möchte, geschieht dies auf Basis einer Blockchain Transaktion. Der Nutzer wählt die gewünschte Bitcoin Adresse für die Auszahlung und die Börse signiert die Transaktion im Hintergrund.

8 Bitcoin Praxisleitfaden

Wallet	Plattform[a]	Kontrolle	Validierung	Transparenz	Umgebung
Airbitz Bitcoin W.	a/i	eigenständig[b]	zentralisiert	open source	mobile
Armory	l/m/w	eigenständig	vollwertig	open source	desktop[c]
Bitcoin Core	l/m/w	eigenständig	vollwertig	det. & open source	desktop
Bitcoin Wallet	a/b	eigenständig	SPV	open source	mobile
BitGo	l/m/w	geteilt	zentralisiert	proprietär	2FA multisig
Bither	i/l/m/w	eigenständig	SPV	open source	desktop/mobile
bitWallet	i	eigenständig	zentralisiert	proprietär	mobile
breadwallet	i	eigenständig	SPV	open source	mobile
Coinbase	a/i/r	abhängig/geteilt[d]	zentralisiert	proprietär	server
Coinomi Universal W.	a	eigenständig	zentralisiert	open source	mobile
Copay	a/l/m/p/w	eigenständig	zentralisiert	open source	desktop/mobile
Electrum	l/m/w	eigenständig	SPV	open source	desktop
GreenAddress	a/i/l/m/w	geteilt	zentr.(i)/SPV(a/m)	open source	2FA multisig
Hive	a/i/m	geteilt[e]	SPV	open source	desktop/mobile
MultiBit HD	l/m/w	eigenständig	SPV	open source	desktop
mSigna	l/m/w	eigenständig	vollwertig	open source	desktop
Mycelium	a/j[f]	eigenständig	zentralisiert	open source	mobile

Tabelle 8: *Software Wallets* für Desktop und Mobile

[a]Bedeutung: a = android, b = blackberry, i = iOS, l = linux, m = mac, p = windows phone, r = remote/web, w = windows
[b]Service hält verschlüsselte Kopie der privaten Schlüssel. Schlechte Verschlüsselung führt zum Verlust der Bitcoin Einheiten.
[c]Armory hat einen ausgereiften Offline Modus, der den Betrieb der *Software Wallet* in einer sicheren Umgebung ermöglicht.
[d]Optionaler *Multisig* Tresor ermöglicht geteilte Kontrolle.
[e]BIP0032/0039[204][150] Standard ermöglicht geteilten Export des Guthabens.
[f]Die iPhone Version von Mycelium weist einige Fehler auf und hat gegenüber der Android App einen deutlich eingeschränkteren Funktionsumfang.

8.2 Verwahrung

Diese Art der Verwahrung führt zu einer kompletten Abhängigkeit. Kann oder möchte die Tauschbörse eine Transaktion nicht signieren, gibt es für den Nutzer keinerlei Möglichkeiten, dennoch die Kontrolle über seine Bitcoin Einheiten zu erlangen.

Ein weiterer Negativpunkt ist, dass solche Tauschbörsen gerne zum Ziel von Angriffen werden. Sie bilden einen der wenigen zentralen Angriffspunkte im grundsätzlich dezentralen Bitcoin-Netzwerk. In Abschnitt 2.6.2 werden mehrere solche Ereignisse beschrieben, bei denen viele Bitcoin Nutzer ihre Bitcoin Einheiten verloren haben.

Um die Risiken zu minimieren, halten Tauschbörsen einen Grossteil ihrer Bitcoin Einheiten in *Cold Storage*, also in Form von *Paper Wallets* oder digitalen Medien, die nicht an ein Netzwerk angeschlossen sind. Dadurch kann die Sicherheit der Tauschbörse erhöht werden, da selbst im Falle einer erfolgreichen Attacke nur jene Bitcoin Einheiten in Gefahr sind, die sich in *Hot Storage* befinden. Ein Angriff auf Einheiten in *Cold Storage* setzt den physischen Zugriff auf die privaten Schlüssel voraus.

Dennoch ist es für solche Exchanges ein ständiges Abwägen. Per Definition müssen Bitcoin Einheiten in *Cold Storage* bei Bedarf manuell ins System eingespeist werden. Möchten viele Benutzer gleichzeitig ihre Bitcoin Einheiten beziehen, kann dies zu erheblichen Wartezeiten führen und eine Panik auslösen.

8.2.3 Cold Storage

Genau wie die Tauschbörsen haben auch Sie die Möglichkeit, Ihre privaten Schlüssel physisch oder auf Geräten ohne Netzwerkanbindung zu verwahren. Eine strikte Isolation verunmöglicht Hackerangriffe und bietet die beste Option für eine längerfristige Lagerung Ihrer Bitcoin Einheiten.

Diese Form der Verwahrung wird auch als *Cold Storage* bezeichnet. Im Zentrum steht die Sicherheit Ihrer Bitcoin Einheiten. Für den alltäglichen Gebrauch sind viele Ausprägungen dieser Verwahrungsoption eher ungeeignet, da das Auslösen von Transaktionen, durch die Isolation, erheblich aufwendiger wird. Konkret müssen hierzu entweder die vorsignierten Transaktionen oder die privaten Schlüssel in eine *Hot Storage Wallet* importiert werden. Der Aufwand dieses Vorgangs unterscheidet sich je nach Art der *Cold Storage Wallet*.

Nachfolgend besprechen wir einige Subkategorien der *Cold-Storage* Verwahrung, darunter *Hardware-*, *Paper-* und *Brain-Wallets*.

Hardware Wallet

Hardware Wallets sind dedizierte Geräte, die ausschliesslich zur Verwahrung von privaten Schlüsseln dienen. Da sie in aller Regel über keine Internetverbindung verfügen und die Hardware meist sehr gut gegen Malware geschützt ist, können Sie die möglichen Angriffsvektoren minimieren.

Für einfache *Hardware Wallets* ohne jegliche Zusatzfunktionalität genügt eine SD Karte, externe Festplatte oder ein USB Stick. Die privaten Schlüssel werden auf dem Medium gespeichert und abseits eines Computers gelagert. Möchten Sie Ihre Bitcoin Einheiten auf diese Weise über sehr lange Zeiträume verwahren, lohnt sich die Konsultation der erwarteten Lebensdauer des entsprechenden Mediums. Sicherheitskopien auf einem anderen Medium sind in jedem Fall empfehlenswert. Beachten Sie zudem, dass die Sicherheit der privaten Schlüssel bei der Übertragung auf das (sowie von dem) Medium wesentlich von der Sicherheit des anderen Gerätes abhängig ist.

Sogenannte *Offline Wallets* bilden eine etwas eigenständigere Form der *Hardware Wallets*. Konkret handelt es sich um Computer ohne Netzwerkanbindung, auf denen ausschliesslich eine *Software Wallet* installiert wird. Der grosse Vorteil dieser Geräte ist, dass sie, im Unterschied zu einfachen Speichermedien, eigenständig neue private Schlüssel auswählen und Adressen generieren können. Sie sind also nicht auf ein anderes Gerät angewiesen, welches Ihnen die Schlüssel initial zur Verfügung stellt. Zudem können Transaktionen direkt auf dem Gerät erstellt und signiert werden. Lediglich für die Propagierung der Transaktionsnachricht muss die signierte Nachricht auf ein anderes Gerät exportiert werden; denn ohne Netzwerkanbindung wird die *Hardware Wallet* nicht in der Lage sein, selbstständig Transaktionsnachrichten an das Bitcoin-Netzwerk zu senden.

8.2 Verwahrung

Die Weiterleitung der Transaktionsnachricht kann mittels einer Einwegverbindung oder aber via dem Austausch von Speichermedien mit einer Online-Wallet vollzogen werden. Die signierte Transaktion enthält keinerlei Informationen, die Rückschlüsse auf den privaten Schlüssel erlauben. Sie entspricht exakt der Transaktionsnachricht, die ohnehin im Netzwerk propagiert wird.

Nebst diesen beiden Subkategorien hat sich ein Markt für spezielle Geräte entwickelt, die ebenfalls in die Kategorie der *Hardware Wallets* fallen. Sie kombinieren hohe Sicherheitsansprüche mit einer einfachen und komfortablen Handhabung. Die Geräte können zur Transaktionsauslösung mit einem Computer verbunden werden. Ausgetauscht werden ausschliesslich Transaktionsdaten, so dass die privaten Schlüssel stets exklusiv auf der *Hardware Wallet* verbleiben.

Bei der Anschaffung solcher Geräte ist unbedingt darauf zu achten, dass Sie direkt beim Produzenten oder bei einem vertrauenswürdigen Fachhändler bestellen und ungeöffnete Originalware erhalten. Beim Kauf von gebrauchten *Hardware Wallets* ist es empfehlenswert, das Gerät vor dem Erstgebrauch mit der Original Hersteller-Firmware neuaufzusetzen.

> → Trezor (`https://trezor.io`)
> → Ledger Wallet (`https://ledgerwallet.com`)
> → KeepKey (`https://keepkey.com`)

Paper Wallet

Paper Wallets sind Papiernotizen, die den privaten Schlüssel zum Zugriff auf eine korrespondierende Bitcoin Adresse enthalten. Alternativ können die Notizen auch die *mnemonische Wortfolge* umfassen, die zur Herleitung mehrerer privater Schlüssel verwendet werden kann. *Paper Wallets* bieten den Vorteil der einfachen Lagerung abseits von Netzwerken und sind die preiswerteste *Cold Storage* Option.

Die Notizen können entweder handschriftlich erstellt oder gedruckt werden (siehe Abbildung 83 beziehungsweise 84). In beiden Fällen ist es ratsam den privaten Schlüssel mehrfach auf dasselbe Papier zu notieren, so dass auch bei

8 Bitcoin Praxisleitfaden

partiellen Schäden des Papiers dennoch der komplette Schlüssel ersichtlich bleibt. Oft werden nebst dem ausgeschriebenen privaten Schlüssel auch entsprechende QR Codes aufgedruckt.

Anmerkung 8.7
Die Wahl eines geeigneten Druckers
Paper Wallets sind eine solide Form für die längerfristige Verwahrung von Bitcoin Einheiten. Beim Druck sollten Sie allerdings äusserst vorsichtig sein, denn nebst dem Computer, der möglicherweise mit Malware infiziert ist, kann auch der Drucker selbst neue Angriffsvektoren eröffnen und Ihre Bitcoin Einheiten verschiedenen Risiken aussetzen.

Druckaufträge werden normalerweise im Arbeitsspeicher des Druckers hinterlegt und sind dort über längere Zeiträume auslesbar. Dies ist insbesondere dann ein Problem, wenn der Drucker an einem Netzwerk angeschlossen ist. Schliessen Sie den Drucker direkt via USB an und stellen Sie sicher, dass kein Netzwerkkabel eingesteckt und die *WIFI* Funktion des Druckers deaktiviert oder gar nicht erst vorhanden ist. Im Idealfall sollten sowohl Computer wie auch der Drucker zu keinem Zeitpunkt Kontakt mit dem Internet haben. Als eine zusätzliche Sicherheitsmassnahme empfiehlt es sich den Drucker nach dem Druck kurz vom Stromnetz zu trennen.

Die *Software Wallet* Armory verwendet zum Schutz der privaten Schlüssel den Secure Print™ Mechanismus, bei dem der Druck durch handschriftliche Notizen ergänzt werden muss. Dies schützt die privaten Schlüssel selbst dann, wenn es einem Angreifer gelingen sollte, den Arbeitsspeicher des Druckers auszulesen.

Zur längerfristigen Lagerung sollten Sie unbedingt auf die Druckqualität achten. Dabei empfiehlt es sich einen Laserdrucker zu verwenden, da die Dokumente dadurch wischfest und weniger licht- und feuchtigkeitsempfindlich werden. Die Beständigkeit der *Paper Wallet* lässt sich durch Laminieren der Notiz nochmals deutlich steigern. Thermopapier sollten Sie meiden.

8.2 Verwahrung

Die physische Gestalt schützt die privaten Schlüssel vor Hackerangriffen. Gleichzeitig müssen Sie aber dafür Sorge tragen, dass die privaten Schlüssel durch niemanden eingesehen werden können. Gelingt einer Drittperson der physische Zugriff auf Ihre *Paper Wallet*, kann Sie über das komplette Guthaben verfügen.

Zudem müssen Sie sicherstellen, dass Sie die *Paper Wallet* nicht verlieren oder zerstören. Elementargewalten wie Feuer- und Wasserschäden bilden eine weitere Gefahr, welche die Notiz beschädigen und somit zum Verlust Ihrer Bitcoin Einheiten führen können.

> **Anmerkung 8.8**
> **Private Schlüssel vor Verlust schützen**
> In der Presse wird immer wieder vor Hackerangriffen und Bitcoin Dieben gewarnt. Vielen Nutzern kommen ihre Bitcoin Einheiten aber über den selbstverschuldeten Verlust der privaten Schlüssel abhanden. Treffen Sie die notwendigen Vorkehrungen, um die Verfügbarkeit Ihrer privaten Schlüssel sicherstellen zu können.
>
> Eine Möglichkeit um diesem Problem zu begegnen, wäre beispielsweise das Erstellen mehrerer Kopien. Derselbe private Schlüssel könnte dadurch an verschiedenen Orten verwahrt werden. Mit der Anzahl der Kopien steigt aber auch die Anzahl der möglichen Angriffsvektoren, wodurch ein gewisser Trade-Off zwischen garantierter Verfügbarkeit und dem Schutz vor der Einsicht durch Dritte, besteht.
>
> Eine raffinierte Vorgehensweise zur Schaffung der Verfügbarkeitsvorteile, ohne dabei die Sicherheitsnachteile in Kauf nehmen zu müssen, kann über die Schlüsselaufteilung erreicht werden. Werden für den Zugriff auf das Guthaben beispielsweise zwei von drei *Paper Wallets* benötigt, kann der Verlust einer Notiz ohne weiteres von den anderen beiden kompensiert werden. Gleichzeitig ist es einer Drittperson, die sich physischen Zugriff auf eine der drei *Paper Wallets* verschaffen kann, dennoch nicht möglich, über das Guthaben zu verfügen.

8 Bitcoin Praxisleitfaden

> Solche Schlüsselsysteme können entweder auf der Basis von *Multisig* oder über das *Shamir's Secret Sharing* Verfahren gebildet werden. Der Unterschied ist rein technischer Natur. Bei *Multisig* existieren tatsächlich mehrere Schlüssel, von denen mindestens zwei zur Erfüllung der Auszahlungsbedingung benötigt werden. *Shamir's Secret Sharing* verwendet klassische Bitcoin Adressen mit einem einzigen privaten Schlüssel, splittet diesen aber in mehrere Fragmente. Zur Herleitung des privaten Schlüssels werden wiederum mindestens zwei dieser Fragmente benötigt.

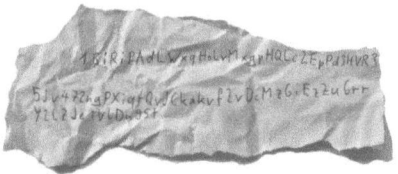

Abbildung 83: Einfache handschriftliche Paper Wallet mit Bitcoin Adresse und zugehörigem privaten Schlüssel

Wie bereits in Abschnitt 8.2.1 vermerkt, gibt es zahlreiche Webseiten, die zur Erstellung von *Paper Wallets* genutzt werden können. Diese Tools sind benutzerfreundlich und liefern oft sehr schöne Ergebnisse. Ein Beispiel einer solchen *Paper Wallet* wird in Abbildung 84 gezeigt.

Abbildung 84: Gedruckte Paper Wallet. Ausdruck auf Basis von `https://bitcoinpaperwallet.com`

8.2.4 Brain Wallet

Grundsätzlich müssen private Schlüssel nirgends niedergeschrieben werden. Es kann ausreichend sein, wenn Sie den entsprechenden privaten Schlüssel auswendig lernen und sicherstellen, dass Sie sich zu einem späteren Zeitpunkt daran erinnern können. Diese Art der Verwahrung wird *Brain Wallet* genannt, also eine Brieftasche, die lediglich in Ihrem Gedächtnis existiert.

Brain Wallets sind eine äusserst elegante Art der Bitcoin Verwahrung, da Sie beliebige Guthaben direkt an sich binden können. Sollten Sie jedoch den privaten Schlüssel vergessen, sind auch die entsprechenden Bitcoin Einheiten verloren.

Nur wenige Personen werden in der Lage sein, sich eine 256 stellige binäre Zahl zu merken. Ein weitaus praktikableres Vorgehen ist die Verwendung einer beliebigen Wortkombination, die durch die Anwendung einer Hashfunktion (beispielsweise **SHA256**) zu einem gültigen privaten Schlüssel umgeformt wird. Dieser deterministische Vorgang ist jederzeit replizierbar, so dass Sie sich lediglich an die ursprüngliche Wortkombination erinnern müssen. Entscheidend ist, dass der Satz oder die Wortkombination zufällig entsteht. Sätze aus öffentlich zugänglichen Medien, wie Bücher, Filme oder Lieder, sind eine schlechte Wahl und werden mit grosser Wahrscheinlichkeit zum Verlust der Bitcoin Einheiten führen.

Alternativ können Sie sich auch die *mnemonische Wortfolge* zur Herleitung Ihrer Schlüssel merken. Auch dieses Vorgehen wird als *Brain Wallet* bezeichnet.

Ein weiterer Aspekt, den es im Zusammenhang mit *Brain Wallets* zu beachten gilt, ist die Nachlassregelung. Falls Sie möchten, dass Ihre Bitcoin Einheiten im Todesfall an eine andere Person übergehen, sind reine *Brain Wallets* eine denkbar ungünstige Verwahrungsoption.

8.3 Zahlungen

Bitcoin Einheiten wurden als Geldeinheit geschaffen und der derzeit wichtigste Anwendungsfall liegt im monetären Anwendungsbereich. Insofern ist es wichtig, dass Sie mit Bitcoin Einheiten bezahlen und diese bei Bedarf in Zahlung nehmen können.

8.3.1 Mit Bitcoin Einheiten zahlen

Mit Bitcoin Einheiten zu bezahlen ist sehr einfach. Da die Anzahl der Akzeptanzstellen jedoch noch eher gering ausfällt, sollten Sie vorher abklären, welche Händler oder Dienstleister Bitcoin Einheiten in Zahlung nehmen. Nebst persönlichen Anfragen existieren Datenbanken und Verzeichnisse der aktuellen Akzeptanzstellen.

Eine vergleichsweise grosse Auswahl an Akzeptanzstellen existiert im Internet. Sie werden Online-Shops finden, die praktisch jegliche Güter und Dienstleistungen abdecken. Eine weitere interessante Anlaufstelle ist *OpenBazaar*, ein dezentralisiertes und gebührenfreies Auktionshaus, welches Bitcoin Einheiten als native Währung nutzt.[147]

> → Coinmap: Karte mit aktuellen Annahmestellen (https://coinmap.org)
> → Use Bitcoins: Händler Bewertungen (http://usebitcoins.info)
> → OpenBazaar: Dezentrales Auktionshaus (http://openbazaar.org)

Der genaue Ablauf beim Zahlungsvorgang hängt von der installierten Wallet ab. Der grobe Prozess ist aber immer derselbe. Abbildung 85 zeigt den typischen Zahlungsvorgang.

Nachdem Sie sämtliche Güter und/oder Dienstleistungen gewählt haben, teilen Sie dem Verkäufer mit, dass Sie den Zahlungsvorgang starten möchten (1). Der Verkäufer übergibt Ihnen daraufhin eine Zahlungsaufforderung (2). Diese enthält eine Bitcoin Adresse, einen Betreff beziehungsweise eine Rechnungsnummer, sowie den geschuldeten Betrag in Bitcoin Einheiten und kann entweder via

8.3 Zahlungen

Bluetooth, NFC oder einer ähnlichen Technologie an Ihre Wallet gesendet oder als QR Code zum Scannen bereitgestellt werden. In beiden Fällen wird Ihre Wallet die entsprechenden Informationen anzeigen und um eine Bestätigung bitten (3). Autorisieren Sie die Zahlung (4), wird eine Transaktionsnachricht erstellt, signiert und direkt oder indirekt an das Bitcoin-Netzwerk gesendet (5). Sobald die Transaktionsnachricht bei dem Händler eingeht, wird er die Zahlung zur Kenntnis nehmen (6). Der Zeitraum bis zu einer endgültigen Bestätigung (7), hängt von der Netzwerkanbindung und den genauen Akzeptanzkriterien des Händlers ab. Normalerweise dauert diese Bestätigung zwischen drei Sekunden und einer Stunde.[10]

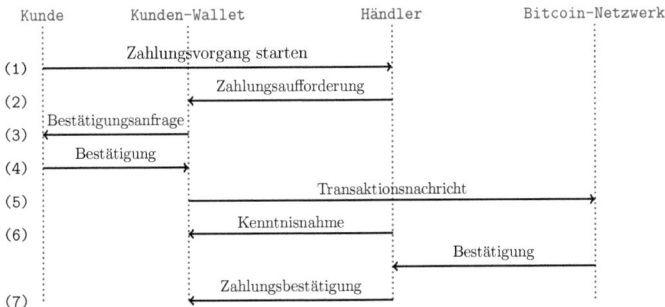

Abbildung 85: Standardisierter Zahlungsablauf nach BIP0070 [10]

Abbildung 85 verdeutlicht die Einfachheit einer Bitcoin Zahlung. Als Kunde müssen Sie nichts weiter tun, als einen QR Code scannen und die Zahlungsaufforderung bestätigen. Alle anderen Prozesse werden vollautomatisch abgewickelt. Bitcoin Zahlungen sind also äusserst anwenderfreundlich. Die technischen Details aus den vorhergegangenen Kapiteln sind zwar essentiell für das Verständnis der Besonderheiten des Bitcoin-Systems, als einfacher Anwender müssen Sie die Einzelheiten aber nicht kennen.

Die Vorgehensweise bei der Codierung von Zahlungsaufforderungen wird in Abschnitt 8.3.2 abgehandelt.

8 Bitcoin Praxisleitfaden

8.3.2 Bitcoin Einheiten als Zahlungsmittel akzeptieren

Bitcoin Einheiten in Zahlung zu nehmen, hat für Händler viele Vorteile. Erstens sind die Gebühren im Vergleich zu Kreditkartenzahlungen gering. Zweitens können die Kunden Ihre Zahlungen nach Erhalt der Ware oder Dienstleistung nicht einfach zurückbuchen und drittens eröffnet die Akzeptanz einer weiteren Zahlungsmethode zusätzliches Akquisitionspotential neuer Kundengruppen.

Zur Annahme von Bitcoin Einheiten existieren verschiedene Möglichkeiten, welche grob in zwei Kategorien eingeteilt werden können: die selbstverwaltete Annahme über eigene Systeme und die Akzeptanz über einen Zahlungsdienstleister.

Eigene Systeme

Analog zum Bargeld können Bitcoin Einheiten ohne weitere Voraussetzung in Zahlung genommen werden. Die Akzeptanz bedarf keiner zentralen Verarbeitungsstelle oder weiterer Infrastruktur. Sie können Ihre Bitcoin Adressen selbst erstellen und diese in einer Zahlungsaufforderung an den Kunden weitergeben.

Einfache Zahlungsaufforderungen sind gültig, sobald Sie mindestens eine Bitcoin Adresse enthalten, zu deren Gunsten eine Transaktion ausgeführt werden kann. Die Formatierung erfolgt meist im Stil: `bitcoin:<Bitcoin_Adresse>`?. Viele Wallets erkennen aber auch QR Codes, die ausschliesslich die Bitcoin Adresse enthalten.

Die Standardisierung nach `BIP0021`[170] bietet Ihnen die Möglichkeit zur Spezifikation weiterer Parameter, wie etwa dem Rechnungsbetrag, dem Händlernamen oder einen Zahlungsbetreff. Die Codierung erfolgt über vordefinierte Meta Tags, wobei nach der Bitcoin Adresse ein "?" folgt und zusätzliche Parameter durch das Zeichen "&" voneinander getrennt werden.

8.3 Zahlungen

Die folgende Beispiel-Zahlungsaufforderung referenziert die Bitcoin Adresse, welche auf Basis des privaten Schlüssels in Anmerkung 4.1 auf Seite 124 erstellt wurde. Der Rechnungsbetrag wurde auf 0.005 Bitcoin Einheiten festgelegt. Zudem ist die Eigentümerinformation "Buch" und der Betreff "Testzahlung" enthalten.

`bitcoin:1E8jc2eRXmjF2FKebTZwAsxwaRWeDvEwDj?amount=0.0005&label=Buch%20Adresse&message=Testzahlung`

Die Information kann auch als QR Code dargestellt werden, so dass der Kunde an der Kasse lediglich den Code scannen muss. Ein Beispiel einer solchen Zahlungsaufforderung sehen Sie in Abbildung 86. Versuchen Sie diesen Code mit Ihrer Wallet zu scannen und Sie werden sehen, wie einfach mit Bitcoin Einheiten bezahlt werden kann.[97]

Abbildung 86: Zahlungsaufforderung in QR Code

Bei Online-Angeboten oder physischen Angeboten, die über Zahlungsterminals mit Bluetooth oder NFC Verbindungen abgewickelt werden können, haben Sie die Möglichkeit dem Kunden die Zahlungsaufforderung über eine entsprechende Nachricht zuzustellen oder die Daten direkt im Browser einzublenden. Verwendet der Kunde eine Wallet, die sich ebenfalls an den Standard hält, wird diese die Zahlungsaufforderung erkennen, die Information einblenden und den Kunden um eine Bestätigung bitten.

Falls Sie die Zahlungsaufforderungen selbst implementieren möchten, sollten Sie zudem die standardisierte Codierung der Daten analog BIP0071[7] beziehungsweise BIP0072[8] berücksichtigen.

---

[97]Falls Sie Bitcoin Einheiten an die Buch Adresse senden, denken Sie bitte daran, dass andere Personen ebenfalls im Besitz dieses privaten Schlüssels sind. Das Guthaben kann bei dem Test also verloren gehen.

8 Bitcoin Praxisleitfaden

Abgesehen von speziellen Zahlungsaufforderungen ist die eigene Verwaltung meist unkompliziert und vor allem gebührenfrei. Dadurch wird diese Methode gerade für kleinere Unternehmen sehr attraktiv. Weitere Anforderungen wie buchhalterische Aspekte und Implementierungen in Online-Shops oder Kassensysteme können die Annahme in Eigenregie aber deutlich komplexer werden lassen. Zudem empfiehlt sich eine solide Abklärung der Sicherheitsrisiken. So sollten Sie beispielsweise mindestens eine Transaktionsbestätigung (durchschnittlich 10 Minuten) abwarten, bevor Sie die Zahlung als gültig betrachten. Für grössere Beträge empfiehlt es sich gar mehrere Bestätigungen abzuwarten. Sogenannte Blockexplorer sind gute Tools zur Bewertung der Sicherheit einer Transaktion. Insbesondere bieten viele Blockexplorer eine Art Frühwarnsystem, die *Double Spend* Angriffe Ihrer Kunden frühzeitig identifizieren können.

- → Bitcoin Blockexplorer (`https://blockchain.info`)
- → Bitcoin Blockexplorer (`https://blocktrail.com/BTC`)
- → Bitcoin Blockexplorer (`https://blockexplorer.com`)
- → Bit- und Altcoin Blockexplorer (`http://blockr.io`)
- → Kryptoasset Blockexplorer (`https://blockscan.com`)

Ein weiterer Punkt, den Sie in diesem Zusammenhang bedenken sollten, ist die Volatilität der Bitcoin Einheit (siehe Abschnitt 6.2.2). Ein Grossteil Ihrer laufenden Betriebskosten wird in der gängigen Landeswährung anfallen. Verändert sich der relative Marktpreis der Bitcoin Einheit zwischen Annahme und Wechselgeschäft, kann dies die Planungssicherheit Ihres Unternehmens erheblich beeinträchtigen.

Achten Sie zudem darauf, dass Sie für jeden Kunden eine neue und individuelle Zahlungsadresse erstellen. Zwar ist es grundsätzlich möglich, Zahlungen aller Kunden zugunsten ein und derselben Bitcoin Adresse anzunehmen, dies hat aber gleich zwei markante Nachteile. Erstens wird die Unterscheidung der Kundentransaktionen schwieriger. Gerade wenn Sie Güter oder Dienstleistungen anbieten, bei denen immer wieder dieselben Beträge zur Anwendung kommen, kann der Einsatz einer einzigen Bitcoin Adresse zu Unterscheidungsproblemen führen.

8.3 Zahlungen

Analog der Referenznummer bei Einzahlungsscheinen, lassen sich verschiedene Bitcoin Adressen einem spezifischen Kunden zuordnen und bilden somit eine unkomplizierte Möglichkeit, diesen Problemen entgegenzuwirken. Zweitens müssen Sie sich bewusst sein, dass die Transaktionsdaten zwar nicht namentlich, aber dennoch öffentlich einsehbar sind. Verwenden Sie immer wieder dieselbe Bitcoin Adresse, können Personen, die diese Adresse kennen (sprich all Ihre Kunden), Ihre gesamten Umsätze überwachen. Verwenden Sie hingegen immer wieder neue Adressen, existiert dieses Problem nicht.

Grundsätzlich lohnen sich eigene Systeme primär für kleine Unternehmen, die keine grossen Absatzvolumina gegen Bitcoin Einheiten erwarten und ein möglichst günstiges System nutzen möchten. Möglicherweise reicht in solchen Fällen gar eine einfache Wallet ohne jegliche Zusatzfunktionen. Erwarten Sie hingegen grössere Umsätze in Bitcoin Einheiten, kann sich der Schritt zu einem Zahlungsdienstleister lohnen.

> **Anmerkung 8.9**
> **Verwenden von *xpub***
> Möchten Sie Ihre privaten Schlüssel in *Cold Storage* lagern, gleichzeitig aber in der Lage sein, direkt an der Kasse oder auf dem Server des Online-Shops, neue Bitcoin Zahlungsadressen zu generieren, bietet sich das Verfahren nach BIP0044[149] an. Es beschreibt den Standard, nach welchem *hierarchisch deterministische Wallets* hergeleitet und neue Adressen ohne die zugehörigen privaten Schlüssel generiert werden können.
>
> Die technischen Einzelheiten werden in Abschnitt 4.1.5 genauer beschrieben. Die *Hardware Wallet Trezor* oder die *Software Wallet Armory*, sind beide sehr benutzerfreundlich und ermöglichen den einfachen Export der *xpub* Datei, die zur unabhängigen Herleitung neuer Bitcoin Adressen benötigt wird. Zudem verfügen beide Wallets über integrierte Funktionen, mit denen Adressen generiert werden können, ohne dass der private Schlüssel zu diesem Zeitpunkt vorliegen muss.

8 Bitcoin Praxisleitfaden

Zahlungsdienstleister

Zahlungsdienstleister bieten eine grosse Menge an Tools, welche die Implementierung in Kassensystemen und Online-Shops erheblich vereinfachen. Es handelt sich um zentralisierte Dienste, die ein umfassendes Dienstleistungspaket anbieten. Meist beinhaltet das Paket alle wesentlichen Aspekte, von der Ausstellung der Zahlungsaufforderung, über die Entgegennahme und vorübergehenden Verwahrung der Guthaben, bis hin zur buchhalterischen Abrechnung.

Zudem hat der Händler die Möglichkeit, die erhaltenen Bitcoin Einheiten unmittelbar, vollständig oder teilweise in seine jeweilige Landeswährung umzutauschen und sich so gegen die Volatilität abzusichern. Ein Händler könnte beispielsweise Zweidrittel der Zahlung umwandeln und ein Drittel in Bitcoin Einheiten halten.

Auch hinsichtlich der Sicherheitsrisiken kann sich der Schritt zu einem Zahlungsdienstleister lohnen. Die meisten Zahlungsdienstleister übernehmen die Haftung für allfällige Ausfälle. Gelingt beispielsweise ein *Double Spend* Angriff, nachdem der Zahlungsdienstleister die Zahlung akzeptiert hat, erhält der Händler dennoch sein Geld.

Die Dienstleistung ist zwar nicht kostenlos, die Gebühren liegen aber meist deutlich unter den Gebühren für Kreditkartenzahlung. Ein Vergleich lohnt sich, da die Tarife wesentlich vom Volumen und dem gewünschten Dienstleistungsumfang abhängig sein können.

→ Coinbase: Händler Tools (https://www.coinbase.com/merchants)
→ Bitpay: Händler Tools (http://bitpay.com)

8.4 Aufgaben zur Repetition

Aufgabe 8.1: Nennen Sie drei verschiedene Möglichkeiten zur Beschaffung von Bitcoin Einheiten. Welche Beschaffungsoption würden Sie für Beträge von 0.0005, 0.5 beziehungsweise 50 Bitcoin Einheiten in Betracht ziehen?

Aufgabe 8.2: Erläutern Sie die verschiedenen Verwahrungsmöglichkeiten mit ihren jeweiligen Vor- und Nachteilen.

Aufgabe 8.3: Installieren Sie eine *Software Wallet* Ihrer Wahl und notieren Sie sich den privaten Schlüssel oder die *mnemonische Wortfolge* (physisch auf einem Notizblatt) als Sicherheitskopie.

Aufgabe 8.4: Beschaffen Sie sich zu Probezwecken eine geringe Anzahl an Bitcoin Einheiten und fügen Sie diese Ihrer Bitcoin Wallet hinzu.

Aufgabe 8.5: Erstellen Sie eine *Paper Wallet* und führen Sie eine Testzahlung zugunsten dieser Bitcoin Adresse durch. Kontrollieren Sie den Verlauf der Transaktion mit Ihrer Wallet und einem Blockexplorer.

Stichwortverzeichnis

51% Angriff, 233, 235

Adam Back, 66

Altcoins, 70

Amiko Pay, *siehe* Zahlungsnetzwerk

Anonymität, 39, 65, 109, 129, 175

Arbeitsnachweis, *siehe* Proof-of-Work

Auszahlungsbedingung, 113, 180

b money, 66

Back, Adam, *siehe* Adam Back

Base58Check, 122

Bearwhale, 268

Berlin, 84

Binärzahl, 122

BIP0032, 133

BIP0039, 133

BIP0044, 133

Bit, *siehe* Binärzahl

Bit Gold, 67

Bitcoin
  Abgrenzung, 50, 117
  Adresse, 126
  ATM, 85, 306
  Chronologie, 81
  Client, 99, 130, 195

Days Destroyed, 270

Dezentralität, 95

Entwicklung, 65

Fehlanreize, 115, 248

Foundation, 78

Fundamentalwert, 79

Homogenität, 174

Improvement Proposal, 72

Kommunikationsprotokoll, 111

Netzwerk, 95

Pseudonyme, 117

Schöpfung, 255

Skalierbarkeit, 250

Spekulation, 270

Teilbarkeit, 273

Verwaltung, 69, 76

Zentralisierung, 77, 106, 110, 224, 244, 266

Bitcoin Adresse, 120

BitLicense, 88

Bitnodes, 103

BitPay, 84, 87, 330

BitShares, 264

Bitstamp, 88

333

Stichwortverzeichnis

Blacklisting, 175
Block
  Austausch, 111
  Gültigkeit, 112
  Kandidat, 58
  Race, 229
Block Header Hashwert, 199
Block Kette, *siehe* Blockchain
Block Race, 228
Blockchain, 58, 89
Blockchain Alliance, 78
Bloom Filter, 109
Bootstrapping, 100
Brute-Force Angriff, 120
Byzantinische Generäle, 41

Chaum, David, *siehe* David Chaum
China, 86, 88, 91, 101
Coinbase
  Transaktion, 62
  Zahlungsdienstleister, 87, 330
Colored Coins, 176, 188, 283
Cynthia Dwork, 66

Dai, Wei, *siehe* Wei Dai
David Chaum, 65
Deflation, 255
Dell, 87
DigiCash, 65
Dish, 87
Diskreter Logarithmus, 165
Doppelte Übereinstimmung der Bedürfnisse, 12
Double Spend, 37, 57, 58, 251

Dwork, Cynthia, *siehe* Cynthia Dwork

ECDSA, *siehe* Elliptic Curve Digital Signature Algorithms
Einwegfunktion, 120
Elliptic Curve Digital Signature Algorithms, 162
Elliptische Kurve, 120, 146
Endliche Körper, 152
Ethereum, 89
Expedia, 87

FBI Bericht, 84
Fedcoin, 265
Fiatgeld
  Bitcoin, 79
  Definition, 21
  Koordinationsspiel, 22
Finney, Hal, *siehe* Hal Finney
Fork, 73, 85
Fractional Reserve Banking, 258
Fundamentalwert, 17, 21, 79

Geldautomat, *siehe* Bitcoin ATM
Geldeinheit
  Anonymität, 39
  Entstehung, 10
  Fundamentalwert, 17
  Funktionen, 11
  Grundeigenschaften, 16
  Kontrollstrukturen, 23, 48
  Physisch, 33
  Produktionskosten, 26
  Repräsentation, 33

Stichwortverzeichnis

Schöpfung, 23, 257
Transaktionsabwicklung, 40
Virtuell, 35, 65
Wertbestandteile, 17
Geldschöpfung
  Geschäftsbanken, 31
  Kompetitiv, 24
  Monopolisiert, 25
Genesis Block, 199
Giralgeld, 20, 31, 47, 50
Goldfinger Angriff, 232

Hal Finney, 67
Hardfork, *siehe* Fork
Hashfunktionen
  Arbeitsnachweiss, 143
  Integrität, 142
  Kryptografische, 141
Hashwert, 120, 141
Hayek Geld, 262
Hexadezimal, 125
Hexasezimal, 122
Hyperinflation, *siehe* Inflation

Identifikationsnummer, *siehe* Block Header Hashwert
Inflation, 30, 246
Islamischer Staat, 89

Knoten
  Funktionalität, 97
  Vollwertig, 98, 101, 103, 107
Kreditgeld, 19, 107, 258
Krypto-Anarchistisches Manifest, 66

Kryptoasset, 263, 282, 286, 288
Kryptografie
  Asymmetrische, 144, 145
  Symmetrische, 144

Laszlo Pizza, 82, 273
Lender of Last Resort, 258
Lightning Netzwerk, *siehe* Zahlungsnetzwerk

Malleability, 87
May, Tim, *siehe* Tim May
Merkle Root, 198
Microsoft, 87
Mikrotransaktionen, *siehe* Zahlungskanäle
Miner, 58
Mining
  Pool, 110, 115, 222
  Selfish, 115
Mnemonische Wortfolge, 134
Mod, *siehe* Modulo
Modulo, 152
Monetäre Kontrollstrukturen, 23, 48
Moni Naor, 66
MtGox, 82, 86, 87
Multisig, 184, 252

Nachricht
  addr, 100
  getaddr, 99
  getblocks, 111
  getdata, 112, 113
  inv, 112, 113

335

Stichwortverzeichnis

tx, 113
Version, 100
Nakamoto, Satoshi, *siehe* Satoshi Nakamoto
Naor, Moni, *siehe* Moni Naor
Netzwerk
    Erweitert, 104
    Peer-to-Peer, 95
    Zentralisiert, 95
Netzwerkknoten, *siehe* Knoten
Nick Szabo, 67, 68
nLockTime, 254
Nonce, 197
NuBits, 265
Null Data, *siehe* OP_RETURN
NuShares, 265

OP_RETURN, 188
OpenBazaar, 324
Overstock, 87, 284

Papiergeld, 20
Pay-to-Address, *siehe* Pay-to-Public-Key-Hash
Pay-to-Public-Key, 181
Pay-to-Public-Key-Hash, 182
Pay-to-Script-Hash, 128, 186
Peer-to-Peer, 95
Pizza, *siehe* Laszlo Pizza
Primkörper, 153
Privater Schlüssel
    Darstellung, 124
    Erstellen, 119, 139, 163, 310
    Erweitert, 132

Funktion, 119
Kryptografie, 144
Sicherheit, 135, 163
Wallet Import Format (WIF), 123
Proof-of-Existence, 188, 279
Proof-of-Work, 61, 66, 143, 207
Punkteverdopplung, 150, 154
Recheneinheit, 14, 272
    Ausgelagert, 15, 274
Register
    Implizit, 37
Reward Halving, 84, 248, 257
RIPEMD160, 186

Satoshi Nakamoto, 67, 89, 269
Schweiz, 101, 244
Script, 180
scriptPubKey, 180
scriptSig, 180
Segregated Witness, 252
Selfish Mining, 115
SHA256, 186
shapeshift.io, 90
Sidechain, 284
Signatur
    Blind, 65
    Vorgehensweise, 165
    Zweck, 145
Silk Road, 83, 86
Simplified Payment Verification, 108, 199
Skalierbarkeit, 250
Smart Property, 286, 288

Stichwortverzeichnis

Softfork, *siehe* Fork
Soziale Gerechtigkeit, *siehe* Vermögensverteilung
Spekulation, 270
SPV, *siehe* Simplified Payment Verification
Steingeld, *siehe* Yap Inseln
Szabo, Nick, *siehe* Nick Szabo

Tauschmittel, 12, 243, 274
Tether, 264
Tim May, 66
Time Inc., 87
Transaktion
    Aufbau, 170
    Austausch, 113, 169
    Gebühren, 115, 215, 245, 250
    Input, 171
    Malleability, 87
    Off-Blockchain, 252
    Output, 171
    Subvention, 246
    Typen, 172
    Volumen, 177
    Wartezeit, 251
Transaktionsfähigkeit, 40, 53, 95
Transaktionskonsens, 40, 57
Transaktionslegitimität, 40, 54, 117
TØ, 284

USA, 101

Venture Capital, 88
Vermögensverteilung, 265

VISA, 251
Volatilität, 85, 260
Vollgeld, 32

Wal, 266
Wallet, 131
    Deterministisch, 131
    Hierarchisch-Deterministisch, 131
    Nicht-Determinisitsch, 130
Warengeld, 19
Wei Dai, 66
Wertspeicher, 15, 255

xprv, 132
xpub, 132

Yap Inseln, 38, 52

Zahlungsdienstleister, 330
Zahlungskanäle, 252
Zahlungsnetzwerk, 254
Zentralbank, 28
Zentrale Instanz, 42, 50
Zins, 29
Zufallszahlen, 138, 139
Zyklische Gruppe, 162
Zypern, 85

Öffentlicher Schlüssel
    Als Pseudonym, 66, 119
    Erweitert, 132
    Herleiten, 119, 163
    Komprimiert, 126, 128, 164
    Kryptografie, 144
    Unkomprimiert, 125, 128

Literaturverzeichnis

[1] ABC 10 News. World's first ever bitcoin atm unveiled in san diego. `https://www.youtube.com/watch?v=ZqEdBCKFPAo`, 2013.

[2] Fernando M. Ametrano. Hayek money: The cryptocurrency price stability solution. `http://cryptolibrary.org/bitstream/handle/21/564/2014_Ametrano_Hayek_Money_The_Cryptocurrency_Price_Stability_Solution.pdf`, 2014.

[3] Keith Ammon, Kevin Avard, Amanda Bouldin, Elizabeth Edwards, Brian Gallagher, Eric Schleien, James Spillane, and Nick Zaricki. NH HB552: requiring the state treasurer to develop an implementation plan for the state to accept bitcoin as payment for taxes and fees. `https://legiscan.com/NH/bill/HB552/2015`, 2015.

[4] David Andolfatto. Fedcoin: On the desirability of a government cryptocurrency. `http://andolfatto.blogspot.ch/2015/02/fedcoin-on-desirability-of-government.html`, 2015.

[5] Gavin Andresen. M-of-n standard transactions. `https://github.com/bitcoin/bips/blob/master/bip-0011.mediawiki`, 2011.

[6] Gavin Andresen. Blockchain rule update process. `https://gist.github.com/gavinandresen/2355445`, 2012.

[7] Gavin Andresen. Payment protocol mime types. `https://github.com/bitcoin/bips/blob/master/bip-0071.mediawiki`, 2013.

[8] Gavin Andresen. Uri extensions for payment protocol. `https://github.com/bitcoin/bips/blob/master/bip-0072.mediawiki`, 2013.

Literaturverzeichnis

[9] Gavin Andresen. Bit-thereum. http://gavintech.blogspot.ch/2014/06/bit-thereum.html, 2014.

[10] Gavin Andresen and Mike Hearn. Payment protocol. https://github.com/bitcoin/bips/blob/master/bip-0070.mediawiki, 2013.

[11] Anitoshi. Bitcoin and the birthday paradox. https://download.wpsoftware.net/bitcoin-birthday.pdf, 2013.

[12] Martin A. Armstrong. Monetary history of the world: The origins of money. http://www.armstrongeconomics.com/research/monetary-history-of-the-world/historical-outline-origins-of-money, 2015.

[13] Moshe Babaioff, Shahar Dobzinsky, Sigal Oren, and Aviv Zohar. On bitcoin and red balloons. *ACM SIGecom Exchanges*, 10(3):5–9, 2011.

[14] Adam Back. [announce] hash cash postage implementation. http://www.hashcash.org/papers/announce.txt, 1997.

[15] Adam Back. Hashcash - a denial of service counter-measure. http://www.hashcash.org/papers/hashcash.pdf, 2002.

[16] Adam Back, Matt Corallo, Luke Dashjr, Mark Friedenbach, Gregory Maxwell, Andrew Miller, Andrew Poelstra, Jorge Timón, , and Pieter Wuille. Enabling blockchain innovations with pegged sidechains. https://blockstream.com/sidechains.pdf, 2014.

[17] Tobias Bamert, Christian Decker, Lennart Elsen, Roger Wattenhofer, and Samuel Welten. Have a snack, pay with bitcoins. *13-th IEEE International Conference on Peer-to-peer Computing*, 2013.

[18] Vladimir Basov. How top gold producers margins are being squeezed. http://www.mining.com/top-gold-producers-margins-squeezed/, 2015.

[19] Aleksander Berentsen. Monetary policy implications of digital money. *Kyklos*, 51(1):89–118, 1998.

Literaturverzeichnis

[20] Aleksander Berentsen. Bitcoin, blockchain und geldpolitik. *Festschrift zu Ehren von Ernst Baltensperger*, 2017.

[21] Aleksander Berentsen, Gabriele Camera, and Christopher Waller. Money, credit and banking. *Journal of Economic Theory*, 135(1):171–195, 2007.

[22] Aleksander Berentsen and Guillaume Rocheteau. On the efficiency of monetary exchange: how divisibility of money matters. *Journal of Monetary Economics*, 49(8):1621–1649, 2002.

[23] Aleksander Berentsen and Joachim Setlik. Mein Gegenvorschlag. http://vollgeld-initiative.com, 2016.

[24] Aleksander Berentsen and Christopher Waller. Price level targeting and stabilization policy. *Journal of Money, Credit and Banking*, 43(7):559–580, 2011.

[25] Peter Bernholz. *Monetary Regimes and Inflation*. Edward Elgar Publishing, Northhampton, MA, USA, 2003.

[26] Bitcoin Classic. We are hard forking bitcoin to a 2 mb blocksize limit. please join us. https://bitcoinclassic.com/, 2016.

[27] bitcoin.it. Rapidly-adjusted (micro)payments to a pre-determined party. https://en.bitcoin.it/wiki/Contract#Example_7:_Rapidly-adjusted_.28micro.29payments_to_a_pre-determined_party, 2016.

[28] BitGo. Welcome to bitgo instant. https://www.bitgo.com/instant, 2016.

[29] Bitinfocharts.com. Top 100 richest bitcoin addresses. https://bitinfocharts.com/top-100-richest-bitcoin-addresses.html, 2016.

[30] bitpay. Bitpay exceeds 1,000 merchants accepting bitcoin. https://blog.bitpay.com/bitpay-exceeds-1000-merchants-accepting-bitcoin/, 2012.

Literaturverzeichnis

[31] Blockchain.info. Median transaction confirmation time (with fee only). https://blockchain.info/charts/avg-confirmation-time?timespan=all&showDataPoints=false&daysAverageString=1&show_header=true&scale=0&address=, 2016.

[32] Burton H Bloom. Space/time trade-offs in hash coding with allowable errors. *Communications of the ACM*, 13(7):422–426, 1970.

[33] Stephanie Bodoni and Amy Thomson. Eu's top court rules that bitcoin exchange is tax-free. http://www.bloomberg.com/news/articles/2015-10-22/bitcoin-virtual-currency-exchange-is-tax-free-eu-court-says-ig21wzcd, 2015.

[34] Paola Boel. Thinking about the future of money and potential implications for central banks. *Sveriges Riksbank Economic Review*, 1:147–158, 2016.

[35] Coralie Boeykens. Papiergeld, eine chinesische erfindung. http://www.nbbmuseum.be/de/2007/09/chinese-invention.htm, 2007.

[36] Richard Gendal Brown. Bitcoin as a smart contract platform. http://gendal.me/2015/03/30/bitcoin-as-a-smart-contract-platform/, 2015.

[37] Johannes Buchmann. *Einführung in die Kryptografie*. Springer, Heidelberg, Deutschland, 2010.

[38] Bundesrat. 13.5177 - wie viel kostet die herstellung der schweizer münzen und banknoten? http://www.parlament.ch/d/suche/seiten/geschaefte.aspx?gesch_id=20135177, 2013.

[39] Vitalik Buterin. Bitcoin, decentralization and the nash equilibrium. *Bitcoin Magazine*, 1(1):19–21, 2012.

[40] Vitalik Buterin. Selfish mining: A 25% attack against the bitcoin network. https://bitcoinmagazine.com/7953/selfish-mining-a-25-attack-against-the-bitcoin-network/, 2013.

Literaturverzeichnis

[41] Phillip D. Cagan. The monetary dynamics of hyperinflation. In *Studies in the Quantity of Money*, Chicago, IL, USA, 1956. University of Chicago Press.

[42] Gabriele Camera, Marco Casari, and Maria Bigoni. Money and trust among strangers. *Proceedings of the National Academy of Sciences*, 2013.

[43] Casascius. Physical bitcoins by casascius. https://www.casascius.com/, 2016.

[44] Bruce Champ, Scott Freedman, and Joseph Hashlag. *Modeling Monetary Economics*. Cambridge University Press, New York, NY, USA, 2011.

[45] Flavien Charlon. Change the default maximum op_return size to 80 bytes. https://github.com/bitcoin/bitcoin/pull/5286, 2015.

[46] David Chaum. Blind signatures for untraceable payments. http://www.hit.bme.hu/~buttyan/courses/BMEVIHIM219/2009/Chaum.BlindSigForPayment.1982.PDF, 1982.

[47] Gertrude Chavez-Dreyfuss. Honduras to build land title registry using bitcoin technology. http://in.reuters.com/article/usa-honduras-technology-idINKBN0O01V720150515, 2015.

[48] Adrian Chen. The underground website where you can buy any drug imaginable. http://gawker.com/the-underground-website-where-you-can-buy-any-drug-imag-30818160, 2011.

[49] Bhagwan Chowdhry. I (shall happily) accept the 2016 nobel prize in economics on behalf of satoshi nakamoto. http://www.huffingtonpost.com/bhagwan-chowdry/i-shall-happily-accept-th_b_8462028.html, 2015.

[50] Roger Clarke. Europay switzerland's svc project. http://www.rogerclarke.com/EC/SVCSwitz.html, 1997.

[51] Roger Clarke. Smart cards in banking and finance. http://www.rogerclarke.com/EC/SCBF.html, 1997.

Literaturverzeichnis

[52] Coinbase. Dell.com partners with coinbase to become the largest ecommerce merchant to accept bitcoin. https://blog.coinbase.com/2014/07/18/dell-com-partners-with-coinbase-to-become-the/, 2014.

[53] Coinbase. Expedia.com partners with coinbase for hotel payments via bitcoin. https://blog.coinbase.com/2014/06/11/expedia-com-partners-with-coinbase-for-hotel/, 2014.

[54] Coindesk. Bitcoin venture capital investments. http://www.coindesk.com/bitcoin-venture-capital/, 2015.

[55] Committee on Homeland Security and Governmental Affairs United States Senate. Transkript: Beyond silk road: Potential risks, threats, and promises of virtual currencies. https://www.gpo.gov/fdsys/pkg/CHRG-113shrg86636/pdf/CHRG-113shrg86636.pdf, 2013.

[56] Committee on Homeland Security and Governmental Affairs United States Senate. Video: Beyond silk road: Potential risks, threats, and promises of virtual currencies. https://www.youtube.com/watch?v=bKYkN2xDoZc, 2013.

[57] Andrea Corbellini. Elliptic curve cryptography: a gentle introduction (series). http://andrea.corbellini.name/2015/05/17/elliptic-curve-cryptography-a-gentle-introduction/, 2015.

[58] Sébastien Couture, Brian Fabian Crain, Ittay Eyal, and Emin Gün Sirer. Epicenter bitcoin #76: From selfish miners to the miner's dilemma. https://letstalkbitcoin.com/blog/post/epicenter-bitcoin-76-emin-gun-sirer-and-ittay-eyal-from-selfish-miners-to-the-miners-dilemma, 2015.

[59] Sébastien Couture, Brian Fabian Crain, and Robert Sams. Epicenter bitcoin #60: Bitcoin, volatility and the search for a stable cryptocurrency. https://epicenterbitcoin.com/podcast/060/, 2015.

Literaturverzeichnis

[60] Cryptyk. Why aren't hacked bitcoins blacklisted? `https://www.reddit.com/r/Bitcoin/comments/1d9vz7/why_arent_hacked_bitcoins_blacklisted/`, 2013.

[61] Wei Dai. b money. `http://www.weidai.com/bmoney.txt`, 1998.

[62] Jacob Davidson. No, big companies aren't really accepting bitcoin. `http://time.com/money/3658361/dell-microsoft-expedia-bitcoin/`, 2015.

[63] Christian Decker and Roger Wattenhofer. Information propagation in the bitcoin network. In *13-th IEEE International Conference on Peer-to-Peer Computing*, 2013.

[64] Christian Decker and Roger Wattenhofer. Bitcoin transaction malleability and mtgox. *Computer Security ESORICS*, pages 313–326, 2014.

[65] dinbits. Overstocks t0 is blockchain technology on the right track. `http://news.dinbits.com/2016/03/overstocks-t0-is-blockchain-technology.html`, 2016.

[66] Dish. Dish to accept bitcoin. `http://about.dish.com/press-release/products-and-services/dish-accept-bitcoin`, 2014.

[67] Joan Antoni Donet, Cristina Pérez-Solà, and Jordi Herrera-Joancomartí. The bitcoin p2p network. In *Financial Cryptography and Data Security*, volume 8438, pages 87–102. Springer, 2014.

[68] Emily Dreyfuss. Craig wright ends his attempt to prove he created bitcoin: 'i'm sorry'. `https://www.wired.com/2016/05/craig-wright-ends-attempt-prove-created-bitcoin-im-sorry/`, 2016.

[69] DutchBrat. Mtgox: Addressing transaction malleability. `https://bitcointalk.org/index.php?topic=458082.0`, 2014.

[70] dwdollar. New exchange (bitcoin market). `https://bitcointalk.org/index.php?topic=20.0`, 2010.

Literaturverzeichnis

[71] Cynthia Dwork and Moni Naor. Pricing via processing or combatting junk mail. *Lecture Notes in Computer Science*, 740:139–147, 1992.

[72] Fred Ehrsam, Brian Armstrong, Jesse Powell, Nejc Kodric, Bobby Lee, Nicolas Cary, and Jeremy Allaire. Joint statement regarding mtgox. https://blog.coinbase.com/2014/02/25/joint-statement-regarding-mtgox/, 2014.

[73] Ethereum. White paper. https://github.com/ethereum/wiki/wiki/White-Paper, 2016.

[74] European Central Bank. Virtual currency schemes. https://www.ecb.europa.eu/pub/pdf/other/virtualcurrencyschemes201210en.pdf, 2012.

[75] Ittay Eyal and Emin Gün Sirer. Majority is not enough: Bitcoin mining is vulnerable. http://www.cs.cornell.edu/~ie53/publications/btcProcFC.pdf, 2014.

[76] Rick Falkvinge. Major bitcoin exchange not executing withdrawals; now owes clients $38m in disappeared money. http://falkvinge.net/2014/02/04/major-bitcoin-exchange-not-executing-withdrawals-now-owes-clients-38m-in-disappeared-money/, 2014.

[77] FBI. Bitcoin virtual currency: Intelligence unique features present distinct challenges for deterring illicit activity. http://www.wired.com/images_blogs/threatlevel/2012/05/Bitcoin-FBI.pdf, 2012.

[78] Hal Finney. Reusable proofs of work. http://nakamotoinstitute.org/finney/rpow/index.html, 2005.

[79] Hal Finney. Bitcoin and me (hal finney). https://bitcointalk.org/index.php?topic=155054.0, 2013.

[80] Milton Friedman. The island of stone money. *Hoover Institution, Working Paper in Economics E-91-3*, 1991.

[81] William Henry Furness. *The Island of Stone Money: Uap of the Carolines*. J. B. Lippincott, Philadelphia, 1910.

[82] Jeff Garzik. Block size increase to 2mb. https://github.com/bitcoin/bips/blob/master/bip-0102.mediawiki, 2015.

[83] Leah McGrath Goodman. The face behind bitcoin. http://www.newsweek.com/2014/03/14/face-behind-bitcoin-247957.html, 2014.

[84] Alex Gorale. Bitcoin foundation blew 5 800 bitcoins in 10 months. https://www.cryptocoinsnews.com/bitcoin-foundation-blew-5800-btc-10-months/, 2015.

[85] David Graeber. *Debt: The First 5000 Years*. Melville House, Brooklyn, NY, USA, 2011.

[86] Andy Greenberg and Gwern Branwen. Bitcoin's creator satoshi nakamoto is probably this unknown australian genius. http://www.wired.com/2015/12/bitcoins-creator-satoshi-nakamoto-is-probably-this-unknown-australian-genius/, 2015.

[87] Skye Grey. Satoshi nakamoto is (probably) nick szabo. https://likeinamirror.wordpress.com/2013/12/01/satoshi-nakamoto-is-probably-nick-szabo/, 2013.

[88] Skye Grey. Occam's razor: who is most likely to be satoshi nakamoto? https://likeinamirror.wordpress.com/2014/03/11/occams-razor-who-is-most-likely-to-be-satoshi-nakamoto/, 2014.

[89] Francesco Guarascio. After paris attacks, europe is cracking down on bitcoin. http://www.huffingtonpost.com/entry/after-paris-attacks-europe-is-cracking-down-on-bitcoin_564ddd37e4b031745ceff479, 2015.

[90] Steve H. Hanke and Nicholas Krus. The hanke-krus hyperinflation table. http://object.cato.org/sites/cato.org/files/pubs/pdf/hanke-krus-hyperinflation-table-may-2013.pdf, 2013.

Literaturverzeichnis

[91] Mike Hearn. Smart property. https://en.bitcoin.it/wiki/Smart_Property, 2015.

[92] Mike Hearn and Matt Corallo. Connetcion bloom filtering. https://github.com/bitcoin/bips/blob/master/bip-0037.mediawiki, 2012.

[93] Ethan Heilman. One weird trick to stop selfish miners: Fresh bitcoins, a solution for the honest miner. https://eprint.iacr.org/2014/007.pdf, 2014.

[94] HM Treasury. Uk national risk assessment of money laundering and terrorist financing. https://www.gov.uk/government/uploads/system/uploads/attachment_data/file/468210/UK_NRA_October_2015_final_web.pdf, 2015.

[95] Bradley Hope. A bitcoin technology gets nasdaq test. http://www.wsj.com/article_email/a-bitcoin-technology-gets-nasdaq-test-1431296886-lMyQjAxMTE1MzEyMDQxNzAwWj, 2015.

[96] Nicolas Houy. The bitcoin mining game. https://halshs.archives-ouvertes.fr/file/index/docid/958224/filename/1412.pdf, 2014.

[97] David Howden. Bitcoin bank run. https://mises.org/blog/bitcoin-bank-run, 2014.

[98] David Howden. Bitcoin bank run, take 2. https://mises.org/blog/bitcoin-bank-run-take-2, 2014.

[99] Brandon Hurst. How many people really own bitcoins - and why does it matter? http://bitscan.com/bitnews/item/how-many-people-really-own-bitcoins-and-why-does-it-matter, 2014.

[100] IBAN IPI. Prüfziffer berechnung. http://www.six-interbank-clearing.com/dam/downloads/de/standardization/iban/calculator/iban_check_digit_algorithm.pdf, 2003.

Literaturverzeichnis

[101] Anna Irrera. Ubs to open blockchain research lab in london. http://blogs.wsj.com/digits/2015/04/02/ubs-to-open-blockchain-research-lab-in-london/, 2015.

[102] Mitsuru Iwamura, Yukinobi Kitamura, Tsumotu Matsumotu, and Kenji Saito. Can we stabilize the price of a cryptocurrency?: Understanding the design of bitcoin and its potential to compete with central bank money. http://www.ier.hit-u.ac.jp/Common/publication/DP/DPS-A617, 2014.

[103] Olivier Janssens. The truth about the bitcoin foundation. https://bitcoinfoundation.org/forum/index.php?/topic/1284-the-truth-about-the-bitcoin-foundation/, 2015.

[104] Mats Jeratsch. Lightning protocol reference implementation. https://matsjj.github.io/, 2016.

[105] Jonathan Katz and Yehuda Lindell. *Introduction to Modern Cryptography Second Edition*. CRC Press, Boca Raton, FL, USA, 2015.

[106] Thomas Kerin, Jean-Pierre Rupp, and Ruben de Vries. Deterministic pay-to-script-hash multi-signature addresses through public key sorting. https://github.com/bitcoin/bips/blob/master/bip-0067.mediawiki, 2015.

[107] Khan Academy. The euclidean algorithm. https://www.khanacademy.org/computing/computer-science/cryptography/modarithmetic/a/the-euclidean-algorithm, 2016.

[108] Peter Kirby. A humble update on the honduras title project. http://www.factom.com/a-humble-update-on-the-honduras-title-project/, 2015.

[109] Nobuhiro Kiyotaki and Randall Wright. A search-theoretic approach to monetary economics. *The American Economic Review*, 83(1):63–77, 1993.

[110] Narayana R. Kocherlakota. Money is memory. *Federal Reserve Bank of Minneapolis Research Department Staff Report*, 218, 1996.

Literaturverzeichnis

[111] JP Koning. Ghost money: Chile's unidad de fomento. `http://jpkoning.blogspot.ch/2013/09/ghost-money-chiles-unidad-de-fomento.html`, 2013.

[112] JP Koning. Separating the functions of money-the case of medieval coinage. `http://jpkoning.blogspot.ca/2013/09/separating-functions-of-moneythe-case.html`, 2013.

[113] JP Koning. Fedcoin. `http://jpkoning.blogspot.ch/2014/10/fedcoin.html`, 2014.

[114] Kraken. Kraken proof-of-reserves audit process. `https://www.kraken.com/security/audit`, 2016.

[115] Joshua A. Kroll, Ian C. Davey, and Edward W. Felten. The economics of bitcoin mining, or bitcoin in the presence of its adversaries. *Proceedings of WEIS 2013*, 2013.

[116] Leslie Lamport, Shostak Robert, and Marshall Pease. The byzantine generals problem. *ACM Transactions on Programming Languages and Systems*, 4(3):pp. 382–401, 1982.

[117] laszlo. Pizza for bitcoins? `https://bitcointalk.org/index.php?topic=137.0`, 2010.

[118] Ledra Capital. Bitcoin series 24: The mega-master blockchain list. `http://ledracapital.com/blog/2014/3/11/bitcoin-series-24-the-mega-master-blockchain-list`, 2014.

[119] Jordan Lee. Nu. `https://github.com/rmsams/stablecoins`, 2015.

[120] Axel Leijonhufvud. *Information and coordination*. Oxford University Press, New York, NY, USA, 1981.

[121] Sergio Lerner. The well deserved fortune of satoshi nakamoto, bitcoin creator, visionary and genius. `https://bitslog.wordpress.com/2013/04/17/the-well-deserved-fortune-of-satoshi-nakamoto/`, 2013.

Literaturverzeichnis

[122] Jonathan Levin. The bitcoin mining game. `https://www.scribd.com/doc/235838093/Creating-a-decentralised-payment-network-A-Study-of-Bitcoin`, 2014.

[123] Adam B. Levine. Let's talk bitcoin #1: The controlled demolition of cyprus. `https://soundcloud.com/mindtomatter/the-controlled-demolition-of`, 2013.

[124] Adam B. Levine. Let's talk bitcoin #272: Exciting possibilities. `https://letstalkbitcoin.com/blog/post/lets-talk-bitcoin-272-exciting-possibilities`, 2015.

[125] Anthony Lewis. Orisi white paper. `https://github.com/orisi/wiki/wiki/Orisi-White-Paper`, 2014.

[126] Eric Lombrozo, Johnson Lau, and Pieter Wuille. Segregated witness (consensus layer). `https://github.com/bitcoin/bips/blob/master/bip-0141.mediawiki`, 2015.

[127] P.H. Madore. Satoshi nakamoto not eligible for nobel prize. `https://www.cryptocoinsnews.com/satoshi-nakamoto-not-eligible-nobel-prize/`, 2015.

[128] John Mantonis. Why aren't hacked bitcoins blacklisted? `http://www.coindesk.com/bitcoin-fungibility-essential/`, 2013.

[129] Gregory Maxwell. Deterministic wallets. `https://bitcointalk.org/index.php?topic=19137.0`, 2011.

[130] Gregory Maxwell. nullc (gregory maxwell) comments on bitcoin scale tests by (alleged) satoshi! 340gb blocks, 568k transactions! `https://www.reddit.com/r/Bitcoin/comments/3w07lq/blockchain_scale_tests_by_alleged_satoshi_340_gb/cxsfhxb`, 2015.

[131] Timothy C. May. The crypto anarchist manifesto. `http://www.activism.net/cypherpunk/crypto-anarchy.html`, 1992.

Literaturverzeichnis

[132] Robert McMillan. Ibm adapts bitcoin technology for smart contracts. http://www.wsj.com/articles/ibm-adapts-bitcoin-technology-for-smart-contracts-1442423444, 2015.

[133] Jacques Melitz. *Primitive and Modern Money*. Addison-Wesley, Boston, MA, USA, 1974.

[134] Carl Menger. On the origins of money. *Economic Journal*, 2:239–55, 1892.

[135] Microsoft. Now you can exchange bitcoins to buy apps, games and more for windows, windows phone and xbox. http://blogs.microsoft.com/firehose/2014/12/11/now-you-can-exchange-bitcoins-to-buy-apps-games-and-more-for-windows-windows-phone-and-xbox/, 2014.

[136] Microsoft. Microsoft store doesn't accept bitcoin. http://windows.microsoft.com/en-us/windows-10/microsoft-store-doesnt-accept-bitcoin, 2016.

[137] Alex Mizrahi. A blockchain based property ownership recording system. http://chromaway.com/papers/A-blockchain-based-property-registry.pdf, 2016.

[138] Monika Müller-Kroll. Berlin restaurant experiments with virtual currency. http://www.npr.org/2012/06/01/154140277/berlin-restaurant-experiments-with-virtual-currency, 2012.

[139] mtgox. New bitcoin exchange (mtgox.com). https://bitcointalk.org/index.php?topic=444.0, 2010.

[140] Satoshi Nakamoto. Bitcoin: A peer-to-peer electronic cash system. 2008.

[141] Meghan Neal. Bitcoin is hiring lobbyists. http://motherboard.vice.com/read/sorry-cypherpunks-bitcoin-is-hiring-political-lobbyists, 2014.

[142] New Liberty Standard. 2009 exchange rate. http://newlibertystandard.wikifoundry.com/page/2009+Exchange+Rate, 2009.

[143] New York State Department of Financial Services. New york codes, rules and regulations - title 23. department of financial services - chapter i. regulations of the superintendent of financial services part 200. virtual currencies. http://www.dfs.ny.gov/legal/regulations/adoptions/dfsp200t.pdf, 2015.

[144] Anders Nilsson. The troublesome history of the bitcoin exchange mtgox. https://anders.io/the-troublesome-history-of-the-bitcoin-exchange-mtgox/, 2014.

[145] Ed Nosal and Guillaume Rocheteau. *Money, Payments and Liquidity*. The MIT Press, Cambridge, MA, USA and London, England, 2011.

[146] Justin O'Connell. India googles 'buy bitcoin' as nation explores gold imports ban. https://www.cryptocoinsnews.com/india-gold-import-ban-buy-bitcoin/, 2016.

[147] openbazaar. A free market for all. no fees. no restrictions. https://openbazaar.org/, 2016.

[148] Overstock. Press release: Overstock.com first online retailer to accept bitcoin. http://investors.overstock.com/phoenix.zhtml?c=131091&p=irol-newsArticle_print&ID=1889670, 2014.

[149] Marek Palatinus and Pavol Rusnak. Multi-account hierarchy for deterministic wallets. https://github.com/bitcoin/bips/blob/master/bip-0044.mediawiki, 2014.

[150] Marek Palatinus, Pavol Rusnak, Aaron Voisine, and Sean Bowe. Mnemonic code for generating deterministic keys. https://github.com/bitcoin/bips/blob/master/bip-0039.mediawiki, 2013.

[151] Yessi Bello Perez. Bitcoin's price rise explained by industry insiders. http://www.coindesk.com/bitcoins-price-rise-explained-by-industry-insiders/, 2015.

Literaturverzeichnis

[152] Jörg Platzer "joecooin". Remote invite to / bitcoin friday in berlin / bitcoin kiez public beta. `https://bitcointalk.org/index.php?topic=122727.msg1321222#msg1321222`, 2012.

[153] Corné J. Plooy. Combining bitcoin and the ripple to create a fast, scalable and decentralized, ynonymous, low-trust payment network (draft 2). `http://cornwarecjp.github.io/amiko-pay/doc/amiko_draft_2.pdf`, 2013.

[154] Corné J. Plooy. Emulation of hash-time-locked contracts of the lightning network by a trusted, but publically auditable escrow service. `http://cornwarecjp.github.io/amiko-pay/doc/lightning_emulation.pdf`, 2015.

[155] James Poole. Http based bitcoin micropayment channel demo - microtrx. `https://www.youtube.com/watch?v=HmYP-7pcdhM`, 2014.

[156] Joseph Poon and Thaddeus Dryja. The bitcoin ligthning network: Scalable off-chain instant payments. `https://lightning.network/lightning-network-paper.pdf`, 2016.

[157] Nathaniel Popper. Decoding the enigma of satoshi nakamoto and the birth of bitcoin. `http://www.nytimes.com/2015/05/17/business/decoding-the-enigma-of-satoshi-nakamoto-and-the-birth-of-bitcoin.html`, 2015.

[158] Puppet (bitcointalk.org). Cloudmining 101 (ponzi risk assessment). `https://bitcointalk.org/index.php?topic=878387.0`, 2014.

[159] Reuters. China to cap overseas cash withdrawals to curb outflows-sources. `http://www.reuters.com/article/china-economy-unionpay-idUSL3N11Z2TH20150929`, 2015.

[160] Charles Riley and Zhang Dayu. China cracks down on bitcoin. `http://money.cnn.com/2013/12/05/investing/china-bitcoin/`, 2013.

[161] Ronald L Rivest, Adi Shamir, and Len Adleman. A method for obtaining digital signatures and public-key cryptosystems. *Communications of the ACM*, 21(2):120–126, 1978.

Literaturverzeichnis

[162] Pete Rizzo. China's central bank issues warnings to major bitcoin exchanges. http://www.coindesk.com/chinas-central-bank-issues-warnings-major-bitcoin-exchanges/, 2017.

[163] Dorit Ron and Adi Shamir. Quantitative analysis of the full bitcoin transaction graph. In *Financial Cryptography and Data Security*, pages 6–24. Springer, 2013.

[164] Dorit Ron and Adi Shamir. How did dread pirate roberts acquire and protect his bitcoin wealth? In *Financial Cryptography and Data Security*, pages 3–15. Springer, 2014.

[165] Everett Rosenfeld. Bitcoin's 'bearwhale' and the future of a cryptocurrency. http://www.cnbc.com/2014/10/09/bitcoins-bearwhale-and-the-future-of-a-cryptocurrency.html, 2014.

[166] Michael Rosing. *Implementing Elliptic Curve Cryptography*. Manning, Greenwich, CT, 1999.

[167] Paul Russell. Lightning protocol reference implementation. https://github.com/ElementsProject/lightning, 2016.

[168] Robert Sams. A note on cryptocurrency stabilisation: Seigniorage shares. https://github.com/rmsams/stablecoins, 2015.

[169] Klaus Schmeh. *Kryptografie*. dpunkt.verlag, Heidelberg, 2013.

[170] Nils Schneider and Matt Corallo. Uri scheme. https://github.com/bitcoin/bips/blob/master/bip-0021.mediawiki, 2012.

[171] Jonas Schnelli. What's new in bitcoin core 0.12. https://youtu.be/RWeIEFBrItE?t=48m20s, 2015.

[172] Fabian Schär. Bitcoin mining: An economic analysis. https://wwz.unibas.ch/fileadmin/wwz/redaktion/witheo/personen/aleks/Masters_Theses/mthesis_schaer.pdf, 2015.

Literaturverzeichnis

[173] Fabian Schuh and Daniel Larimer. Bitshares 2.0: Financial smart contract platform. http://docs.bitshares.eu/_downloads/bitshares-financial-platform.pdf, 2015.

[174] Schweizerische Eidgenossenschaft. Bundesgesetz über die banken und sparkassen. https://www.admin.ch/opc/de/classified-compilation/19340083/index.html#a37, 1934.

[175] Schweizerische Eidgenossenschaft. Bundesgesetz über die währung und die zahlungsmittel. https://www.admin.ch/opc/de/classified-compilation/19994336/index.html, 1999.

[176] Ken Shirriff. Mining bitcoin with pencil and paper: 0.67 hashes per day. http://www.righto.com/2014/09/mining-bitcoin-with-pencil-and-paper.html, 2014.

[177] Kristian Slabbekoorn. https://willyreport.wordpress.com/2014/05/25/the-willy-report-proof-of-massive-fraudulent-trading-activity-at-mt-gox-and-how-it-has-affected-the-price-of-bitcoin/, 2014.

[178] Adam Stradling, Shawn Wilkinson, Jeremy Kandah, Dexx, Marv Schneider, Steven Sprague, and Andrew Yashchuk. Factom business processes secured and immutable audit trails on the blockchain. https://github.com/FactomProject/FactomDocs/blob/master/Factom_Whitepaper.pdf, 2014.

[179] Daniel Stuckey. A working bitcoin atm is in san diego, but its most vocal backer is gone. http://motherboard.vice.com/blog/a-working-bitcoin-atm-is-in-san-diego-but-its-most-vocal-backer-is-gone, 2013.

[180] Peter Surda. Mt. gox and fractional reserve banking. http://www.economicsofbitcoin.com/2014/02/mt-gox-and-fractional-reserve-banking.html, 2014.

[181] Melanie Swan. *Blockchain - Blueprint for a New Economy*. O'Reilly, Sebastopol, CA, USA, 2015.

Literaturverzeichnis

[182] Tim Swanson. The anatomy of a money-like informational commodity: A study of bitcoin. https://s3-us-west-2.amazonaws.com/chainbook/ The+Anatomy+of+a+Money-like+Informational+Commodity.pdf, 2015.

[183] Nick Szabo. The idea of smart contracts. http://szabo.best.vwh.net/ idea.html, 1997.

[184] Nick Szabo. Bit gold. http://unenumerated.blogspot.ch/2005/12/ bit-gold.html, 2005.

[185] Amir Taaki. Bip purpose and guidelines. https://github.com/bitcoin/ bips/blob/master/bip-0001.mediawiki, 2011.

[186] Paolo Tasca. A market analysis of the bitcoin economy. http://www.finance20.ch/wp-content/uploads/2015/09/Crypto15_ PaoloTasca.pdf, 2015.

[187] tether.io. Tether: Fiat currencies on the bitcoin blockchain. https://tether.to/wp-content/uploads/2015/04/Tether-White-Paper.pdf, 2015.

[188] The Business Insider. The mysterious creator of bitcoin has been nominated for the nobel prize in economics. http://uk.businessinsider. com/bitcoin-inventor-satoshi-nakamoto-nominated-nobel-prize-economics-bhagwan-chodry-2015-11, 2015.

[189] The Economist. Bitcoin's future hidden flipside: How the crypto-currency could become the internet of money. http://www.economist.com/news/ finance-and-economics/21599054-how-crypto-currency-could-become-internet-money-hidden-flipside, 2014.

[190] Manoj Thomas and Vicki Morwitz. Heuristics in numerical cognition: Implications for pricing. *Handbook of pricing research in marketing*, pages 132–149, 2009.

[191] Time Inc. Time inc. partners with coinbase to become the first major magazine publisher to accept bitcoin payments.

Literaturverzeichnis

http://www.timeinc.com/about/news/press-release/time-inc-partners-with-coinbase-to-become-the-first-major-magazine-publisher-to-accept-bitcoin-payments/, 2014.

[192] Kyle Torpey. A solution for trustless bitcoin microtransactions is here. https://www.cryptocoinsnews.com/solution-trustless-bitcoin-microtransactions/, 2014.

[193] Mani Trillo. Stress test prepares visanet for the most wonderful time of the year. http://www.visa.com/blogarchives/us/2013/10/10/stress-test-prepares-visanet-for-the-most-wonderful-time-of-the-year/index.html, 2013.

[194] University of Nicosia. Academic certificates on the blockchain. http://digitalcurrency.unic.ac.cy/free-introductory-mooc/academic-certificates-on-the-blockchain/, 2016.

[195] VisaCommunication. Visanet stresstest 2014. https://www.youtube.com/watch?v=PXBG44yz-G8, 2014.

[196] Friedrich August von Hayek. *Denationalisation of Money: An Analysis of the Theory and Practice of Current Currencies*. Institute of economic affairs, 1976.

[197] Erik Voorhees. Looting of the fox. http://moneyandstate.com/looting-of-the-fox/, 2016.

[198] Kurt Wagner. World's first bitcoin atm opens in vancouver, canada. http://mashable.com/2013/10/30/bitcoin-atm-2/, 2013.

[199] Drew Weisenberger. How many atoms are there in the world? http://education.jlab.org/qa/mathatom_05.html, 2015.

[200] Robert Wenzel. Why bitcoin merchant adoption is driving the bitcoin price down. http://www.economicpolicyjournal.com/2014/07/why-bitcoin-merchant-adoption-is.html, 2014.

Literaturverzeichnis

[201] Wikimedia Foundation. Wikipedia m-pesa. https://de.wikipedia.org/wiki/M-Pesa, 2015.

[202] Wordpress. Pay another way: Bitcoin. https://en.blog.wordpress.com/2012/11/15/pay-another-way-bitcoin/, 2012.

[203] Peter Wuille. Alert: chain fork caused by pre-0.8 clients dealing badly with large blocks. https://bitcointalk.org/index.php?topic=152030.0, 2013.

[204] Pieter Wuille. Hierarchical deterministic wallets. https://github.com/bitcoin/bips/blob/master/bip-0032.mediawiki, 2012.

[205] Addy Yeow. Bitnodes incentive program. https://bitnodes.21.co/nodes/incentive/, 2015.

[206] David Yermack. Is bitcoin a real currency? an economic appraisal. In *Handbook of Digital Currency*, pages 31–45. Associated Press, 2015.

[207] Phil Zimmermann. Open pgp alliance. http://www.openpgp.org/, 1991.

Über die Autoren

Prof. Dr. Aleksander Berentsen

Aleksander Berentsen ist seit 2005 Professor für Wirtschaftstheorie an der Wirtschaftswissenschaftlichen Fakultät der Universität Basel, wo er zurzeit das Amt des Dekans innehat. Seine Forschungsinteressen umfassen Geldtheorie, Geldpolitik, Makroökonomie und Finanzwirtschaft. Zurzeit liegt sein Forschungsschwerpunkt auf der Fragestellung wie Zentralbanken geldpolitische Instrumente wie Negativzinsen oder Bilanzverlängerungen einsetzen sollten, um auf makroökonomische Schocks zu reagieren. Aleksander Berentsen studierte an den Universitäten Basel und Bern und an der London School of Economics. Längere Forschungsaufenthalte führten ihn an die University of California in Berkeley, die University of Pennsylvania, die Université Paris Dauphine und als Bundesbankprofessor an die Freie Universität Berlin. Zwischen 2014 und 2016 war Aleksander Berentsen externer Berater bei der Schweizerischen Nationalbank. Seit 2009 ist er Research Fellow an der Federal Reserve Bank von St. Louis. Wissenschaftliche Artikel veröffentlichte er unter anderem in der *American Economic Review*, der *Review of Economic Studies* und dem *Journal of Monetary Economics*.

Fabian Schär

Fabian Schär ist Unternehmensberater im Bereich Digital Banking und als Blockchain Dozent an der Universität Basel tätig. Als geladener Referent bei mehreren renommierten Institutionen, übermittelt er seit einigen Jahren sein Fachwissen zum Thema Bitcoin und Blockchain. Sein wirtschaftswissenschaftliches Studium an der Universität Basel schloss er mit einer prämierten Masterarbeit zum Thema Bitcoin Mining ab. Er ergänzte seine Studien mit einem Kolloquium an der Georgetown University und einer Summer School in Shanghai und Peking. Fabian Schär verfügt über mehrjährige Berufserfahrung im Bankensektor.